依据教师资格考试大纲编写

幼儿园教师资格考试

第2版

主　编　李建军　范雪飞　李鸣凤

编　者　姚锦凤　温智莲　赵丽娟

陈建忠　谢　东　金　鑫

王剑莹

苏州大学出版社

Soochow University Press

图书在版编目(CIP)数据

幼儿园教师资格考试综合素质一本通 / 李建军，范雪飞，李鸣凤主编. —2 版. —苏州：苏州大学出版社，2023. 3
ISBN 978-7-5672-3796-4

Ⅰ. ①幼… Ⅱ. ①李…②范…③李… Ⅲ. ①教师素质-幼教人员-资格考试-自学参考资料 Ⅳ. ①G615

中国版本图书馆 CIP 数据核字(2022)第 013363 号

幼儿园教师资格考试综合素质一本通(第 2 版)

李建军　范雪飞　李鸣凤　主编

责任编辑　管兆宁

苏 州 大 学 出 版 社 出 版 发 行

(地址:苏州市十梓街 1 号　邮编:215006)

镇江文苑制版印刷有限责任公司印装

(地址:镇江市黄山南路 18 号润州花园 6 - 1 号　邮编:212000)

开本 787 mm×1 092 mm　1/16　印张 20　字数 450 千

2023 年 3 月第 2 版　2023 年 3 月第 1 次印刷

ISBN 978-7-5672-3796-4　定价: 55.00 元

若有印装错误，本社负责调换

苏州大学出版社营销部　电话:0512-67481020

苏州大学出版社网址　http://www.sudapress.com

苏州大学出版社邮箱　sdcbs@suda.edu.cn

前 言

PREFACE

教育是国之大计,教师是立教之本。随着人们对教师职业地位和作用认识的不断提升,进一步健全教师资格准入制度,严把入口关,建设一支师德高尚、热爱学生、业务精良、结构合理的教师队伍,已经成为全社会的共识。

《中华人民共和国教育法》明确规定:国家实行教师资格、职务、聘任制度,通过考核、奖励、培养和培训,提高教师素质,加强教师队伍建设。多年来,我国一直在进行着教师资格认定的探索工作。2019 年 2 月 15 日,在教育部召开的新春系列发布会上,教育部教师工作司相关领导表示,要深入推进中小学教师资格考试试点改革,提高中小学教师入职门槛;2 月 23 日,中共中央、国务院印发《中国教育现代化 2035》,进一步明确要"完善教师资格体系和准入制度"。作为公民,获取教师职位、从事教师工作的前提是通过考试取得教师资格,这是我国教师队伍建设的一项重要制度。换句话说,要想成为一名教师,就必须参加教师资格考试。

对于打算从事幼儿园教育工作的考生来说,必须经过严格的培养与培训,具有良好的职业道德,具备系统的专业知识和专业技能,掌握开展保教活动的基本规范,符合国家对合格幼儿园教师专业素质的基本要求。为此,我们认真分析了幼儿园教师资格考试大纲以及历年的真题,围绕考纲要求的考点,结合日常教学实践中遇到的问题,进行了针对性的归纳和整理,编写了这套幼儿园教师资格考试指导用书,它分"综合素质""保教知识与能力""面试"三个分册。

从编写体例来看,本套教材具有以下鲜明的特色:

(1) 考纲解读,目标明确。在每个模块的开始,直接呈现考纲要求,便于考生熟悉考纲要点,把握学习目标,做到目标明确,心中有数。

(2) 考点梳理,重点突出。对于考生来说,幼儿园教师的专业要求涉及职业理念、职业道德与法律法规、文化科学素养、职业基本能力、保育与教育能力等多个方面,这些知识覆盖面广,类型丰富,考试题型各异。面对如此纷繁复杂的知识,一方面固然要靠平时的学习积累,另一方面则要从各自不同的知识框架体系出发,抓住考点进行系统的集中学习,只有这样才有可能把握住考试的要点,建立较为清晰的知识结构网络,做到重点突出,融会贯通,从容应考。

（3）真题解析，把握思路。考试答题与日常生活中的表述有着较大区别。在有限的时间内，我们要调动已有的知识储备，根据不同题型的要求，全面复习备考。如：有的需要回忆知识点，做出判断，正确选择；有的需要运用理论，深入分析，条分缕析，陈述观点；有的需要综合多种能力，提出自己的观点，有理有据地进行表达；等等。如此复杂的考试，要求我们在全面学习的基础上开展针对性的强化训练，只有这样才能真正提升应对能力，取得理想的分数。为此，我们整理了近年来的考试真题，帮助大家梳理知识点，分析重难点，形成正确的答题思路。

（4）合理备考，提高效能。我们在每个学习单元都安排了“备考策略”专题，从“学习指导”“考点预测”“解题要领”三个维度进行指点，引导回顾反思自己的学习，进一步帮助大家明确学习的要点和方法，掌握学法，提高学习的效率与能力。

（5）模拟练习，从容应对。我们在每个模块都安排了相应的模拟题，一方面检查大家对前面所学知识点的掌握情况，另一方面帮助大家了解知识点的不同命题方式，提升考试的应对能力。

本套教材由多所师范院校学前教育专业一线教师编写，并且在教学中得到了一定的检验，既可作为考生考前准备的强化培训教材，也可作为师范生日常的自主学习材料。

当然，作为资格考试的备考教材，总会遇到不断变化的考试形势的挑战，书中难免有疏漏和不当之处，因此，欢迎各位读者提出宝贵意见，以便我们不断完善。

编者

目 录

CONTENTS

模块一 职业理念 …… 1

第一节 教育观 …… 2

第二节 儿童观 …… 11

第三节 教师观 …… 26

模块二 教育法律法规 …… 56

第一节 教育法律法规概述 …… 56

第二节 教育法律法规的体系 …… 59

第三节 教师的权利和义务 …… 84

第四节 学生的权利保护 …… 88

模块三 教师职业道德 …… 98

第一节 教师职业道德概述 …… 98

第二节 《中小学教师职业道德规范》解读 …… 101

第三节 《中小学班主任工作规定》解读 …… 106

第四节 《新时代幼儿园教师职业行为十项准则》解读 …… 112

模块四 文化素养 …… 121

第一节 历史知识 …… 121

第二节 艺术常识(美术类) …… 138

第三节 艺术常识(音乐类) …… 148

第四节 文学素养 …… 156

第五节 科学素养 …… 174

模块五 教师基本能力 …… 199

第一节 信息处理 …… 200

第二节 逻辑思维 …… 230

第三节 阅读理解 …… 251

第四节 写作能力 …… 283

附录 样卷精析 …… 303

模块一 职业理念

考纲要求

1. **教育观**

理解国家实施素质教育的基本要求。

掌握在幼儿教育中实施素质教育的途径和方法。

理解幼儿教育作为人生发展的奠基教育的重要性及其特点，能够以正确的教育价值观分析和评判教育现象。

2. **儿童观**

理解“人的全面发展”的思想。

理解“育人为本”的含义，热爱幼儿，尊重幼儿，相信每一个幼儿都具有发展潜力，维护每一个幼儿的人格与权利。

运用“育人为本”的儿童观，在保教实践中公正地对待每一个幼儿，不因性别、民族、地域、经济状况、家庭背景和身心缺陷等歧视幼儿。

设计或选择丰富多样、适当的保教活动方式，因材施教，以促进幼儿的个性发展。

3. **教师观**

了解教师专业发展的要求。

具备终身学习的意识。

理解教师职业的责任与价值，具有从事幼儿教育工作的热情与决心。

第一节　教育观

考点梳理

一、教育观与素质教育观

（一）教育观

教育观是人们对教育所持有的看法，它既受社会政治、经济制度的制约，又受人们对教育要素不同观点的影响。具体地说，教育观就是人们对教育者、教育对象、教育内容、教育方法等教育要素及其属性和相互关系的认识，还有人们对教育与其他事物关系的看法，以及由此派生出的对教育的作用、功能、目的等的看法。

教育观的核心是“教育为了什么”，即教育目的。由于教育目的不同，教育者实施的教育活动也不同，从而区分了不同社会、不同时期的教育活动，也产生了不同的教育结果。

教育观与一定的社会政治、经济制度相关。在古代教育中，教育是为统治者服务的，这种社会政治形式下的教育是培养少数人的教育。在社会主义社会里，教育是为人民普遍的教育需要服务的，是人民的教育。

在同样的社会政治、经济制度下，也可以有不同的教育观，这是因为对教育活动内部的各种关系的认识存在着差异。例如，在教育者与受教育者的关系上，如果强调教育者的中心地位，会产生以教师为中心的教育观；如果强调受教育者的中心地位，会产生以学生为中心的教育观。再如，在教育内容的德、智、体、美等不同组成方面的关系上，强调德育的首要地位，会产生以德育为中心的教育观；强调智育的首要地位，会产生以智育为中心的教育观。

要确立正确的教育观，就必须正确认识教育的发展规律，正确认识教育活动的各种内部关系。违背教育发展规律或不能完整认识教育内部的各种关系，都会导致错误的教育观，进而导致错误的教育结果。

（二）素质教育观

1. 定义

素质教育观是与应试教育观相对的一种教育观，是把教育活动的目的指向“素质”——人的全面素质的教育观。素质教育观认为，教育活动应当指向人的整体的、全面的素质发展，使人的整体品质、全面素质得到提升，即先天的生理素质及后天环境和教育影响下发展起来的心理素质和社会文化素质的全面发展。

2. 内涵

（1）素质教育以提高国民素质为根本宗旨。发展素质教育，对提高中华民族素质、促进经济和社会发展具有战略性、全局性、先导性的作用。

(2) 素质教育是面向全体学生的教育。《中华人民共和国教育法》(以下简称《教育法》)规定中华人民共和国公民“依法享有平等的受教育机会”。受教育机会平等是国家法律规定的一项基本教育方针。

(3) 素质教育是促进学生全面发展的教育。全面发展,是党的教育方针的核心部分。实施素质教育就是通过德育、智育、体育、美育等有机结合,来实现学生的德、智、体、美等方面的全面发展。全面发展不等于平均的全面发展,而是和谐的全面发展。

(4) 素质教育是促进学生个性发展的教育,素质教育是立足于人的个性的教育。它在承认人与人在个性上存在差异的基础上,从差异出发,以人的个性发展为目标,实质上是一种个性发展的教育。

(5) 素质教育是以培养学生的创新精神和实践能力为重点的教育。创新能力是一个民族进步的灵魂,是国家兴旺发达的不竭动力。培养具有创新精神和实践能力的新一代人才是素质教育的时代特征。创新教育是素质教育的核心,是教育对知识经济向人才培养提出挑战的回应。

3. 外延

素质教育是连贯的、全方位的、全过程的教育活动。素质教育不是对特定阶段、特定学校提出的要求,而是对各级各类学校提出的要求。

素质教育是终身的,贯穿幼儿教育、小学教育、中学教育、高等教育等各级教育的全过程。素质教育包括了各种类型的教育,涉及普通教育、职业教育等各类教育。素质教育在外延上甚至超越了学校范围,涵盖了学校教育、家庭教育和社会教育。

(三) 素质教育观的产生与发展

1. 素质教育观的产生

素质教育作为一种教育价值观念,其初衷在于纠正应试教育现象。受中小学教育片面追求升学率的影响,幼儿园成为小学的预科班。应试教育把教育活动的评价环节作为教育目的所在,把人的素质的某个方面作为教育的全部,教育活动本身和教育培养对象被严重扭曲。因此,应试教育不仅背离了我国的教育方针,而且也不利于培养社会进步与发展所需的人才。素质教育观扭转了应试教育观,把教育目的重新指向人本身,指向人的整体的、全面的素质。

2. 素质教育观的发展

1993 年 2 月,中共中央、国务院颁布的《中国教育改革和发展纲要》强调“中小学要由应试教育转向全面提高国民素质的轨道,面向全体学生,全面提高学生的思想道德、文化科学、劳动技能和身体心理素质”。

1996 年 3 月,由全国人大八届四次会议批准的《中华人民共和国国民经济和社会发展“九五”计划和 2010 年远景目标纲要》以及全国人大九届一次会议和二次会议的《政府工作报告》都强调:应试教育应向素质教育转变,要实施全面素质教育。

1999 年 1 月 13 日，国务院批转教育部发布的《面向 21 世纪教育振兴行动计划》提出，必须"实施'跨世纪素质教育工程'，提高国民素质"。

1999 年 6 月，中共中央、国务院颁布了《关于深化教育改革全面推进素质教育的决定》，标志着素质教育观已经形成了系统的思想。

2006 年 6 月 29 日，第十届全国人民代表大会常务委员会第二十二次会议修订的《中华人民共和国义务教育法》明确规定，"义务教育必须贯彻国家的教育方针，实施素质教育"。这标志着素质教育已经上升到法律层面，成为国家意志。

（四）幼儿素质教育

1. 幼儿教育的重要性和意义

《幼儿园教育指导纲要（试行）》总则明确指出，"幼儿园教育是基础教育的重要组成部分，是我国学校教育和终身教育的奠基阶段"。

幼儿教育的意义主要体现在以下几个方面：

（1）促进幼儿生长发育，提高身体素质。

（2）幼儿时期是智力开发的最佳时期。

（3）幼儿时期是人格健全的关键期。

（4）幼儿时期是性教育的关键期。

（5）培育美感，促进幼儿创造力和想象力的发展。

（6）促进幼儿身心全面健康和谐发展，为适应学校生活做准备。

2. 幼儿教育的特点

（1）生活化。

幼儿的年龄特点和身心发展需要，决定了幼儿教育目标和内容的广泛性，也决定了保教合一的教育教学原则。幼儿园课程具有浓厚的生活化特征——课程的内容来自幼儿的生活，课程实施贯穿幼儿一日生活的全过程。

（2）游戏化。

游戏符合幼儿的年龄特征，能够满足幼儿的各种身心需要，是幼儿园的基本活动，也是幼儿教育的基本原则之一。

（3）活动性和直接经验性。

幼儿主要通过各种感官来认识世界。只有在获得丰富的感性经验的基础上，幼儿才能理解事物，才能对事物形成比较抽象的、概括的认识。幼儿的这种具有行动性和形象性的认知方式和认知特点，使得幼儿园课程必须以幼儿主动参与的教育性活动为其基本的存在形式和构成成分。

（4）潜在性。

从本质上讲，幼儿教育是有目的、有计划的教育过程，幼儿园课程也有明确的课程目标和基本的学习领域，但是幼儿身心发展和学习的特点，使得幼儿园课程不是体现在课程表、教材、课堂中，而是体现在生活、游戏和其他幼儿喜闻乐见的活动形式中。也就是说，幼儿园课程蕴含在环境、材料、活动和教师的行为中，潜移默化地对幼儿起作用。

(5) 启蒙性。

幼儿园是对 3 ~6 岁幼儿实施保育和教育的机构，所以，幼儿园教育主要是为幼儿提供学习的经验，为幼儿的一生奠定根基。

3. 幼儿素质教育的特点

(1) 基础性：幼儿阶段是为人生打基础的关键时期。

(2) 发展性：素质教育的内容和任务是促使每一个教育对象在原有的基础上得到发展。

(3) 自主性：受教育者主动发展，教育者须进行引导。

4. 幼儿素质教育的内容

(1) 思想道德素质的教育：教育者培养幼儿品德的活动，其内容就是教孩子怎样做人、将来做一个什么样的人。

(2) 科学文化素质的教育：在科学文化方面培养幼儿具有较为稳定的、内在的基本品质的教育，包括自然科学和社会科学方面的教育。教师通过科学文化素质的教育，既使幼儿掌握相应的知识，也发展其与之相适应的能力与情感等。

(3) 身体及心理素质的教育：培养幼儿身体和心理方面的活动，以促进幼儿身体素质的不断提高和心理的健康发展。

(4) 审美素质教育：培养幼儿审美感知能力、审美想象力和审美创造力的活动。

5. 幼儿素质教育的策略

(1) 从小事抓起，培养幼儿积极向上的心理情绪。

(2) 以引导为主，以教育为辅。

(3) 贯彻素质教育，提高幼儿综合能力。第一，注重幼儿兴趣的培养；第二，强化幼儿习惯的养成；第三，重视幼儿智力的开发。

6. 幼儿教育的原则

(1) 保教结合的原则。

教师应从幼儿身心发展的特点出发，在全面、有效地对幼儿进行教育的同时，在生活上重视对幼儿的照顾和保护，保教合一，确保幼儿能真正健康、全面地发展。

(2) 以游戏为基本活动的原则。

游戏是幼儿园的基本活动。游戏最符合幼儿身心发展的特点，最能满足幼儿的需要，能有效地促进幼儿发展，具有其他活动所不能替代的教育价值。

(3) 教育的活动性和活动的多样性原则。

幼儿园教育应从幼儿身心发展的特点和水平出发，以活动为基础展开教育过程。同时，活动形式应多样化，让幼儿在多种多样的活动中得到发展。

① 教育的活动性。活动是幼儿发展的基础和源泉。幼儿身心发展的特点决定了他们必须通过活动去接触各种事物和现象，在与人交往、实际操作物体中逐步积累经验，获得真知。离开了活动，幼儿的发展就无从谈起。

② 教育活动的多样性。幼儿园的活动不应当是单一的，因为不同的活动内容、形式在幼

儿发展中的作用是不一样的。教师必须注意教育活动的多样性,只有这样才能有效地促进幼儿发展。

(4) 发挥一日活动整体教育功能的原则。

幼儿园一日活动是指幼儿园每天进行的所有保育、教育活动。幼儿园应充分认识和利用一日生活中各种活动的教育价值,通过合理组织、科学安排,让一日活动发挥一致的、连贯的、整体的教育功能,寓教育于一日活动之中。一日活动的具体安排要注意以下两点:

① 一日活动中的各种活动不可偏废,不能顾此失彼,随意削弱或取消任何一种。

② 各种活动必须有机统一为一个整体。

二、素质教育的目标与要求

(一) 素质教育的目标

1. 促进学生身体的发育

基础教育处于学生个体发育的关键时期,有助于身体发育顺利进行的教育就是好的教育;相反,就不是好的教育。

2. 促进学生心理的成熟

中小学阶段是个体心理逐渐成熟的阶段。素质教育要促进学生心理的成熟,使其逐渐成为能够独立面对社会、介入周围世界的主体。

3. 培养学生的公民意识

基础教育是公民教育,而中小学教育又要求"全面提高国民素质",因此,基础教育有必要根据现行的公民权利和义务规定,确定自己的现实目标。

4. 培养个体的生存能力和基本素质

素质教育着重于促进学生发展,使学生能够独立面对社会,具备生存能力和终身学习的基本素质。

5. 培养学生的学习习惯、爱好和能力

现代社会科学技术的不断发展使学习不仅仅局限于学生时代,素质教育要教会学生学习,让学生能够自我学习并且愿意自我学习。

6. 培养学生的法律意识

我国已开始向法治社会迈进这一事实,要求我们的基础教育培养学生真正具有法治意识和观念。对中小学教育阶段的学生来说,法治意识必须从小就开始培养,使守法、用法成为一种自觉的行为和习惯。

7. 培养学生的科学精神和态度

现代技术的根源是科学,而科学的本质是对真理的追求,对事实的尊重。大力培养学生的科学精神和态度,是我们基础教育尤其要着重变革的一个方面。

（二）国家实施素质教育的基本要求

1. 面向全体

我国普及九年义务教育，就是面向全体适龄学生，让每一个适龄的学生都能进学校学习。面向全体学生，使每一个学生都能在原有的基础上有所发展，都在天赋允许的范围内充分发展。

2. 促进学生全面发展

促进学生德、智、体、美、劳方面全面发展，这是我们党和国家的教育方针，我们需要在实践中把这个方针贯彻好、落实好，不能有任何放松。

3. 促进学生创新精神和实践能力的培养

我国的基础教育在能力培养上还需要进一步努力。知识是重要的，但是知识不能限制人们的思维空间，而应该成为人们进一步认识世界、改造世界、发展能力的基础，应该把知识融入人的认知结构。因此，创新精神、实践能力对素质教育来说尤为重要。

4. 促进学生生动、活泼、主动地发展

要想有所创新，就必须以主动性的发挥为前提，真正尊重学生的主动精神，弘扬主动精神，这就要求教师要进行启发式教学，鼓励学生主动探索、主动思考，鼓励学生存疑、求疑，在教学中促进学生生动、活泼、主动地发展。

5. 着眼于学生的终身可持续发展

教是为了不教，不仅要让学生学会，更要让学生会学，不仅给学生知识，更要给学生打开知识大门的钥匙。在这样一个时代，我们的基础教育一定要培养学生终身可持续发展的能力。

三、学校教育中开展素质教育的途径和方法

（一）深化教育改革，为实施素质教育创造条件

基本普及九年义务教育和基本扫除青壮年文盲（简称“两基”），是全面推进素质教育的基础。树立素质教育理念、加大教育改革是开展素质教育的条件。

全面推进素质教育，是教育事业的一场深刻变革，是一项事关全局、影响深远和涉及社会各方面的系统工程。只有政府作为推进素质教育的主体，才能综合各方面的社会力量，统筹各种资源，为推进素质教育创造必要的条件。

（二）提高园长与教师队伍的水平

园长是幼儿园教育教学的管理者，提高教师的素质必须有高素质的园长。园长不但要成为幼儿园管理的高手，而且要成为幼儿园教育教学活动设计和组织的能手。

教育者的综合素质将直接影响到教育质量，也就是说，素质教育的成败，相当程度上取决于教师。要提高教师的综合素质，不仅要求教师更新教育观念、提高知识水平，而且还要求教师具有高度的事业心与责任感，有开拓意识和创造精神等优良品质，有高尚的思想道德、崇高的精神境界，有高度的敬业、爱岗精神，严于律己、以身作则、为人师表。

1. **更新教师的教育观念**

教师要转变教育观念,确立幼儿的学习主体地位。

为让幼儿的素质得到全面的培养与提高,教师必须变“注入”教育为“启发”教育。幼儿园教师应采用启发教育方法,激发幼儿的学习兴趣,让幼儿通过自己的努力探索发展能力,使幼儿主动、活泼、愉快地学习和活动。

心理学家皮亚杰指出,教育的首要目标在于培养有创新能力的人,而不是重复前人所做的事情。幼儿园教师必须确立培养创造性人才的素质教育目标,从传授、继承已有知识为中心的传统教育,转变为着重培养幼儿创新精神和实践能力的教育;从过去主要强调全面发展,转向不仅强调全面发展而且特别注重个性发展的教育。

2. **提高教师的师德素养**

师德对实施整体改革、实施对全体学生全面素质教育起着关键性作用。素质教育要求教师要热爱党,热爱社会主义祖国,忠诚于人民的教育事业;要树立正确的教育观、价值观和人才观,增强实施素质教育的自觉性;要不断提高思想政治素质和业务素质,教书育人,为人师表,敬业爱生;要有宽广厚实的业务知识和终身学习的自觉性,掌握必要的现代教育技术;要遵循教育规律,积极参与教学科研,在工作中勇于探索创新;要与学生平等相处,尊重学生人格,因材施教,保护学生的合法权益。

3. **强化教师在职进修制度**

进一步提高教师的待遇,优化学校管理,建立优化教师队伍的有效机制,完善教师在职进修制度,提高教师队伍的整体素质。合理配置教师资源,努力造就能够带领广大教师和教育工作者积极实施素质教育的管理干部队伍。只有这样,才能最大限度地发挥教师的作用。

(三)将教育目的落实到教学之中

如果不将素质教育落实到教学之中,那么素质教育就只能是一个抽象的概念。进行幼儿素质教育可通过开展多种活动和游戏来进行。

积极开展多种形式的教学实践活动,是实施素质教育的重要方法。有多种形式的实践活动,如采用色彩鲜艳、形象生动的直观教具,创设和谐的氛围和优美的教学环境,引导幼儿自觉观察小动物,与幼儿一起玩耍等。在教学中还要注意多给幼儿提供动口、动手、动脑、动眼的机会。

(四)教学内容要与生活实际紧密结合

幼儿素质的提高,并非一朝一夕之事,需要潜移默化、循循善诱、循序渐进的培养,对幼儿的品德教育要贯穿在教师的言行中,无论大小事,教师都要用自身良好的理想、信念、道德品质、言行举止去影响幼儿,做幼儿的楷模。

在对幼儿进行素质教育的过程中,还需要家庭和社会的配合,只有将三方面的力量结合起来,才能形成合力,保证幼儿健康地茁壮成长。

(五)调动幼儿的主动性和积极性,促进幼儿全面发展

没有最大限度地发挥儿童的潜力,没有从根本上调动全体儿童学习的积极性,就不能真

正让所有儿童参与到教学中,也就不能教会儿童学习,这是影响教学质量深层次的问题。

1. 促进幼儿体、智、德、美等全面发展

幼儿教育的本质是以促进幼儿身心健康、和谐发展为目的的素质教育,而不是偏重某个方面的片面教育。虽然促进幼儿的智力发展是幼儿教育的重要任务之一,但幼儿教育不等于知识灌输,更重要的是幼儿教育要以“成长”为取向,为其终身发展奠定良好的基础。每一个幼儿的发展,除智力的发展外还应包括身体、情感与社会适应性等方面的发展。把幼儿教育等同于早期智力开发,等同于提前开始读写算的知识技能学习和训练,不仅会给幼儿带来压力,降低学习兴趣,还会给其未来的发展埋下隐患。

2. 要注意保护和发展幼儿的想象力、创造力,善待幼儿的质疑

新颖、独创、奇特是创造性想象的本质特征。可以说没有奇思妙想,就没有创造性的成果出现。因此,教师应注重培养幼儿的创造性思维,善待幼儿的好奇和质疑。

想象力、创造力是不能传授的,这是一种素质。幼儿园教师要给幼儿营造一个和谐、宽松的学习环境,激发幼儿的主观能动性,促进幼儿创造力、想象力的发展;要保护幼儿与生俱来的好奇本能,为其好奇心和创新意识营造宽松的发展环境和条件,这是发展幼儿独立思考能力和创新能力的基础。

3. 注意发展幼儿良好的心理素质

良好的心理素质既是素质教育的重要内容,又是形成创新能力不可缺少的因素。教师要为幼儿创造自主、自由的环境,培养幼儿敢想、敢说、敢干的精神和坚持主见、喜欢争论等独特的个性。教师要从日常生活、工作、劳动、游戏和学习等实践活动中提出需要解决的问题,激发幼儿积极思维,促使其不断探索,鼓励他们大胆设想,寻求解决问题的方法。

真题解读

一、单项选择题

1. 某幼儿园分班布置画展,张老师精心挑选部分“好的幼儿作品”展出,李老师则将每个孩子的作品都予以展出,这两位老师的做法中(　　)。

A. 张老师对,应支持优秀儿童的绘画表现　B. 李老师对,应支持每个儿童的绘画表现

C. 张老师对,班级画展需要体现最高水平　D. 李老师对,班级画展需要平衡家长关系

【答案与解析】B。李老师的做法体现了素质教育中面向全体学生的原则。

2. 下列对素质教育的理解存在片面性的是(　　)。

A. 促进学生专业发展　B. 尊重学生个性发展

C. 教育面向全体学生　D. 引导学生协调发展

【答案与解析】A。素质教育观的内涵要求素质教育是面向全体学生的教育,是促进学生全面发展的教育,是促进学生个性发展的教育,是以培养学生的创新精神和实践能力为重点的教育。促进学生专业发展只强调了某一方面的发展,存在片面性。

3. 某幼儿园在其教学计划中大量增加小学一年级的课程内容,该幼儿园的做

法(　　)。

A. 正确,有利于幼儿园和小学的衔接　　B. 错误,背离了幼儿教育的基本目标

C. 正确,有利于提高儿童认知水平　　D. 错误,只能适量增加小学教育的内容

【答案与解析】B。幼儿园在教学内容、教学方法等方面都有自身的特点,与小学阶段的教学有着不同的要求,因此增加小学的内容违背了幼儿园保育与教育的基本目标。

4. 在幼儿园工作实践中,一些老师认为上课是传授知识、发展幼儿智力的唯一途径,组织幼儿进餐、睡眠等只是保育工作,这种思想有违(　　)。

A. 循序渐进原则　　B. 发挥一日生活的整体功能原则

C. 重视年龄特点和个体差异原则　　D. 尊重幼儿原则

【答案与解析】B。进餐、睡眠等活动同样具有教育价值,应予以重视。

5. 手工制作后,孩子们都开心地把作品拿在手里。小明兴高采烈地奔向老师,举起手里的作品向老师炫耀,可是老师瞟了一眼说:“看你做的是什么呀? 难看死了。”老师的做法(　　)。

A. 正确,从小培养幼儿的认真态度　　B. 正确,从小对幼儿进行挫折教育

C. 不正确,挫伤了幼儿的创造热情　　D. 不正确,扼杀了幼儿的竞争欲望

【答案与解析】C。教师应该用发展的眼光鼓励幼儿的探索,因此题干中教师的反应是错误的,会挫伤孩子的积极性。

6. 某幼儿园一直注重教育质量,选择《唐诗三百首》对幼儿进行详细讲解、认读、听写,部分家长对此很满意。该幼儿园的做法(　　)。

A. 不正确,忽视了幼儿教育的生活化　　B. 不正确,忽视了幼儿教育的均衡化

C. 正确,提升了幼儿的语言能力　　D. 正确,打牢了幼儿的知识基础

【答案与解析】A。幼儿园教育强调保教结合,过早呈现没有生活常识相衔接的唐诗,不契合儿童的认知方式,违背了保教结合的原则。

7. 绘画时,飞飞在纸上画了一个黑色的太阳。对此,李老师的恰当做法是(　　)。

A. 批评飞飞的画不合常理　　B. 耐心地询问飞飞的想法

C. 替飞飞把太阳涂成红色　　D. 要求飞飞重新画红太阳

【答案与解析】B。李老师要保护幼儿的兴趣和创新精神,所以 B 符合题意。

8. 课堂上杨老师对某个问题的解释有错误,学生指出后,杨老师不但没有批评,反而表扬该学生善于思考,具有质疑精神。下列说法不恰当的是(　　)。

A. 杨老师注重培养学生独立思考能力　　B. 杨老师注重培养学生自我评价能力

C. 杨老师注重培养学生创新求异能力　　D. 杨老师注重培养学生批判思维能力

【答案与解析】B。素质教育以培养学生的创新精神和实践能力为重点,杨老师鼓励学生质疑的做法,有利于培养学生的发散思维、创新精神和反思能力。

二、材料分析题

9. 东东有一双系鞋带的鞋子,他非常喜欢,但是他自己不会系。午睡起床时,他怎么也系不好鞋带,又着急又难过。华老师安慰他:"别着急! 老师教你,你一定能学会的。"华老师边讲解边示范,教了几遍,但是东东还是没学会。华老师知道这是因为东东性子急,观察不仔细。为了让东东掌握系鞋带的步骤,华老师自编儿歌,将系鞋带的动作进行分解:第一步要把鞋带的两个头拉得一样齐,边念儿歌边做动作:"两个线儿一样长,两个线头交个叉,后面线头往下钻。"第二步打活结时按照"一个圈,两个圈,换一换,两只蝴蝶飞起来"来进行。这种具体形象的儿歌让东东很快学会了系鞋带。怕东东忘记,华老师还将这些步骤用图画出来。

参考答案

问题:请从教育观的角度,评价华老师的教育行为。

10. 幼儿园托班的孩子吃饭时普遍存在以下情况:不肯张嘴或不肯咀嚼吞咽。为解决这个问题,张老师想了很多办法。一天中午吃饭时,张老师端了一碗饭菜,边示范边夸张地说:"我是大老虎,嘴巴张得大,牙齿咬得快,一会饭菜吃光光!"老师鼓励幼儿和自己一样做大老虎。在进餐巡视时,张老师一会儿对吃得快的宝宝说:"嗯,原来这里有一只大老虎,我喜欢你!"一会儿又走到另外一个宝宝身边说:"这只老虎吃得真香呀!"有时还在"大老虎"身上贴个贴纸……慢慢地,幼儿爱吃饭了,也会吃饭了,把饭含在嘴里的现象明显减少了。

参考答案

张老师还发现,每次吃饭时璐璐喜欢用手擦嘴巴,所以吃完饭后,她的衣袖总是沾有很多菜汁。一天吃鸡腿,张老师特意在璐璐的桌子上放了一条干净的小毛巾,让璐璐记得将沾满油腻的小手在毛巾上擦一擦,那天璐璐的衣袖很干净。从那以后,每到吃饭时张老师总会给璐璐准备一条毛巾,璐璐渐渐养成了随时用毛巾擦拭嘴和手的习惯,衣袖总是干干净净的。

问题:请结合材料,从教育观的角度分析张老师的教育行为。

第二节 儿童观

考点梳理

一、儿童观概述

儿童观是幼儿教师实施幼儿教育的思想基础,直接决定着幼儿教育活动的质量,作为幼儿教师要正确看待儿童，树立正确的儿童观，这是做好幼儿教育工作的保证。

儿童观作为一种指向儿童的观念，有内在的结构和内容。分析儿童观的结构，必须从儿童作为人的整体生命出发，把儿童理解为自然的存在、社会的存在和精神的存在的统一。

（一）自然构成——儿童是自然的存在

儿童的身体组织是长期在自然界的制约下进化、发展的产物。作为生物个体，一方面具有独立性、个体性和完整性，有自身生理发展的规律；另一方面又具有对外部世界和周围事物的依赖性。

（二）社会构成——儿童是社会的存在

儿童具有自然性和社会性双重生命属性。由于儿童的存在，社会才得以延续和发展，社会生活才更加绚丽多彩。儿童作为社会的存在，要求教师能够在两个方面看待儿童观的特征：一是儿童的自然性决定着儿童的发展问题；二是儿童的社会性决定着儿童应享有相应的社会地位和权利。因此，儿童的发展受社会环境的影响，需要构建有利于其成长发展的社会环境和文化氛围。

（三）精神构成——儿童是精神的存在

儿童有自己的精神世界。儿童有自己喜欢的事物、崇拜的偶像，有自己的活动方式、处事方式和交友方式，儿童精神世界有独特的结构。因此，儿童具有丰富的精神世界、丰富的情感、独立的人格和个性，要正确看待儿童的活动需要和个性差异。

二、全面发展的儿童观

（一）教育与人的全面发展思想

关于人的全面发展的思想学说是我国确立教育目的的理论依据。

1. 人的全面发展的概念

人的全面发展既指人的体力和智力的充分发展，又指人在德、智、体、美、劳各方面的和谐发展。全面发展与片面发展、畸形发展相对。

2. 人的全面发展的基本内容

（1）人的发展同其所处的社会生活条件是相联系的。

马克思和恩格斯运用唯物主义的观点来考察人的发展的问题，指出：这不决定于意识，而决定于存在；这不决定于思维，而决定于生活；这决定于个人生活的经验发展和表现，这两者又决定于社会关系。

（2）旧式分工造成了人的片面发展。

马克思和恩格斯在考察了人类社会发展的历史后指出，在第一次社会大分工后，城市和农村的分离，脑力劳动和体力劳动的分离，造成了人的片面发展。旧的社会生产分工和不合理的生产关系是人的片面发展的原因。人的片面发展的基本特征是脑力劳动和体力劳动的分离和对立。在资本主义社会初期的工场手工业里，人的身心发展更加片面化、畸形化，脑力劳动和体力劳动的分离和对立达到了顶点。

(3) 机器大工业生产提供了人的全面发展的基础和可能。

资本主义机器大工业的出现和发展,为人的全面发展开辟了道路。首先,机器大工业生产的出现,使生产力得到了极大提高,从而使人的全面发展成为社会的客观需要。其次,机器大工业生产也为人的全面发展提供了可能和条件。机器大工业生产的发展,提高了劳动生产率,缩短了劳动时间,创造了丰富的物质生活条件,使劳动者有充分的闲暇时间去学技术、学文化,发展自己的兴趣、爱好和特长,以适应大工业生产的需要。

(4) 社会主义制度是实现人的全面发展的社会条件。

机器大工业生产所提供的人的全面发展的可能性,在资本主义社会并不能充分地实现,而社会主义制度是实现人的全面发展的社会条件。这是因为,生产资料的公有制性质决定了每个人都必须参加生产劳动,而生产劳动又为每个人提供了全面发展的机会,同时,生产资料公有制的实现,为全体劳动者提供了物质和精神条件,从而进一步促进了人的全面发展。

(5) 教育与生产劳动相结合是培养全面发展的人的唯一途径。

教育与生产劳动相结合是马克思和恩格斯教育思想的重要内容之一,被视为培养全面发展的人的唯一途径。马克思说:教育与生产劳动相结合,不仅是提高社会生产的一种方法,而且是造就全面发展的人的唯一方法。

(二) 全面发展儿童观的内涵

幼儿全面发展教育是指以幼儿身心发展的现实与可能为前提,以促进幼儿在体、智、德、美诸方面全面和谐发展为宗旨,并以适合幼儿身心发展特点的方式、方法、手段加以实施的,着眼于培养幼儿基本素质的教育。

全面发展并不意味着个体在体、智、德、美诸方面齐头并进,平均地发展,也不意味着个体的各个发展侧面可以各自孤立地发展。因此,幼儿园的全面发展教育在保证幼儿体、智、德、美诸方面全面发展的基础上,可以允许幼儿个体在某些方面突出一些。同时,应注重幼儿各方面发展的和谐与协调。

(三) 幼儿全面发展教育的实施

1. 幼儿体育

幼儿体育是指幼儿园进行的,遵循幼儿身体生长发育的规律,运用科学的方法以增强幼儿的体质、保证幼儿健康为目的的一系列教育活动。对幼儿实施有效的体育,有益于增强幼儿的体质,为幼儿的发展提供良好的基础。

2. 幼儿智育

幼儿智育是有目的、有计划地让幼儿获得粗浅的知识技能,发展智力,增进对周围事物的求知兴趣,学习"如何学习",并养成良好学习习惯的教育过程。

3. 幼儿德育

幼儿德育是年轻一代德育的最初阶段,是教育者根据一定的社会要求,有目的、有计划地对幼儿施加教育影响,为培养年轻一代的思想品德打下最初的基础的教育。根据幼儿身心发展的特点和实际情况,幼儿德育是对幼儿进行道德品质教育,即品德教育,培养他们良好的品德、文明习惯和性格。

4. 幼儿美育

幼儿美育是根据幼儿的身心特点,运用自然美、社会美和艺术美中美的事物和丰富的审美活动来培养幼儿正确的审美观念,使其具有感受美、表现美和初步创造美的能力以及培养其健康审美态度的教育。

三、育人为本的儿童观

(一) 育人为本的含义

育人为本就是要以培养人才为学校的根本任务,以幼儿为主体,促进幼儿的全面发展,培养社会主义建设者和接班人。育人为本的教育思想,要求教育不仅要关注人的当前发展,还要关注人的长远发展,更要关注人的全面发展。

(二) 育人为本的儿童观的内容

1. 儿童是发展的人

儿童是发展的人是指儿童有发展的潜能和发展的需要,儿童成长的过程就是不断发展的过程。儿童不同于成人,其正处于发展之中。儿童有自己独特的认识方式、成长特点,有巨大的发展潜能和被塑造与自我塑造的潜力。儿童需要时间去成熟和发展。要提供与儿童身心发展水平相适应的生活,让童真、童趣、童稚得到自由伸展。

(1) 儿童的身心发展具有规律性。

儿童发展的规律性主要体现在身心发展上,不同阶段的儿童具有不同的身心特征,教育者是主导性的因素。作为教育活动的组织者和领导者,教师依据儿童教育目的,采用适当的教育手段,创设必要的教育环境,调控儿童的整个教育过程,从而促进儿童的身心发展,使其达到预期的目的。因此,把握儿童身心发展的规律和特征是教师开展教育教学活动的前提。

① 发展具有方向性和顺序性。正常情况下,儿童的发展具有一定的方向性和顺序性,既不能逾越,也不会逆向发展,按由低级到高级、由简单到复杂的顺序进行。如个体动作的发展,遵循自上而下、自躯体中心向外围、自粗大动作到精细动作的发展规律,这些规律可概括为动作发展的头尾规律、远近规律和大小规律,并体现在每一个儿童身上。再如儿童体内各大系统成熟的顺序是:神经系统、运动系统、生殖系统;大脑各区成熟的顺序是:枕叶、颞叶、顶叶、额叶;脑细胞发育的顺序是:轴突、树突、轴突髓鞘化。这种方向性和不可逆性在某种程度上体现出基因型在环境的影响下不断把遗传程序编制显现出来的过程。

② 发展具有连续性和阶段性。儿童心理的发展也是一个不断的矛盾运动过程,是一个不断从量变到质变的发展过程。儿童心理发展的连续性表现在:先前的较低级的发展是后来较高级的发展的前提。儿童的心理时刻都在发生量的变化,随着量变的积累,到了一定程度,就会发生质变,从而使儿童心理发展呈现出“阶段性”。儿童身心发展的连续性和阶段性

不是绝对对立的，而是辩证统一的。儿童心理发展一般采取渐变的形式，在原有的质的特征占主要地位时，已经开始出现新的特征的萌芽，而当新的特征占主要地位之后，往往仍有旧的特征的表现，发展之间一般不出现突然的中断，阶段之间具有交叉性。

③ 发展具有不平衡性。人的发展不是等速的，学前期和青春期是发展的两大加速期。在学前期的不同时间内，儿童的发展速度也不同。儿童年龄越小，发展的速度就越快，这是学前期儿童心理发展的规律。关键期和危机期就是发展不平衡的表现。

关键期也叫敏感期或者临界期，指的是儿童各种心理机能的发展有一个最佳年龄。如果在这个最佳年龄段为儿童提供适当的条件，就会有效促进这方面的发展，如果错过了这一时期，将来就很难弥补。人发展的一个关键期就是儿童期。儿童脑科学的研究表明，脑的发育存在最佳期，婴幼儿时期是大脑发展最快的时期，脑的结构和功能的可塑性最大，即脑被环境和经验修饰的可能性最大。

危机期是指儿童在某些特定的年龄时期，儿童心理常常发生紊乱，表现出各种否定和抗拒的行为。如儿童3岁、7岁、11~12岁就是发展的危机年龄。

④ 发展具有个别差异性。个别差异性是指在儿童发展具有整体共同特征的前提下，每个儿童的身心发展，在表现形式、内容和水平方面都具有独特之处。这种表现在个体发展方面的差异性，来源于个体遗传素质和生活环境的差别。例如，相同年龄的儿童，在身高方面有明显的高矮之分；注意力的持久性、知觉的广度也有明显差异。

儿童在发展过程中表现出的个体差异，虽然在一定程度上受生物因素的影响，但更多的还是受环境和教育的影响。而且环境和教育还能对遗传素质的优势和不足起到一定发挥和弥补的作用。这一特征也是实行因材施教教育原则的基础。

以上四种规律从总体上概括了儿童身心发展过程中的本质性的表现，同时这些规律也反映出一些更为深刻的内容：

第一，儿童的生理成熟先于其心理的成熟；

第二，每一年龄阶段儿童发展水平、特点的充分实现，将有助于其今后的发展，否则儿童在下一阶段的发展将会受到一定阻碍；

第三，儿童的身心发展归根结底是儿童个体的发展，尊重和顺应儿童个体发展的差异性，是促进儿童整体发展水平丰富性的根本前提。

（2）儿童具有巨大的发展潜能。

儿童的发展潜能极大。在胎儿期，孩子就有了听觉、触觉、记忆力和情感等方面的反应能力。出生后几个小时就有了视觉偏爱，能分辨出声音和气味，还可以形成条件反射。在0~6岁，儿童基本上能掌握本民族的口头语言，具有时间和空间的辨别能力，其知觉、思维、想象、记忆、注意力的有意性开始萌发，并初步具备了基本的生活自理能力和社交能力。

教师应当把儿童看作是发展过程中的客观存在，用发展的眼光去看待儿童，倡导对儿童进行形成性评价。

从本质上讲，儿童处于人生发展的特定阶段，具有很大的不稳定性和可塑性，教师应当避免只关注儿童的现实情况，而要挖掘儿童可能出现的各种情况，实现对儿童成长的全局性把握，甚至全人生的指导，坚信每个儿童都是可以积极成长的，是有培养前途的，是可以获得成功的，对教育好每一位儿童都充满信心。同时尊重儿童理性思维能力，尊重儿童自由意志，把儿童看作是独立思考和行动的主体，相信每一个儿童都具有发展潜力，维护每一个儿童的人格与权利。

（3）儿童身心发展具有快速性、幼稚性和全面性。

儿童身心的发展速度极快，变化很大，因而具有未定型性。儿童身心的各方面都是可以改变的。幼儿教师不能以静止的观点看待幼儿现有的身心特点和水平，而要以发展的眼光看待孩子。

儿童的身心发展尽管很快，但他们毕竟还处在人生发展的初期，因此具有幼稚性。幼儿身心的各个方面都非常不完善，极易受到伤害。因此，幼儿教师应努力地呵护、照料和关心他们。

儿童机体的各个部分相互联系、不可分割，儿童心理的各个方面也相互影响、相互制约，儿童的生理和心理是完整和谐发展的。因此，幼儿教师必须高度重视其在身体、认知、品德、情感、个性等方面的全面发展。

2. 儿童是独特的人

（1）儿童是一个完整的人。

儿童是一个完整的人，不是单纯的抽象的学习者，而是有着丰富个性的人。在教育活动中，作为完整的人而存在的儿童，不仅具备智慧和人格力量，而且体验着全部的教育生活。要把儿童作为完整的人来对待，就必须反对那种割裂人的完整性的做法，还儿童完整的生活世界，丰富儿童的精神生活，给予儿童全面发展个性力量的时间与空间。

首先，关注幼儿的情绪生活和情感体验。中国古代教育家孔子说过：知之者不如好之者，好之者不如乐之者。保教过程应该让幼儿有愉悦的情绪和积极的情感体验。

其次，关注幼儿的道德生活和人格养成。“教学永远具有教育性”，这是教学活动的一条基本规律。教师不仅要充分挖掘和展示教学中的各种道德因素，还要积极关注和引导幼儿在教学活动中的各种道德表现和道德发展，从而使教学过程成为幼儿的一种高尚的道德生活和丰富的人生体验，使知识增长的过程同时成为人格健全与发展的过程。当然，这要求幼儿园教师一定要加强自身修养，不断完善自己。

（2）儿童是独一无二的人。

由于遗传、环境、教育等方面的影响，每个儿童身心发展的速度各不相同，其身心素质的组合特征也不同。每个儿童与外界相互作用的方式、风格等都不同，都有其优势领域和劣势领域，智力特点受到文化和家庭的影响。教师应当将儿童看成独特的个体，因材施教，促进儿童的全面发展。

（3）儿童期有自身的价值。

儿童不仅是成人生活的准备阶段，儿童期自身还有不可替代的价值。儿童期是童年生命的展开，是人生中享受童年乐趣不可或缺的阶段。儿童最终要长大成人，而成人是经由儿童期发展而来的。人生的各个阶段皆有其自身不可取代的价值，尤其是儿童期，是身心成长最重要的阶段,也应是人生中最幸福的时光,教育在此阶段的最大成就是给孩子一个幸福而有意义的童年,以此为他们幸福而有意义的一生打下良好的基础。

3. 儿童是学习的主体,是具有能动性的教育对象

儿童是受教育的对象,但儿童在受教育过程中并不是对教师的完全盲从,而是具有在教育活动中的主观能动性和自我教育的可能性。现代教育观强调儿童既是教育的客体,也是实施教育的对象,同时也是教育的主体。儿童在教育活动中具有主观能动性和自我教育的可能性,儿童的学习和发展是一个儿童主动建构的过程。

4. 儿童是权利的主体

(1) 儿童和成人具有平等的地位和相同的价值。

儿童是权利主体,意味着把儿童看作与成人人格平等、具有相同的社会地位、享有基本人权的积极主动的、人格独立的人,是拥有权利的自由主体。

(2) 儿童作为权利主体拥有权利。

按照《儿童权利公约》精神,儿童享有的基本权利有生存权、受保护权、发展权和参与权。儿童的权利反映了儿童在社会关系中的地位,是儿童作为主体的一种资格,是被社会意识或社会规范认为是正当的行为自由。

(3) 儿童作为权利主体的特殊性。

儿童和成人一样平等地拥有法律保护的权利。但是,儿童毕竟是发展中的人,身心处于发育成熟的过程中,与成人相比,在体力、心理上都处于弱势,这就决定了儿童作为权利主体的特殊性。一方面,儿童权利的行使需要社会的教育和保护。儿童是未来社会发展的基础,尽管儿童群体不直接参与社会生产,但儿童仍是社会体系中不可或缺的有机组成部分,因此,在精神上和物质上应给予儿童特殊的照顾和法律保护。儿童与社会的关系决定了社会有责任保障儿童权利的实现。另一方面,儿童作为权利主体拥有权利,但不连带与成人一样的责任和义务。权利与义务的统一是一般的法律原则,但对儿童权利的法律保护主要是成年人的义务和责任。儿童作为一个特殊的群体,他们不仅需要特殊的法律保护,而且他们只有在未来才能履行法律上的义务。社会和成人不仅要承认儿童的权利,而且要保证儿童权利的实现。

(三) 坚持育人为本,促进幼儿健康成长

每个幼儿都有其独特的价值,在教育教学中应该承认差异,适应差异,追求多样性,尽可能地提供适合幼儿发展的机会,保证幼儿有机会获得适合其特点的教育。教师在教学中要根据不同幼儿的认知水平、学习能力以及自身素质,选择适合每个幼儿特点的学习方法,有针对性地教学,发挥幼儿的长处,弥补幼儿的不足,激发幼儿学习的兴趣,树立幼儿学习的信心,从而促进幼儿全面发展。

1. 实现角色转换

每个幼儿在行为、兴趣、爱好、才能等方面都有自己的特点,幼儿教育工作要想取得良好的效果,就必须了解每个幼儿的独特性,对幼儿进行个别教育。而教育的这种个别化往往迫

使教师角色发生变化，从“专家”的角色转换为“指导者和协助者”“促进者”“创造者”“组织者”“建议者”“记录者”“评价者”，使纵向的指挥与服从的师生关系切换为横向的平等对话的师生关系。为此，教师要针对儿童的具体情况，扮演相应的角色，以促进儿童富有个性的发展。

2. 深入研究幼儿

教师只有全面了解幼儿的个性特征，深入研究幼儿的优点和缺点，才能区别对待幼儿，向幼儿提出切合实际的要求，有的放矢地进行教育。

（1）教师要亲密接触每个幼儿。

幼儿世界是一个特殊的世界，教师要想进入儿童的精神世界，就必须与幼儿密切接触，做幼儿的朋友，共同分担忧愁和恐惧，获得幼儿的理解和信任，找到打开儿童心灵的钥匙。

（2）教师要仔细观察每个幼儿。

在和幼儿相互作用的过程中，教师要细致观察幼儿，而活动是教师观察幼儿的重要窗口。教师既可通过园内的生活活动、游戏活动、教学活动来观察幼儿，也可通过园外的亲子活动、参观活动、郊游活动来观察幼儿。

（3）教师要准确评价每个幼儿。

在观察记录每个幼儿的基础上，教师可从某一方面（如体力、认知、语言、社会性、情感、审美）对幼儿的发展水平进行归类分层，也可从总体上对幼儿的个性特征加以分析。

（4）教师要全面分析每个幼儿。

幼儿的发展水平受到多种因素的制约，教师要寻找、推断、分析其主要成因，究竟是幼儿自身的因素（如残疾、疾病、特殊才能）造成的，还是幼儿家庭的因素（如家庭环境、家庭生活方式、父母职业、亲子关系）导致的，或是幼儿社会文化的因素（国籍、种族、民族、价值观、文化传统）致使的。

3. 构建独特环境

环境在促进儿童健康发展中的作用不可忽视，学习者生活的家庭、学习和工作环境与我们在其中所进行的教育活动同样重要。教师应创设环境，优化结构，为每个儿童提供最适宜的氛围，以满足集体中所有个体的需要，促使每个儿童都健康地成长。

（1）营造尊重每个儿童的文化和语言的环境。

随着我国改革开放力度的加大，人口流动的加速，中国走向世界及世界走进中国的格局的形成，班级中的儿童不仅会来自不同的家庭、不同的社区、不同的省市、不同的民族，而且还可能来自不同的国家、不同的地区，讲不同的语言，所以，教师要了解每个儿童独特的文化背景和语言文字，认识到每个儿童都应有机会在一个尊重他们的环境里成长，为儿童营造认可、宽容、接纳的氛围，使儿童能对自己富有个性的文化语言、社会背景感到自豪，同时也尊重文化的多元性。

（2）创设发展每个儿童的兴趣和能力的环境。

儿童的兴趣有不同之别，儿童的能力有强弱之分，教师应创造丰富多彩的环境，以适应不同发展水平、不同发展方向的儿童的需要。如教师可布置图书区、艺术区、电脑区、科学区、沙水区、体育区等多种活动区，使有不同兴趣的儿童能从中选择，进入区域活动；教师还可为同一活动区投放不同类别、不同难度的材料，使能力不同的儿童能自由选择，按照自己的方式操作材料。

(3) 构建促使每个儿童获得进步和成功的环境。

教师要为儿童创造民主、宽松的心理环境，使每个儿童都对自己充满信心，敢于冒险，不怕挫折；教师要帮助儿童通过运用多种感官进行尝试而不断取得进步，走向成功。

4. 利用儿童的思维方式与强项

教师要重视儿童个体在学习方式上所表现出来的差异，从每个儿童最擅长、最喜欢的学习方式中找到切入点，设计出与儿童个体学习特点相适应的教育活动，使每个儿童能通过最合适的入口、最顺利的路径来学习，获得最大化、最优化的发展。

每个儿童都与众不同，与其他儿童相比，都有优势和劣势。教师在对儿童因材施教时要依靠儿童身上的优点，发展提升儿童的强项，弥补改进儿童的弱项。

(1) 发现儿童的特点。

每个儿童都有自己的特点，在体、智、德、美诸方面的发展上也不会同步，表现出自己的优势领域和弱势领域。教师要善于发现，并以此为基础，设计个性化的教育活动来挖掘儿童的潜力。当每个人都有机会挖掘自身的潜能而高效地学习时，他们必将在认知、情绪、社会甚至生理等方面展现出前所未有的积极变化。

(2) 鼓励儿童的强项。

不论儿童的强项之“强”是相对于同伴还是相对于自己，教师都要予以关注和强化。一方面，为每个儿童提供充分展现自己强项的机会，以提高儿童的自信心和表现力；另一方面，为每个儿童提供在自己的强项领域里担任“领头羊”的机会，以培养儿童的组织能力和合作能力。

(3)改善儿童的弱项。

如果教师确认了学生的长处，除了鼓励他们发展自己的优势外，更重要的是还要利用这些优势改善他们的劣势。可在儿童的强项和弱项之间“铺路架桥”，使儿童的强项能成为其弱项的基石和推动力；也可指导儿童将优势领域的特点迁移到弱势领域，使儿童在弱势领域中能直接、间接地利用自己的优势而获得多方面的发展。

(四) 优选保教活动方式，促进幼儿个性发展

1. 保教活动的设计原则

(1) 教育性原则：指教师在组织幼儿活动过程中发挥各种因素的教育功能、作用以及影响。

(2) 思想性原则：指教师应注意帮助幼儿正确地认识事物，形成正确的概念，并且结合幼儿思想实际，有意识地、自然地对幼儿进行思想品德的教育。

(3) 趣味性原则：在教育活动中，教师必须使各个保教环节充满趣味，以引起幼儿浓厚的学习兴趣，激发学习的积极性和求知欲，使幼儿处于愉快的氛围中。

（4）实践性原则：教师要创设各种情景，组织各种活动，使幼儿在原有基础上，通过各种形式不断练习，多次重复，在实践活动中巩固和提高。

（5）渗透性原则：将教育渗透到各种游戏之中，渗透到一日生活之中，渗透到物质与精神环境之中，渗透到家庭教育之中，做到事事、时时、处处皆能使幼儿接受到生动而规范的教育。

2. 保教活动的内容设计

保教活动具有启蒙性、生活性、活动性、参与性、游戏性、情境性等特点。《幼儿园教育指导纲要（试行）》明确指出：幼儿园的教育内容是全面的、启蒙性的，可以相对划分为健康、语言、社会、科学、艺术五个领域，也可作其他不同的划分。各领域的内容相互渗透，从不同的角度促进幼儿情感、态度、能力、知识、技能等方面的发展。各个领域的具体内容如下：

（1）健康领域中的身体保健部分包括生活习惯、饮食与营养、人体认识与保护、保护自身安全四个方面；身体锻炼部分包括身体基本活动技能、身体素质和基本体操三个方面。

（2）语言领域包括谈话、讲述、听说游戏、文学作品和早期阅读五个方面。

（3）社会领域包括社会环境、人际关系、社会行为规范和社会文化四个方面。

（4）科学领域包括数学与科学两个方面。

（5）艺术领域包括音乐和美术两个方面。

3. 保教活动的形式设计

根据对活动者的组织形式划分，保教活动可以分为如下几种：

（1）集体活动。集体活动是全班幼儿参加的教育活动，是一种传统的组织形式。集体活动的优点是有利于提高活动效率和进行集体教育，缺点是不便于照顾幼儿的个别差异。

（2）小组活动。小组活动是部分幼儿参加的教育活动。小组活动的优点是有利于教师对幼儿观察、了解、按类施教；有利于幼儿交往、商讨、合作，能给幼儿提供更多的表现机会，减少等待。

（3）个别活动。个别活动是幼儿自我探索活动或教师对幼儿的个别教育活动。个别活动的优点是可以满足每个幼儿的兴趣需要，使幼儿充分展现个性，学习自我管理，便于因材施教。

以上三种活动形式有各自独特的功能，不能相互替代。在教育实践中，三者经常交替进行，相互渗透。

四、教育公正与幼儿的共同发展

（一）教育公正的幼儿发展观

运用育人为本的幼儿观来开展教育活动，要遵循教育公正的原则，处理好幼儿发展的“共同性”和“差异性”问题。

在学校教育活动中，育人为本也是以所有幼儿的发展为本，或者说以每一个幼儿的发展为本，必须坚持教育公正原则。教育公正，在教育活动中的体现就是，所有的幼儿都能够获得同样的教育机会,或者说教育机会对所有的幼儿来说是均等的。

教育机会均等原则的提出,是因为受教育者之间存在着差异。这些差异包括性别、民族、地域、经济状况、家庭背景和身心发展状况等。教育机会均等,就是要求公正地对待幼儿,不因性别、民族、地域、经济状况、家庭背景和身心发展状况的差异而受到不同的对待。因此,无论幼儿有怎样的差异,他们的受教育机会都应当是均等的。

所谓教育机会均等,应当包括两个方面:一个是入园机会均等;另一个是教育过程中机会均等。

(二)有差异幼儿的共同发展

1. 幼儿的性别差异与共同发展

性别既是一种自然状态,也是一种社会文化状态。性别作为一种自然状态,是由遗传基因决定的。遗传基因的差异,会给不同性别的人带来发展的差异。所谓不因性别而造成受教育者的发展差异,做到促进男生和女生的共同发展,就是要做到不要因性别而形成一种性别幼儿发展的优势和另一种性别幼儿发展的劣势。

2. 幼儿的民族差异与共同发展

民族是历史形成的,不同的民族在语言、习俗等方面有差异。我国是一个多民族的国家,因此,在我国幼儿教育活动中,坚持育人为本,必须注意到民族差异,做到不同民族的幼儿共同发展,特别要注意少数民族幼儿的发展。少数民族的语言使用范围较小,因而在学校教育中,双语教育就成为少数民族地区教育的特点。少数民族幼儿在接受教育过程中可能遇到的困难,必须受到重视,使各个民族的幼儿都能得到发展。

3. 幼儿的地域差异与共同发展

中国人口众多,地域广大,经济发展不平衡,存在着地域发展的差异。坚持育人为本,也要做到不同地域的幼儿得到共同发展。生活在经济发达地区的幼儿,可能在教学设施、教师配置比较优越的学校里学习,他们的家庭也可能给孩子提供更好的学习条件,因而地域差异可能成为幼儿发展中的一个问题。教育者对于来自不同地域幼儿的发展状况,要有正确的认识。正确地对待可能由于地域造成的幼儿发展差异,不能因幼儿所处地域的差异而歧视这些幼儿,要促进来自不同地域的幼儿共同发展。

4. 幼儿家庭背景的差异与共同发展

家庭是社会的细胞,然而社会中的家庭却千差万别。不同家庭之间有经济情况的差异,有家长社会地位的差异,有家长文化水平的差异,有家长性格的差异,有家长教育子女水平的差异,还有家庭结构的差异。家庭的种种差异,可能会影响幼儿的发展。家庭经济情况好、家长社会地位高、家长文化水平高、家长教育子女水平高、父母婚姻状况好等情况,一般来说,可能会给子女创造比较好的学习环境。而家庭经济困难、家长社会地位低、家长文化水平有限、家长有性格欠缺、单亲家庭等,可能无法给子女提供良好的学习环境。教育者不能因为幼儿家庭的种种差异以及这种差异给幼儿发展带来的困难而歧视幼儿。

5. 幼儿身心发展水平的差异与共同发展

个体身心发展水平的差异是在一个较长时间里,在各种复杂因素的影响下导致的。教育者不可能面对一个所有幼儿的身心发展水平完全一样的班级。最有可能影响教师在教育过程中对幼儿进行资源分配的因素,就是幼儿身心发展水平的差异。

从幼儿的自然状况看,他们的生理发展情况会有差异。特别是一些生理有残缺的幼儿,面临着更为困难的发展问题。生理上的残缺,有肢体方面的,也有智力方面的。这些生理上的残缺,会影响幼儿的发展。从幼儿的社会文化素质状况看,也会存在学习水平的差异。

在教育活动中,教师在对待幼儿身心发展的差异上可能出现偏差。在教育活动中育人为本,特别要注意正确地对待幼儿身心发展的差异,要给予身心发展状况不同的幼儿以同样的关注,以促进幼儿的共同发展。

真题解读

一、单项选择题

1. 某幼儿园把小学一年级语文、数学知识作为主要教学内容,这种做法有违(　　)。

A. 儿童身心发展的稳定性　　B. 儿童身心发展的个别差异性

C. 儿童身心发展的互补性　　D. 儿童身心发展的顺序性

【答案与解析】D。儿童发展的顺序性指的是根据儿童身心发展的先行后续特征适时地开展教育教学活动。

2. 铭铭问吴老师:"天上哪颗星星最亮?"吴老师说:"老师也不知道,回家后我们都去想办法找答案,好不好?"这说明吴老师能做到(　　)。

A. 尊重个体差异　　B. 公平对待幼儿

C. 面向全体幼儿　　D. 引导幼儿探索

【答案与解析】D。

3. 刚进园时,小朋友们试图用旋转的方法打开水龙头,不出水就大声叫老师,这时蒋老师没有急于出手帮助,而是鼓励他们自己去试。很快小朋友们发现,提起开关水就流出来,按下开关水就不流了,小朋友们高兴得不得了。这体现了蒋老师注重(　　)。

A. 教师的主体作用　　B. 游戏的促进作用

C. 幼儿的亲身体验　　D. 环境的积极影响

【答案与解析】C。

4. 为体现"幼儿为本"的教育理念,教师不正确的做法是(　　)。

A. 尊重幼儿人格　　B. 为幼儿提供适合教育

C. 调动幼儿的主动性　　D. 让幼儿主动选择课程

【答案与解析】D。幼儿的发展水平还不足以让他们能够主动选择课程,因此,D 项不正确。

5. 古人云:"知之者不如好之者,好之者不如乐之者。"这句话提示教师在教学过程中应该重视(　　)。

A. 学生的习惯培养　　B. 学生的人格养成

C. 学生的知识储备　　　　D. 学生的情感体验

【答案与解析】D。"知之者不如好知者,好知者不如乐知者"这句话的意思是"懂得它的人,不如爱好它的人;爱好它的人,又不如以它为乐的人",强调的是兴趣与热爱的重要性。这些属于学生的情感体验,所以答案选D。

6. "人心不同,各如其面"这句话提示教师在教育活动中应该关注(　　)。

A. 学生的主体性　　　　B. 学生的独特性

C. 学生的自主性　　　　D. 学生的发展性

【答案与解析】B。

7. 平时嗓门很大的小强在回答老师提问时声音却很低。老师批评说:"声音这么小,难道你是蚊子吗?"话音刚落,全班哄堂大笑。该老师的做法(　　)。

A. 合理,有助于促进幼儿自主学习　　　　B. 合理,有助于激发幼儿主动反思

C. 不合理,没有体现对幼儿的尊重　　　　D. 不合理,歧视幼儿的生理缺陷

【答案与解析】C。教师应本着育人为本的儿童观正确看待幼儿,把他们看作是发展的人、独特的人,学习和权利的主体,尊重幼儿,促进幼儿发展。材料中的教师讽刺幼儿,没有体现对幼儿的尊重。

8. 某幼儿园一直试着让幼儿做一些力所能及的事,如发勺子、分碗、搬凳子等。一天,小樱用乞求的目光注视着老师,轻声说:"老师,让我发一次勺子好吗?"老师说:"每次吃饭最慢,上课从不举手发言,还发勺子呢?"下列做法正确的是(　　)。

A. 老师让小樱先举手再发言　　　　B. 老师让小樱先吃饭再做事

C. 老师应该让小樱搬凳子　　　　D. 老师应该让小樱发勺子

【答案与解析】D。教师应本着育人为本的儿童观正确看待幼儿,应该尊重幼儿,促进幼儿发展。材料中的教师讽刺幼儿,没有体现对幼儿的尊重。

9. 每次老师提问,小虎总爱抢着回答,但基本上都答错,对此老师应该(　　)。

A. 引导小虎仔细思考　　　　B. 安排小虎多做作业

C. 批评小虎思考不认真　　　　D. 对小虎举手置之不理

【答案与解析】A。老师要保护幼儿回答问题的积极性,同时要引导幼儿仔细思考,因此A选项符合题意。

10. 老师组织集体游戏时,发现嘉嘉独自一人专注地看着落在地上的小水珠,老师走过去对嘉嘉说:"还是先跟大家一起玩吧,游戏后再观察,然后把看到的告诉老师和小朋友,好吗?"该教师的做法(　　)。

A. 保护了幼儿自主探究的兴趣　　　　B. 忽视了游戏活动的目标

C. 忽视了幼儿仔细观察的需求　　　　D. 培养了幼儿的动手能力

【答案与解析】A。教师没有直接打断幼儿的观察,而是采用比较委婉的方式。这样做很好地保护了幼儿自主探索的兴趣。

11. 在幼儿园阶段,下列不属于幼儿学习内容的是(　　)。

A. 听故事　　　　B. 洗手如厕

C. 与同伴一起游戏　　D. 学习 10 以上的加减法

【答案与解析】D。游戏是幼儿最基本的活动，学习字词和加减法不属于幼儿园的活动。

12. 范老师很少留意那些考试成绩一般的学生，而是把主要精力用于培养成绩优秀的学生。范老师的做法（　　）。

A. 违背了严慈相济的要求　　B. 有助于学生的个性发展

C. 有助于教学任务的完成　　D. 违背了公平施教的要求

【答案与解析】D。

二、材料分析题

13. 一周长假结束后，楠楠一进教室就马上走到自然角去探望小金鱼和蝌蚪。"小金鱼不见啦！"楠楠大叫起来。邓老师很吃惊地走过去看，以前游来游去的小金鱼不见了，只剩下两个小鱼头躺在缸底的水草下，几只蝌蚪竟然正在"啃"着鱼头。蝌蚪吃金鱼的事立刻引起了孩子们的注意。早餐结束后，邓老师决定利用这次机会，组织孩子们讨论小金鱼的死因。

参考答案

孩子们分小组进行了热烈讨论，他们列出了几种可能的原因：

（1）天气闷热致死。放假期间天气一直有些闷热。

（2）水污染致死。涵涵曾经将肥皂泡吹到鱼缸里，大家觉得水污染可能会导致金鱼死亡。

（3）金鱼吃得太饱，胀死了。小杰家的金鱼就是这样死的。

（4）金鱼是饿死的。放假期间没人给金鱼喂食，它们就饿死了。

邓老师继续组织幼儿讨论怎样的喂养方式是正确的，大家纷纷发表意见。

随后，邓老师指导孩子们把金鱼的尸体从鱼缸里捞出来。有的孩子还提出要把金鱼埋葬到草丛里，邓老师答应了，并且帮孩子们借来铲子，看着孩子们很认真地把他们心爱的金鱼埋好。

问题：请从儿童观的角度评析邓老师的保育行为。

14. 下面是某幼儿园小班张老师的教学片段：

（张老师的铃鼓响起来了，孩子们回到座位上）

师：我们都是机器人。

幼：一不许动，二不许笑，三不许露出大门牙。

师：小朋友们，我们先来看看电视上播放的是什么？

（老师按下播放键，电视里出现了新华书店的宣传片）

参考答案

师：小朋友们去过这个地方吗？

幼：去过。

师：这是什么地方呀？

幼：新华书店。

师：你们真棒！你们看新华书店里有许多许多的书，这些书都是分门别类放在一起的，咱们一起来看看有哪些种类，好吗？

（老师指着“教育类”这块牌子问幼儿是哪个区，大多数孩子都不识字，都没有反应）

师：你们可能不认识这些字，那就让我们班的“识字大王”江江来帮帮我们，你们说好不好？

幼：好！

（江江站起来念出字后，老师放弃了与孩子一起探索书的种类，自己看着电视屏幕一类接着一类给孩子进行认真讲解，教孩子认字，孩子在下面念着、听着）

问题：请结合材料，从儿童观的角度评析张老师的教育行为。

15. 材料：亮亮喜欢打人，经常有小朋友因此而找王老师告状。今天，小朋友们坐在餐厅等待吃饭时，明明经过亮亮身边用手戳了亮亮一下，亮亮还手打了明明一下。这时，王老师经过，看到亮亮打人，一把抓住他，用手狠狠戳他的头，推得他直摇晃，并生气地说：“看你还打人！”见此情景，小朋友们纷纷在王老师面前数落亮亮曾经打了自己，王老师听后更生气了。她用力拍打亮亮的肩膀，同时生气地大声吼道：“你真是讨人嫌！长得人不像人！”

参考答案

问题：请从儿童观的角度评析王老师的教育行为。

16. 阅读材料，回答问题：

班上的一些小朋友不喜欢洗手，有些小朋友虽然洗手，也只是简单地冲一下水就算了。一次户外活动后，韩老师把小朋友分成两组，一组念着儿歌认真地洗手，另一组暂时不洗手。韩老师拿出两块柚子皮，一组一块，让小朋友分别摸柚子皮内层，红红突然叫起来：“黑了，黑了！”

参考答案

果然，没洗手那组小朋友摸过的柚子皮内层已经黑乎乎了，韩老师趁机提问：“柚子皮为什么会变黑呀？”孩子们抢着说：“他们没洗手，手很脏。”“手上有土，把柚子皮弄脏了。”韩老师连忙引导：“这是我们能看见的，还有我们看不见的呢？”“细菌、病毒。”孩子们大声说。韩老师趁热打铁说：“如果我们不洗手就拿东西吃，手上的脏东西会沾到食物上，脏东西进入我们的肚子，身体会怎么样？我们应该怎样做呢？”孩子们叽叽喳喳地讨论开来，最后得出了“一定要认真洗手，做健康的小主人”的结论。活动结束后，没洗手的小朋友立刻跑到洗手池边洗手，洗得格外认真；洗了手的小朋友中，有人感觉自己没洗干净，又认真地洗了一遍。

自此，小朋友们大多能自觉地去洗手，如果某个小朋友忘记洗手，其他的小朋友也会提醒他。

问题：结合材料，从儿童观的角度评析韩老师的教育行为。

第三节　教师观

考点梳理

一、幼儿教师职业的认识

(一) 教师观及教师专业观

教师观是指关于教师职业的基本观念,从广义上看是人们对教师职业的认识、看法和期望的反映。从狭义上看是教师对教师职业的特点、责任、教师的角色以及科学履行职责所必须具备的基本素质等方面的认识。教师是履行教学职责的专业人员,承担着教书育人、培养社会主义事业建设者和接班人、提高民族素质的使命。教师专业观,是指教师职业不是一种普通的职业,而是一种专门职业,教师是专业人员。这便是教师职业的特殊性之所在。

1966 年,联合国教科文组织和国际劳工组织提出《关于教师地位的建议》,教师工作作为一种专门职业,在国际组织的文件中得到确认。教师工作作为一种专门职业,具有专业的基本特性。第一,教师职业具有一定的职业声望;第二,教师需要经过严格的职前专业训练;第三,教师具有专业自主性;第四,教师职业有自己的专业标准;第五,教师实践是现代教育科学重要的专业研究领域。

(二) 幼儿教师的职业角色与劳动特点

1. 幼儿教师职业角色的特点

教师是教育活动中的一个角色。教师角色不只是向学生传授某方面的课本知识,而是要根据学生的发展实际以及教育目标、要求,在特定的环境中采用特定的教学方法,通过特定的途径来促进学生成长。教师这种角色是一种性质复杂的职业角色。

教师职业的最大特点就在于职业角色的多样化,一般说来,教师的职业角色主要有以下几个方面:

(1) 传道者的角色。

教师负有传递社会传统道德、价值观念的使命,“道之所存,师之所存也”。在现代社会,虽然道德观、价值观呈现出多元化的特点,但教师的道德观、价值观总是代表着居社会主导地位的道德观、价值观,并用这种观念引导幼儿。除了社会的一般道德观、价值观外,教师对幼儿的“做人之道”“为业之道”“治学之道”等也有引导和示范的责任。

(2) 授业解惑者的角色。

教师是社会各行各业建设人才的培养者,他们在掌握了人类经过长期的社会实践活动所获得的知识经验、技能的基础上，对其精心加工整理，然后以特定的方式传授给年轻一代，并帮助他们解除学习中的困惑，启发他们的智慧，使其形成一定的知识结构和技能技巧，成为社会有用的建设者。

（3）示范者的角色。

教师的言行是幼儿学习和模仿的榜样。夸美纽斯曾说过，教师的职务是用自己的榜样教育学生。幼儿具有向师性的特点，教师的言论行为、为人处世的态度对幼儿有耳濡目染、潜移默化的作用。

（4）管理者的角色。

教师是学校教育教学活动的组织者和管理者，需要肩负起教育教学管理的职责，包括确定目标、建立班集体、制订和执行规章制度、维持班级纪律、组织班级活动、协调人际关系等，并对教育教学活动进行控制、检查和评价。

（5）家长代理人的角色。

教师是幼儿继父母之后所遇到的另一个社会权威，是家长的代理人。幼儿倾向于把教师看成是父母的化身，对教师的态度类似于对父母的态度。

（6）研究者的角色。

教师的工作对象是充满生命力的、千差万别的、活的个体，传授的内容是不断发展变化着的人文、科学知识，这就决定了教师要以一种变化发展的态度来对待自己的工作对象、工作内容，要不断学习、不断反思、不断创新。

2. 幼儿教师的劳动特点

幼儿教师的劳动特点是在教师职业活动过程中形成和体现出来的，并且在很大程度上反映了教师职业的特点。幼儿教师劳动的目的、对象和手段与其他职业相比有很大的差异，这些差异也正是幼儿教师独有的劳动特点。

（1）教育对象的幼稚性。

幼儿园教师的教育对象是幼儿，幼儿在身体和心理上正处于生长发育期，其机体各部分的机能发育尚不成熟，认识活动以无意性为主，具体表现为：注意力不稳定，不持久；记忆以无意记忆为主，形象记忆占主要地位；想象以无意想象占优势，具有复制性和模仿性；思维活动是直觉行动思维，思维过程离不开直接的感知和动作；情感外露、肤浅、易冲动、不稳定；行动的目的性由不明确到逐渐明确，坚持性较差；等等。

这些特点体现了幼儿的幼稚性。作为幼儿园教师，不仅要承担教育任务，还要承担保育任务，不仅要负责幼儿的学习，还要负责幼儿的生活，只有这样，才能完成自己的工作任务，为幼儿一生的成长奠定基础。

（2）劳动任务的全面性和细致性。

幼儿园教育的任务是促进幼儿体、智、德、美等方面的全面发展，保教结合是幼儿园教师工作的重要特点。

“保”是指保护幼儿的健康。健康的内涵十分广泛，包括：预防疾病，加强营养和锻炼，使幼儿有健康的体魄；培养幼儿良好的情绪，注重其健康、积极的情感培育；培养幼儿探索环境、适应社会的能力;等等。“教”是指幼儿园的教育教学,是有目的、有计划、有系统地影响幼儿身心发展的各种活动。这体现了幼儿园教师劳动任务的全面性。

同时,由于幼儿独立生活和学习的能力较差,幼儿园教师几乎要对他们生活、学习中的每一件事都给予关心和帮助。幼儿在园学习和生活的各个环节,教师都要事事躬亲,不仅要关心幼儿的生活,还要关心幼儿学习活动的每一个环节。这体现了幼儿园教师劳动任务的细致性。

(3) 教育过程的创造性。

幼儿园教师面对的是来自不同家庭背景,有不同兴趣、爱好和发展水平的幼儿。由于教育对象的个体差异,幼儿园教师必须针对具体情况,创造性地选择活动内容,设计教育活动,为每个幼儿提供广泛、具有个体适宜性的多种机会,为每个幼儿提供展示自己长处和获得成功的条件,并提供积极、适时的回馈,既帮助幼儿充分认识自己,又锻炼、增强他们的优势和信心,促使每个幼儿在原有基础上积极、充分、富有个性地发展。

(4) 教育手段的示范性。

幼儿的好奇心强、好模仿,易受教师感染和影响,对教师无限信任和依赖。因此,幼儿园教师自身的活动和言行是重要的教育手段,对幼儿具有示范作用。教师的表率作用主要体现在言行一致,教师应时刻用高标准要求自己的一言一行,向幼儿展示世界的真、善、美,用自己的言行为幼儿树立起较为完美的职业形象。

(5) 教学行为的自主性。

与中小学教师相比,幼儿园教师的教学行为具有较强的自主性。教学自主是指教师有权依据自己的专业知识和能力从事与教学有关的工作,能自由做决定,不受他人干扰。幼儿园教师在教学过程中,可以根据幼儿的身心发展特点和国家对幼儿教育的要求,自行制订教学计划,选编教育内容,选择教育活动的形式和方法,安排教学进程等。因此,幼儿园教师的教学行为具有较强的自主性。

二、新课程背景下的教师观

幼儿对周围的一切充满了强烈的好奇,他们对知识的渴求无比强烈与急迫。如果教师还是一味担当“知识的输出者”的角色,就会抹杀幼儿认识世界的兴趣与积极性,禁锢幼儿想象力和创造力的发展,剥夺幼儿自己探索世界、认识事物的权利与机会。

(一) 教师是幼儿的倾听者、观察者

倾听在教师的工作中处于非常重要的位置。教师不仅要牢固树立幼儿是自己成长过程中强大的、积极主动的、有能力的主角的观念,而且还必须在行为上让儿童知道教师确实是这样认识的。倾听、观察行为无疑能向孩子传达教师对他们的关注、重视、尊重和欣赏。

倾听意味着赋予对方以价值,对他们及他们所说的话持欢迎态度。因此,教师的一个重要任务就是倾听。

倾听、观察并不只是对儿童语言和行为的知觉和记忆,还包括对它的意义的建构和解

释。幼儿园教师要注重一日活动中的观察，捕捉孩子稍纵即逝的现象和变化过程，了解孩子的个体差异，获得第一手材料。

倾听、观察还体现在教师要关注孩子的已有经验，即孩子现有的认知能力和生活经验。

（二）教师是幼儿学习活动的支持者、引导者

教师是幼儿学习活动的支持者、引导者，这是新课程下教师角色的根本变化，是教师角色转变过程中的一次飞跃。

在幼儿园的一日活动中，幼儿随时都可能会产生许多问题，但由于年龄较小和经验有限，他们往往不会归纳事物的特点，这时就需要教师及时介入和引导，使探索深入下去，从而促进孩子主动学习。

教师在幼儿活动中的支持作用体现在活动的开展环节，教师通过观察、倾听、参与幼儿的活动，掌握幼儿活动的脉搏，使活动得以开展、维持、延续直至结束。

（三）教师是幼儿学习活动中的合作者

《幼儿园教育指导纲要（试行）》指出：师生是平等的合作伙伴，师生之间的关系是对话关系，师生之间的交往主要是以幼儿感兴趣的话题、项目作为内容。

幼儿的学习是一种互动的以某种相互关系为基础的社会建构过程。互动的内容往往决定着学习的质量，教师应该平等地参与到他们所探索的事物、所使用的材料和方法、所设想的可能性以及活动的进程之中。

幼儿园教师还要相互学习和合作，从而达到共同提高的目的。在幼儿园，教师与幼儿、教师与家长、教师与领导之间应当相互协作、相互支持。

（四）教师应成为研究者、学习者、创造者

1. 教师应成为研究者

在幼儿教育飞速发展的时代，教师能广泛接触到最新研究成果以及国外教育教学的经验。教师要理解先进的教育理念与模式，取其精华，弃其糟粕，也需要具有一定的科研能力。

要成为研究型教师，就要对科研有正确的认识，明确哪些是必备的科研能力，重视与其他教师的合作，并大力开展社区活动、亲子活动，利用社会、家庭的资源，不断充实自己，提升自己的能力，形成由幼儿园、社区、专家以及家长组成的支持教师专业化发展的网络。

2. 教师应成为学习者

在信息时代，幼儿园教师要成为终身学习者，通过不断的学习和成长，实现自身的可持续性发展。

作为学习型教师，首先，必须树立终身学习的意识，把不断学习作为自身职业发展的源泉和动力，作为对自己职业的要求。

其次，必须把学习贯穿在自己的教学实践中，将学习与教学实际结合起来，做到理论联系实际，同时要不断反思自身的教学。

再次，在丰富自身专业知识的同时，应尽可能广泛涉猎各种社会科学与自然科学知识，从而更好地针对儿童发展需要，维持他们对周围环境与事物的探索兴趣，并引导他们对周围

环境与事物形成正确的认识。

最后，要充分利用现代信息，不断扩大自身的学习资源与学习空间，及时了解专业领域与其他领域的最新发展信息，与其他教师、专家共同探讨教育过程中遇到的问题，并在教学中帮助儿童获得基本的学习方法，为幼儿可持续性发展奠定坚实的基础。

3. 教师应成为创造者

在这个时代，创造力就是生命力，是一切知识与财富的来源。众多研究表明，幼儿时期是创造性与创造能力发展的最佳时期。因此，发展、培养儿童的创造性与创造力学前教育的一个重要目标。而这首先要求幼儿园教师必须成为创造型教师。

作为创造型教师，必须树立创造是教师职业基本要求的信念，把创造性地进行教学、培养幼儿的创造性当成自己最起码的职责。

其次，要树立每个幼儿都具有创造力的信念，让具有不同个性特征、不同发展类型的幼儿的创造力都能够自由发展，并让每个幼儿都能创造性地学习、生活和发展。

最后，要树立创造力可以培养的信念。通过自己创造性的工作为幼儿提供一个宽松、愉快、向上、有利于发展的环境，并通过自己的言传身教促进他们创造意识的萌发和创造能力的培养，并在自己的实际教学工作中把幼儿创造能力的培养放在首要的位置。为幼儿提供各种能亲自操作、探索的实践活动，把培养儿童的创新意识和创造能力落到实处。

（五）教师是课程的建设者和开发者

新课程要求教师具有强烈的课程意识和参与意识，改变以往学科本位的观念和被动实施课程的做法。

教师要整体理解基础教育课程的结构系统，熟悉国家课程方案，理解国家课程、地方课程、校本课程的关系，理解课程实施中从“专家课程”到“现实课程”的转变，正确认识教材在课程中的地位和功能，变过去习惯的“教教材”为“用教材教”，创造性地使用国家课程教材，积极进行国家课程地方化、校本化的实践探索。

同时，积极参与地方课程和校本课程的建设，培养开发课程、评价课程、主动选择和创造性地使用新课程教材的能力。

三、幼儿教师的专业发展

教师专业发展过程是教师个人的专业性不断发展和提升的过程，是教师不断地获取新知识、增强自身专业能力、完善自己的职业道德修养，以适应教育工作需要、不断提高教育教学工作质量的过程。

（一）幼儿教师的专业素养

1. 幼儿教师的知识结构

（1）幼儿生理、心理和教育方面的知识。

幼儿教师要做好教育幼儿的工作，学前教育、幼儿生理和心理科学知识是幼儿教师工作所必需的，是教师知识结构中必需的部分。如果缺乏这方面的知识，对幼儿进行教育教学就会发生困难，教师的活动也就达不到预期的效果。一方面，幼儿教师要认识和了解幼儿，系统掌握幼儿生理和心理的科学知识。例如，幼儿身体各组织系统是怎样发展的，有哪些特点，动作发展是怎样的，情感、意志的发展是怎样的，规律如何等。另一方面，幼儿生理和心理科学知识是对幼儿进行教育的依据，幼儿教师还要进一步掌握学前教育科学知识，如怎样理解和贯彻学前教育的任务，幼儿要学些什么、怎样学，教师怎样按照幼儿的发展水平去引导他们学习，怎样培养幼儿口语表达能力，怎样指导幼儿进行角色游戏，怎样培养幼儿的良好品德等。

（2）全面的文化、科学和艺术知识。

学前教育是奠基教育，幼儿对周围的世界很陌生，他们渴望认识周围世界。他们对周围世界的认识是表面的、粗浅的，却又非常广泛，涉及动物、植物、生态、天文、地理、物理、化学、数学、语文、社会等领域，而且语言、美术、音乐既是学前教育内容，也是学前教育手段，同时还是幼儿认识世界、表达自己思想感情的工具。因此，为了做好教育教学工作，启迪幼儿的智慧，熏陶幼儿的品德，幼儿教师必须具有全面的科学文化知识和艺术知识。而且，一定深度的科学文化知识和艺术知识也是提高自身文化素质、跟上科学发展步伐以及提高专业修养所必需的。幼儿教师应该具备的知识是多层次的，应该在原有的基础上逐步加宽、加深，不断地丰富、提高和更新。

2. 幼儿教师的能力结构

（1）观察和了解儿童的能力。

每个幼儿都具有独特性，了解幼儿是教育的前提条件。幼儿教师要具有敏锐的观察力，及时发现幼儿的需要，掌握教育时机；要学会做观察记录，了解每个幼儿的特点，促进每个幼儿富有个性地发展。如果教师没有观察了解幼儿的能力，或者没有了解幼儿的要求，甚至视而不见，就会使教育教学工作陷入盲目的境地。

（2）设计教育活动的能力。

教育全班幼儿，促进全体幼儿在体、智、德、美等方面协调发展是幼儿教师的中心工作。设计符合幼儿特点、有效促进幼儿发展的活动，是幼儿教师必备的能力之一，也是教师智慧的体现。教师要根据幼儿的兴趣和接受能力，选择恰当的方法，设计教育活动，促进幼儿全面发展。

（3）组织管理能力。

幼儿教师的组织管理能力是指幼儿教师对教育教学情境的组织、领导、监督和协调能力。主要表现为制订班级的教育工作计划，检查教育教学效果的能力；设计和布置幼儿园环境的能力；组织幼儿各种游戏活动的能力；与家长、社区合作、交往的能力；等等。

（4）对幼儿进行行为辅导的能力。

幼儿行为辅导是指对符合社会文化、价值标准的良好行为的塑造，对幼儿良好行为表现的支持、鼓励以及对不良行为表现的矫正和治疗。这不仅要求教师掌握行为辅导的一般方法，如强化法、自然结果法、榜样影响法等，而且要求教师仔细观察幼儿的行为，思考每个行为背后的原因，有针对性地进行教育。

（5）与幼儿和家长沟通的能力。

幼儿教师要具有与幼儿和家长沟通的能力。沟通能力是教师的基本功。

教师与幼儿的沟通是一个双向交流的过程。与幼儿的良好沟通不仅有助于了解幼儿，融洽与幼儿之间的关系，而且沟通也为幼儿发表自己的看法、与教师交流、锻炼语言和交往能力提供了机会。教师与幼儿的沟通不仅包括言语沟通，还包括非言语沟通，如身体语言，目光、表情姿势等。

幼儿教师要具有与家长沟通的能力。幼儿教师与家长的配合，对有效进行教育非常重要。因为幼儿的健康成长是幼儿园和家庭共同作用的结果，对幼儿教师来讲，家长也是非常重要的教育资源，幼儿教师必须能够与家长进行必要的沟通，形成有效的教育合力。

（6）独立思维与创造的能力。

幼儿教师的劳动是一种创造性劳动，独立思维和创造力尤为重要。教育改革要求教师不断更新观念，不断探索创新；教育对象千差万别，要求教师因人而异采取不同的教育方式和方法；教育情境各不相同，要求教师独立面对，创造性地解决问题。

（7）反思能力。

反思是立足于自我之外批判地考查自身行为及情境的能力。教师反思是指教师以自己的教学活动为思考对象，对自己所做出的行为、决策以及由此产生的结果进行审视和分析的过程。

只有通过反思，很多新的教育观念才会内化为教师自己的知识，才能最终转变为教师的行为。并非教师拥有了先进的儿童观和教育观，其教育行为就能自然发生改变，而是要经历一个过程。只有通过反思，教师才会关注自己的行为与“所倡导的理论”的偏差，才会将“所倡导的理论”逐渐转化为“所采用的理论”。因此，反思是理论和实践的对话，是沟通“所倡导的理论”与“所采用的理论”的桥梁，是新的教育观念转化为教师行为的关键。

3. 幼儿教师的心理素养

（1）良好的情感特征。

第一，对幼儿真诚的热爱。教师热爱和关心儿童的程度对儿童的发展影响极大。爱心是教育幼儿的前提，爱心使幼儿感受到幼儿园像家一样温暖，从而愉快地参与各项活动，爱心促进幼儿健康成长。

第二，对学前教育事业的热爱。幼儿教师要热爱自己所从事的职业，将满腔的爱倾注在教育教学中，用爱心引导幼儿健康成长，公平公正地对待每一个孩子，身体力行，践行育人为本的教育理念。

（2）积极稳定的情绪特征。

幼儿教师的工作性质决定了教师的情绪波动会直接影响幼儿，因此，教师在任何时候都应以积极稳定的情绪状态投入教育活动。

（3）良好的性格特征。

教师应该保持积极乐观的人生态度、开朗豁达的良好性格和对事对人的宽容精神。因为教师要通过自己的行为对幼儿施加影响，在示范中启迪和触动幼儿的心灵，从而形成感情色彩鲜明的意识导向，因此，教师性格魅力的影响是极其深远的。

（二）幼儿教师专业发展的要求

1. 学会学习，成为终身学习者

有些教师认为学习只是幼儿的事，教师的任务只是“教”。其实学习对教师来说同样重要。我们已进入信息时代，教师必须加强学习，学会如何获得信息资源以及如何有效利用这些资源，这对教师的专业发展至关重要。

教师必须不断更新观念、知识和能力，掌握现代教育技术，并用于自己的教育教学，以适应不断变化的时代对教育提出的要求。每个教师都必须成为终身学习者，不断地学习，提高自己的知识水平。过去我们常常津津乐道于教师“一桶水”相对于幼儿“一杯水”的丰富渊博，现在“一桶水”的容量已远远不能满足幼儿的需要，教师必须时刻吸纳新知，不断丰富和提高自己，成为幼儿的“源头活水”。否则，不仅难以在幼儿面前维持自己的威望，在专业发展方面也会遭遇重重困难。

2. 勤于反思，成为反思的实践者

教育反思，就是教育者把自己已有的教育实践作为思考的对象，对自己已有教育实践成败的原因进行探究，从而获得解决教育实际问题的新知。教育反思作为一种专业发展的方法，应该以专业知识作为基础，以教育活动成败原因的探究为方向，以获得教育实际问题的解决为目的。

教师的教学反思一般会涉及对教育教学观念的反思，对课程内容和具体教学内容选择的反思以及对教学过程及其教学方法的反思。教师常用的反思工具有教后记、教学日志、教育案例等。

教师应该培植起自己的“反思”意识，不断反思自己的教育教学理念与行为，思考各种教育行为的后果，不断自我修正、自我调整，勇于创新，从而加快自己的专业发展与成长。

3. 恒于研究，成为教育教学的研究者

教师应成为教育教学的研究者，对于幼儿教师来说这并不是高不可攀，其实每一个有一定知识基础的人都能进行某方面的研究。幼儿教师对于自己的专业教育教学是天然的研究者。我们应该不断向研究型教师的目标迈进，积极发现自己教育教学中存在的问题，深入研究思考解决这些问题的方法，这样才能不断提高教育教学质量，促进自身的专业发展。

4. 重视沟通，提升交往与合作能力

新课改要求教师高度重视交往与合作能力的培养。在现实情况下，教师之间存在竞争，但同时也存在合作。当下在竞争加剧的同时更加强调交流与合作，强调双赢和共赢。教师之间的交往与合作有多种形式。日常教学之余，教师之间可以相互交换意见，彼此分享经验。同科教师之间可以在一起讨论教学方法，相互合作设计课程。不同学科的教师也可以相互学习和借鉴，或在相关学科知识方面提供专业帮助。

新课改还提倡师生之间的交往与合作。在这方面教师应该积极主动，为“生”师表。教师应该努力成为处理师生关系的艺术家，积极与幼儿进行交流，必要时甚至可以积极与幼儿合作,共同完成教学。

5. 勇于创新,加强创新精神和实践能力

教师必须通过创造性教育来培养幼儿的创新精神和创新能力,将幼儿培养成为富有创造力的人。这首先要求教师要培养起自己的创新能力,教师应该主动地更新观念,学习新知,在教育教学和日常生活的一点一滴中,有意识地培养和强化自己的创新精神,创造性地进行教育教学,不断提升自己的创新能力。教师的专业发展是在创新中实现的。

(三)幼儿教师专业发展的内容

幼儿教师专业发展一般包括以下六个方面。

1. 专业理想的建立

教师的专业理想是教师对成为一个成熟的教育教学专业工作者的向往与追求,它为教师提供了奋斗的目标,是推动教师专业发展的巨大动力。具有专业理想的教师对教育教学工作会产生强烈的认同感和投入感,会对教育教学工作抱有强烈的期待。

2. 专业人格的形成

教师的专业人格是教师在教育教学工作中必须具有的道德品质方面的自我修养,诚实正直、善良宽容、公正严格是教师专业人格的重要内容。诚实正直是做人的根本,善良宽容是对幼儿的爱,公正严格是作为教师的责任。教师只有学高为师、身正为范,才能赢得幼儿的信任和尊重,使幼儿心悦诚服,在潜移默化中影响幼儿的成长。

3. 专业知识的拓展与深化

教师必须具有从事专业工作所需要的专业知识。教师要想获得专业发展,就必须系统地学习专业知识,丰富更多专业领域的常识。阅读大量专业书籍,拓宽知识的广度,提高思考的深度,这是教师专业发展的一个重要内容。

4. 专业能力的提高

教师的专业能力是教师综合素质最突出的外在表现,也是评价教师专业素质的核心要素。教师的专业能力可以分为教学技巧和教育教学能力两个方面。

(1)教学技巧。

教学技巧是指教师运用已有的教学理论知识,通过练习而形成的稳固、复杂的教学行为系统。教师常用的教学技巧主要有导入技巧、提问技巧、强化技巧、变化刺激技巧、沟通技巧、教学手段应用的技巧以及结束的技巧等。

(2)教育教学能力。

教育教学能力是指教师从事教师职业所必须具备的基本能力。主要包括设计教育教学活动的能力、教学实施能力、教学组织管理能力、语言表达能力、幼儿评价能力、课程开发与建设能力、自我反思与教育教学研究能力等。

5. 专业态度和动机的完善

教师专业态度和动机是教师专业活动的动力基础。教师在这个方面的发展主要表现在教师对职业的态度、工作的积极性以及职业满意度等。从我国目前的情况来看,很多人从事教师职业都是考虑到教师的福利待遇以及教师的工作特点（稳定、假期长）等方面。这样的工作动机不利于教师更加投入地工作，也不利于产生较高的职业满意度。

6. 专业自我的形成

专业自我包括自我意象和自我尊重等。教师的专业自我是教师个体对自我从事教育教学工作的感受、接纳和肯定的心理倾向，这种倾向将显著地影响到教师的教育教学工作效果。

（四）幼儿教师专业发展的途径

1. 职前培训

职前培训是教师从事专业工作的重要基础阶段，是入职前的准备阶段。职前培训要求掌握从事教师职业所必需的学科专业知识和教育教学知识，掌握专业技能，培养专业态度，形成专业素养，为从事教育工作奠定基础。

教育者必须把握实际的教育活动，只有这样才能很好地将书本上的专业知识运用到专业实践中去，在实践中有效地使理论和实践相结合。在这个过程中，教育者获得了一种知识，人们称之为“实践性知识”。教师的职前培训包括了专业实践的部分，专业实践的方式主要有参观学校活动、观察教育现场和教育实习等。

2. 入职培训

教师入职培训是指经历过教师职前培训的人，在获得的教师岗位上进一步了解、学习和掌握岗位知识与能力的培训。新幼儿教师应对自己的工作岗位做全面的了解和学习，并在老教师的指导下学习岗位知识，提升岗位工作能力。

幼儿教师要获得岗位知识，就必须在自己的岗位上进行学习。这就要求入职者，一方面要自觉地把自己的岗位作为学习的对象，悉心、全面地了解自己的岗位要求，掌握岗位知识；另一方面，也要在老教师的指导下进行岗位知识的学习。这两个方面不可或缺。师徒结对是很多学校帮助新入职教师专业发展的重要方法。

3. 在职培训

教师专业发展是一个持续的过程。在这个专业发展的过程中，教师需要不断地更新自己的知识，提高自己的专业技能，加深对教育教学工作的理解，而这一切都需要教师不断地学习。在我国，有大量的教育机构承担着教师在职进修提高的任务，为教师提供多样化的在职学习课程。同时，国家和地方也制定了一系列教师在职学习进修的制度，引导和鼓励教师不断地学习。

（五）幼儿教师专业发展的阶段理论

1. 教师成长的三阶段理论

福勒和布朗根据教师的需要和不同时期所关注的焦点问题，把教师的成长划分为关注生存、关注情境和关注学生三个阶段。

（1）关注生存阶段。

这是教师成长的起始阶段，处于这个阶段的一般是新手型教师。他们非常关注自己的生存适应性，经常注重自己在学生、同事以及学校领导心目中的地位，出于这种生存忧虑，教师会把大量的时间用于处理人际关系或者管理学生。

（2）关注情境阶段。

当教师认为自己已经在新的教学岗位上站稳脚跟后，会将注意力转移到提高教学工作的质量上来，如关注学生学习成绩的提高，关心班集体的建设，关注自己备课是否充分等。一般来说，老教师比新教师更关注这个阶段。

（3）关注学生阶段。

在这一阶段，教师能考虑到学生的个别差异，认识到不同年龄阶段的学生存在不同的发展水平，具有不同的情感和社会需求，因此教师应该因材施教。可以说，能否自觉关注学生是衡量一个教师是否成熟的重要标志。

由上述可见，教师发展的每个阶段都有不同的关注重点和需要，这会影响教师的教学活动和课堂行为。但是需要指出的是，并不是每个教师的发展都会完全经历这三个阶段，事实上，有很大一部分教师并没有进入第三个阶段。

2. 教师发展的四阶段理论

（1）顺应阶段。

教师首先要进入自己“幼儿教师”的角色，适应自己的身份，逐渐摆脱混乱的局面。在这一时期，教师不仅需要努力学习专业的知识和技能，还需要精神上的鼓励和支持，包括他人的理解、鼓励、肯定和帮助等。尤其是在班级管理方面，新教师需要得到具体的指导和帮助。这种帮助的主要形式，就是新老教师“结对子”，也就是师傅带徒弟的形式。

（2）适应阶段。

新教师工作一年左右，便进入了适应阶段。教师的主要任务已经转向如何组织教育教学活动，如何指导幼儿学习以及如何更有技巧性地、更有效地处理幼儿出现的特殊问题等。在这一阶段，教师对幼儿的整体情况有了大概的了解，可以处理解决幼儿发生的一般问题。遇到一些比较特殊的情况时，教师也可以尝试着“控制”局面了。

幼儿教师可以通过审阅教学计划、教育笔记，现场观摩有经验的老教师的课堂教学活动等方式，来提升自身的专业能力和自信心。

（3）发展阶段。

工作四五年之后，幼儿教师便进入了发展阶段。在这一阶段，幼儿教师对自身能力的发展提出了更高的要求，幼儿教师也开始更加关注教育的新趋势、新观点和新方法，更新自己的知识体系，努力充实和提高自身的能力和水平。

在这一时期，幼儿教师所需要的帮助主要有以下三个方面：

第一，为幼儿教师提供新信息，让他们能够及时了解教育新动态，补充新的教育观点和教育知识，提供给他们尝试新的教育方法的机会。

第二，组织专门的教研活动，使幼儿教师能够有机会与教育专家直接接触，提高他们自身的理论水平，更好地指导教育教学实践工作。

第三，在研究活动过程中，要加强幼儿教师对教育新经验、新理论的理解，提高他们的专业素养水平。

（4）专业化阶段。

进入专业化阶段的幼儿教师，对儿童身心各方面的发展以及教育原理的理解等，都已经达到了较高的水平，不仅能够在实践中运用自如，而且能探讨更深层次的问题，善于自我反思。这个阶段的幼儿教师自我反思的意识和水平都达到了比较高的程度。

在这一阶段，幼儿教师所需要的帮助主要有以下三个方面：

第一，为他们提供更多的新知识，以及自主探索的空间。

第二，为他们提供更多的机会，使他们能够参加各种教育教学工作的座谈会，参加更高层次的进修活动。

第三，要让他们参与到课题研究活动中来，把教育经验上升到理论程度，并且更好地指导教育实践。

（六）幼儿教师专业发展的意识

教师是一个需要不断面临挑战的职业，所以，教师要有发展的愿望、发展的意识，才能与该职业的特点以及社会的期望相适应。否则，就会落伍甚至被淘汰。

1. 终身学习的意识

作为现代教师，首先应该是一个具有终身学习意识和能力的人。现代知识的迅速更新，要求教师不满足于原有的知识和经验，需要不断地学习，以完善自己的知识结构，充实自己的知识内容，从学习中获得更多的思想、观点和方法，用于改进自己的教育教学，提升教育教学的能力。

（1）终身学习的提出。

终身教育的概念由联合国教科文组织成人教育局局长法国的保罗·朗格朗于1965年在联合国教科文组织主持召开的成人教育促进国际会议期间正式提出。

终身教育，是指人们在一生中都应当和需要受到各种教育培养，它具有两个基本特征：一是贯穿人生始终的一种教育形态，具有时间的延展性；二是包容了所有现存的教育形态在内的教育过程，它并非单一或纯粹的教育形态，更多的是一种教育理论和教育观念。

（2）终身学习的内容。

第一，学会学习。在当今社会，学会获取知识的方法比获取知识本身更为重要。学会学习，养成良好的学习习惯，使学习成为自己的一种生活方式将是每一个人未来生活幸福和愉快的保证。

第二，通晓自己所教学科，成为学科专家。人们越来越清楚地认识到，教师只有接受严格的、高层次的学科教育，才有可能在教学过程中应对自如、得心应手。仅仅接受中等教育和最低层次的高等教育是不可能全面掌握一门学科的。一个合格的教师应该全面学习一门学科，包括学科历史、学科结构体系、学科基础理论、学科知识应用以及跨学科知识等。

第三，学习有关教育的学问。未来的教师必须是一个教育专家，必须在学习专业学科的同时掌握其他有关教育的学问，如教育学、心理学、教育哲学、教育技术等。

第四,学习信息技术。教育信息化主要强调将现代信息技术转化为现代教学手段。它包括两大类:一类是视听技术,如广播、电影、影视、录像等;另一类是信息处理技术,主要是计算机的操作技术。

(3) 终身学习的要求。

第一,有不断学习的意愿,把学习看成生活的一部分,成为生活的需要,成为生活的习惯。这需要在学习中养成,而不是天生的。

第二,安排出一定的时间进行学习,无论是比较专门的时间,还是生活中的碎片化时间,都尽可能用来学习。

第三,把学习与工作改进、生活改进等联系起来,使学习有所运用,发挥学习的作用,不是为学习而学习,而是为变化、为发展而学习,要有强烈的应用意识。

第四,掌握学习的方法和技术,提高学习的效率。因为知识信息十分庞杂,不善于选择,不善于抓核心,学习的效果就会受到影响,自己的发展也就会受到制约。

2. 自主发展的意识

自主发展即自己驱动的发展和自己实现的发展,反映的是专业发展的动力特点和方式特点。

在教师发展上,有被动发展和主动发展或自主发展两种方式。

前者往往是由自身以外的因素发起的,比如教育行政部门、教师培训部门、学校等。教师发展的要求、目标、进度甚至方式都由外部来安排,教师处于被动接受的地位。这种发展方式也能够促进教师的发展,但往往忽略教师个体差异和不同需求,使教师发展的效果受到制约。

自主发展是自己驱动的,也是通过自己主动的活动实现的。它的优点在于能够从教师自己的实际出发,发展的愿望是内生的,发展的内容和方式是比较符合自己实际的。

教师自主发展体现在:第一,自我诊断,即教师要了解自己在专业上的优势与不足,对自己发展的目标有设计;第二,自我规划,即通过一定的形式设计自己专业发展的规划,设计一定时期专业发展的具体目标和具体措施;第三,寻求支持,即主动地寻求各种支持和专业发展的资源;第四,自我评价,即能够对自己专业发展的结果、进步情况进行自我反思、自我评价。

当然,强调自主发展并不否定和排斥外部的支持和外部安排的专业发展计划,而应该把自己的发展需求和目标与外部的支持有机地结合起来,把个人目标与学校目标结合起来。

四、教师职业的责任与价值

(一) 教师职业的责任

教师职业的责任是指教师必须承担的职责和任务。在社会主义条件下,教师的根本职责是教书育人,提高民族素质,培养社会主义事业建设者和接班人。

教师是人类文化的传播者,在社会的发展和人类的延续中起着桥梁和纽带的作用。教师是人类文化的传递者,他们根据社会发展的要求和受教育者的需要,选择人类的文化精华,并将之刻画在年轻一代身上,从而实现人类文化的传递与丰富。

教师是人类灵魂的工程师,在塑造年轻人的品格中起着关键性作用。在现代社会,影响年轻一代品格形成的因素很多,但学校和教师起着关键性作用。加里宁称教师为"人类灵魂的工程师"。

教师是人的潜能的开发者,对个体发展起着促进作用。人类自身的发展从不成熟到逐步走向成熟,从不完善走向完善,其中起决定作用的是教育。教育使人的发展的潜在可能性转变为现实性。

(二)教师职业的价值

教师职业的价值在于追求教师职业生活的幸福,并将教师职业的幸福引向人生的价值和归宿的思考轨道。教师职业价值主要包括社会价值和自我价值两个方面。

1. 教师职业的社会价值

教师职业的社会价值是指教师职业对他人、集体、国家、社会和人类都有巨大贡献,能够为社会进步和人类发展提供精神财富,培养合格的建设者和接班人。这种社会价值主要由教师的角色、责任及其所承担的社会功能所决定,是教师的教育教学活动对学生、家长和社会需要的满足。

教师职业的社会价值主要体现在教师是人类文明的传播者,承担着文明传承的重任。教师这个群体决定着一个社会的文明程度和文化创造的能力。一个民族、一个国家的发展在于它创造的思想、文化,在于它掌握的科学技术,而这一切的基础是教育,而一个国家教育水平的高低,其核心是教师水平的高低。因此,振兴民族的希望是教育,振兴教育的希望是教师。

2. 教师职业的个人价值

教师职业的个人价值是指教师职业可以满足教师个体自我生存和发展的需要,是教师获取主要生活来源的社会劳动,也称为教师职业的自我价值。教师职业的个人价值主要通过其社会价值的实现而实现,教师的个人价值和社会价值是统一的。

马克思主义价值学说认为,人的价值首先表现为社会价值。当代教师的个人价值首先表现为是否最大限度地满足社会和他人的需要,是否能够得到学生、家长、同行和社会的肯定。优秀教师培养了在各行各业有所作为的优秀学生,这些学生对社会的贡献得到了社会认可,从而使得教师的社会价值得到充分的体现,也使得教师的个人价值得到体现。

另一方面,教师通过自身教育教学活动,促进了学生的发展,满足了学生求知的需要、发展的需要和爱的需要,在这个过程中,教师得到了学生的尊重和爱戴,教师个人的精神需要也因此得到了满足。

同时,教育教学过程也是师生相互影响、相互促进的过程,即"教学相长"。因此,在教育教学实践中,教师本身也促进了自身的专业成长,满足了自身发展的需要,实现了自我的价值,即教师是通过满足学生发展的需要来实现自身价值的。一个爱学生并善于引导和促进学生发展的教师，才是一个真正能够体现自己个人价值的教师，一个同时被社会和学生认可的好教师。

真题解读

一、单项选择题

1. 最近徐老师将头发染成了红色。在一次区域活动中，“理发室”里的几个孩子边玩边说：“请给我染发，我要红颜色的，像徐老师一样的红色。”“我也要红颜色的！”徐老师染头发的行为（　　）。

A. 恰当，反映幼儿教师合理的审美需求　　B. 恰当，促进幼儿审美能力的发展

C. 不恰当，不符合区域活动的组织要求　　D. 不恰当，不符合幼儿教师的仪表规范

【答案与解析】D。幼儿教师的工作具有示范性，会影响孩子的成长。因此，教师要为儿童呈现良好的范例，如良好的仪容仪表。

2. 为了准备“六一”儿童节全园体操表演，刘老师提前一个月组织幼儿反复训练，甚至缩短幼儿午睡及游戏时间。刘老师的做法（　　）。

A. 错误，不利于儿童身体健康　　B. 错误，不利于儿童个性发展

C. 正确，有利于提高儿童素质　　D. 正确，有利于儿童全面发展

【答案与解析】A。幼儿园以游戏为基本活动，同时应保证幼儿的午睡时间，促进幼儿身体发育。随意缩短幼儿的午休和游戏时间，不利于儿童的身体健康。

3. 老师在组织规则游戏时，发现有孩子开小差，老师应采取的措施是（　　）。

A. 点名批评，制止这种行为　　B. 继续游戏，完全视而不见

C. 大发雷霆，把幼儿赶出活动室　　D. 轻拍幼儿，提醒幼儿集中精力

【答案与解析】D。

4. 涂鸦活动中，贝贝笔下的卢老师奇丑无比，有同伴讥笑贝贝，卢老师对有些不高兴的贝贝笑着说：“宝贝，你把我的头发画得卷卷的，挺好看的。”卢老师的行为体现了她能（　　）。

A. 公正待人　　B. 正面激励　　C. 严于律己　　D. 严慈相济

【答案与解析】B。教师在对待师生关系上，应强调尊重、赞赏。卢老师没有因为学生将自己画得奇丑无比而发火，而是态度温和，宽容以待，对学生进行了正面激励。

5. 常言道：“数子十过，莫如奖子一长。”这句话启示我们，教育应该坚持（　　）。

A. 以情感体验为主　　B. 以说服教育为主

C. 以实践锻炼为主　　D. 以表扬激励为主

【答案与解析】D。这句话的意思是数落孩子 10 个错误，不如表扬、奖励孩子的一个长处。因此，在教育中，我们要以表扬激励为主。

6. 下列关于教师家访的做法不恰当的是（　　）。

A. 忌“指导”，对家教问题不要给家长建议　　B. 忌“独白”，与家长交流不要唱“独角戏”

C. 忌“教训”,不要居高临下苛责教训家长　　D. 忌“揭短”,不要当着幼儿的面向家长告状

【答案与解析】A。教师应正确处理与家长的关系,与家长及时沟通,平等对待家长,尊重家长,与家长共同形成教育合力。

7. 董老师上游戏课时,小明总爱举手,但答题经常出错;小强不爱举手,但老师点名提问却总能答对。老师下列做法最合适的是(　　)。

A. 批评小明总出错,表扬小强爱思考　　B. 表扬小明爱举手,批评小强不发言

C. 批评小明总出错,批评小强不发扬　　D. 激发小明勤思考,鼓励小强多举手

【答案与解析】D。

8. 离园时,家长们都走进幼儿园接孩子,金老师一见到小齐爸爸就埋怨他说:“小齐到现在还不会自己吃饭、穿衣,你们做家长的都怎么教的!”小齐爸爸觉得很难堪,恼怒地说:“就是不会才送到幼儿园学习的嘛!”对该事情,下列说法正确的是(　　)。

A. 金老师应该注意与家长沟通的方式　　B. 生活能力培养主要由家长负责

C. 金老师拥有批评幼儿家长的权利　　D. 生活能力培养主要由教师负责

【答案与解析】A。

9. 沈老师在指导新教师时说:“学习和掌握幼儿身心发展的规律、年龄特点,对做好工作极为重要。”沈老师强调的是(　　)。

A. 幼儿发展知识的学习　　B. 通识性知识的学习

C. 保教知识的学习　　D. 领域知识的学习

【答案与解析】A。

10. 常老师经常利用周末向农民请教农业知识,看科普书籍,并把这些内容融入教学,还印成小册子分发给同事。这说明常老师具有(　　)。

A. 课程开发的意识　　B. 园本教研的意识

C. 课程评价的意识　　D. 园本培训的意识

【答案与解析】A。新课程改革背景下的教师观强调,教师应从课程的忠实执行者转变为课程的建设者和开发者,积极参与地方课程和校本课程的建设,培养开发课程、评价课程、主动选择和创造性地使用新课程教材的能力。常老师的做法体现了极强的课程开发意识。

11. 针对本区域环境污染的现状,张老师带领本组老师编写了有关环境保护的学生读本,这突出体现了张老师是(　　)。

A. 学习的指导者与促进者　　B. 课程的建设者与开发者

C. 课堂教学的管理者　　D. 课堂教学的组织者

【答案与解析】B。

12. 尽管工作压力大,事务繁杂,何老师仍始终保持积极的工作态度,用微笑面对每一个学生,这体现了何老师(　　)。

A. 身体素质良好　　B. 职业心理健康

C. 教学水平高超　　D. 学科知识丰富

【答案与解析】B。何老师工作压力大,事务繁杂,但工作态度积极,微笑面对学生,体现

了职业心理健康。

13. 焦老师积极参加各种教师培训活动，返园后主动与同事们交流学习的心得体会，并将其运用于保教实践。关于焦老师的做法，下列不正确的是(　　)。

A. 体现了终身学习的自觉性　　B. 有利于教师和幼儿的共同发展

C. 推动了幼儿园的园本教研　　D. 有利于增进家园合作

【答案与解析】D。题干中没有出现幼儿家长这一方面，因此不存在家园合作。

14. 李老师认真学习《幼儿园教师专业标准(试行)》，并制定了自己的专业发展规划。李老师的做法体现了(　　)。

A. 终身学习的理念　　B. 先进的管理策略

C. 良好的沟通能力　　D. 高超的教育技能

【答案与解析】A。李老师认真学习并制定发展规划，体现了终身学习的理念。

15. 针对已有教学方法的不足，李老师提出并在实践中不断完善情境教学法，取得了良好的成效，这充分体现了李老师(　　)。

A. 勇于探索创新　　B. 具有奉献精神

C. 关心爱护学生　　D. 学科知识扎实

【答案与解析】A。李老师对自己的教育教学行为进行积极的反思与改进，体现了李老师勇于探索创新的精神。

16. 刚参加完培训的张老师自费将培训资料复印给同事，并将自己的心得打印出来与同事分享，下列说法不正确的是(　　)。

A. 张老师富有循循善诱的品德　　B. 张老师富有团结协作的精神

C. 张老师注重业务能力的提升　　D. 张老师重视专业素养的提升

【答案与解析】A。张老师将个人心得与同事分享，这是团结协作精神的体现。参加培训是为了提升自己的业务能力和专业品质。题干并没有体现张老师循循善诱的品质。

17. 某幼儿园经常组织教师相互观摩保教活动，针对活动过程展开研讨，提出完善活动设计的建议。这些做法体现的教师专业发展途径是(　　)。

A. 进修培训　　B. 同伴互助　　C. 师徒结对　　D. 自我研修

【答案与解析】B。教师之间的相互研讨，属于教师专业发展途径中的同伴互助。

18. 在美术活动中，孩子们正兴致勃勃地做着手工，忽然停电了，教室里光线不足。此时教师应该(　　)。

A. 继续组织幼儿手工活动　　B. 让幼儿自行选择是否继续

C. 组织幼儿进行户外游戏　　D. 让幼儿在教室内自由活动

【答案与解析】C。教师应具备教学机智，能够灵活处理课堂突发事件，保证课堂教学的正常进行以及幼儿的安全。停电导致美术活动无法进行时，应采取户外活动，既解决了室内光线不足的问题，又满足了学生的兴趣。

19. 张老师心情烦躁的时候，会随意批评或是斥责幼儿。这表明张老师(　　)。

A. 具有反思意识　　B. 具有敬业精神

C. 缺乏心理调适能力　　　　D. 缺乏终身学习理念

【答案与解析】C。

二、材料分析题

20. 材料一:今天中午的点心是香蕉,拿到香蕉后,王浩马上双手握住香蕉,眯着眼睛,"叭"地向吴老师开了一"枪",小朋友们都笑了起来,吴老师没有生气,而是问小朋友们:"王浩觉得香蕉像一把枪,你们觉得像什么?"小朋友们看着手里的香蕉,纷纷说:"像小船,像月亮,像香肠……"

参考答案

材料二:吃香蕉的时候,吴老师问:"香蕉吃到嘴里是什么感觉?"小朋友们纷纷回答:"很甜,很软,黏牙,和橙子不一样,它没核……"

材料三:吃完香蕉,吴老师问:"香蕉皮像什么?""像降落伞,一朵花,一只大章鱼……"

材料四:以往,老师会要求小朋友们把香蕉皮丢进垃圾桶里,可今天,吴老师要求小朋友们把香蕉皮留在桌面上,并给小朋友们提供了绳子、透明胶、剪刀等工具,兴致盎然地带领大家玩起香蕉皮来。

问题:从教师职业理念的角度分析吴老师的保教行为。

21. 一天,一位老师给学生上科学课,主题是"寻找有生命的物体"。老师安排学生去校园里甚至校外的大自然里寻找有生命的物体,并做好记录。走出课堂的孩子们显得很兴奋,不久一位同学跑过来说:"老师,我捉到一只蚂蚱。"其他同学也围过来看,突然,一个同学说:"这是只公的。"围观的同学哄堂大笑。老师问道:"你怎么知道的?""我观察的,公蚂蚱有劲,跳得高。"他自信地说。这是孩子最直接的推理,是很难能可贵的。老师及时表扬道:"你真是一个小生物学家,科学就是提出问题、研究问题和解决问题,希望你能认真研究一番。"孩子认真地点点头。就在这时,一位同学跑过来告状:"一个同学把蚂蚱踩死了。"老师很快意识到这是一个绝好的教育机会。他走过去,看到几个同学正气呼呼地责备那个同学。这位老师说:"一个蚂蚱也是一个生命,我们应该爱护每一个有生命的物体。我相信,这位同学一定是无意踩死的。这样吧,老师提一个建议,我们挖个坑,把它安葬了吧!"于是,在学校的草地上,举行了一个特殊的"葬礼"。在这样的潜移默化中,学生对生命的理解和珍惜,会比多少遍说教都来得有效!

参考答案

问题:试从教师职业理念的角度评析该老师的教学行为。

备考策略

一、学习指导

职业理念部分主要考查考生对教育观、儿童观以及教师观的认识与理解,教育观、儿童观以及教师观是幼儿教师专业素质的前提性、基础性构成要素,直接影响着幼儿教师专业发展及其保教工作的态度、行为与效果，关系着幼儿的成长状态。为此，幼儿园教师职业资格考试大纲将其列为重点内容，要求考生能够领会幼儿园教师职业理念的基本要求，确立正确的观念，为今后的教育实践工作打下坚实的基础。

1. 考纲引领，系统学习

仔细阅读教师资格考试职业理念模块考试大纲的要求，全面系统地学习考纲要求所涉及的知识点。这部分的知识点主要包括教育观、儿童观、教师观的含义、内容、实施途径等几个方面，为正确理解和运用奠定基础。

2. 结合案例，透彻理解

在系统掌握教育观、儿童观、教师观相关内容的基础上，关注幼儿教育实践，尝试运用职业理念的内容对与幼儿教育相关的案例进行分析，真正把握教育观、儿童观、教师观的具体内涵及其要求。

3. 加强实践，活学活用

利用教育见习等实践机会，实地考察现实教育，丰富对幼儿园教育工作实践的感受，全面了解幼儿园工作的基本要求，学会观察教师、幼儿以及相关活动，提高对教师、幼儿以及教育活动的诊断分析能力，理论联系实际，获得对教师职业、幼儿以及教育活动更加深刻的认识，真正将科学的儿童观、教育观、教师观落实到行动之中。

二、考点预测

1. 检验考生对职业理念相关知识的掌握程度

职业理念包含教育观、儿童观以及教师观三方面的内容，考生应能在正确理解的基础上熟记相关知识点。考试中常以填空式选择题、判断式选择题、材料分析题等题型考查。例如，对素质教育的认识，可能以选择题的方式出现，要求从“博雅教育”“全面发展教育”“应试教育”“终身教育”中选出与素质教育一致的一项。其实这就是在考查考生对素质教育的理解，只要我们能够真正地把握素质教育是促进学生全面发展的教育，是面向全体学生的教育，是培养学生个性的教育，是重点培养学生创新精神和实践能力的教育，就可以采用排除法找到正确的选项。

2. 检验考生运用理论知识对实践问题的辨别分析能力

作为一名合格的幼儿园教师，不能只是熟记职业理念的知识点，更需要能运用职业理念的相关内容对实践问题进行辨别分析，正确判断相应的教育现象，指出其中的合理与错误之处，并能做出相应的分析。因此，在学习中考生应注意提高自己的辨别分析能力。在考试中常以材料式选择题、材料分析题考查。例如，针对一些幼儿园为打造以艺术为特色的园本课程，决定将70%的课程安排为音乐、美术、舞蹈等内容的做法，要求判断其是否合适。显然，要做出正确判断，需要考生具备正确的教育观与儿童观，虽然幼儿园致力于打造艺术特色的园本课程无可厚非，但因此忽视幼儿德、智、体等其他方面的成长，很容易导致儿童发展的片面性。这种做法违背了全面发展的教育观，将严重不利于幼儿的全面健康成长。

3. 检验考生运用有关知识解决实际问题的能力

幼儿教师树立正确的职业理念，是教育理论学习的最高层次的目标，考试经常采用材料分析题的形式来进行考查。例如，有这样一则材料：

夏日的雨后，大(1)班幼儿来到户外准备做操，发现地上爬了几只蜗牛，于是纷纷蹲下来看，音乐声响起，幼儿小心翼翼地站在操场上做操，互相提醒别踩到蜗牛。做完操后，有幼儿提议要救蜗牛，还有幼儿提出要捉几只到班里养着。

"蜗牛有嘴吗?""有脚没有?""喜欢吃什么?""它能走曲线吗?""是公的，还是母的?"，幼儿提出很多问题，李老师表现出十分感兴趣的样子和幼儿一起讨论，李老师说："宝贝们真棒！提出这么多有趣的问题，不过老师也不知道答案，但老师很愿意和大家一起学习，我们想想怎么可以获得答案呢?""看书，问爸爸妈妈！……"小朋友纷纷回答，李老师高兴地说："好，我们分头行动。"于是，李老师用瓶子装着蜗牛带到班里，养蜗牛行动开始了。

之后的一段时间里，李老师找来关于蜗牛的科普视频和孩子们一起观看，同孩子们一起观察蜗牛，记录蜗牛的生活并一起围绕蜗牛"吃什么""怎么睡觉"等问题查阅资料，分享资料，以"蜗牛"为主题的系列活动陆续在班里开展起来。

考试要求考生会结合材料，从教师观的角度评析李老师的教育行为。

这道题明确要求考生从教师观的角度进行分析，这就需要考生正确认识幼儿园教师的角色，理解幼儿园教师的复合身份，从幼儿的倾听者和观察者，幼儿学习活动的支持者和引导者，幼儿园课程的建设者和开发者等多个维度，全面把握其与幼儿的关系以及在幼儿园教育活动中的地位和作用。

三、解题要领

职业理念部分在历年的教师资格考试中所占比重大，分值高。其中客观题以单选题形式出现，所占分值为 8 分左右；主观题以材料分析题形式出现，所占分值为 14 分左右。客观题一般会以教学案例的形式出现，要求考生对题干中教师的做法进行判断；主观题则会从教育观、学生观以及教师观任一角度出发，要求考生能紧扣该观点的内容，对材料中教师的做法给予评价。对这部分题目的解答，要做到"三知与四步"。

1. "三知"

所谓"三知"就是知情、知点、知规则。知情，就是要求考生明白材料反映的问题；知点，就是要求考生明白考查的知识点；知规则，就是要求考生明白知识点所包含的规则，并能运用这些规则来分析解决该问题。

"三知"是解题的基础，任何一个环节都不能出现闪失，考生只有确信自己理解了材料的内容是什么、体现的问题是什么、涉及的知识点是什么，才能找到正确解题的对策。

2. "四步"

所谓"四步"，就是破解材料分析题的四个具体步骤：看点、审题、找规则、答题。

第一步，看点。就是看题干最后提出的问题，弄清考什么。在审题之前，考生不妨先看看问题，了解属于哪种题型，考查的是哪个方面的知识点。

经验表明，找准考点是解题和得分的关键。看点，重在准确、明晰。对于阅卷者而言，考点就是出分点，见一个考点给一次分。而对考生来说，考点就好比灯塔，有了灯塔就有了解题的方向，少一个或错一个考点就意味着少一个得分点。

第二步，审题。审题可逐字逐句地阅读，同时画出关键词，在与提问有关的词语下面画线，标明人物、地点、时间、事件、发生、发展、结果等。对于较为复杂的材料，也可以提炼出一个简要的“案情”或“关系图”，这样有助于全面、准确地掌握材料重点，防止遗漏。审题，重在快速、全面、准确。

第三步，找规则。在审题后，考生应注意根据题干所提出的问题和给定的材料，思考所要考查的知识点，回忆有关的概念或原理。有必要的话，可将有关知识点或原理列在草稿上。教育原理是从现实生活中总结出来的科学理论，与人们的成见或习惯往往有一定差异，因此考生千万不要想当然。成见本身就是陷阱，命题者经常利用考生的成见或习惯设计陷阱，一旦考生考虑不周到，绕不过弯就必然会落入陷阱。

第四步，答题。答题的过程就是考生运用教育理论分析材料事实的过程，是考查考生分析、理解和解决问题能力的体现。

答题一般可分为三步：先组织解答提纲，再确定解答方式，最后落笔成文。组织解答提纲，即根据问题、材料、有关知识点和教育理论，逐一列出其解答要点，不要遗漏。答题要尽可能做到全面，阐述简明扼要。答题时，可以将主要观点提炼成小标题，按条目分段书写，然后结合材料和相关理论进行适当的展开，做到观点鲜明、理由充分、做法明确、条理清晰，便于阅卷者把握要点。另外，还要注意语言表达的专业性，避免啰嗦，词不达意，甚至引发歧义。

模拟训练

（一）

一、单项选择题

1.（　　）年，教育部出台了《面向21世纪教育振兴行动计划》。

A. 1997　　B. 1998　　C. 1999　　D. 2000

2. 第一次在国家层面的正式文件中使用“素质教育”概念的文件是（　　）。

A.《中华人民共和国教育法》

B.《面向21世纪教育振兴行动计划》

C.《关于当前积极推进中小学实施素质教育的若干意见》

D.《中共中央关于进一步加强和改进学校德育工作的若干意见》

3. 素质教育区别于应试教育的根本所在是（　　）。

A. 创新精神和实践能力的培养　　B. 交往能力的培养

C. 读写能力的培养　　D. 听说能力的培养

4. 素质教育的根本宗旨是(　　)。

A. 提高国民素质　　B. 促进学生的全面发展

C. 全面提高学生的素质　　D. 培养受教育者的态度和能力

5. 下列选项不属于素质教育任务的是(　　)。

A. 增强学生的身体素质　　B. 增强学生的心理素质

C. 促进学生道德品质的发展　　D. 促进学生能力的平均发展

6. (　　)是指人的劳动能力,即人的体力和智力的全面、和谐、充分的发展,还包括人的道德发展和人的个性的充分发展。

A. 人的完整发展　　B. 人的全面发展

C. 人的和谐发展　　D. 人的自由发展

7. 我国社会主义教育目的的理论基础是(　　)。

A. 关于人的发展的理想　　B. 人的各方面和谐发展的学说

C. 空想社会主义者关于人的全面发展理论　D. 马克思主义关于人的全面发展学说

8. 马克思主义关于人的全面发展学说在中国教育界的具体实践是(　　)。

A. 教育的国际化趋势　　B. 素质教育

C. 新课程改革　　D. 教育改革的实践

9. 马克思主义关于人的全面发展的内涵是指(　　)。

A. 德、智、体、美、劳全面发展　　B. 个人的智力充分、自由的发展

C. 人的劳动能力,即人的体力和智力的全面、和谐、充分的发展,还包括人的道德发展和人的个性的充分发展

D. 个人在体力上的充分发展

10. (　　)是培养全面发展的人的根本途径。

A. 教育与生产劳动相结合　　B. 德、智、体、美、劳全面发展

C. 提升道德品质　　D. 提升智力

11. (　　)是传递和传播人类文明的专职人员,是学校教育职能的主要实施者。

A. 教育者　　B. 教师　　C. 校长　　D. 教务主任

12. 1966 年,联合国教科文组织在《关于教师地位的建议》中指出,应该把教师职业视为一种(　　)。

A. 独立的社会职业　　B. 非独立的社会职业

C. 非专门职业　　D. 专门化职业

13. 在我国,第一次从法律角度确认教师职业专业地位的文件是(　　)。

A.《中华人民共和国教师法》　　B.《〈教师资格条例〉实施办法》

C.《中华人民共和国教育法》　　D.《中华人民共和国义务教育法》

14. 教师职业的发展阶段是(　　)。

A. 非职业化阶段、专门化阶段、职业化阶段、专业化阶段

B. 非职业化阶段、职业化阶段、专门化阶段、专业化阶段

C. 非职业化阶段、职业化阶段、专业化阶段、专门化阶段

D. 非职业化阶段、专业化阶段、专门化阶段、职业化阶段

15. 1681 年,法国“基督教兄弟会”神父(　　)在兰斯创立了世界上第一所师资训练学校,这是世界上独立的师范教育的开始。

A. 福禄培尔　　B. 培根　　C. 卢梭　　D. 拉萨儿

二、材料分析题

16. 目前,我国由于升学竞争和就业竞争的现实性矛盾,学校教育陷入应试教育的模式中,而这种竞争也影响到学前教育阶段,如社会上风行的“零岁方案”“神童方案”。一些家长和幼教机构难以摆脱这种短视的教育做法,表现为重知识灌输轻能力培养、重智力训练轻人格熏陶等错误倾向。一些幼儿园迫于家长压力或经济利益的驱动,办起了各式各样的兴趣班、特长班。

参考答案

问题:请从如何正确理解我国学前教育目标这一角度分析以上现象。

17. 当我们走进某幼儿园时,发现这里有“超市”“医院”“食品店”“理发店”等,看到有人进门,两位小“礼仪”彬彬有礼地迎过来;“食品店”的“大厨”立即捧上一个蛋糕请我们坐下“尝尝”;如果你买一块“蛋糕”,“服务员”只收“两元”钱;来到“医院”门口,“患者”正在排长队,一位“医生”和一位“护士”正忙着给“患者”打针、量体温……这些仅仅是该园生活化教育的一个场景。

参考答案

这是该园进行的游戏,无论是在内容还是形式上,都是从幼儿熟悉的生活中演化而来。同时,该园用音乐游戏引领幼儿一天的生活。洗手、如厕、集合、进餐、入睡等环节均选择在适宜的音乐中进行,让幼儿在边听音乐边游戏的过程中完成各项活动。

孩子们玩得越来越开心,家长们却有了心病:每天上幼儿园光学会玩了,好像什么都没学会,以后上了小学可怎么办?

面对家长们的担心,该幼儿园通过自助晚餐活动来解除家长的心病。在该幼儿园举行的自助晚餐活动中,孩子们彬彬有礼,谦让有加,走红毯、过拱门、列队迎宾……这场盛会的幕后支持者就是家长义工团队。家长们提供了无微不至的服务,也看到了孩子们在社会生活中的表现。

为了让家长了解幼儿园工作,转变教育理念,该幼儿园还通过开展丰富多彩的亲子活动、组织家长培训会等形式,形成家园一体的课程游戏化教学。

问题:结合以上材料,从教育观的角度谈谈实施幼儿素质教育的方法。

18. 红红是个很忧郁的小女孩,总爱低着头,因为她一直觉得自己长得不够漂亮。老师想了个办法,带她到饰物店去买了一只绿色蝴蝶结,店主不断赞美她戴上蝴蝶结很漂亮,红红虽不相信,但还是很高兴,不由得昂起了头,急于让大家看看。在出门时她与人撞了一下,把蝴蝶结撞掉了都不知道。老师爱抚地拍拍她的肩,夸她说:“红红,你

参考答案

昂起头来真美!”那一天,她得到了许多人的赞美。她心想一定是蝴蝶结的功劳。从那以后,她一直都不肯把蝴蝶结摘掉(她一直以为蝴蝶结还在头上),每天都昂起头开心地走路。

问题:请根据以上材料,从儿童观的角度评价老师的行为。

19. 近日,一所幼儿园在超市开展幼儿当家自主采购活动。参加活动的共有 25 名小朋友,分成 5 个小队,每组 50 元钱,尝试在“果蔬”区用最少的钱买最多的物品。

参考答案

活动一开始,各自组成的小分队,选好推车后就直冲蔬菜和水果区,开始采购活动。家长志愿者们隔着一定距离关注着孩子们的表现:这些孩子有的挑选自己喜欢的水果;有的把弟弟妹妹照顾得妥妥帖帖;有的忙着采购、称重、算总价格;有的却因为把购物的钱给弄丢了而无所适从……家长志愿者们看着孩子们采购,别有一番乐趣。家长们都感叹道:这次实践活动不但培养了孩子们的责任感、爱心、社会秩序感,还锻炼了孩子们的理财能力和团队意识。

问题:请从儿童观的角度分析材料给你的启示。

20. 一天中午,某幼儿园中班的大部分幼儿都睡着了,还有个别幼儿没睡着,这时值班的李老师到别的班去倒开水,并和同事聊了一会儿。待她回班后,发现一名幼儿头部红肿,问其原因,才知刚才李老师外出后,他在床上玩耍,不小心摔伤了。李老师赶忙帮幼儿揉了揉,并安慰他睡了觉。下午,当家长接孩子时看到幼儿伤情,立即送往医院检查,发现出现脑内血肿,须立即住院治疗。

参考答案

问题:在该事件中李老师和幼儿园存在什么问题?请进行简要分析。

21. 某幼儿园活动场地上,孩子们自由地选取各种材料,和自己的伙伴一起构建游戏场地,器材的组合、方法的改变、伙伴的更换,活动的内容与形式也随之改变,时而是孩子们的“滑雪场”,时而是“勇敢者之路”,时而是“地雷区”,时而又成了“大森林”。在不同的情境里,孩子们的想法越来越多,花样层出不穷,玩得也越来越尽兴。教师在旁边自如地进行指导,教学在欢笑中展开。

参考答案

问题:请结合教学和游戏,谈谈幼儿教师如何使教学游戏化。

22. 在幼儿园中,教师要学会与幼儿沟通。对幼儿的话做出积极反应;说话的语速和语调要恰当,要能引发幼儿的好奇心;与幼儿交谈时,语言要简单明确,易于被幼儿接受;说话的态度要友善。在交流的时候,教师还要注意与幼儿的目光接触,要耐心倾听幼儿的谈话,做出积极反馈。但在现实生活中,有的老师能灵活运用这些交流技能,有的老师则因为各种原因很难与幼儿进行有效沟通。

参考答案

问题:请你从幼儿教师需要具备的能力出发,谈谈教师应如何与幼儿进行有效的沟通。

(二)

一、单项选择题

1.《中华人民共和国教育法》规定,公民“依法享有平等的受教育的机会”,这体现了素质教育的(　　)。

A. 全体性　　B. 全面性　　C. 基础性　　D. 发展性

2. 某学校开展“森林课堂”研学活动,通过让学生拿桶取水、倒量杯、用滤纸过滤、再用放大镜来观察等方式教学生探究自然。以下关于“森林课堂”研学活动的开展,不正确的是(　　)。

A. 可以让学生自己动手去实验和发现自然的奥妙

B. 可以让学生亲近自然、热爱自然

C. 可以让学生初步学习人与自然如何和谐共处

D. 可以让学生取得很好的考试分数,取得理想的成绩

3. 教育的生机与活力,就在于促进(　　)。

A. 教师教育艺术的创新　　B. 促进教师能力的提高

C. 学生个性的健康发展　　D. 学生思维的创新成熟

4. 素质教育把(　　)作为重点,反映了新时代的要求。

A. 培养自主学习的能力　　B. 培养学生的创新意识

C. 培养创新精神和实践能力　　D. 培养学生的价值观、人生观

5. 人获得全面发展的根本保证是(　　)。

A. 先进的社会制度　　B. 理论与实践相结合

C. 脑力劳动与体力劳动相结合　　D. 教育和生产劳动相结合

6. 下列关于“人的全面发展”的说法错误的是(　　)。

A. 教育是人的全面发展的重要前提

B. 社会关系是人的全面发展的重要条件

C. 社会生产力及其所决定的分工状况是人的全面发展的重要前提

D. 这一学说是我国和其他社会主义国家制定教育目的的指导思想和理论基础

7. 在某幼儿园,王老师教的班级有个淘气的幼儿。每当教师讲课时,他总爱低头玩自己桌子上放的“宝贝”横笛,有时候还会轻轻地吹一声。对此,王老师最恰当的处理方式是(　　)

A. 让他到教室外面吹奏,以示惩戒

B. 联系家长,让家长严加管束

C. 对该生不遵守纪律的行为进行批评训斥

D. 采取鼓励措施,使该生在培养兴趣的同时认真学习

8. 下列关于幼儿全面发展的说法错误的是(　　)。

A. 智力的发展,道德品质、意志的培养在很大程度上取决于健康状况

B. 美育有助于发展幼儿注意、观察、记忆、思维、想象等认知能力

C. 体育的作用最小

D. 美育能协调体、智、德育的发展,是体、智、德育的催化剂

9. 小明的爸爸没有征求小明的意见,在暑假为小明安排了钢琴、围棋、书法等培训课。小明爸爸没有尊重小明的(　　)。

A. 生存权　　B. 受保护权　　C. 发展权　　D. 参与权

10. (　　)是儿童健全发展的重要组成部分,它与体格发展、认知发展共同构成儿童发展的三大方面。

A. 亲社会行为的发展　　B. 同伴关系的发展

C. 兴趣的发展　　D. 社会性发展

11. 下列关于幼儿教育的说法正确的是(　　)。

A. 幼儿教育以教为主　　B. 幼儿教育属于义务教育

C. 幼儿教育以游戏为主　　D. 幼儿园课程以分科课程为主

12. 下列不属于幼儿教师职业特点的是(　　)。

A. 工作对象的主动性和幼稚性　　B. 工作任务的教育性和艰巨性

C. 工作过程的创造性和灵活性　　D. 教育影响的示范性和感染性

13. 马卡连柯说:要尽量多地要求一个人,也要尽可能多地尊重一个人。这句话强调教师要(　　)。

A. 关爱学生　　B. 甘为人梯　　C. 诲人不倦　　D. 以身作则

14. 在教师的人格中有两种重要特征对教学有显著影响:一是富于激励和想象的倾向性;二是(　　)。

A. 说到做到　　B. 热情和同情心

C. 敬业精神　　D. 重义气、讲交情

15. 表示传统师德非常重视严于律己、身体力行、为人表率的模范作用的先哲名言是(　　)。

A. 见贤思齐　　B. 学而时习之

C. 三人行,必有我师焉　　D. 躬自厚而薄责于人

16. 幼儿教师是生活中的妈妈,学习中的老师,游戏中的伙伴。这体现了幼儿教师(　　)的特点。

A. 纯真美好　　B. 教育效果的长期性

C. 精神生产　　D. 多重角色

17. 从教师个体职业良心形成的角度看,教师的职业良心首先会受到(　　)的影响。

A. 社会生活和群体　　B. 教育对象

C. 教育法规　　D. 教育原则

二、材料分析题

18. 材料:19世纪著名的数学家、物理学家麦克斯韦很小的时候,有一次父亲叫他画静物写生,对象是插满秋萝的花瓶。麦克斯韦画完交卷后,父亲边看边笑了起来,因为满纸涂的都是几何图形:花瓶是梯形,菊花成了大大小小的圆圈,还有一些奇奇怪怪的三角形,大概是表示叶子。细心的父亲立即发现小麦克斯韦对数学特别敏感,在小麦克斯韦的眼中,许多事物都似乎是几何图形。于是父亲就开始教他几何学,后来又教他代数。果然,麦克斯韦不久就在数学方面显示了惊人的才华——15岁时写了一篇数学论文,并发表在《爱丁堡皇家学会学报》上,这使得一些教授惊叹不已。

参考答案

问题:请从儿童观的角度分析材料对你的启示。

19. 老师、家长都反映学生贝贝是个“不开窍”的孩子。一道数学题,老师课堂上讲过,课后又复习过,可她做起来还是错误百出。别的同学背课文,一下子就背出了,可她读了好多遍,还是记不住,常用字也常会写错。渐渐地,她对学习也没有多大兴趣了。

参考答案

问题:结合相关教育理论知识,分析贝贝出现这一症状的原因,并提出解决措施或建议。

20. 开学不久,校长召开了全校教职工大会。在会上校长宣布,今年学校要求每一位教师都要进行教育教学研究,每位教师都要申报课题,并由学校组织的评审委员会进行评审,评审结果将作为教师今后晋升职称的一项标准。我觉得学校的这项要求对我来说有一定的难度,因为我是教数学的,平时除了教学就是看一些有关数学方面的杂志和书籍,我不知道如何去开展教学研究。

参考答案

我校的许老师在公开发行的学术期刊上已经发表了10多篇文章,是我们学校在正式刊物上发表论文最多的教师,我特地去向他请教。

许老师来了,他说:“其实教育教学研究并不是什么困难的事,你可以先找几本教育教学方面的书籍,再找几期教育类的杂志,将这些内容翻阅一下,看看别人是怎么写文章的,再看看当前教育教学的研究热点问题是什么。如果这些文章中有几篇是关于同一个主题的,将这些文章复印下来,回家以后仔细琢磨,根据这些问题所提供的材料,对这些文章进行重新编排、组合,就成了一篇新的文章。如果你觉得这种方法太麻烦,还有更简单的方法,你只要看一本教育学书,然后选择里面的一个原理,先将这一原理介绍一下,然后根据教育学书中的叙述,写你是如何根据教育学理论从事教育教学工作的。其实,教师的教育教学研究很简单,你按照我的方法做,一定会有收获的。我的几篇文章就是这样写成的。”

听了许老师的介绍,我心中十分困惑:难道教育教学研究就是这样的吗?教育教学研究就这么简单吗?

问题:你对案例中许老师的做法有什么看法?根据你的理解,作为教师应该如何开展教育教学研究?

21. 二十年前,我是一名师范生,走出师范大学校门后,成为一名教师。二十年来,我感受最深刻的是:不断塑造自我,努力提高自身素质的重要性。

在自我的塑造中,最重要的是心灵的塑造,这是对高尚精神境界的追求。我爱学生,学生也爱我,我喜欢和学生在一起生机勃勃地生活……虽然青春早已逝去,但是,我觉得我的心永远是年轻的。

参考答案

这样的精神追求驱动着我、鞭策着我,我不敢怠惰、不肯荒废,我会为寻找孩子观察的野花在郊外的河岸、田埂专心致志地甄别、挑选;我会为了孩子第一次感知教材获得鲜明的印象,在家人熟睡的时候一个人在厨房里练习"范读课文";夜深人静,我进入教材所描绘的境界时会被文章中的人物深深感动,一个个巧妙的构思如奔涌之泉流泻而出;课堂中,我的一举手、一投足都能使学生心领神会;一场大雪后,我会兴致勃勃地带着孩子们去找蜡梅,去看望苍翠的"松树公公",和孩子们在雪地上打雪仗。当孩子们把雪球扔向我时,我笑得比孩子们还要开心,仿佛一下子年轻了许多岁。

我在大学时,不仅认真学好各门功课,还认真学画画、练美术字、参加诗歌朗诵会、创作舞蹈。我也很喜欢音乐,学指挥、练弹琴。在小小的琴房里练弹琴时,整个身心都沉醉在琴声中,乐趣无穷。这些技能在我后来的工作中发挥了很大的作用。

当教师之后,我坚持每天黎明即起,坐在校园的荷花池畔背唐诗、宋词,背郭沫若、艾青、普希金、海涅、泰戈尔等中外名家的诗篇,用优美的诗篇来陶冶自己的情操,我摘抄的古今中外的优秀诗篇就有厚厚的几大本。二十年来,为了进行教学科研,我又如饥似渴地学习教育学、心理学和美学,还阅读了许多中外教育家的论述及国外教学实验的资料,做了不少卡片。学习对一个教师来说是永无止境的追求。我常常用屈原的话来鼓励自己:"路漫漫其修远兮,吾将上下而求索。"

请阅读题干中该教师的成长经历,并结合自身的感受回答问题:

(1)教师应具备怎样的职业知识结构?

(2)教师应具备怎样的职业能力结构?

22. 某教师回到办公室说:"幼儿园中班的学生真笨,这堂课我连续讲了三遍,他们还是不会。我是发挥了教师的主导作用了,他们不会我有什么办法?"

问题:如何理解教师的主导作用?这位教师全面发挥主导作用了吗?

参考答案

【答案与解析】(一)

1. C。1999年2月,教育部出台了《面向21世纪教育振兴行动计划》,把素质教育列为第一项跨世纪工程予以重点实施。

2. D。1994年8月,《中共中央关于进一步加强和改进学校德育工作的若干意见》颁布,这是第一次在国家层面的正式文件中使用"素质教育"的概念。

3. A。能不能培养学生的创新精神和实践能力是应试教育和素质教育的本质区别。

4. A。素质教育是以促进学生的全面发展为目的、以提高国民素质为宗旨的教育。

5. D。素质教育是面向全体学生,促进学生全面发展的教育,即德、智、体、美、劳的全面发展,但同时又是促进个性发展的教育,而不是能力的平均发展,这是对素质教育的误解。

6. B。题干是对人的全面发展的含义的阐述。

7. D。马克思主义阐述了人的全面发展学说,这一学说是我国确立教育目的的理论依据和基础。

8. B。素质教育提倡人的全面发展,它是马克思主义关于人的全面发展学说在中国教育界的具体实践。

9. C。内容最能充分概括马克思主义关于人的全面发展学说的内涵。

10. A。马克思主义认为,教育与生产劳动相结合是培养全面发展的人的根本途径,也是唯一途径。

11. B。题干阐述的是教师的含义,要把教师同教育者区别开来,教师是教育者,但教育者不一定是教师。

12. D。1966 年,联合国教科文组织在《关于教师地位的建议》中指出,应该把教师工作视为一种专门化职业,教师是从事教育教学工作的专业人员。

13. A。1994 年实施的《中华人民共和国教师法》第一次从法律角度确认了教师职业的专业地位。

14. B。教师职业经历了非职业化阶段、职业化阶段、专门化阶段、专业化阶段。

15. D。教师职业的专门化以专门培养教师的教育机构出现为标志。世界上第一所师资训练学校是由拉萨儿创设的。

【答案与解析】(二)

1. A。素质教育是面向每一个受教育者的教育,它面向每一个学生,旨在促进每一个学生的发展。

2. D。“森林课堂”研学活动是素质教育的一种探索和创新模式,旨在培养学生的动手能力、创新意识、探索能力,而不是为了让学生取得很好的分数。

3. C。教育的生机与活力,就在于促进学生个性的健康发展。

4. C。《中共中央国务院关于深化教育改革全面推进素质教育的决定》指出,实施素质教育要“以培养学生的创新精神和实践能力为重点”。

5. A。高度发展的生产力是人的全面发展的物质基础和条件;先进的社会制度是人获得全面发展的根本保证;教育与生产劳动相结合是实现人的全面发展的根本途径和唯一方法。

6. A。马克思主义理论对于教育学的最重要、最直接的贡献是关于人的全面发展的学说。这一学说是我国和其他社会主义国家制定教育目的的指导思想和理论基础;社会生产力及其决定的分工状况是人的全面发展的重要前提;社会关系是人的全面发展的重要条件;教育是实现人的全面发展的重要途径。

7. D。教师应努力把学生的爱好音乐的动机迁移到学习动机上来,既尊重鼓励了学生,也避免了教条的管束和批评。

8. C。健康的身体是孩子全面发展的物质基础,体、智、德、美之间相互联系和制约,不能说体育的作用小。

9. D。儿童的参与权是指儿童有参与家庭、文化和社会生活的权利。小明父亲的做法没有尊重小明的参与权。

10. D。社会性发展是儿童健全发展的重要组成部分,它与体格发展、认知发展共同构成儿童发展的三大方面。

11. C。幼儿园教育属于非义务教育,应“教养并重”。幼儿教育以游戏为主,注重让孩子在游戏中学习,在活动中体验。

12. B。幼儿教师的职业特点有:(1) 工作对象的主动性和幼稚性;(2) 工作任务的全面性和细致性;(3) 工作过程的创造性和灵活性;(4)教育影响的示范性和感染性。

13. A。马卡连柯的话是指教师既要严格要求学生,也要关心尊重学生,要严慈相济。

14. B。教师的人格特征与职业成就密切相关,其中最重要的是教师的热情和同情心,还有教师应富于激励和想象的倾向性。

15. D。“见贤思齐”出自《论语・里仁》,意思是见到德才兼备的人就要向他看齐。“学而时习之”出自《论语・学而》,意思是学过的内容要经常复习。“三人行,必有我师焉”出自《论语・述而》,意思是三人同行,其中必定有我的老师。“躬自厚而薄责于人”出自《论语・卫灵公》,意思是要多责备自己,少责备别人。从以上四句的意思看,仅有“躬自厚而薄责于人”含有严于律己、身体力行、为人表率的意思。

16. D。生活中的妈妈,学习中的老师,游戏中的伙伴,说明幼儿教师在不同时间,在幼儿身边扮演着不同的角色,说明幼儿教师的工作具有多重角色性,这也是幼儿教师劳动的一个特点。

17. A。职业良心是主体对职业生活中道德义务、责任等的认知和情感上的自觉。教师的职业良心,在整体意义上是社会生活、教育工作中道德关系的反映。

模块二 教育法律法规

考纲要求

1. 相关教育法律法规

了解国家主要的教育法律法规，主要有《中华人民共和国教育法》《中华人民共和国义务教育法》《中华人民共和国教师法》《中华人民共和国未成年人保护法》《中华人民共和国预防未成年人犯罪法》《学生伤害事故处理办法》《幼儿园工作规程》等。

了解《国家中长期教育改革和发展规划纲要（2010—2020）》的主要内容。

了解联合国《儿童权利公约》的主要内容。

2. 教师的权利和义务

理解教师的权利和义务，熟悉国家有关教育法律法规所规范的教师教育行为。

依据国家教育法律法规，分析、评价教师在教育教学中的实际问题。

3. 幼儿保护

熟悉幼儿权利保护的相关教育法规，保护幼儿的合法权利。

依据国家教育法律法规，分析评价幼儿教育工作中幼儿权利保护等实际问题。

第一节 教育法律法规概述

考点梳理

教育法律法规是从我国国情的实际出发，反映人民的意志和要求，在民主化原则下，由国家制定或认可，具体规定教育主体的权利和义务及法律后果的行为规则，是教育活动开展的重要法律依据。

一、教育法律法规的内涵

（一）定义

从广义的角度来讲，教育法律法规是指拥有立法权的或者被授权的各级各类国家机关制定的规范教育活动的规范性文件。

从狭义的角度来讲，教育法律法规是指由国家最高权力机关制定的对教育活动进行规范的文件，在我国仅指全国人民代表大会及其常委会制定的教育法律。

（二）作用

（1）指引作用：明确规定哪些是赞成和鼓励的，可以做的；哪些是明确要求必须做的；哪些是禁止的，不该做的。

（2）评价作用：判断、衡量人们教育行为合法与否。

（3）教育作用：教育和规范人们的行为。

（4）保障作用：保证各种教育主体的教育权利得到实现，教育义务得到履行，从而使教育活动有序、有效地进行。

（三）分类

（1）按照对人们行为要求的性质分为：

义务性规范：以“必须、应当、不得、禁止”提出指示。

授权性规范：以“有权、可以”授予权利。

（2）按人们行为的后果分为：

制裁性规范：对违反“行为准则”的有过错的行为进行制裁。

奖励性规范：对有益于社会的行为给予奖励。

二、教育法律法规的渊源

（一）教育法律法规渊源的含义

教育法律法规渊源指教育法是由何种国家机关、通过何种方式创立的，表现为何种教育法律文件的形式，主要是从教育法的效力来源上讲的。

（二）我国教育法律法规的主要渊源

1. 宪法

《中华人民共和国宪法》对于教育的规定是我国教育立法的根本依据，是教育法规的最高层次，其他形式的教育法律、法规都不得与之相违背。

2. 教育法律

（1）基本法律：由全国人民代表大会制定，我国的教育基本法律为1995年第八届全国人民代表大会第三次会议通过的《中华人民共和国教育法》（又称“教育宪法”或“教育母法”）。

（2）普通法律：由全国人民代表大会常务委员会制定，效力低于《中华人民共和国宪法》

和教育基本法，如现行的《中华人民共和国义务教育法》《中华人民共和国教师法》《中华人民共和国职业教育法》《中华人民共和国高等教育法》等。

3. 教育行政法规

由国家最高行政机关(国务院)制定或授权制定，效力低于宪法和教育法律，高于地方性教育法规和教育规章，如《中华人民共和国未成年人保护法》等。教育行政法规的名称一般有三种——条例、规定、办法或细则，如国务院颁布的《教师资格条例》、教育部制定的《中华人民共和国义务教育法实施细则》等。

4. 地方性教育法规

由省、自治区、直辖市以及省级人民政府所在地的市和经国务院批准的较大的市的人民代表大会及其常务委员会制定。只在该行政区域内有效，名称中通常有“条例”“办法”“规定”“规则”“实施细则”等字样，如上海市人大常委会制定的《上海市中小学校学生伤害事故处理条例》。

三、教育法律关系

(一) 教育法律关系

1. 定义

教育法律关系是指由教育法律所规范的教育关系，与其他教育关系的区别在于它是一种具有法律强制性的教育关系。

2. 构成要素

(1) 主体。

教育法律关系的主体是指教育法律关系的参加者，也就是在具体的教育法律关系中享有权利并承担义务的人和组织。我国教育法律关系的主体可分为三类：公民(自然人)、机构和组织(法人)、国家。

(2) 客体。

教育法律关系客体是教育法律关系主体的权利与义务所指向的对象。教育法律关系的客体一般包括物质财富、非物质财富、行为三个大的方面。

① 物质财富。物质财富一般分为动产和不动产，如土地、校舍、资金、教育经费、教师工资和教学仪器设备。

② 非物质财富。非物质财富包括创作活动的产品和其他与人身相联系的非财产性的财富。其中，创作活动的产品也被称作智力成果，包括各种教材、著作在内的成果，各种有独创性的教案、教法、教具、课件、专利、发明等；其他与人身相联系的非物质财富，包括公民(教师、学生或其他个人主体)或组织(教育行政机关、学校和其他组织)的姓名、名称，公民的肖像、名誉、身体健康、生命等。

③ 行为。行为是指教育法律关系主体实现权利义务的作为与不作为。在教育领域中，教育行政机关的行政行为、学校的管理行为和教育教学行为都是教育法律关系赖以生存的

最基本的行为。

（3）内容。

教育法律关系的内容是教育法律关系的主体依据法律规定而享有的权利与义务。教育权利是指法律许可的行为；教育义务是指应该为或禁止为的行为。

真题解读

1.《中华人民共和国教育法》规定，明知校舍或者教育教学设施有危险，而不采取措施，造成人员伤亡或者重大财产损失的，对直接负责的主管人员和其他直接责任人员，依法追究（　　）。

A. 民事责任　　B. 刑事责任　　C. 一般责任　　D. 行政责任

【答案与解析】B。具体参见《中华人民共和国教育法》。

2. 教育行政部门取缔了一批违反国家规定私自招收未成年学生的私立学校。教育行政部门这一行政行为的法律依据是（　　）。

A.《中华人民共和国教育法》

B.《中华人民共和国教师法》

C.《中华人民共和国未成年人保护法》

D.《中华人民共和国预防未成年人犯罪法》

【答案与解析】A。具体参见《中华人民共和国教育法》。

第二节　教育法律法规的体系

考点梳理

一、教育基本法

（一）性质与地位

《中华人民共和国教育法》（以下简称《教育法》）是我国教育工作的基本法，是与《中华人民共和国刑法》《中华人民共和国民法》等基本法律处于同等地位的法律。在整个教育法律体系中，《教育法》处于“母法”和“根本大法”的地位，具有最高的法律权威。因此，《教育法》又被称为“教育宪法”或“教育母法”。

（二）教育法的基本原则

《教育法》规定的教育基本原则有对受教育者进行政治思想道德教育原则、继承和吸收优秀文化成果的原则、教育公益性原则、与宗教分离原则、平等原则、帮扶原则、终身教育原则、科学研究原则、推广普通话原则、奖励突出贡献原则等。

(三)基本制度

《教育法》规定的教育基本制度有学校教育制度、义务教育制度、职业教育制度、成人教育制度、国家教育考试制度、学业证书制度、学位制度、扫除文盲教育制度、教育督导制度、评估制度等。

(四)《教育法》重要法条列举

第一章 总则

第一条 为了发展教育事业,提高全民族的素质,促进社会主义物质文明和精神文明建设,根据宪法,制定本法。

第四条 教育是社会主义现代化建设的基础,国家保障教育事业优先发展。全社会应当关心和支持教育事业的发展。全社会应当尊重教师。

第五条 教育必须为社会主义现代化建设服务,为人民服务,必须与生产劳动相结合,培养德、智、体、美等方面全面发展的社会主义事业的建设者和接班人。

第十四条 国务院和地方各级人民政府根据分级管理、分工负责的原则,领导和管理教育工作。中等及中等以下教育在国务院领导下,由地方人民政府管理。

高等教育由国务院和省、自治区、直辖市人民政府管理。

第十五条 国务院教育行政部门主管全国教育工作,统筹规划、协调管理全国的教育事业。县级以上地方各级人民政府教育行政部门主管本行政区域内的教育工作。

县级以上各级人民政府其他有关部门在各自的职责范围内,负责有关的教育工作。

第二章 教育基本制度

第十七条 国家实行学前教育、初等教育、中等教育、高等教育的学校教育制度。

国家建立科学的学制系统。学制系统内的学校和其他教育机构的设置、教育形式、修业年限、招生对象、培养目标等,由国务院或者由国务院授权教育行政部门规定。

第十八条 国家制定学前教育标准,加快普及学前教育构建覆盖城乡,特别是农村的学前教育公共服务体系。各级人民政府应当采取措施,为适龄儿童接受学前教育提供条件和支持。

第二十五条 国家实行教育督导制度和学校及其他教育机构教育评估制度。

第二十七条 设立学校及其他教育机构,必须具备下列基本条件:

(一)有组织机构和章程;

(二)有合格的教师;

(三)有符合规定标准的教学场所及设施、设备等;

(四)有必备的办学资金和稳定的经费来源。

第三十一条 学校及其他教育机构的举办者按照国家有关规定确定其所举办的学校或者其他教育机构的管理体制。学校及其他教育机构的校长或者主要行政负责人必须由具有中华人民共和国国籍、在中国境内定居、具备国家规定任职条件的公民担任,其任免按照国家有关规定办理。学校的教学及其他行政管理由校长负责。学校及其他教育机构应当按照国家有关规定,通过以教师为主体的教职工代表大会等组织形式,保障教职工参与民主管理和监督。

第三十二条　学校及其他教育机构在民事活动中依法享有民事权利,承担民事责任。

学校及其他教育机构中的国有资产属于国家所有。

学校及其他教育机构兴办的校办产业独立承担民事责任。

第三十四条(教师队伍建设)　国家实行教师资格、职务、聘任制度,通过考核、奖励、培养和培训,提高教师素质,加强教师队伍建设。

第三十五条(员工制度)　学校及其他教育机构中的管理人员,实行教育职员制度。

学校及其他教育机构中的教学辅助人员和其他专业技术人员,实行专业技术职务聘任制度。

第三十六条(受教育者的平等权)　受教育者在入学、升学、就业等方面依法享有平等权利。

第三十九条(违法犯罪的未成年人)　国家、社会、家庭、学校及其他教育机构应当为有违法犯罪行为的未成年人接受教育创造条件。

第四十二条(受教育者的权利)　受教育者享有下列权利:

(一)参加教育教学计划安排的各种活动,使用教育教学设施、设备、图书资料;

(二)按照国家有关规定获得奖学金、贷学金、助学金;

(三)在学业成绩和品行上获得公正评价,完成规定的学业后获得相应的学业证书、学位证书;

(四)对学校给予的处分不服向有关部门提出申诉,对学校、教师侵犯其人身权、财产权等合法权益,提出申诉或者依法提起诉讼;

(五)法律、法规规定的其他权利。

第五十条(文化机构的教育)　图书馆、博物馆、科技馆、文化馆、美术馆、体育馆(场)等社会公共文化体育设施,以及历史文化古迹和革命纪念馆,应当对教师、学生实行优待,为受教育者接受教育提供便利。

第七章　教育投入与条件保障

第五十三条　国家建立以财政拨款为主、其他多种渠道筹措教育经费为辅的体制,逐步增加对教育的投入,保证国家举办的学校教育经费的稳定来源。

第五十四条　国家财政性教育经费支出占国内生产总值的比例应当随着国民经济的发展和财政收入的增长逐步提高。具体比例和实施步骤由国务院规定。

全国各级财政支出总额中教育经费所占比例应当随着国民经济的发展逐步提高。

第五十五条　各级人民政府的教育经费支出,按照事权和财权相统一的原则,在财政预算中单独列项。

各级人民政府教育财政拨款的增长应当高于财政经常性收入的增长，并使按在校学生人数平均的教育费用逐步增长，保证教师工资和学生人均公用经费逐步增长。

第五十六条（专项资金） 国务院及县级以上地方各级人民政府应当设立教育专项资金，重点扶持边远贫困地区、少数民族地区实施义务教育。

第五十七条 税务机关依法足额征收教育费附加，由教育行政部门统筹管理，主要用于实施义务教育。

第七十一条（经费的法律责任） 违反国家有关规定，不按照预算核拨教育经费的，由同级人民政府限期核拨；情节严重的，对直接负责的主管人员和其他直接责任人员，依法给予行政处分。

违反国家财政制度、财务制度，挪用、克扣教育经费的，由上级机关责令限期归还被挪用、克扣的经费，并对直接负责的主管人员和其他直接责任人员，依法给予行政处分；构成犯罪的，依法追究刑事责任。

第七十二条（刑事、民事责任） 结伙斗殴、寻衅滋事，扰乱学校及其他教育机构教育教学秩序或者破坏校舍、场地及其他财产的，由公安机关给予治安管理处罚；构成犯罪的，依法追究刑事责任。

侵占学校及其他教育机构的校舍、场地及其他财产的，依法承担民事责任。

第七十三条（刑事法律责任） 明知校舍或者教育教学设施有危险，而不采取措施，造成人员伤亡或者重大财产损失的，对直接负责的主管人员和其他直接责任人员，依法追究刑事责任。

第七十四条（行政法律责任） 违反国家有关规定，向学校或者其他教育机构收取费用的，由政府责令退还所收费用；对直接负责的主管人员和其他直接责任人员，依法给予行政处分。

第七十五条（行政法律责任） 违反国家有关规定，举办学校或者其他教育机构的，由教育行政部门予以撤销；有违法所得的，没收违法所得；对直接负责的主管人员和其他直接责任人员，依法给予行政处分。

第七十六条（行政法律责任） 违反国家有关规定招收学员的，由教育行政部门责令退回招收的学员，退还所收费用；对直接负责的主管人员和其他直接责任人员，依法给予行政处分。

第七十七条（行政、刑事责任） 在招收学生工作中徇私舞弊的，由教育行政部门责令退回招收的人员；对直接负责的主管人员和其他直接责任人员，依法给予行政处分；构成犯罪的，依法追究刑事责任。

第七十八条（行政法律责任） 学校及其他教育机构违反国家有关规定向受教育者收取费用的，由教育行政部门责令退还所收费用；对直接负责的主管人员和其他直接责任人员，依法给予行政处分。

第七十九条（行政法律责任） 在国家教育考试中作弊的，由教育行政部门宣布考试无效，对直接负责的主管人员和其他直接责任人员，依法给予行政处分。

非法举办国家教育考试的，由教育行政部门宣布考试无效；有违法所得的，没收违法所得；对直接负责的主管人员和其他直接责任人员，依法给予行政处分。

第八十条（追究制度） 违反本法规定，颁发学位证书、学历证书或者其他学业证书的，由教育行政部门宣布证书无效，责令收回或者予以没收；有违法所得的，没收违法所得；情节严重的，取消其颁发证书的资格。

第八十一条（民事责任） 违反本法规定，侵犯教师、受教育者、学校或者其他教育机构的合法权益，造成损失、损害的，应当依法承担民事责任。

二、教育单行法

（一）内涵

教育单行法，即根据宪法和教育基本法制定的调整某类教育或教育的某一具体部分关系的教育法律，包括《中华人民共和国义务教育法》《中华人民共和国教师法》《中华人民共和国未成年人保护法》《中华人民共和国预防未成年人犯罪法》。

（二）《中华人民共和国义务教育法》重要法条列举

中华人民共和国成立后，党和国家明确提出实行义务教育，1986 年全国人民代表大会通过了《中华人民共和国义务教育法》（以下简称《义务教育法》）。全国人大常委会 2018 年修正《义务教育法》是教育法律之一，是关于教育的单行法，也是我国历史上的第一部关于基础教育的法律。其重要法条列举如下：

第一章 总则

第一条 为了保障适龄儿童、少年接受义务教育的权利，保证义务教育的实施，提高全民族素质，根据宪法和教育法，制定本法。

第二条 国家实行九年义务教育制度。义务教育是国家统一实施的所有适龄儿童、少年必须接受的教育，是国家必须予以保障的公益性事业。实施义务教育，不收学费、杂费。国家建立义务教育经费保障机制，保证义务教育制度实施。

第三条 义务教育必须贯彻国家的教育方针，实施素质教育，提高教育质量，使适龄儿童、少年在品德、智力、体质等方面全面发展，为培养有理想、有道德、有文化、有纪律的社会主义建设者和接班人奠定基础。

第四条 凡具有中华人民共和国国籍的适龄儿童、少年，不分性别、民族、种族、家庭财产状况、宗教信仰等，依法享有平等接受义务教育的权利，并履行接受义务教育的义务。

第六条 国务院和县级以上地方人民政府应当合理配置教育资源，促进义务教育均衡发展，改善薄弱学校的办学条件，并采取措施，保障农村地区、民族地区实施义务教育，保障家庭经济困难的和残疾的适龄儿童、少年接受义务教育。

第七条 义务教育实行国务院领导，省、自治区、直辖市人民政府统筹规划实施，县级人民政府为主管理的体制。

县级以上人民政府教育行政部门具体负责义务教育实施工作；县级以上人民政府其他

有关部门在各自的职责范围内负责义务教育实施工作。

第二章　义务教育

第十一条　凡年满六周岁的儿童，其父母或者其他法定监护人应当送其入学接受并完成义务教育；条件不具备的地区的儿童，可以推迟到七周岁。

适龄儿童、少年因身体状况需要延缓入学或者休学的，其父母或者其他法定监护人应当提出申请，由当地乡镇人民政府或者县级人民政府教育行政部门批准。

第十二条　适龄儿童、少年免试入学。地方各级人民政府应当保障适龄儿童、少年在户籍所在地学校就近入学。

父母或者其他法定监护人在非户籍所在地工作或者居住的适龄儿童、少年，在其父母或者其他法定监护人工作或者居住地接受义务教育的，当地人民政府应当为其提供平等接受义务教育的条件。具体办法由省、自治区、直辖市规定。

县级人民政府教育行政部门对本行政区域内的军人子女接受义务教育予以保障。

第十三条　县级人民政府教育行政部门和乡镇人民政府组织和督促适龄儿童、少年入学，帮助解决适龄儿童、少年接受义务教育的困难，采取措施防止适龄儿童、少年辍学。

第十四条　禁止用人单位招用应当接受义务教育的适龄儿童、少年。

根据国家有关规定经批准招收适龄儿童、少年进行文艺、体育等专业训练的社会组织，应当保证所招收的适龄儿童、少年接受义务教育；自行实施义务教育的，应当经县级人民政府教育行政部门批准。

第三章　学校

第十七条　县级人民政府根据需要设置寄宿制学校，保障居住分散的适龄儿童、少年入学接受义务教育。

第二十二条　县级以上人民政府及其教育行政部门应当促进学校均衡发展，缩小学校之间办学条件的差距，不得将学校分为重点学校和非重点学校。学校不得分设重点班和非重点班。

县级以上人民政府及其教育行政部门不得以任何名义改变或者变相改变公办学校的性质。

第二十六条　学校实行校长负责制。校长应当符合国家规定的任职条件。校长由县级人民政府教育行政部门依法聘任。

第二十七条　对违反学校管理制度的学生，学校应当予以批评教育，不得开除。

第四章　教师

第二十九条　教师在教育教学中应当平等对待学生，关注学生的个体差异，因材施教，促进学生的充分发展。

教师应当尊重学生的人格，不得歧视学生，不得对学生实施体罚、变相体罚或者其他侮辱人格尊严的行为，不得侵犯学生合法权益。

第三十条　教师应当取得国家规定的教师资格。

国家建立统一的义务教育教师职务制度。教师职务分为初级职务、中级职务和高级职务。

第三十一条　各级人民政府保障教师工资福利和社会保险待遇，改善教师工作和生活条件；完善农村教师工资经费保障机制。

教师的平均工资水平应当不低于当地公务员的平均工资水平。

第五章　教育教学

第三十四条　教育教学工作应当符合教育规律和学生身心发展特点，面向全体学生，教书育人，将德育、智育、体育、美育等有机统一在教育教学活动中，注重培养学生独立思考能力、创新能力和实践能力，促进学生全面发展。

第三十六条　学校应当把德育放在首位，寓德育于教育教学之中，开展与学生年龄相适应的社会实践活动，形成学校、家庭、社会相互配合的思想道德教育体系，促进学生养成良好的思想品德和行为习惯。

第三十八条　教科书根据国家教育方针和课程标准编写，内容力求精简，精选必备的基础知识、基本技能，经济实用，保证质量。

国家机关工作人员和教科书审查人员，不得参与或者变相参与教科书的编写工作。

第六章　经费保障

第四十四条　义务教育经费投入实行国务院和地方各级人民政府根据职责共同负担，省、自治区、直辖市人民政府负责统筹落实的体制。

各级人民政府对家庭经济困难的适龄儿童、少年免费提供教科书并补助寄宿生生活费。

第七章　法律责任

第五十一条　国务院有关部门和地方各级人民政府违反本法第六章的规定，未履行对义务教育经费保障职责的，由国务院或者上级地方人民政府责令限期改正；情节严重的，对直接负责的主管人员和其他直接责任人员依法给予行政处分。

第五十二条　县级以上地方人民政府有下列情形之一的，由上级人民政府责令限期改正；情节严重的，对直接负责的主管人员和其他直接责任人员依法给予行政处分：

（一）未按照国家有关规定制定、调整学校的设置规划的；

（二）学校建设不符合国家规定的办学标准、选址要求和建设标准的；

（三）未定期对学校校舍安全进行检查，并及时维修、改造的；

（四）未依照本法规定均衡安排义务教育经费的。

第五十八条　适龄儿童、少年的父母或者其他法定监护人无正当理由未依照本法规定送适龄儿童、少年入学接受义务教育的，由当地乡镇人民政府或者县级人民政府教育行政部门给予批评教育，责令限期改正。

第六十条　违反本法规定，构成犯罪的，依法追究刑事责任。

（三）《中华人民共和国教师法》重要法条列举

《中华人民共和国教师法》（以下简称《教师法》）从1986年开始起草，经过八年的酝酿、修改，于1993年10月31日经第八届全国人民代表大会常务委员会第四次会议通过，1994年1月1日开始施行。《教师法》是我国教育史上第一部关于教师的单行法律，它的制定和颁布体现了党和国家对人民教师的重视，有利于从根本上提高教师的社会地位，保障教师的合法权益，使教师成为受人尊重的职业；有利于教师队伍的建设，造就一批高素质的教师队伍，促进社会主义教育事业的发展。

其重要法条列举如下：

第六条　每年九月十日为教师节。

第七条　教师享有下列权利：

（一）进行教育教学活动，开展教育教学改革和实验；

（二）从事科学研究、学术交流，参加专业的学术团体，在学术活动中充分发表意见；

（三）指导学生的学习和发展，评定学生的品行和学业成绩；

（四）按时获取工资报酬，享受国家规定的福利待遇以及寒暑假期的带薪休假；

（五）对学校教育教学、管理工作和教育行政部门的工作提出意见和建议，通过教职工代表大会或者其他形式，参与学校的民主管理；

（六）参加进修或者其他方式的培训。

第八条　教师应当履行下列义务：

（一）遵守宪法、法律和职业道德，为人师表；

（二）贯彻国家的教育方针，遵守规章制度，执行学校的教学计划，履行教师聘约，完成教育教学工作任务；

（三）对学生进行宪法所确定的基本原则的教育和爱国主义、民族团结的教育，法制教育以及思想品德、文化、科学技术教育，组织、带领学生开展有益的社会活动；

（四）关心、爱护全体学生，尊重学生人格，促进学生在品德、智力、体质等方面的全面发展；

（五）制止有害于学生的行为或者其他侵犯学生合法权益的行为，批评和抵制有害于学生健康成长的现象；

（六）不断提高思想政治觉悟和教育教学业务水平。

第九条　为保障教师完成教育教学任务，各级人民政府、教育行政部门、有关部门、学校和其他教育机构应当履行下列职责：

（一）提供符合国家安全标准的教育教学设施和设备；

（二）提供必需的图书、资料及其他教育教学用品；

（三）对教师在教育教学、科学研究中的创造性工作给以鼓励和帮助；

（四）支持教师制止有害于学生的行为或者其他侵犯学生合法权益的行为。

第十条　国家实行教师资格制度。

第十一条　取得教师资格应当具备的相应学历是：

（一）取得幼儿园教师资格，应当具备幼儿师范学校毕业及其以上学历；

（二）取得小学教师资格，应当具备中等师范学校毕业及其以上学历；

（三）取得初级中学教师，初级职业学校文化、专业课教师资格，应当具备高等师范专科学校或者其他大学专科毕业及其以上学历；

（四）取得高级中学教师资格和中等专业学校、技工学校、职业高中文化课、专业课教师资格，应当具备高等师范院校本科或者其他大学本科毕业及其以上学历，取得中等专业学校、技工学校和职业高中学生实习指导教师资格应当具备的学历，由国务院教育行政部门规定；

（五）取得高等学校教师资格，应当具备研究生或者大学本科毕业学历；

（六）取得成人教育教师资格，应当按照成人教育的层次、类别，分别具备高等、中等学校毕业及其以上学历。

不具备本法规定的教师资格学历的公民，申请获取教师资格，必须通过国家教师资格考试。国家教师资格考试制度由国务院规定。

第十三条　中小学教师资格由县级以上地方人民政府教育行政部门认定。中等专业学校、技工学校的教师资格由县级以上地方人民政府教育行政部门组织有关主管部门认定。普通高等学校的教师资格由国务院或者省、自治区、直辖市教育行政部门或者由其委托的学校认定。

取得教师资格的人员首次任教时，应当有试用期。

第十四条　受到剥夺政治权利或者故意犯罪受到有期徒刑以上刑事处罚的，不能取得教师资格；已经取得教师资格的，丧失教师资格。

第十五条　各级师范学校毕业生，应当按照国家有关规定从事教育教学工作。国家鼓励非师范高等学校毕业生到中小学或者职业学校任教。

第十六条　国家实行教师职务制度，具体办法由国务院规定。

第二十二条　学校或者其他教育机构应当对教师的政治思想、业务水平、工作态度和工作成绩进行考核。

第二十五条　教师的平均工资水平应当不低于或者高于国家公务员的平均工资水平，并逐步提高。建立正常晋级增薪制度，具体办法由国务院规定。

第二十七条　地方各级人民政府对教师以及具有中专以上学历的毕业生到少数民族地区和边远贫困地区从事教育教学工作的，应当予以补贴。

第二十八条　地方各级人民政府和国务院有关部门，对城市教师住房的建设、租赁、出售实行优先、优惠。县、乡两级人民政府应当为农村中小学教师解决住房提供方便。

第三十七条　教师有下列情形之一的，由所在学校、其他教育机构或者教育行政部门给予行政处分或者解聘：

（一）故意不完成教育教学任务，给教育教学工作造成损失的；

（二）体罚学生，经教育不改的；

（三）品行不良、侮辱学生，影响恶劣的。

教师有前款第（二）项、第（三）项所列情形之一，情节严重，构成犯罪的，依法追究刑事责任。

第三十八条　地方人民政府对违反本法规定，拖欠教师工资或者侵犯教师其他合法权益的，应当责令其限期改正。

违反国家财政制度、财务制度，挪用国家财政用于教育的经费，严重妨碍教育教学工作，拖欠教师工资，损害教师合法权益的，由上级机关责令限期归还被挪用的经费，并对直接责任人员给予行政处分；情节严重，构成犯罪的，依法追究刑事责任。

第三十九条　教师对学校或者其他教育机构侵犯其合法权益的，或者对学校或者其他教育机构做出的处理不服的，可以向教育行政部门提出申诉，教育行政部门应当在接到申诉的三十日内，做出处理。

教师认为当地人民政府有关行政部门侵犯其根据本法规定享有的权利的，可以向同级人民政府或者上一级人民政府有关部门提出申诉，同级人民政府或者上一级人民政府有关部门应当做出处理。

(四)《中华人民共和国未成年人保护法》重要法条列举

《中华人民共和国未成年人保护法》(以下简称《未成年人保护法》)于1991年9月4日由第七届全国人民代表大会常务委员会第二十一次大会通过，从1992年1月1日起施行。《未成年人保护法》的颁行填补了我国法治建设的一项空白，为保护青少年健康成长提供了重要的法律依据。

第一章　总则

第一条　为了保护未成年人的身心健康，保障未成年人的合法权益，促进未成年人在品德、智力、体质等方面全面发展，培养有理想、有道德、有文化、有纪律的社会主义建设者和接班人，根据宪法，制定本法。

第二条　本法所称未成年人是指未满十八周岁的公民。

第三条　未成年人享有生存权、发展权、受保护权、参与权等权利，国家根据未成年人身心发展特点给予特殊、优先保护，保障未成年人的合法权益不受侵犯。

第五条　保护未成年人的工作，应当遵循下列原则：

(一)尊重未成年人的人格尊严；

(二)适应未成年人身心发展的规律和特点；

(三)教育与保护相结合。

第二章　家庭保护

第十条　父母或者其他监护人应当创造良好、和睦的家庭环境，依法履行对未成年人的监护职责和抚养义务。

禁止对未成年人实施家庭暴力，禁止虐待、遗弃未成年人，禁止溺婴和其他残害婴儿的行为，不得歧视女性未成年人或者有残疾的未成年人。

第十一条　父母或者其他监护人应当关注未成年人的生理、心理状况和行为习惯，以健康的思想、良好的品行和适当的方法教育和影响未成年人，引导未成年人进行有益身心健康的活动，预防和制止未成年人吸烟、酗酒、流浪、沉迷网络以及赌博、吸毒、卖淫等行为。

第十三条　父母或者其他监护人应当尊重未成年人受教育的权利，必须使适龄未成年人依法入学接受并完成义务教育，不得使接受义务教育的未成年人辍学。

第十五条　父母或者其他监护人不得允许或者迫使未成年人结婚，不得为未成年人订立婚约。

第十六条　父母因外出务工或者其他原因不能履行对未成年人监护职责的，应当委托有监护能力的其他成年人代为监护。

第三章　学校保护

第十八条　学校应当尊重未成年学生受教育的权利，关心、爱护学生，对品行有缺点、学习有困难的学生，应当耐心教育、帮助，不得歧视，不得违反法律和国家规定开除未成年学生。

第二十一条　学校、幼儿园、托儿所的教职员工应当尊重未成年人的人格尊严，不得对未成年人实施体罚、变相体罚或者其他侮辱人格尊严的行为。

第二十七条　任何人不得在中小学、幼儿园、托儿所的教室、寝室、活动室和其他未成年人集中活动的室内吸烟。

第四章　社会保护

第三十六条　中小学校园周边不得设置营业性歌舞娱乐场所、互联网上网服务营业场所等不适宜未成年人活动的场所。

营业性歌舞娱乐场所、互联网上网服务营业场所等不适宜未成年人活动的场所，不得允许未成年人进入，经营者应当在显著位置设置未成年人禁入标志；对难以判明是否已成年的，应当要求其出示身份证件。

第三十七条　禁止向未成年人出售烟酒，经营者应当在显著位置设置不向未成年人出售烟酒的标志；对难以判明是否已成年的，应当要求其出示身份证件。

任何人不得在中小学校、幼儿园、托儿所的教室、寝室、活动室和其他未成年人集中活动的场所吸烟、饮酒。

第三十八条　任何组织或者个人不得招用未满十六周岁的未成年人，国家另有规定的除外。

任何组织或者个人按照国家有关规定招用已满十六周岁未满十八周岁的未成年人的，应当执行国家在工种、劳动时间、劳动强度和保护措施等方面的规定，不得安排其从事过重、有毒、有害等危害未成年人身心健康的劳动或者危险作业。

第三十九条　任何组织或者个人不得披露未成年人的个人隐私。

对未成年人的信件、日记、电子邮件，任何组织或者个人不得隐匿、毁弃；除因追查犯罪的需要，由公安机关或者人民检察院依法进行检查，或者对无行为能力的未成年人的信件、日记、电子邮件由其父母或者其他监护人代为开拆、查阅外，任何组织或者个人不得开拆、查阅。

第四十条　学校、幼儿园、托儿所和公共场所发生突发事件时，应当优先救护未成年人。

第四十六条　国家依法保护未成年人的智力成果和荣誉权不受侵犯。

第五十二条　人民法院审理继承案件，应当依法保护未成年人的继承权和受遗赠权。

人民法院审理离婚案件，涉及未成年子女抚养问题的，应当听取有表达意愿能力的未成年子女的意见，根据保障子女权益的原则和双方具体情况依法处理。

第五十三条　父母或者其他监护人不履行监护职责或者侵害被监护的未成年人的合法权益，经教育不改的，人民法院可以根据有关人员或者有关单位的申请，撤销其监护人的资格，依法另行指定监护人。被撤销监护资格的父母应当依法继续负担抚养费用。

第五十四条　对违法犯罪的未成年人，实行教育、感化、挽救的方针，坚持教育为主、惩罚为辅的原则。

对违法犯罪的未成年人，应当依法从轻、减轻或者免除处罚。

第五十六条　讯问、审判未成年犯罪嫌疑人、被告人，询问未成年证人、被害人，应当依照刑事诉讼法的规定通知其法定代理人或者其他人员到场。

公安机关、人民检察院、人民法院办理未成年人遭受性侵害的刑事案件，应当保护被害人的名誉。

第五十七条　对羁押、服刑的未成年人，应当与成年人分别关押。

羁押、服刑的未成年人没有完成义务教育的，应当对其进行义务教育。

解除羁押、服刑期满的未成年人的复学、升学、就业不受歧视。

（五）《中华人民共和国预防未成年人犯罪法》重要法条列举

《中华人民共和国预防未成年人犯罪法》（以下简称《预防未成年人犯罪法》）是为了保障未成年人身心健康，培养未成年人良好品行，有效地预防未成年人犯罪制定的法律。1999年6月28日第九届全国人民代表大会常务委员会第十次会议通过。

第一章　总则

第一条　为了保障未成年人身心健康，培养未成年人良好品行，有效地预防未成年人犯罪，制定本法。

第二条　预防未成年人犯罪，立足于教育和保护，从小抓起，对未成年人的不良行为及时进行预防和矫治。

第二章　预防未成年人犯罪的教育

第六条　对未成年人应当加强思想、道德、法制和爱国主义、集体主义、社会主义教育。对于达到义务教育年龄的未成年人，在进行上述教育的同时，应当进行预防犯罪的教育。

预防未成年人犯罪的教育的目的，是增强未成年人的法制观念，使未成年人懂得违法和犯罪行为对个人、家庭、社会造成的危害，违法和犯罪行为应当承担的法律责任，树立遵纪守法和防范违法犯罪的意识。

第十条　未成年人的父母或者其他监护人对未成年人的法治教育负有直接责任。学校在对学生进行预防犯罪教育时，应当将教育计划告知未成年人的父母或者其他监护人，未成年人的父母或者其他监护人应当结合学校的计划，针对具体情况进行教育。

第十二条　对于已满十六周岁不满十八周岁准备就业的未成年人，职业教育培训机构、用人单位应当将法律知识和预防犯罪教育纳入职业培训的内容。

第三章　对未成年人不良行为的预防

第十四条　未成年人的父母或者其他监护人和学校应当教育未成年人不得有下列不良行为：

（一）旷课、夜不归宿；

（二）携带管制刀具；

（三）打架斗殴、辱骂他人；

（四）强行向他人索要财物；

（五）偷窃、故意毁坏财物；

（六）参与赌博或者变相赌博；

（七）观看、收听色情、淫秽的音像制品、读物等；

（八）进入法律、法规规定未成年人不适宜进入的营业性歌舞厅等场所；

（九）其他严重违背社会公德的不良行为。

第十五条　未成年人的父母或者其他监护人和学校应当教育未成年人不得吸烟、酗酒。任何经营场所不得向未成年人出售烟酒。

第十六条　中小学生旷课的，学校应当及时与其父母或者其他监护人取得联系。

未成年人擅自外出夜不归宿的，其父母或者其他监护人、其所在的寄宿制学校应当及时查找，或者向公安机关请求帮助。收留夜不归宿的未成年人的，应当征得其父母或者其他监护人的同意，或者在二十四小时内及时通知其父母或者其他监护人、所在学校或者及时向公安机关报告。

第十八条　未成年人的父母或者其他监护人和学校发现有人教唆、胁迫、引诱未成年人违法犯罪的，应当向公安机关报告。公安机关接到报告后，应当及时依法查处，对未成年人人身安全受到威胁的，应当及时采取有效措施，保护其人身安全。

第十九条　未成年人的父母或者其他监护人，不得让不满十六周岁的未成年人脱离监护单独居住。

第二十条　未成年人的父母或者其他监护人对未成年人不得放任不管，不得迫使其离家出走，放弃监护职责。

未成年人离家出走的，其父母或者其他监护人应当及时查找，或者向公安机关请求帮助。

第二十一条　未成年人的父母离异的，离异双方对子女都有教育的义务，任何一方都不得因离异而不履行教育子女的义务。

第二十六条　禁止在中小学校附近开办营业性歌舞厅、营业性电子游戏场所以及其他未成年人不适宜进入的场所。禁止开办上述场所的具体范围由省、自治区、直辖市人民政府规定。

对本法施行前已在中小学校附近开办上述场所的，应当限期迁移或者停业。

第三十三条　营业性歌舞厅以及其他未成年人不适宜进入的场所，应当设置明显的未成年人禁止进入标志，不得允许未成年人进入。

营业性电子游戏场所在国家法定节假日外，不得允许未成年人进入，并应当设置明显的未成年人禁止进入标志。

对于难以判明是否已成年的，上述场所的工作人员可以要求其出示身份证件。

第四章　对未成年人严重不良行为的矫治

第三十五条　对未成年人实施本法规定的严重不良行为的，应当及时予以制止。

对有本法规定严重不良行为的未成年人，其父母或者其他监护人和学校应当相互配合，采取措施严加管教，也可以送工读学校进行矫治和接受教育。

对未成年人送工读学校进行矫治和接受教育，应当由其父母或者其他监护人，或者原所在学校提出申请，经教育行政部门批准。

第三十七条　未成年人有本法规定严重不良行为，构成违反治安管理行为的，由公安机关依法予以治安处罚。因不满十四周岁或者情节特别轻微免予处罚的，可以予以训诫。

第三十八条　未成年人因不满十六周岁不予刑事处罚的，责令他的父母或者其他监护人严加管教；在必要的时候，也可以由政府依法收容教养。

第五章　未成年人对犯罪的自我防范

第四十一条　被父母或者其他监护人遗弃、虐待的未成年人，有权向公安机关、民政部门、共青团、妇女联合会、未成年人保护组织或者学校、城市居民委员会、农村村民委员会请求保护。被请求的上述部门和组织都应当接受，根据情况需要采取救助措施的，应当先采取救助措施。

第六章　对未成年人重新犯罪的预防

第四十四条　对犯罪的未成年人追究刑事责任，实行教育、感化、挽救方针，坚持教育为主、惩罚为辅的原则。

司法机关办理未成年人犯罪案件，应当保障未成年人行使其诉讼权利，保障未成年人得到法律帮助，并根据未成年人的生理、心理特点和犯罪的情况，有针对性地进行法制教育。

对于被采取刑事强制措施的未成年学生，在人民法院的判决生效以前，不得取消其学籍。

第四十五条　人民法院审判未成年人犯罪的刑事案件，应当由熟悉未成年人身心特点的审判员或者审判员和人民陪审员依法组成少年法庭进行。

对于审判的时候被告人不满十八周岁的刑事案件，不公开审理。

对未成年人犯罪案件，新闻报道、影视节目、公开出版物不得披露该未成年人的姓名、住所、照片及可能推断出该未成年人的资料。

第四十八条　依法免予刑事处罚、判处非监禁刑罚、判处刑罚宣告缓刑、假释或者刑罚执行完毕的未成年人，在复学、升学、就业等方面与其他未成年人享有同等权利，任何单位和个人不得歧视。

第七章　法律责任

第五十条　未成年人的父母或者其他监护人违反本法第十九条的规定，让不满十六周岁的未成年人脱离监护单独居住的，由公安机关对未成年人的父母或者其他监护人予以训诫，责令其立即改正。

第五十二条　违反本法第三十条的规定，出版含有诱发未成年人违法犯罪以及渲染暴力、色情、赌博、恐怖活动等危害未成年人身心健康内容的出版物的，由出版行政部门没收出版物和违法所得，并处违法所得三倍以上十倍以下罚款；情节严重的，没收出版物和违法所得，并责令停业整顿或者吊销许可证。对直接负责的主管人员和其他直接责任人员处以罚款。

制作、复制宣扬淫秽内容的未成年人出版物，或者向未成年人出售、出租、传播宣扬淫秽内容的出版物的，依法予以治安处罚；构成犯罪的，依法追究刑事责任。

三、教育规章、政策和国际公约

（一）教育规章

教育规章，又称“教育行政规章”，是由国家行政机关根据并为实施教育法律、行政法规而制定和发布的规范性文件。根据宪法和《地方各级人民代表大会和地方各级人民政府组织法》规定，国务院各部委和省（自治区、直辖市）以及省、自治区的人民政府所在地的市和经国务院批准的较大的市的人民政府可根据法律、行政法规，在自身权限内发布规章。一般由教育部制定的称“部门教育规章”，常用的名称有“规定”“办法”“规程”“大纲”“标准”“定额”等。采取教育部令或与国务院其他部委联合令的形式发布，其效力低于行政法规，适用全国。由省（自治区、直辖市）人民政府及省、自治区人民政府所在地的市和经国务院批准的较大的市的人民政府制定的，称“地方政府教育规章”或简称“政府教育规章”，常用的名称有“规定”“办法”“实施意见”等，只在本行政区域内有效。

幼儿园教师需要了解的主要教育规章有《幼儿园工作规程》，主要教育公约有《儿童权利公约》，主要教育政策有《国家中长期教育改革和发展规划纲要（2010—2020）》等。

（二）《幼儿园工作规程》重要条文列举

《幼儿园工作规程》经 2015 年 12 月 14 日第 48 次部长办公会议审议通过，自 2016 年 3 月 1 日起施行，是规范办园行为、提高保育和教育质量、促进幼儿身心健康的重要依据。

第一章　总则

第一条　为了加强幼儿园的科学管理，规范办园行为，提高保育和教育质量，促进幼儿身心健康，依据《中华人民共和国教育法》等法律法规，制定本规程。

第三条　幼儿园的任务是：贯彻国家的教育方针，按照保育与教育相结合的原则，遵循幼儿身心发展特点和规律，实施德、智、体、美等方面全面发展的教育，促进幼儿身心和谐发展。

幼儿园同时面向幼儿家长提供科学育儿指导。

第四条　幼儿园适龄幼儿一般为3周岁至6周岁。

幼儿园一般为三年制。

第五条　幼儿园保育和教育的主要目标是:

(一)促进幼儿身体正常发育和机能的协调发展,增强体质,促进心理健康,培养良好的生活习惯、卫生习惯和参加体育活动的兴趣。

(二)发展幼儿智力,培养正确运用感官和运用语言交往的基本能力,增进对环境的认识,培养有益的兴趣和求知欲望,培养初步的动手探究能力。

(三)萌发幼儿爱祖国、爱家乡、爱集体、爱劳动、爱科学的情感,培养诚实、自信、友爱、勇敢、勤学、好问、爱护公物、克服困难、讲礼貌、守纪律等良好的品德行为和习惯,以及活泼开朗的性格。

(四)培养幼儿初步感受美和表现美的情趣和能力。

第七条　幼儿园可分为全日制、半日制、定时制、季节制和寄宿制等。上述形式可分别设置,也可混合设置。

第二章　幼儿入园和编班

第十条　幼儿入园前,应当按照卫生部门制定的卫生保健制度进行健康检查,合格者方可入园。

幼儿入园除进行健康检查外,禁止任何形式的考试或测查。

第十一条　幼儿园规模应当有利于幼儿身心健康,便于管理,一般不超过360人。

幼儿园每班幼儿人数一般为:小班(3周岁至4周岁)25人,中班(4周岁至5周岁)30人,大班(5周岁至6周岁)35人,混合班30人。寄宿制幼儿园每班幼儿人数酌减。

幼儿园可以按年龄分别编班,也可以混合编班。

第三章　幼儿园的安全

第十二条　幼儿园应当严格执行国家和地方幼儿园安全管理的相关规定,建立健全门卫、房屋、设备、消防、交通、食品、药物、幼儿接送交接、活动组织和幼儿就寝值守等安全防护和检查制度,建立安全责任制和应急预案。

第十五条　幼儿园教职工必须具有安全意识,掌握基本急救常识和防范、避险、逃生、自救的基本方法,在紧急情况下应当优先保护幼儿的人身安全。

幼儿园应当把安全教育融入一日生活,并定期组织开展多种形式的安全教育和事故预防演练。

幼儿园应当结合幼儿年龄特点和接受能力开展反家庭暴力教育,发现幼儿遭受或者疑似遭受家庭暴力的,应当依法及时向公安机关报案。

第十六条　幼儿园应当投保校方责任险。

第四章　幼儿园的卫生保健

第十八条　幼儿园应当制定合理的幼儿一日生活作息制度。正餐间隔时间为3.5～4小时。在正常情况下,幼儿户外活动时间(包括户外体育活动时间)每天不得少于2小时,寄宿制幼儿园不得少于3小时;高寒、高温地区可酌情增减。

第十九条　幼儿园应当建立幼儿健康检查制度和幼儿健康卡或档案。每年体检一次,每半年测身高、视力一次,每季度量体重一次;注意幼儿口腔卫生,保护幼儿视力。

幼儿园对幼儿健康发展状况定期进行分析、评价,及时向家长反馈结果。

幼儿园应当关注幼儿心理健康,注重满足幼儿的发展需要,保持幼儿积极的情绪状态,让幼儿感受到尊重和接纳。

第二十三条　幼儿园应当积极开展适合幼儿的体育活动,充分利用日光、空气、水等自然因素以及本地自然环境,有计划地锻炼幼儿肌体,增强身体的适应和抵抗能力。正常情况下,每日户外体育活动不得少于1小时。

幼儿园在开展体育活动时,应当对体弱或有残疾的幼儿予以特殊照顾。

第五章　幼儿园的教育

第二十五条　幼儿园教育应当贯彻以下原则和要求:

(一)德、智、体、美等方面的教育应当互相渗透,有机结合。

(二)遵循幼儿身心发展规律,符合幼儿年龄特点,注重个体差异,因人施教,引导幼儿个性健康发展。

(三)面向全体幼儿,热爱幼儿,坚持积极鼓励、启发引导的正面教育。

(四)综合组织健康、语言、社会、科学、艺术各领域的教育内容,渗透于幼儿一日生活的各项活动中,充分发挥各种教育手段的交互作用。

(五)以游戏为基本活动,寓教育于各项活动之中。

(六)创设与教育相适应的良好环境,为幼儿提供活动和表现能力的机会与条件。

第二十六条　幼儿一日活动的组织应当动静交替,注重幼儿的直接感知、实际操作和亲身体验,保证幼儿愉快的、有益的自由活动。

第二十七条　幼儿园日常生活组织,应当从实际出发,建立必要、合理的常规,坚持一贯性和灵活性相结合,培养幼儿的良好习惯和初步的生活自理能力。

第二十八条　幼儿园应当为幼儿提供丰富多样的教育活动。

教育活动内容应当根据教育目标、幼儿的实际水平和兴趣确定,以循序渐进为原则,有计划地选择和组织。

教育活动的组织应当灵活地运用集体、小组和个别活动等形式,为每个幼儿提供充分参与的机会,满足幼儿多方面发展的需要,促进每个幼儿在不同水平上得到发展。

教育活动的过程应注重支持幼儿的主动探索、操作实践、合作交流和表达表现,不应片面追求活动结果。

第二十九条　幼儿园应当将游戏作为对幼儿进行全面发展教育的重要形式。

幼儿园应当因地制宜创设游戏条件,提供丰富、适宜的游戏材料,保证充足的游戏时间,开展多种游戏。

幼儿园应当根据幼儿的年龄特点指导游戏,鼓励和支持幼儿根据自身兴趣、需要和经验水平,自主选择游戏内容、游戏材料和伙伴,使幼儿在游戏过程中获得积极的情绪情感,促进幼儿能力和个性的全面发展。

第三十条　幼儿园应当将环境作为重要的教育资源,合理利用室内外环境,创设开放的、多样的区域活动空间,提供适合幼儿年龄特点的丰富的玩具、操作材料和幼儿读物,支持幼儿自主选择和主动学习,激发幼儿学习的兴趣与探究的愿望。

幼儿园应当营造尊重、接纳和关爱的氛围,建立良好的同伴和师生关系。

幼儿园应当充分利用家庭和社区的有利条件,丰富和拓展幼儿园的教育资源。

第三十一条　幼儿园的品德教育应当以情感教育和培养良好行为习惯为主,注重潜移默化的影响,并贯穿于幼儿生活以及各项活动之中。

第三十三条　幼儿园和小学应当密切联系,互相配合,注意两个阶段教育的相互衔接。

幼儿园不得提前教授小学教育内容,不得开展任何违背幼儿身心发展规律的活动。

第六章　幼儿园的园舍、设备

第三十四条　幼儿园应当按照国家的相关规定设活动室、寝室、卫生间、保健室、综合活动室、厨房和办公用房等,并达到相应的建设标准。有条件的幼儿园应当优先扩大幼儿游戏和活动空间。

寄宿制幼儿园应当增设隔离室、浴室和教职工值班室等。

第三十五条　幼儿园应当有与其规模相适应的户外活动场地,配备必要的游戏和体育活动设施,创造条件开辟沙地、水池、种植园地等,并根据幼儿活动的需要绿化、美化园地。

第七章　幼儿园的教职工

第三十八条　幼儿园按照国家相关规定设园长、副园长、教师、保育员、卫生保健人员、炊事员和其他工作人员等岗位,配足配齐教职工。

第三十九条　幼儿园教职工应当贯彻国家教育方针,具有良好品德,热爱教育事业,尊重和爱护幼儿,具有专业知识和技能以及相应的文化和专业素养,为人师表,忠于职责,身心健康。

幼儿园教职工患传染病期间暂停在幼儿园的工作。有犯罪、吸毒记录和精神病史者不得在幼儿园工作。

第四十一条　幼儿园教师必须具有《教师资格条例》规定的幼儿园教师资格,并符合本规程第三十九条规定。

幼儿园教师实行聘任制。

幼儿园教师对本班工作全面负责,其主要职责如下:

(一)观察了解幼儿,依据国家有关规定,结合本班幼儿的发展水平和兴趣需要,制订和执行教育工作计划,合理安排幼儿一日生活;

（二）创设良好的教育环境，合理组织教育内容，提供丰富的玩具和游戏材料，开展适宜的教育活动；

（三）严格执行幼儿园安全、卫生保健制度，指导并配合保育员管理本班幼儿生活，做好卫生保健工作；

（四）与家长保持经常联系，了解幼儿家庭的教育环境，商讨符合幼儿特点的教育措施，相互配合共同完成教育任务；

（五）参加业务学习和保育教育研究活动；

（六）定期总结评估保教工作实效，接受园长的指导和检查。

第四十五条　对认真履行职责、成绩优良的幼儿园教职工，应当按照有关规定给予奖励。

对不履行职责的幼儿园教职工，应当视情节轻重，依法依规给予相应处分。

第八章　幼儿园的经费

第四十六条　幼儿园的经费由举办者依法筹措，保障有必备的办园资金和稳定的经费来源。

按照国家和地方相关规定接受财政扶持的提供普惠性服务的国有企事业单位办园、集体办园和民办园等幼儿园，应当接受财务、审计等有关部门的监督检查。

第四十七条　幼儿园收费按照国家和地方的有关规定执行。

幼儿园实行收费公示制度，收费项目和标准向家长公示，接受社会监督，不得以任何名义收取与新生入园相挂钩的赞助费。

幼儿园不得以培养幼儿某种专项技能、组织或参与竞赛等为由，另外收取费用；不得以营利为目的组织幼儿表演、竞赛等活动。

第五十条　幼儿膳食费应当实行民主管理制度，保证全部用于幼儿膳食，每月向家长公布账目。

第九章　幼儿园、家庭和社区

第五十二条　幼儿园应当主动与幼儿家庭沟通合作，为家长提供科学育儿宣传指导，帮助家长创设良好的家庭教育环境，共同担负教育幼儿的任务。

第五十三条　幼儿园应当建立幼儿园与家长联系的制度。幼儿园可采取多种形式，指导家长正确了解幼儿园保育和教育的内容、方法，定期召开家长会议，并接待家长的来访和咨询。

幼儿园应当认真分析、吸收家长对幼儿园教育与管理工作的意见与建议。

幼儿园应当建立家长开放日制度。

第五十五条　幼儿园应当加强与社区的联系与合作，面向社区宣传科学育儿知识，开展灵活多样的公益性早期教育服务，争取社区对幼儿园的多方面支持。

第十章　幼儿园的管理

第五十六条　幼儿园实行园长负责制。

幼儿园应当建立园务委员会。园务委员会由园长、副园长、党组织负责人和保教、卫生保健、财会等方面工作人员的代表以及幼儿家长代表组成。园长任园务委员会主任。

园长定期召开园务委员会会议，遇重大问题可临时召集，对规章制度的建立、修改、废除，全园工作计划，工作总结，人员奖惩，财务预算和决算方案，以及其他涉及全园工作的重要问题进行审议。

第五十七条　幼儿园应当加强党组织建设，充分发挥党组织政治核心作用、战斗堡垒作用。幼儿园应当为工会、共青团等其他组织开展工作创造有利条件，充分发挥其在幼儿园工作中的作用。

第五十八条　幼儿园应当建立教职工大会制度或者教职工代表大会制度，依法加强民主管理和监督。

（三）《儿童权利公约》重要条文列举

1989 年 11 月 20 日第四十四届联合国大会通过了《儿童权利公约》，1990 年 9 月 2 日，在获得 20 个国家批准加入后正式生效，并向各国开放，以供签署、批准和加入。1991 年 12 月 29 日，全国人民代表大会常务委员会批准《儿童权利公约》，1992 年 4 月 1 日正式对中国生效。目前，全世界已有 190 多个国家加入《儿童权利公约》，《儿童权利公约》也成为当今世界上接受范围最广的国际法律文书之一。其重要条文列举如下：

第一条　为本公约之目的，儿童系指 18 岁以下的任何人，除非对其适用之法律规定成年年龄低于 18 岁。

第十七条　缔约国确认大众传播媒介的重要作用，并应确保儿童能够从多种的国家和国际来源获得信息和资料，尤其是旨在促进其社会、精神和道德方面和身心健康的信息和资料。为此目的，缔约国应做到：

（A）鼓励大众传播媒介本着第 29 条的精神传播在社会和文化方面有益于儿童的信息和资料；

（B）鼓励在编制、交流和传播来自不同文化、国家和国际来源的这类信息和资料方面进行国际合作；

（C）鼓励儿童读物的著作和普及；

（D）鼓励大众传播媒介特别关注属于少数群体或土著居民的儿童在语言方面的需要；

（E）鼓励根据第 13 条和第 18 条的规定制定适当的准则，保护儿童不受可能损害其身心的信息和资料之害。

第十八条　（1）缔约国应尽其最大努力，确保父母双方对儿童的养育和发展负有共同责任的原则得到确认。父母、或视具体情况而定的法定监护人对儿童的养育和发展负有首要责任。儿童的最大利益将是他们主要关心的事。

（2）为保证和促进本公约所列举的权利，缔约国应在父母和法定监护人履行其抚养儿童的责任方面给予适当协助，并应确保发展育儿机构、设施和服务。

（3）缔约国应采取一切适当措施确保就业父母的子女有权享受他们有资格得到的托儿服务和设施。

第十九条 (1)缔约国应采取一切适当的立法、行政、社会和教育措施,保护儿童在受父母、法定监护人或其他任何负责照管儿童的人的照料时,不致受到任何形式的身心摧残、伤害或凌辱,忽视或照料不周,虐待或剥削,包括性侵犯。

(2)这类保护性措施应酌情包括采取有效程序以建立社会方案,向儿童和负责照管儿童的人提供必要的资助,采取其他预防形式,查明、报告、查询、调查、处理和追究前述的虐待儿童事件,以及在适当时进行司法干预。

第二十条 (1)暂时或永久脱离家庭环境的儿童,或为其最大利益不得在这种环境中继续生活的儿童,应有权得到国家的特别保护和协助。

(2)缔约国应按照本国法律确保此类儿童得到其他方式的照顾。

(3)这种照顾除其他外,包括寄养、伊斯兰法的“卡法拉”(监护)、收养或者必要时安置在适当的育儿机构中。在考虑解决办法时,应适当注意有必要使儿童的培养教育具有连续性,并注意儿童的族裔、宗教、文化和语言背景。

第二十四条 (1)缔约国确认儿童有权享有可达到的最高标准的健康,并享有医疗和康复设施;缔约国应努力确保没有任何儿童被剥夺获得这种保健服务的权利。

(2)缔约国应致力充分实现这一权利,特别是应采取适当措施:(A)降低婴幼儿死亡率;(B)确保向所有儿童提供必要的医疗援助和保健,侧重发展初级保健;(C)消除疾病和营养不良现象,包括在初级保健范围内利用现有可得的技术和提供充足的营养食品和清洁饮水,要考虑到环境污染的危险和风险;(D)确保母亲得到适当的产前和产后保健;(E)确保向社会各阶层,特别是向父母和儿童介绍有关儿童保健和营养、母乳育婴优点、个人卫生和环境卫生及防止意外事故的基本知识,使他们得到这方面的教育并帮助他们应用这种基本知识;(F)开展预防保健、对父母的指导以及计划生育教育和服务。

(3)缔约国应致力采取一切有效和适当的措施,以期废除对儿童健康有害的传统习俗。

(4)缔约国承担促进和鼓励国际合作,以期逐步充分实现本条所确认的权利。在这方面,应特别考虑到发展中国家的需要。

第二十五条 缔约国确认在有关当局为照料、保护或治疗儿童身心健康的目的下受到安置的儿童,有权获得对给予的治疗以及与所受安置有关的所有其他情况进行定期审查。

(四)《国家中长期教育改革和发展规划纲要(2010—2020)》重要条文列举

2010年7月,中共中央、国务院印发《国家中长期教育改革和发展规划纲要(2010—2020)》(以下简称《纲要(2010—2020)》),这是我国第一个中长期教育改革和发展纲要,是当前一段时期指导全国教育改革和发展的纲领性文件。其重要条文列举如下:

第一章 指导思想和工作方针

(一)指导思想。高举中国特色社会主义伟大旗帜,以邓小平理论和“三个代表”重要思想为指导,深入贯彻落实科学发展观,实施科教兴国战略和人才强国战略,优先发展教育,办好人民满意的教育,建设人力资源强国。

(二)工作方针。优先发展,育人为本,改革创新,促进公平,提高质量。

把教育摆在优先发展的战略地位。

把育人为本作为教育工作的根本要求。

把改革创新作为教育发展的强大动力。

把促进公平作为国家基本教育政策。教育公平是社会公平的重要基础。教育公平的基本要求是保障公民依法享有受教育的权利,关键是机会公平,重点是促进义务教育均衡发展和扶持困难群体,根本措施是合理配置教育资源,向农村地区、边远贫困地区和民族地区倾斜,加快缩小教育差距。教育公平的主要责任在政府,全社会要共同促进教育公平。

把提高质量作为教育改革发展的核心任务。树立科学的教育质量观,把促进人的全面发展、适应社会需要作为衡量教育质量的根本标准。

第二章　战略目标和战略主题

(三) 战略目标。到2020年,基本实现教育现代化,基本形成学习型社会,进入人力资源强国行列。

实现更高水平的普及教育。基本普及学前教育;巩固提高九年义务教育水平;普及高中阶段教育,毛入学率达到90%;高等教育大众化水平进一步提高,毛入学率达到40%;扫除青壮年文盲。新增劳动力平均受教育年限从12.4年提高到13.5年;主要劳动年龄人口平均受教育年限从9.5年提高到11.2年,其中接受高等教育的比例达到20%以上,具有高等教育文化程度的人数比2009年翻一番。

(四) 战略主题。坚持德育为先,坚持能力为重,坚持全面发展。坚持以人为本、全面实施素质教育是教育改革发展的战略主题,是贯彻党的教育方针的时代要求,其核心是解决好培养什么人、怎样培养人的重大问题,重点是面向全体学生、促进学生全面发展,着力提高学生服务国家、服务人民的社会责任感,勇于探索的创新精神和善于解决问题的实践能力。

第三章　学前教育

(五) 基本普及学前教育。学前教育对幼儿习惯养成、智力开发和身心健康具有重要意义。遵循幼儿身心发展规律,坚持科学的保教方法,保障幼儿快乐健康成长。积极发展学前教育,到2020年,全面普及学前一年教育,基本普及学前两年教育,有条件的地区普及学前三年教育。重视0~3岁婴幼儿教育。

第四章　义务教育

(八) 巩固提高九年义务教育水平。义务教育是国家依法统一实施、所有适龄儿童少年必须接受的教育,具有强制性、免费性和普及性,是教育工作的重中之重。注重品行培养,激发学习兴趣,培育健康体魄,养成良好习惯。到2020年,全面提高普及水平,全面提高教育质量,基本实现区域内均衡发展,确保适龄儿童少年接受良好的义务教育。

(九) 推进义务教育均衡发展。义务教育阶段不得设置重点学校和重点班。在保证适龄儿童少年就近进入公办学校的前提下,发展民办教育,提供选择机会。

加快缩小城乡差距。建立城乡一体化的义务教育发展机制,在财政拨款、学校建设、教师配置等方面向农村倾斜。率先在县(区)域内实现城乡均衡发展,逐步在更大范围内推进。

（十）减轻中小学生课业负担。调整教材内容，科学设计课程难度。改革考试评价制度和学校考核办法。规范办学行为，建立学生课业负担监测和公告制度。不得以升学率对地区和学校进行排名，不得下达升学指标。规范各种社会补习机构和教辅市场。

学校要把减负落实到教育教学各个环节，给学生留下了解社会、深入思考、动手实践的时间。提高教师业务素质，改进教学方法，增强课堂教学效果，减少作业量和考试次数。培养学生学习兴趣和爱好。丰富学生课外及校外活动。严格执行课程方案，不得增加课时和提高难度。各种考级和竞赛成绩不得作为义务教育阶段入学与升学的依据。

充分发挥家庭教育在青少年成长过程中的重要作用。家长要树立正确的教育观念，掌握科学的教育方法，尊重子女的健康情趣，加强与学校的合作，共同减轻学生课业负担。关心社会教育，帮助子女养成良好习惯，促进学生健康成长。

第五章　高中阶段教育

（十一）加快普及高中阶段教育。高中阶段教育是学生个性形成、自主发展的关键时期，对提高国民素质和培养创新人才具有特殊意义。注重培养学生自主学习、自强自立和适应社会的能力，克服“应试教育”倾向。到2020年，普及高中阶段教育，全面满足初中毕业生接受高中阶段教育需求。

第七章　高等教育

大力推进研究生培养机制改革。建立以科学研究为主导的导师责任制和导师项目资助制，推行产学研联合培养研究生的“双导师制”。实施研究生教育创新计划。

（三十二）创新人才培养模式。遵循教育规律和人才成长规律，深化教育教学改革，创新教育教学方法，探索多种培养方式，形成各类人才辈出、拔尖创新人才不断涌现的局面。

注重因材施教。关注学生不同特点和个性差异，发展每一个学生的优势潜能。推进分层教学、走班制、学分制、导师制等教学管理制度改革。建立学习困难学生的帮助机制。改进优异学生培养方式，在跳级、转学、转换专业以及选修高一学段课程等方面给予支持和指导。健全公开、平等、竞争、择优的选拔方式，改进中学生升学推荐办法，创新研究生培养方法。探索高中、高等学校拔尖学生培养模式。

（五十二）加强师德建设。加强教师职业理想和职业道德教育，增强广大教师教书育人的责任感和使命感。教师要关爱学生，严谨笃学，淡泊名利，自尊自律，以人格魅力和学识魅力教育感染学生，做学生健康成长的指导者和引路人。将师德表现作为教师考核、聘任（聘用）和评价的首要内容。采取综合措施，建立长效机制，形成良好学术道德和学术风气，克服学术浮躁，查处学术不端行为。

（五十三）提高教师业务水平。完善培养培训体系，做好培养培训规划，优化队伍结构，提高教师专业水平和教学能力。通过研修培训、学术交流、项目资助等方式，培养教育教学骨干、“双师型”教师、学术带头人和校长，造就一批教学名师和学科领军人才。

以农村教师为重点，提高中小学教师队伍整体素质。创新和完善农村教师补充机制。积极推进师范生免费教育，进一步完善制度政策，吸引更多优秀人才从教。实施农村义务教育学校教师特设岗位计划。完善代偿机制,鼓励高校毕业生到艰苦边远地区农村学校当教师。完善教师培训制度,将教师培训经费列入政府预算,对中小学教师实行每五年一周期的全员培训。加强中小学校长培训,重视班主任和辅导员培训。加强教师教育,深化教师教育改革,创新培养模式,增强实习实践环节,强化师德修养和教学能力训练,提高教师培养质量。

逐步实行城乡统一的中小学编制标准,对农村边远地区实行倾斜政策。制定高等学校、幼儿园教师编制标准。建立统一的中小学教师职务(职称)系列,在中小学设置正高级教师职务(职称)。探索在职业院校设置正高级教师职务(职称)。加强学校岗位管理,创新聘用方式,完善激励机制,激发教师积极性和创造性。建立健全义务教育学校教师和校长流动机制。城镇中小学教师在评聘高级职务(职称)时,原则上要有一年以上在农村学校或薄弱学校任教经历。加强教师管理,完善教师退出机制。制定校长任职资格标准,促进校长专业化,提高校长管理水平,推行校长职级制。

第十八章　保障经费投入

(五十六)加大教育投入。教育投入是支撑国家长远发展的基础性、战略性投资,是教育事业的物质基础,是公共财政的重要职能。要健全以政府投入为主、多渠道筹集教育经费的体制,大幅度增加教育投入。

各级政府要优化财政支出结构,统筹各项收入,把教育作为财政支出重点领域予以优先保障。严格按照教育法律法规规定,年初预算和预算执行中的超收收入分配都要体现法定增长要求,保证财政教育拨款增长明显高于财政经常性收入增长,并使按在校学生人数平均的教育费用逐步增长,保证教师工资和学生人均公用经费逐步增长。按增值税、营业税、消费税的3%足额征收教育附加费,专项用于教育事业。提高国家财政性教育经费支出占国内生产总值比例。

真题解读

1.《纲要(2010—2020)》提出,对中小学教师实行(　　)。

A. 每两年一周期的全员培训　　B. 每三年一周期的全员培训

C. 每七年一周期的全员培训　　D. 每五年一周期的全员培训

【答案与解析】D。本题主要考查对法规的识记。

2. 李老师就校务公开问题向学校提建议,李老师的做法是(　　)。

A. 行使教师权利　　B. 履行教师义务

C. 影响学校的秩序　　D. 给学校出难题

【答案与解析】A。本题考查对《教师法》的理解,《教师法》规定,教师享有下列权利:对学校教育教学、管理工作和教育行政部门的工作提出意见和建议,通过教职工代表大会或者其他形式,参与学校的民主管理。

3. 课间，小莉正在同学面前大声朗读小娟的日记，被走进教室的小娟发现，小娟找到班主任诉说此事，班主任最恰当的做法是(　　)。

A. 制止小莉这种行为　　B. 批评小娟总是告状

C. 劝说小莉不要声张　　D. 劝说小娟宽容小莉

【答案与解析】A。本题考查对《教师法》的运用，根据《教师法》规定，教师应当履行下列义务：制止有害于学生的行为或者其他侵犯学生合法权益的行为，批评和抵制有害于学生健康成长的现象。

4. 教师对接受专门学校教育矫治后回校的未成年学生，应当(　　)。

A. 限制其与其他同学接触　　B. 按其以往表现评价品行

C. 限制其使用学校的设施　　D. 允许参加学校的各项活动

【答案与解析】D。参见《未成年人保护法》。

5. 五年级学生小涛经常旷课，不遵守学校的管理制度，学校对小涛进行教育的恰当方式是(　　)。

A. 等待他自我醒悟并改正　　B. 了解情况后进行耐心教育

C. 批评教育无效果开除他　　D. 将他交给家长批评教育

【答案与解析】B。根据《未成年人保护法》，对未成年人应进行教育保护。

6. 在外地打工的陈某向工作所在地教育行政部门提出申请，请求审批他年满 7 周岁的孩子晓宝在工作地附近的公立小学就读。对于这一申请，当地教育行政部门应当(　　)。

A. 拒绝，晓宝只能在户籍所在地的学校就读

B. 批准，但要求陈某缴纳额外的学费和杂费

C. 拒绝，晓宝只能选择在当地民办学校就读

D. 批准，并为其提供平等接受义务教育的条件

【答案与解析】D。《教育法》规定：适龄儿童、少年免试入学。地方各级人民政府应当保障适龄儿童、少年在户籍所在地学校就近入学。父母或者其他法定监护人在非户籍所在地工作或者居住的适龄儿童、少年，在其父母或者其他法定监护人工作或者居住地接受义务教育的，当地人民政府应当为其提供平等接受义务教育的条件。具体办法由省、自治区、直辖市规定。

7. 未成年人保护工作应当遵循的原则不包括(　　)。

A. 尊重未成年人的人格尊严　　B. 教育与保护相结合

C. 儿童权利优先　　D. 适应未成年人身心发展的规律和特点

【答案与解析】C。保护未成年人的工作，应当遵循下列原则：(1)保障未成年人的合法权益的原则；(2)尊重未成年人的人格尊严的原则；(3)适应未成年人身心发展的特点的原则；(4)教育与保护相结合的原则。

8. 下列现象中，可依法追究刑事责任的是(　　)。

A. 故意不完成教育教学任务造成严重损失的

B. 违反有关规定向受教育者收取费用的

C. 侮辱、殴打学生，情节严重，构成犯罪的

D. 侵犯学校校舍、场地和其他财产的

【答案与解析】C。《教师法》规定，教师有下列情形之一的，由所在学校、其他教育机构或者教育行政部门给予行政处分或者解聘。

（一）故意不完成教育教学任务给教育教学工作造成损失的；

（二）体罚学生，经教育不改的；

（三）品行不良、侮辱学生，影响恶劣的。

教师有前款第（二）项、第（三）项所列情形之一，情节严重构成犯罪的，依法追究刑事责任。

9. 每年（　　）为教师节。

A. 9月10日　　B. 10月1日

C. 8月1日　　D. 9月9日

【答案与解析】A。1985年1月21日，第六届全国人大常委会第九次会议做出决议，将每年的9月10日定为我国的教师节，用以感谢传道授业解惑的教师。

第三节　教师的权利和义务

一、对教师概念的理解

法律意义上的教师，是指履行教育教学职责的专业人员，承担教书育人、培养社会主义事业建设者和接班人、提高民族素质的使命。

二、教师的权利

（一）教师的公民权利

教师的公民权是指教师作为公民依法享有相关法律赋予公民的基本权利，主要有平等权、政治权利、宗教信仰权、人身权、社会经济权、文化教育权、监督权等。

（二）教师的职业权利

教师的职业权利是教师作为教育工作者依据教育法享有的教育权利及与职业相关的其他权利。主要有教育教学权、科研交流权、指导评定学生权、获取报酬待遇权、民主管理权、进修培训权等。

1. 教育教学权

《教师法》规定，教师有“进行教育教学活动，开展教育教学改革和实验”的权利，任何个人或部门都无权干涉。这是教师的最基本权利，非因法律规定或教师客观的原因，不可剥夺。在法律和学校许可的范围内，教师可自主组织教育教学活动，可采取不同的教学方式和

方法进行教学改革和实验。

2. 科研交流权

科研交流权是指教师可从事科学研究、学术交流，参加专业的学术团体，在学术活动中充分发表意见。教师在完成本职工作的同时，可以进行科学研究、技术开发、撰写论文和学术报告等；在不影响教学工作的前提下，可以参加学术交流活动，参加有关团体并在团体中兼任工作；有权在学术研究中发表自己的观点。

3. 指导评定学生权

指导评定学生权是指教师可指导学生的学习和发展，评定学生的品行和学业成绩。教师在不违反法律、学生身心发展的前提下，可以采取各种教育方式指导学生的学习和发展；有权对学生的思想品德、学习和生活表现做出客观、公正的评价。指导学生评定权是一项专业性较强的权利，任何人不得非法干涉。

4. 获取报酬待遇权

获取报酬待遇权是指教师可按时获取工资报酬，享受国家规定的福利待遇以及寒暑假期的带薪休假。教师报酬按时发放，不得拖欠，不得克扣或变相克扣；要足额发放；有权享受国家规定的各种待遇，包括医疗、住房、退休方面的待遇以及寒暑假带薪休假。

5. 民主管理权

民主管理权是指教师可对学校教育教学、管理工作和教育行政部门的工作提出意见和建议，通过教职工代表大会或者其他形式，参与学校的民主管理。批评、建议权的行使，不得歪曲事实、进行人身攻击。教师可通过教职工代表大会、工会或其他方式参与学校管理，民主讨论学校的重大事项。

6. 进修培训权

进修培训权是指教师可参加进修或者其他方式的培训。教师有参加进修或其他方式的培训的权利，任何个人或组织不得干涉；教师的进修培训要在完成本职工作的前提下，有组织、计划地进行；学校或其他教育机构以及教育部门应采取措施保证教师的进修权利，以提高教师素质。

三、教师的义务

（一）教师的公民义务

教师的公民义务是指教师作为普通公民，必须履行全体公民应尽的一切义务，主要有维护国家统一和民族团结，遵守宪法和法律，维护祖国安全、荣誉和利益，保卫祖国、抵抗侵略、依法服兵役和参加民兵组织，其他方面的义务等。

（二）教师的职业义务

教师的职业义务是指教师作为从事教育工作的专业人员所必须履行的义务，主要有遵纪守法，履行教育教学职责，教书育人，爱护尊重学生，保护学生合法权益，提高水平等。

四、教师的权利保护

（一）教育法律救济概述

1. 定义

是指教育法律关系的主体的合法权益受到侵犯并造成损害时，通过裁决纠纷，纠正、制止或矫正侵权行为，使受害者的权利获得恢复和补救的法律制度。

2. 特征

以解决纠纷为基础，以消除损害为前提，以补救受害者的合法利益为根本目的。

3. 救济的途径

（1）公力救济。公力救济是指当权利人的权利受到侵害或者有被侵害之虞时，权利人行使诉讼权，诉请人民法院依民事诉讼和强制执行程序保护自己的权利的措施。公力救济主要有司法救济和行政救济两类。其中司法救济的途径主要有诉讼；行政救济的途径主要有行政申诉、行政复议。

（2）私力救济。私力救济也称自力救济，是民事主体在自己的民事权利遭受侵害时依靠本人的力量实施自我保护。广义的私力救济包括自力请求、正当防卫、紧急避险和自主行为；狭义的私力救济则仅指自助行为。自力救济在民法理论上属保护制度之范畴。私力救济主要有校内调解和人民调解两个途径。

（二）教育申诉制度

指教育法律关系主体的公民，在其合法权益受到损害时，向国家机关申诉理由、请求处理的制度。一般包括教师申诉制度和学生申诉制度两种。

1. 教师申诉的内容（表2-3-1）

表2-3-1　教师申诉的内容

对谁不满	向谁申诉
认为学校以及其他教育机构侵犯其合法权益的	教育行政部门（学校所属的教育行政部门）
对学校以及其他教育机构的处理不服的	教育行政部门（学校所属的教育行政部门）
认为人民政府有关部门侵犯其合法权益的	向同级政府或上一级政府有关部门提出

2. 教师申诉的程序(图 2-3-1)

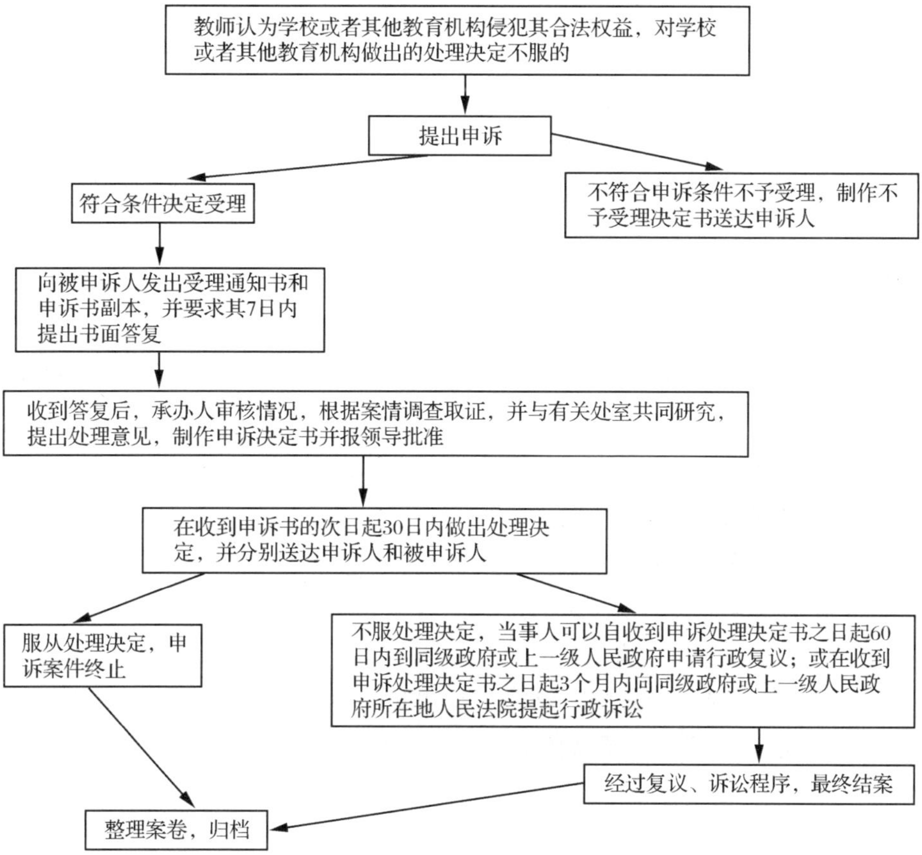

图 2-3-1　教师申诉的程序

真题解读

1. 以下对班主任的表述正确的是(　　)

A. 所有任课教师都可以担任

B. 所有任课教师都必须担任

C. 学校根据聘任条件选聘的任课教师才可以担任

D. 学校选聘的专职人员可以担任

【答案与解析】C。班主任的选聘,学校一般是从班级任课教师中选择。

2. 教师要崇尚科学精神,树立终身学习理念,拓宽知识视野,更新知识结构;潜心钻研业务,探索创新,不断提高专业素养和教育教学水平。这说明教师要树立(　　)的职业道德。

A. 教书育人　　B. 爱岗敬业　　C. 为人师表　　D. 终身学习

【答案与解析】D。终身学习是教师专业发展的不竭动力。终身学习是时代发展的要求,也是教师职业特点所决定的。

3. (　　)是教师的天职。教师必须遵循教育规律,实施素质教育;循循善诱,诲人不倦,因材施教;培养学生良好品行,激发学生创新精神,促进学生全面发展。

A. 爱国守法　　B. 爱岗敬业　　C. 教书育人　　D. 关心集体

【答案与解析】C。教书育人是教师的天职,是教师的职业义务。

4. 教师张某对学校给予的处分不服,依据相关法律,他可以采用的法律救济途径是(　　)。

A. 教师申诉　　B. 刑事诉讼　　C. 申请仲裁　　D. 民事诉讼

【答案与解析】A。《教师法》规定,教师对学校或者其他教育机构侵犯其合法权益的,或者对学校或者其他教育机构做出的处理不服的,可以向教育行政部门提出申诉,教育行政部门应当在接到申诉后的30日内做出处理。

5. 幼儿园安排行政人员代替李老师参加培训,幼儿园的做法(　　)。

A. 合理,幼儿园有选派参培人员的权利

B. 合理,幼儿园有管理和教育员工的权利

C. 不合理,侵犯了教师参加培训的权利

D. 不合理,侵犯了教师教育教学的权利

【答案与解析】C。《教师法》明确规定了教师具有参与培训的权利,题目中幼儿园安排行政人员代替李老师参加培训,明显侵犯了教师的培训权。

第四节　学生的权利保护

一、学生的权利

(一) 一般公民的权利

一般公民的权利有人身权、财产权,其中人身权又包括了身体健康权、人身自由权、人格尊严权、名誉权、隐私权、肖像权等。

(二) 作为学生的权利

1. 参加教育教学权

有权参加教育教学计划安排的各种课堂教学、讲座、课堂讨论、观摩、实验、见习、实习、测验和考试等活动。有权平等地使用教育教学设施、设备和图书资料。

2. 获得经济资助权

按照国家有关规定,有权获得奖学金、助学金、贷学金。

3. 获得学业评价权

是指学生有权在德、智、体、美等方面获得基于国家统一标准的一视同仁的客观评价，完成学业后有权获得相应的学业证书、学位证书。

4. 申诉起诉权

对学校给予的处分不服可向有关部门提出申诉。如果学校、教师侵犯其人身权、财产权等合法权益，受害方可提出申诉或依法提起诉讼。

5. 法定其他权益

学生作为公民，同样享有法律所赋予的一切权利，同时还享有《未成年人保护法》等赋予的权利。

二、学生权利受侵害的表现

（一）受教育权

（1）侵犯学生的入学权；

（2）侵犯学生参加教育教学活动和考试的权利；

（3）随意开除学生。

（二）身体健康权

在学校教育中，这类侵害主要是由体罚或变相体罚、教育教学设施设备不安全等造成的。例如，老师动手打学生、罚学生超量运动等。

（三）人格尊严

（1）学校和教师对学生实施侮辱人格尊严的行为；

（2）歧视品行有缺陷、学习有困难的儿童、少年；

（3）对未成年学生和儿童实施体罚、变相体罚或者其他侮辱人格尊严的行为。

（四）人身自由权

非法拘禁和限制学生、非法搜查学生、非法限制学生表达自由的权利等。

（五）隐私权

私拆或扣留学生信件，公开宣读或张贴学生信件，私自翻阅学生日记等形式。

（六）休息权

《未成年人保护法》指出：学校应当与未成年学生的父母或者其他监护人互相配合，保证未成年学生的睡眠、娱乐和体育锻炼时间，不得加重其学习负担。

（七）侵犯学生肖像权

（1）未经学生同意，以盈利为目的，利用他人的肖像做广告、商标、装饰橱窗等；

（2）恶意毁损、玷污、丑化学生的肖像。

（八）侵犯学生的财产权

损坏学生财物、非法没收学生物品、乱罚款、乱摊派、向学生推销商品等。

（九）侵犯学生的著作权

学生作为著作权人对其作品享有发表权，任何未经许可发表其作品的行为都是侵犯其著作权。

三、学生申诉

（一）学生申诉的内容

对学校做出的各种处分不服的，包括学籍、校规、考试等方面的处分；

对学校或教师侵犯其人身权，如在教育活动中对其进行体罚或变相体罚，限制其人身自由权、侵犯名誉等；

对学校或教师侵犯其财产权的，如非法乱收费、乱摊派、乱罚款，非法没收其财物，强迫其购买非必需教学物品等；

对学校或教师侵犯其知识产权的，如学校或老师侵犯其著作权、发明权或者科技成果的行为。

（二）学生申诉的程序（图2-4-1）

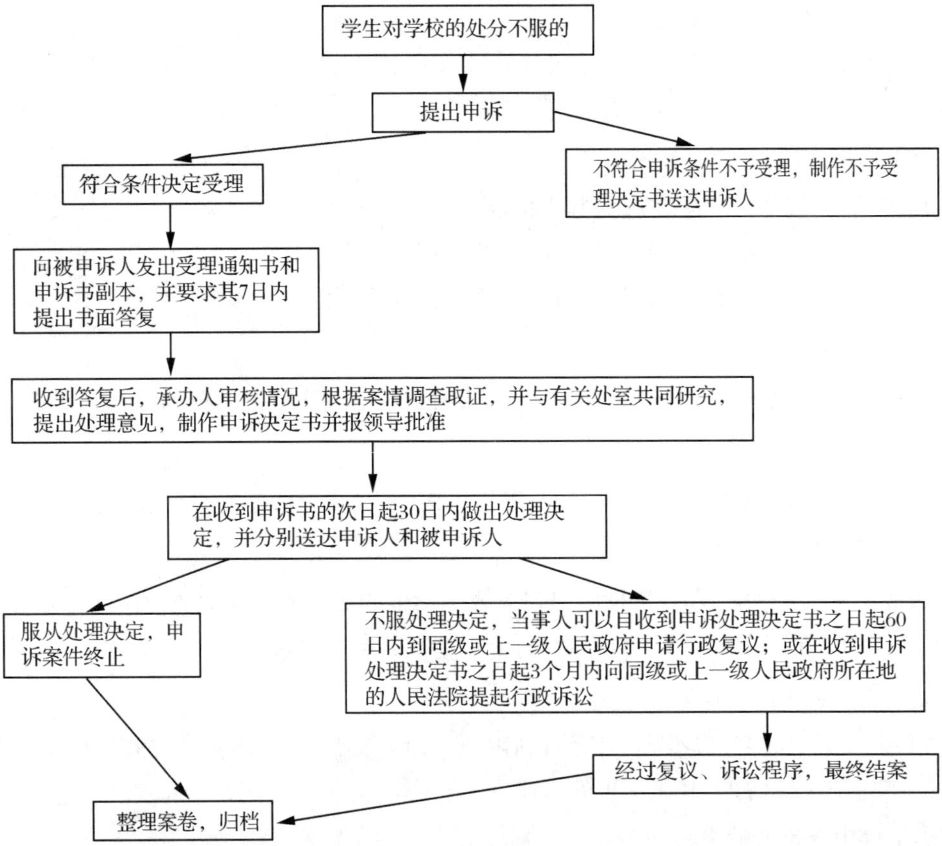

图2-4-1　学生申诉的程序

真题解读

1. 教师未经学生同意按考分高低排列名次,张榜公布,这种行为侵犯了学生的(　　)。

A. 隐私权　　B. 名誉权　　C. 受教育权　　D. 人身自由权

【答案与解析】A。教师公开张贴学生的考试成绩,侵犯了学生的隐私权,因为学生的考试成绩属于学生的个人隐私。

2. 教师在未经学生同意的情况下,私自拆阅或者毁坏学生的日记、信件,这侵犯了学生(　　)的权利。

A. 安全　　B. 受教育　　C. 受尊重　　D. 人身自由

【答案与解析】C。私拆学生信件,侵犯了学生的隐私,没有做到尊重学生。

3. 某中学对违反校规的学生进行罚款,该校的做法(　　)。

A. 合法,学校有自主管理学生的权利

B. 合法,是塑造良好校风的有效手段

C. 不合法,侵犯了学生及其监护人的财产

D. 不合法,罚款之前应得到主管部门的许可

【答案与解析】C。学校和教师都无权对学生进行罚款。

4. 小丽考试不理想,发卷子时,刘老师对她说:"你还穿'耐克',赶紧回家换'特步'吧!"(耐克的标志是"√",特步的标志是"×")小丽顿时羞红了脸。这表明刘老师(　　)。

A. 教学语言有失严谨　　B. 无视学生人格尊严

C. 批评学生严而有格　　D. 教育学生严慈相济

【答案与解析】B。这是教师对学生人格尊严的侵犯。

5. 中学生王某扰乱课堂秩序,教师刘某将其赶出教室,并罚其做俯卧撑,王某体力不支,头部磕伤。下列说法正确的是(　　)。

A. 王某对其头部所受伤害负主要责任　　B. 刘某将王某赶出教室不应实施体罚

C. 学校可依法给予刘某相应的行政处罚　　D. 刘某侵犯王某的受教育权和人身权

【答案与解析】D。将学生赶出教室不让学生听课,这侵犯了学生的受教育权;体罚学生又侵犯了学生的身体健康权。

6. 为加强班级管理,班主任老师经常私自查阅学生的日记,王老师的做法侵犯了学生的(　　)。

A. 隐私权　　B. 名誉权　　C. 财产权　　D. 受教育权

【答案与解析】A。私自看学生日记,侵犯了学生的隐私权。

7. 小海的家长给刘老师送来贵重物品,拜托刘老师给小海换个座位,刘老师收下了礼品并给小海调换了座位,刘老师的做法(　　)。

A. 体现了礼尚往来的良好品德　　B. 体现了关爱学生的教育关怀

C. 反映了他利用职权谋取私利　　D. 反映了他忽视学生主体意愿

【答案与解析】C。教师职业道德规范要求教师不得以权谋私,该教师的行为不仅违反了教师职业道德规范的要求,而且侵犯了家长和学生的财产权。

8. 班主任李老师在教室后边堆放清洁工具的角落设置了一个特殊的座位,这个座位离其他同学有几排座位距离,班上调皮和违反纪律的同学就会被安排在特殊座位听课。这一做法(　　)。

A. 是变相体罚学生的错误方法,侵犯了学生的人格权

B. 是帮助学生改正错误的有效手段

C. 是既保证学生的受教育权,又履行教学管理权的有效方法

D. 侵犯了学生的受教育权

【答案与解析】A。教师的这种行为违背了关爱学生的要求,没有尊重学生的人格。

9. 保护未成年人的工作,应该遵循一定的原则。下列做法不恰当的是(　　)。

A. 尊重未成年人的人格尊严

B. 适应未成年人身心发展的规律和特点

C. 教育与保护相结合

D. 对违反校纪校规的未成年人实施体罚,以儆效尤

【答案与解析】D。对任何学生,教师都不得体罚或变相体罚学生,也不得开除学生。

备考策略

一、学习指导

教育法规意识主要考查考生对国家主要的教育法律法规、教师权利和义务、幼儿权利保护的相关教育法规的了解,以及依据国家教育法律法规,分析评价教育工作中实际问题的能力。从考生考试情况来看,出错的主要原因是对法律法规的精神理解不透,运用相关法律法规分析、判断、解决实际问题的能力不够。学习过程中要做到以下两点。

1. 全面了解,把握要点

围绕教师资格考试大纲要求,了解《中华人民共和国教育法》《中华人民共和国义务教育法》《中华人民共和国教师法》《中华人民共和国未成年人保护法》《幼儿园工作规程》的基本要点;熟知《国家中长期教育改革和发展规划纲要(2010—2020年)》、联合国《儿童权利公约》的相关内容;熟悉教师的权利和义务;熟悉国家有关教育法律法规所规范的教师的教育行为;熟悉幼儿权利保护的相关教育法规。

2. 联系实际,提升能力

在了解法规条文的基础上,联系教育实践,学会对照法律法规解决实际问题;依据国家教育法律法规,分析评价幼儿教学实践中的实际问题,依法从教;依据国家教育法律法规,分析评价幼儿教育工作中幼儿权利保护等实际问题,保护幼儿的合法权利。

二、考点预测

根据《综合素质(幼儿园)》的考纲要求,本部分内容在试卷结构中占比约 10%,题型为单项选择题。

根据《中小学和幼儿园教师资格考试标准(试行)》要求,本部分对应着“一级指标 1. 职业道德与基本素养”“二级指标 1.2. 职业规范”“三级指标 1.2.1. 了解国家主要的教育法律法规,了解《儿童权利公约》”的内容,做针对性的复习准备。

对应的题目主要包括:对法律法规条款的识记、理解;运用法律法规分析实际问题并做出判断。

三、解题要领

1. 抓住关键,判断是非

首先要找到题目中的关键词或者关键行为,对照相应的法律法规基本原理,准确判断;其次要合理地找出支持依据,违法的行为判定也要列出反驳理由。

2. 正面回应,巧用常识

本考点对应的题目都来源于教育教学实践,只要具备一定的法规常识,教师基本都能在合法、合规的框架内解决实际问题,答题时如果能够结合平时工作实践中积极倡导的合情合理的正面方法,问题也就不难解决了。

3. 拓展阅读,专业视角

考生还需根据实际问题的来源进行法律法规的拓展阅读,《中华人民共和国宪法》《中华人民共和国民法》《中华人民共和国刑法》等法律是解决教育实践中有关法律问题的最基本的依据,所有解决方案都不能违背相关的法律原则,要根据法理要求进行解答,具体问题具体分析。

模拟训练

(一)

1. 有一个学生经常打瞌睡,对此,最不恰当的处理方式是(　　)。

A. 让他的同桌叫醒他

B. 让他坐在教室的前部或者靠近讲台的地方

C. 让他回答问题使他保持活跃状态

D. 当着全班同学的面训斥他,使他清醒

2.《幼儿园工作规程》规定,(　　)是对幼儿进行全面发展教育的重要形式。

A. 数学　　B. 英语　　C. 拼音　　D. 游戏

3.《国家中长期教育改革和发展规划纲要(2010—2020 年)》的战略主题是:坚持以人

为本、全面实施(　　)是教育改革发展的战略主题，是贯彻党的教育方针的时代要求。

A. 素质教育　　B. 基础教育　　C. 应试教育　　D. 课程教育

4.《幼儿园工作规程》规定，幼儿园的品德教育应以(　　)为主，注重潜移默化的影响，并贯穿于幼儿生活以及各项活动之中。

A. 情感教育　　B. 培养良好行为习惯

C. 思想教育　　D. 情感教育和培养良好行为习惯

5. 国家实施素质教育的根本宗旨是(　　)。

A. 提高个人素质　　B. 提高国民素质　　C. 培养精英　　D. 培养有特长的人

6. 凡年满(　　)周岁的儿童，其父母或者其他法定监护人应当送其入学接受并完成义务教育；条件不具备的地区的儿童，可以推迟到(　　)周岁。

A. 5;6　　B. 6;7　　C. 7;8　　D. 4;6

7.《未成年人保护法》规定，(　　)应当树立尊重、保护、教育未成年人的良好风尚，关心、爱护未成年人。

A. 全社会　　B. 学校　　C. 家庭　　D. 教师

8. 根据《未成年人保护法》的规定，对违法犯罪的未成年人坚持(　　)的原则。

A. 教育为主、惩罚为辅　　B. 惩罚为主、教育为辅

C. 教育与惩罚并重　　D. 开除学籍

9. 学生小虎平时纪律松散，经常迟到，上课还总与邻座讲话。班主任让小虎把桌椅搬到教室后面的角落里一个人坐。下列选项中，对该班主任行为评价正确的一项是(　　)。

A. 激励了学生的学习积极性　　B. 没有发挥学生的主体性

C. 没有尊重学生的人格　　D. 维护了教师的权威

10. 教师赵某违反学校管理制度，被校长在全校教师会议上点名批评。赵某的丈夫王某听说后，不辨是非，在校长下班的路上将其打成重伤。由于情节严重，依法应对王某追究(　　)。

A. 违宪责任　　B. 行政责任　　C. 刑事责任　　D. 一般责任

11. 依据《未成年人犯罪法》，下列选项中，学校应当及时与其父母或法定监护人取得联系的学生行为是(　　)。

A. 上课聊天　　B. 多日旷课　　C. 不交作业　　D. 谈情说爱

12.《国家中长期教育改革和发展规划纲要(2010—2020年)》提出，教育公平的基本要求是保障公民依法享有受教育的权利，关键是(　　)。

A. 起点公平　　B. 机会公平　　C. 过程公平　　D. 结果公平

13. 课间休息时，教师张某在教室吸烟。张某的行为(　　)。

A. 正确，吸烟是公民的自由权利　　B. 正确，课间休息时教师可以吸烟

C. 不正确，违反了《教师法》　　D. 不正确，违反了《未成年人保护法》

14. 依据《教师法》，为保障教师完成教学任务，下列有关各级人民政府、教育行政部门、有关部门、学校和其他教育机构应当履行职责的说法中，不正确的一项是(　　)。

A. 提供教育教学设施和设备

B. 提供必需的图书、资料及其他教育教学用品

C. 对教师在教育教学、科学研究中的创造性工作给予鼓励和帮助

D. 支持教师制止有害于学生的行为或者其他侵犯学生合法权益的行为

(二)

1. 下列选项中,属于《国家中长期教育改革和发展规划(2010—2020 年)》提出的战略目标的是(　　)。

A. 全面普及学前教育　　B. 基本实现区域之间的教育公平

C. 全面实施素质教育　　D. 优质教育资源总量不断扩大

2. 为确保儿童享有接受教育的权利,联合国《儿童权利公约》规定各缔约国应当(　　)。

A. 实现全面的免费义务教育　　B. 采取有效措施降低辍学率

C. 使得所有人接受高等教育　　D. 发展不同形式的学前教育

3. 张老师大学本科毕业后自愿到少数民族地区从事教育工作。依据《教师法》,应当依法对张老师(　　)。

A. 给予补贴　　B. 予以表彰　　C. 进行奖励　　D. 提高津贴

4. 某幼儿园为实现管理工作的规范化,要求保育员采取措施后控制幼儿的便溺时间和次数,该幼儿园的做法(　　)。

A. 正确,有利于培养幼儿良好的生活习惯

B. 正确,体现了保育员管理幼儿生活的权利

C. 错误,违反了《幼儿园工作规程》的规定

D. 错误,违反了联合国《儿童权利公约》的规定

5. 某小朋友在暑假期间擅自钻幼儿园的铁门,导致右腿划伤。对于该小朋友所受的伤害,下列选项正确的是(　　)。

A. 幼儿园存在过错,应当承担赔偿责任　　B. 幼儿园没有过错,但要承担赔偿责任

C. 幼儿园没有过错,无须承担赔偿责任　　D. 幼儿园存在过错,但可免除赔偿责任

6. 学生刘某因家庭经济困难无法按照规定完成义务教育。依据《未成年人保护法》,对刘某的受教育权利具有保障责任的是(　　)。

A. 刘某的监护人　　B. 当地教育机构

C. 儿童福利机构　　D. 当地人民政府

7. 国有企业员工李某经常在家酗酒之后打骂孩子,对于李某的行为,下列表述正确的是(　　)。

A. 可由李某所在单位给予劝诫　　B. 可由李某所在单位给予处分

C. 可由当地人民政府给予行政处罚　　D. 可由当地人民政府进行行政调解

8.《儿童权利公约》规定,对儿童教育和发展具有首要责任的是(　　)。

A. 联合国儿童权利委员会　　B. 父母和法定监护人

C. 园长　　D. 幼儿园

9.《幼儿园中长期发展规划纲要》提出，要重点发展农村学前教育，下列说法不正确的是（　　）。

A. 扩大农村幼儿园资源　　B. 着力保证留守儿童发展

C. 着力促进发展农村幼儿园现有规模　　D. 保证乡镇中心幼儿园的示范作用

10. 某幼儿园将识字作为本园的基本活动，这种做法（　　）。

A. 正确，有利于帮助幼儿获得知识　　B. 正确，有利于提高教育水平

C. 不正确，幼儿园不能进行教学活动　　D. 不正确，幼儿园应当以游戏为基本活动

11. 梁老师因为旷工被幼儿园处分，但他对幼儿园的处分表示不服，他应该向（　　）提出申诉。

A. 园长　　B. 幼儿园　　C. 书记　　D. 教育行政部门

12. 李老师经常让幼儿在活动教学中到室外进行罚站，这种做法（　　）。

A. 不正确，教师侵犯幼儿受教育权　　B. 不正确，教师侵犯幼儿荣誉权

C. 正确，教师有管理幼儿的权力　　D. 正确，教师有教育幼儿的权力

13. 洋洋在自由活动时自行从幼儿园出走，后在人行道上被一辆电动车刮伤，对洋洋的伤害有赔偿责任的是（　　）。

A. 幼儿园　　B. 车主　　C. 父母　　D. 幼儿园和车主

【答案与解析】（一）

1. D。遇到这种问题教师应从学生立场出发，着眼于学生身心的健康发展，妥善处理。最好以关心的语气帮助他清醒。故D项做法不妥。

2. D。《幼儿园工作规程》规定，游戏是对幼儿进行全面发展教育的重要形式，应根据幼儿的年龄特点选择和指导游戏，应因地制宜地为幼儿创设游戏条件（时间、空间、材料）。

3. A。《国家中长期教育改革和发展规划纲要（2010—2020年）》第二章战略目标和战略主题。

4. D。《幼儿园工作规程》规定，幼儿园的品德教育应以情感教育和培养良好行为习惯为主，注重潜移默化的影响，并贯穿于幼儿生活以及各项活动之中。

5. B。国家实施素质教育的根本宗旨是提高国民素质。

6. B。参见《义务教育法》。

7. A。《未成年人保护法》规定，全社会应当树立尊重、保护、教育未成年人的良好风尚，关心、爱护未成年人。

8. A。《未成年人保护法》规定，对违法犯罪的未成年人，实行教育、感化、挽救的方针，坚持教育为主、惩罚为辅的原则。

9. C。《中小学教师职业道德规范》规定，教师应"关爱学生"。关心爱护全体学生，尊重学生人格，做学生良师益友，平等公正对待学生。

10. C。《教师法》规定，侮辱、殴打教师的，根据不同情况，分别给予行政处分或者行政处罚；造成损害的，责令赔偿损失；情节严重，构成犯罪的，依法追究刑事责任。

11. B。《预防未成年人犯罪法》规定，中小学生旷课的，学校应当及时与其父母或者其

他监护人取得联系。

12. B。《纲要(2010—2020 年)》的工作方针中规定,教育公平是社会公平的重要基础。教育公平的关键是机会公平。

13. D。《未成年人保护法》规定,任何人不得在中小学校、幼儿园、托儿所的教室、寝室、活动室和其他未成年人集中活动的场所吸烟、饮酒。

14. A。《教师法》规定,为保障教师完成教育教学任务,各级人民政府、教育行政部门、有关部门、学校和其他教育机构应当履行下列职责:(一) 提供符合国家安全标准的教育教学设施和设备;(二) 提供必需的图书、资料及其他教育教学用品;(三) 对教师在教育教学、科学研究中的创造性工作给以鼓励和帮助;(四) 支持教师制止有害于学生的行为或者其他侵犯学生合法权益的行为。

【答案与解析】(二)

1. D。这是《纲要(2010—2020 年)》提出的战略目标。

2. A。略。

3. A。《教师法》规定,地方各级人民政府对教师以及具有中专以上学历的毕业生到少数民族地区和边远贫困地区从事教育教学工作的,应当给予补贴。

4. C。幼儿园的做法违反了《幼儿园工作规程》的规定。

5. C。略。

6. D。《教育法》规定,国家和社会对符合入学条件、家庭经济困难的儿童、少年,提供各种形式的资助。

7. A。《未成年人保护法》规定,父母或者其他监护人不依法履行监护职责,或者侵害未成年人合法权益的,由其所在单位或者居民委员会、村民委员会予以劝诫、制止;构成违反治安管理行为的,由公安机关依法给予行政处罚。

8. B。《儿童权利公约》规定,父母对儿童成长负有首要责任,但各国应向他们提供适当协助和发展育儿所。

9. C。《幼儿园中长期发展规划纲要》内容包括:重点发展农村学前教育;努力提高农村学前教育普及程度;着力保证留守儿童入园;采取多种形式扩大农村学前教育资源。

10. D。《3 ~6 岁儿童学习与发展指南》明确指出,幼儿园严禁进行小学内容的学习,并且明确规定幼儿园的教学应该以游戏为基本活动内容。

11. D。教师申诉制度是指教师对学校或其他教育机构及有关政府部门做出的处理不服,或其合法权益受到侵害时,可以向有关教育行政部门或有关的其他政府部门提出请求,要求重新处理。

12. A。幼儿具有最基本的人身权和最主要的受教育权,李老师让幼儿在教学活动中到室外进行罚站侵犯了幼儿的受教育权。

13. D。车主属于直接责任人,具有不可推卸的责任;幼儿园负有疏于看管的责任,对于幼儿在园期间出现的人身意外,作为看管主体的幼儿园具有连带责任。

模块三 教师职业道德

考纲要求

1. 教师职业道德

掌握教师职业道德规范的主要内容，了解《中小学教师职业道德规范》(2008 年修订)。

理解和了解《中小学班主任工作规定》的精神和内容。

理解和了解《新时代幼儿园教师职业行为十项准则》的精神和内容。

2. 教师的职业行为

熟悉教师职业行为规范的要求，熟悉幼儿园教师的职业特点。

理解教师职业行为规范的主要内容，在教育活动中运用行为规范，恰当地处理与幼儿、幼儿家长、同事以及教育管理者的关系。

在保教活动中，依据教师职业行为规范，爱岗敬业、关爱学生、教书育人、为人师表。

第一节 教师职业道德概述

教师是人类灵魂的工程师，是学生健康成长的引路人。教师的思想政治素养和职业道德水平直接关系到幼儿园教育工作的状况和学生的健康成长，关系到国家的前途命运和民族的未来。教师职业道德主要要求教师树立正确的教育观，具有热爱教育的事业心和全心全意培养、教育学生的道德责任感以及良好的道德品质。

考点梳理

教师职业道德，简称“教育道德”“师德”，是教师在从事教育的劳动过程中形成的比较稳定的道德观念、行为规范和道德品质的总称。表现为标准的严格性、意识的自觉性、行为的示范性、影响的深远性、内容的时代性。

一、教师职业道德的内涵

教师职业道德主要由教师职业理想、教师职业责任、教师职业态度、教师职业纪律、教师职业技能、教师职业良心、教师职业作风和教师职业荣誉八个要素构成，这些因素从不同方面反映出教师职业道德的特定本质和规律，同时又互相配合，构成一个严谨的教师职业道德结构模式。

二、教师职业道德的基本原则

教师职业道德基本原则是指导教师在职业活动中正确处理各种活动及利益关系的根本准则，也是社会对教师职业行为提出的最根本的道德要求。具体体现在如下几个方面：

首先，教师职业道德基本原则规定了能够区别于其他类型职业道德的标志。教师职业服务的人群是学生，培养的是国家和社会的接班人，这与其他类型的职业有很大不同，制定教师职业道德基本原则，可以明确教师职业与其他职业的差异。

其次，教师职业道德基本原则指明了教师道德行为的总方向。树立教师的行为原则，可以使教师明确自己在教育教学活动中的方向，并按照相关原则约束自己的道德行为。

再次，教师职业道德基本原则是教师道德理论和实践的概括总结。教师职业道德基本原则来自某个社会时期，所有教师经验的总结，是不能随意更改，并为所有教师都必须遵循。

最后，教师职业道德基本原则是教师调整个人与他人、社会关系的根本指导原则。教师职业道德基本原则是教师职业道德的灵魂，其范畴囊括了能够调节与学生、与其他教育者、与家长、与社会、与国家的各类人际关系的行为原则。

正是因为教师职业道德基本原则所起的影响与作用是巨大的，因此，教师应当遵循以下基本原则：

(1) 忠诚于人民教育事业原则。即忠诚于社会主义教育事业，它包含两个维度：教师应当坚持社会主义的教育理念，紧跟时代潮流，成为符合社会要求的新型教师；同时也应当培养出符合社会道德规范与适应社会需要的社会主义接班人。

(2) 集体主义原则。教师职业不同于其他类型的职业，教师职业所担负的任务是培养祖国未来的接班人，这关系到民族的希望，因此教师应当正确处理好集体和个人之间的关系。坚持集体主义原则就是，当集体利益与个人利益发生矛盾时，应当将集体主义的利益放在第一位，必要时要放弃或牺牲个人利益，使个人利益服从于集体利益。

(3) 教育人道主义原则。人道主义要求教师在教育教学活动进行中，高度重视人的作用，尤其要充分尊重学生的主体地位和人格尊严，只有在尊重的基础上才能使教育活动开展得更顺利。同时，教师也应当严格要求自己，使自己成为人们喜爱并乐于交往的对象，为教育教学活动的开展赢得更为友好和谐的氛围。

(4) 教书育人原则。教师的天职是教书育人，是教师职业最基本的工作内容，因此，教师应该时时刻刻把握教书育人的原则。这就要求教师不仅仅教授科学严谨的知识技能,同时还应注重对学生德育的教育,真正做到"传道授业解惑"。

(5)乐教敬业原则。乐教敬业原则应从两个维度来把握:第一,教师在面对自己的工作时应当抱着享受与快乐的心态,充分调动自己的主观意愿投入到教育事业中;第二,教师应当勤奋努力,善于思考与总结,勤恳执业,秉承一颗高度奉献的心来教学。乐教敬业原则是教师职业道德原则的核心。

(6)教育民主原则。素质教育要求在教学的过程中充分发挥学生的主观能动性,使之掌握学习的主动权,教师应该建立一种民主平等的师生关系,与学生进行平等沟通与对话,让学生充分参与到教学活动与管理中,从而调动学生学习的积极性。

(7)人格示范原则。学生是一个尚未发展完善的人群,对他人的依赖很重,尤其是对老师的依赖,学生的向师性和可塑性,导致教师的言行举止可以对学生产生巨大的示范作用,从而直接影响到学生的行为规范。因此,教师应当做出良好而高尚的示范,为学生树立正确的学习榜样。

(8)依法执教原则。所谓的依法执教,即要求教师按照国家的法律制度进行教育教学活动,要廉洁执教,不能随意收取学生的红包,提高自己的法律意识。不能侵犯学生的合法权益,如人身权、教育教学权、人格尊严权、隐私权。

真题解读

一、单项选择题

1. 从根本上说,教师的教育威信来自(　　)。

A. 教师高尚的教育人格　　B. 社会尊师重教的传统

C. 教师的社会地位优势　　D. 学生对教师的畏惧心理

【答案与解析】A。根据教师职业道德的定义,教师职业道德具有教育性的特点 。

2. 有位学生将几片纸屑随意扔在走廊上,王老师路过时顺手捡起并丢进了垃圾桶,该学生满脸羞愧。王老师的行为所体现的职业道德是(　　)。

A. 廉洁奉公　　B. 为人师表　　C. 爱岗敬业　　D. 热爱学生

【答案与解析】B。中小学《教师职业道德规范》规定:为人师表,坚守高尚情操,知荣明耻,严于律己,以身作则。衣着得体,语言规范,举止文明。关心集体,团结协作,尊重同事,尊重家长。作风正派,廉洁奉公。自觉抵制有偿家教,不利用职务之便谋取私利。

二、材料分析题

3. 李友星是北京某中学的优秀教师,他积极响应国家号召,远赴千里之外的大西北——宁夏的农村学校支教。支教 40 余年来,他用自己的教学艺术吸引学生,用自己的实际行动感化家长,用自己的人格魅力感染了周围的所有人,取得了丰硕成果。他教过的学生多达一万多人,有的出国留学,有的担任大学教授,有的回到家乡继续着他的

参考答案

事业。这就验证了那句话:桃李满天下。而这也正是他一生所追求的人生目标。

请结合上述案例分析:从李友星老师身上,我们可以看出教师应具有怎样的职业精神?

第二节 《中小学教师职业道德规范》解读

为了进一步加强教师队伍建设,全面提高中小学教师队伍的师德素质和专业水平,2008年9月,中华人民共和国教育部、中国教科文卫体工会全国委员会联合发布了重新修订的《中小学教师职业道德规范》(以下简称《规范》)。《规范》继承了我国的优秀师德传统,充分反映了新形势下经济、社会和教育发展对中小学教师道德品质和职业行为的基本要求,对教师的职业道德起指导作用,是调节教师与学生、教师与学校、教师与国家、教师与社会相互关系的基本行为准则。

考点梳理

一、修订的背景

教师是人类灵魂的工程师,是青少年学生成长的引路人。教师的思想政治素质和职业道德水平直接关系到中小学德育工作状况和亿万青少年的健康成长,关系到国家的前途命运和民族的未来。加强中小学教师职业道德建设,提高教师的师德素养,对于确保党的事业后继有人和社会主义事业兴旺发达,全面建成小康社会,构建社会主义和谐社会,实现中华民族伟大复兴,具有十分重要的意义。

在新形势下修订并重新印发《规范》,对于激励和引导广大教师向全国教育系统的模范教师学习,树立崇高的职业理想,自觉规范思想行为和职业行为,做让人民满意的教师,具有重要的现实意义。

二、《中小学教师职业道德规范》遵循的基本原则

一是坚持"以人为本"。《规范》充分体现了"教育以育人为本,以学生为主体""办学以人才为本,以教师为主体"的理念,强调尊重教师,强调教师责任与权利的统一,充分调动广大教师的主动性、积极性和创造性。

二是坚持继承与创新相结合。《规范》认真总结了原《规范》执行以来的基本经验,汲取了原《规范》中反映教师职业道德本质的基本要求,又充分考虑了经济、社会和教育发展对师德提出的新要求,将优秀师德传统与时代要求有机结合。

三是坚持广泛性与先进性相结合。《规范》修订从教师队伍现状和实际出发,面向全体

教师,对教师职业道德提出了基本要求,使之成为每位教师都必须自觉遵守的行为准则。同时,又提出了体现时代精神的新的倡导性要求。

四是倡导性要求与禁行性规定相结合。《规范》从教师职业道德的阶段性特征出发,针对当前师德建设中的共性问题和突出问题,在广泛征求意见的基础上,做出了若干禁行性规定。《规范》提出的要求尽量体现针对性和可操作性。

五是他律与自律相结合。教师职业道德建设重“他律”、贵“自律”。《规范》在注重“他律”的同时强调“自律”,倡导广大教师自觉践行师德规范,把规范要求内化为自觉行为。从“他律”走向“自律”是师德建设的最终目的。

三、《中小学教师职业道德规范》的基本内容

(一)爱国守法

热爱祖国,热爱人民,拥护中国共产党领导,拥护社会主义。全面贯彻国家教育方针,自觉遵守教育法律法规,依法履行教师职责权利,不得有违背党和国家方针政策的言行。

(二)爱岗敬业

忠诚于人民教育事业,志存高远,勤恳敬业,甘为人梯,乐于奉献。对工作高度负责,认真备课上课,认真批改作业,认真辅导学生,不得敷衍塞责。

(三)关爱学生

关心爱护全体学生,尊重学生人格,平等公正对待学生。对学生严慈相济,做学生良师益友。保护学生安全,关心学生健康,维护学生权益。不讽刺、挖苦、歧视学生,不体罚或变相体罚学生。

(四)教书育人

遵循教育规律,实施素质教育。循循善诱,诲人不倦,因材施教。培养学生良好品行,激发学生创新精神,促进学生全面发展。不以分数作为评价学生的唯一标准。

(五)为人师表

坚守高尚情操,知荣明耻,严于律己,以身作则。衣着得体,语言规范,举止文明。关心集体,团结协作,尊重同事,尊重家长。作风正派,廉洁奉公。自觉抵制有偿家教,不利用职务之便谋取私利。

(六)终身学习

崇尚科学精神,树立终身学习理念,拓宽知识视野,更新知识结构。潜心钻研业务,勇于探索创新,不断提高专业素养和教育教学水平。

四、《中小学教师职业道德规范》的精神实质

《规范》的许多内容是《教师法》等法律法规相关条文的具体化。但《规范》不是强制性

的法律，而是教师行业性的纪律，是倡导性的要求，同时具有广泛性、针对性和现实性，体现了教师职业特点对师德的本质要求和时代特征，“爱”与“责任”是贯穿其中的核心和灵魂。

（一）爱国守法——教师职业的基本要求

热爱祖国是每个公民也是每个教师的神圣职责和义务。建设社会主义法治国家是我国现代化建设的重要目标。要实现这一目标，需要每个社会成员知法守法，用法律来规范自己的行为，不做法律禁止的事情。

（二）爱岗敬业——教师职业的本质要求

没有责任就办不好教育，没有感情就做不好教育工作。教师应始终牢记自己的神圣职责，志存高远，把个人的成长进步同社会主义伟大事业、同祖国的繁荣富强紧密联系在一起，并在深刻的社会变革和丰富的教育实践中履行自己的光荣职责。

（三）关爱学生——师德的灵魂

亲其师，信其道。没有爱，就没有教育。教师必须关心爱护全体学生，尊重学生人格，平等公正对待学生，对学生严慈相济，做学生的良师益友。保护学生安全，关心学生健康，维护学生权益。

（四）教书育人——教师的天职

教师必须遵循教育规律，实施素质教育。循循善诱，诲人不倦，因材施教。培养学生良好品行，激发学生创新精神，促进学生全面发展，不以分数作为评价学生的唯一标准。

（五）为人师表——教师职业的内在要求

教师要坚守高尚情操，知荣明耻，严于律己，以身作则，在各个方面率先垂范，做学生的榜样，以自己的人格魅力和学识魅力教育影响学生。

（六）终身学习——教师专业发展不竭的动力

终身学习是时代发展的要求，也是教师职业的特点所决定的。教师必须树立终身学习的理念，拓宽知识视野。

五、提升教师职业道德修养的途径与方法

（一）提升教师职业道德修养的基本途径

第一，努力学习教师道德理论，树立人民教师道德的理论人格。学习教师道德理论，主要是个人自学和教育部门组织的教师道德学习相结合。

第二，参加社会实践，做到知行统一。参加社会实践，在实践中培养教师道德修养，是提高教师素质的根本办法。

（二）提升教师职业道德修养的基本方法

1. 加强学习，勇于创新

加强自身的学习，是提升教师师德修养的必要途径。正确的理性认识是自觉行动的前

提，教师师德修养离不开科学的理论学习。古人云：博学之，审问之，慎思之，明辨之，笃行之。其中的“学”“问”“思”“辨”，讲的就是通过学习与思考，提高辨别是非的能力。离开了科学发展观的理论指导，教师师德必然会迷失方向。

第一，认真学习马列主义、毛泽东思想、邓小平理论和科学发展观理论，不断从中汲取精神营养，提高认识，树立科学的世界观、人生观和价值观，树立远大的社会理想。只有透彻地认识人生价值，深刻地把握社会发展规律，真正“解放思想、开拓开放”，才能摆正个人和事业的位置，正确处理义与利、奉献与索取的关系，才能明确自身发展的方向。

第二，学习教育科学理论。教育科学是人类长期教育实践的概括和总结。学习和掌握教育科学理论，有助于教师理解师德修养的必然性和合理性，从而提高履行师德修养的自觉性。

第三，学习优秀教师的模范事迹，在心中确立崇高的师德榜样，升华自己的师德境界。因为一切优秀教师的道德实践，都是师德规范原理在教育教学活动中的具体化，具有鲜明、生动、形象的特点。教师要像古人说的那样：见贤思齐，见不贤而内自省。这样做一定会有益于师德品质的养成。

2. 勇于实践，总结经验

实践是认识的基础，也是道德修养的基础。马克思主义认为：人们只有在改造客观世界的过程中，才能更好地改造自己的主观世界。事实证明，教师只有在社会实践中，才能更好地认识到自己行为的是非善恶，认识加强自身修养的重要性，从而自觉地提高自己的道德水平。一个教师的师德认识再深刻，师德情感再深厚，如不进行道德实践，其师德意志就无从谈起，更谈不上能养成优良的道德习惯。教师在学习科学理论的同时，还必须积极参加社会实践，不断锤炼，不断进步，不断升华。

3. 互动交流，共同提高

在同一个学校，教师之间要相互学习、互相借鉴，强化团队合作意识，择其善者而从之，择其不善者而改之。在不同学校，教师可以通过互联网协作互动、资源共享，这对于教师更好地开展工作和更快地提高师德修养是大有裨益的。

4. 内外结合，形成合力

加强教师职业道德建设，除了提高教师自身的主观积极性、自觉性外，还要加强外在的监督和激励，对于忠于职守、职业道德高尚、教书育人效果好的教师要给予鼓励。引导和鼓励教师之间相互学习、探讨、交流和借鉴，使教师好的工作经验和做法得到肯定和推广，促进教师向科研型、理论型迈进，逐步形成一个相互配合、相互支持的良好环境。

真题解读

一、单项选择题

1. 苏霍姆林斯基说：只有集体和教师首先看到学生的优点，学生才能产生上进心。这句话提示教师应该(　　)。

A. 尊重和欣赏学生　　　　B. 对学生严慈相济

C. 对学生因材施教　　　　D. 团结和关心学生

【答案与解析】A。教师要遵守《中小学教师职业道德规范》的要求，看到学生的优点和长处，懂得欣赏学生。

2. 孔夫子所说的“其身正，不令而行；其身不正，虽令不从”，从教师的角度说可以理解为（　　）。

A. 走路身体一定要端正

B. 自己做好了，不要教育学生，学生自然会好的

C. 对学生下命令一定要正确

D. 教师自己以身作则，一言一行都会对学生产生巨大的影响

【答案与解析】D。这是教师职业道德规范的精神实质，教师是言传身教的榜样。

3. “智如泉涌，行可以为仪表者，人之师也”这句话告诉我们，教师（　　）。

A. 不仅要提高道德认识，还要加强道德实践

B. 不仅要有从教的学识能力，还要做到以身作则

C. 不仅要有丰富的学识，还要注重能力的提升

D. 不仅要有专业知识，还要有人文情怀

【答案与解析】B。这句话的意思要求教师不仅要传道授业解惑，还要以身作则，做好学生的榜样。

4. 对于学习困难的学生，优秀教师总是能够耐心地给予反复的辅导，支持他们这样做的关键因素是其（　　）。

A. 教学水平　　B. 教学风格　　C. 知识水平　　D. 敬业精神

【答案与解析】D。体现了该教师爱岗敬业、乐于奉献的精神。

5. 迟老师编写的校本教材出现了不少错误，遭到同事的质疑，迟老师说：“这不过是一本校本教材而已，没必要那么认真。”迟老师的做法（　　）。

A. 不合理，违背了终身教育的师德规范

B. 不合理，违背了勤恳敬业的师德规范

C. 合理，精心编写校本教材不值得

D. 合理，教师的主要任务是把课上好

【答案与解析】B。该教师的行为是一种敷衍，不负责，违背了爱岗敬业的要求。

6. 当前教师队伍中存在着以教谋私、热衷于“有偿家教”的现象，这实际违背了（　　）的教师职业道德。

A. 关爱学生　　B. 依法治教　　C. 严谨治学　　D. 廉洁从教

【答案与解析】D。“有偿家教”违反了为人师表，违反了廉洁从教。

二、材料分析题

7. 何老师班上的小龙经常迟到、旷课、不完成作业，还欺负同学。在多次批评教育无效后，何老师决定去家访，向他父母告状。到小龙家时，何老师惊奇地发现他正在做家务。见

到何老师，小龙吃了一惊，但还是喊了一声“老师好”，然后就跑回了房里。同小龙父母交谈后，何老师了解到小龙家庭贫困，父母忙于工作，疏于教导，让孩子养成了一些坏习惯。但这孩子在家还挺懂事，也能帮忙干活。第二天，何老师在班上表扬了小龙懂礼貌，见到老师主动问好，在家能做家务，希望同学们能向小龙学习。接下来，老师安排他负责班级卫生工作，并对他的尽职尽责及时予以表扬。没过多久，小龙在课堂上认真多了，同学关系也融洽了，还成了老师的得力助手。

参考答案

问题：请从教师职业道德的角度，评析何老师的教育行为。

第三节　《中小学班主任工作规定》解读

2009 年 8 月 12 日，教育部印发了《中小学班主任工作规定》（以下简称《规定》）。作为全国中小学班主任工作的指导性文件，《规定》体现了两方面的精神：一是中小学班主任在中小学生思想道德建设和全面健康成长方面发挥着特殊的作用，是学校中重要的具有专门性的工作岗位；二是中小学班主任在班级中承担着特别的教育职责和组织管理任务，包括全面关心教育学生，进行班级日常管理和班集体建设，开展班级活动，进行学生评价，在学校、家长和社会之间进行沟通等。

考点梳理

一、《中小学班主任工作规定》出台的意义

随着我国经济社会改革的进一步深入，基础教育步入了由全面普及转向更加重视提高质量、由规模发展转向更加注重内涵发展的新时期。《规定》的出台，可谓应运而生。

（一）素质教育的时代呼唤

党的十七大报告提出，要全面贯彻党的教育方针，坚持育人为本、德育为先，实施素质教育，培养德、智、体、美全面发展的社会主义建设者和接班人。正在制定的《国家教育改革和发展中长期规划纲要》也确定把实施素质教育作为今后一个时期教育改革和发展的根本任务。实施素质教育，首要的是解决培养什么样的人和如何培养人的问题。中小学班主任作为中小学教师队伍的重要组成部分，是班级工作的组织者、班集体建设的指导者、中小学生健康成长的引领者，是中小学思想道德教育的骨干，是加强和改进未成年人思想道德建设，全面实施素质教育的重要力量。《规定》的发布，正是国家当前和今后一个时期教育改革和发展的需要。

（二）内涵发展的必然选择

长期以来，各地教育行政部门和中小学校重视班主任队伍建设，发挥班主任独特的教育作用，积累了丰富的经验，形成了有效的工作机制。广大中小学班主任兢兢业业、教书育人、无私奉献，做了大量教育和管理工作，为促进中小学生的健康成长做出了重要贡献。但是必须看到，中小学班主任工作面临许多新问题、新挑战。经济社会的深刻变化、教育改革的不断深化、中小学生成长的新情况和新特点，都对中小学班主任工作提出了更高的要求，迫切需要制定更加有效的政策，保障和鼓励中小学教师愿意做班主任，努力做好班主任工作；迫切需要采取更加有力的措施，保障和鼓励班主任有更多的时间和精力了解学生、分析学生学习和生活的情况，以真挚的爱心和科学的方法教育、引导、帮助学生成长进步。《规定》的出台，正是中小学班主任工作适应时代发展的需要。

（三）学生成长的现实需要

学校教育是以班集体为单位来进行的，学校教育的各项工作都跟班主任有关系。班主任既要关心学生的学习状况，教育学生明确学习目的，端正学习态度，掌握正确学习方法，养成良好的学习习惯，增强创新意识和学习能力；又要进行有效的班集体管理，保证学校各项教育工作的顺利进行；还要组织学生开展班会、团队会以及各种主题教育活动和文体活动；更要了解每个学生的身体、心理和思想状况，开展有针对性的教育，做每一位学生人生路上的引路人。对班主任教师而言，做班主任工作和授课一样，都是主业；对学校而言，班主任队伍建设与任课教师队伍建设一样重要。《规定》的出台，对于贯彻党的教育方针，全面推进素质教育，把加强和改进未成年人思想道德建设的各项任务落在实处，具有重要意义。

二、《中小学班主任工作规定》的具体内容

第一章　总则

第一条　为进一步推进未成年人思想道德建设，加强中小学班主任工作，充分发挥班主任在教育学生中的重要作用，制定本规定。

第二条　班主任是中小学日常思想道德教育和学生管理工作的主要实施者，是中小学生健康成长的引领者，班主任要努力成为中小学生的人生导师。

班主任是中小学的重要岗位，从事班主任工作是中小学教师的重要职责。教师担任班主任期间应将班主任工作作为主业。

第三条　加强班主任队伍建设是坚持育人为本、德育为先的重要体现。政府有关部门和学校应为班主任开展工作创造有利条件，保障其享有的待遇与权利。

第二章　配备与选聘

第四条　中小学每个班级应当配备一名班主任。

第五条　班主任由学校从班级任课教师中选聘。聘期由学校确定，担任一个班级的班主任时间一般应连续1学年以上。

第六条　教师初次担任班主任应接受岗前培训，符合选聘条件后学校方可聘用。

第七条　选聘班主任应当在教师任职条件的基础上突出考查以下条件：

（一）作风正派，心理健康，为人师表；

（二）热爱学生，善于与学生、学生家长及其他任课教师沟通；

（三）爱岗敬业，具有较强的教育引导和组织管理能力。

第三章　职责与任务

第八条　全面了解班级内每一个学生，深入分析学生思想、心理、学习、生活状况。关心爱护全体学生，平等对待每一个学生，尊重学生人格。采取多种方式与学生沟通，有针对性地进行思想道德教育，促进学生德、智、体、美全面发展。

第九条　认真做好班级的日常管理工作，维护班级良好秩序，培养学生的规则意识、责任意识和集体荣誉感，营造民主和谐、团结互助、健康向上的集体氛围。指导班委会和团队工作。

第十条　组织、指导开展班会、团队会、文体娱乐、社会实践、春（秋）游等形式多样的班级活动，注重调动学生的积极性和主动性，并做好安全防护工作。

第十一条　组织做好学生的综合素质评价工作，指导学生认真记载成长记录，实事求是地评定学生操行，向学校提出奖惩建议。

第十二条　经常与任课教师和其他教职员工沟通，主动与学生家长、学生所在社区联系，努力形成教育合力。

第四章　待遇与权利

第十三条　学校在教育管理工作中应充分发挥班主任的骨干作用，注重听取班主任意见。

第十四条　班主任工作量按当地教师标准课时工作量的一半计入教师基本工作量。各地要合理安排班主任的课时工作量，确保班主任做好班级管理工作。

第十五条　班主任津贴纳入绩效工资管理。在绩效工资分配中要向班主任倾斜。对于班主任承担超课时工作量的，以超课时补贴发放班主任津贴。

第十六条　班主任在日常教育教学管理中，有采取适当方式对学生进行批评教育的权利。

第五章　培养与培训

第十七条　教育行政部门和学校应制定班主任培养培训规划，有组织地开展班主任岗位培训。

第十八条　教师教育机构应承担班主任培训任务，教育硕士专业学位教育中应设立中小学班主任工作培养方向。

第六章　考核与奖惩

第十九条　教育行政部门建立科学的班主任工作评价体系和奖惩制度。对长期从事班主任工作或在班主任岗位上做出突出贡献的教师定期予以表彰奖励。选拔学校管理干部应优先考虑长期从事班主任工作的优秀班主任。

第二十条　学校建立班主任工作档案，定期组织对班主任的考核工作。考核结果作为教师聘任、奖励和职务晋升的重要依据。对不能履行班主任职责的，应调离班主任岗位。

第七章　附则

第二十一条　各地可根据本规定，结合当地实际情况，制定中小学班主任工作的具体实施办法。

第二十二条　本规定自发布之日起施行。

三、《中小学班主任工作规定》的特点

（1）明确了班主任工作量，使班主任教师有更多的时间来做班主任工作。一直以来，班主任教师既要承担与其他学科教师一样的教学任务，还要负责繁重的班主任工作，工作负担过重。《规定》要求："班主任工作量按当地教师标准课时工作量的一半计入教师基本工作量。各地要合理安排班主任的课时工作量，确保班主任做好班级管理工作。"明确了班主任教师应当把授课和做班主任工作都作为主业，要拿出一半的时间来做班主任工作，来关心每个学生的思想道德状况、身心健康状况及其他各方面的发展状况。

（2）提高了班主任的经济待遇，使班主任有更多的热情来做班主任工作。长期以来，广大中小学班主任教师辛勤工作在育人第一线，津贴标准低，已经远不适应现代经济社会发展的要求。自2009年起，国家实施义务教育学校绩效工资制度。《规定》第十五条要求将"班主任津贴纳入绩效工资管理。在绩效工资分配中要向班主任倾斜。对于班主任承担超课时工作量的，以超课时补贴发放班主任津贴"。

（3）保证了班主任教育学生的权利，使班主任有更多的空间来做班主任工作。在强调尊重学生、维护学生权利的今天，一些地方和学校也出现了教师，特别是班主任教师不敢管学生、不敢批评教育学生、放任学生的现象。《规定》第十六条明确规定："班主任在日常教育教学管理中，有采取适当方式对学生进行批评教育的权利。"从而保证和维护了班主任教育学生的合法权利，使班主任在教育学生的过程中，在坚持正面教育为主的同时，不再缩手缩脚，可以适当采取批评等方式教育和管理学生。

（4）强调了班主任在学校中的重要地位，使班主任有更多的信心来做好工作。《规定》从班主任的职业发展、职务晋升、参与学校管理、待遇保障、表彰奖励等多个方面强调了班主任在学校教育中的重要地位，充分体现了对班主任工作的尊重和认可，对广大班主任教师是一个极大的鼓舞和激励。强调班主任在学校教育中的重要地位，对于稳定班主任队伍，促进班主任专业成长，鼓励广大班主任长期、深入、细致地开展班主任工作有着积极的意义。

四、《中小学班主任工作规定》对班主任工作的要求

中小学班主任工作是一项复杂、细致，需要付出爱心、耐心和责任心，对学生健康成长起着重要作用的工作，要求班主任教师具有良好的思想道德品质、较高的教育理论素养和专业

知识水平，身心健康、富有人格魅力，善于做思想教育工作。我们要适应新时期教育工作中出现的变化，及时改进班主任工作，在学校育人工作中发挥更大的作用。

(1) 坚持育人为本，德育为先的目标导向。要把学校教育目标落实到班级日常管理工作过程中，切实把德育放在首位，注重学生正确的世界观、人生观、价值观和社会主义荣辱观的培养和形成，培养学生健全、独立的人格。引导学生培养学习兴趣，树立正确的学习目标，促使学生全面协调地健康发展。

(2) 注重公平，面向班集体每一个学生。班主任要关心每一个学生，了解他们的内心世界，根据每个学生的特点，精心设计相应的教育方案，引导、帮助每一个学生健康成长，要特别关注学生中的弱势群体和边缘群体，为每一个学生的终身发展奠定基础。

(3) 关心学生的全面发展。坚持以人为本，以学生的全面发展为班主任工作的根本出发点，不仅要关心他们的学习，更要关心他们的思想道德、身体、心理、人格等各方面的发展状况。培养学生各方面的能力，提高学生各方面的素质，发挥学生的个性特长，充分发掘学生的潜能。

(4) 建立平等互信的师生关系。班主任要平等对待学生，建立和谐的、朋友式的新型师生关系。尊重学生，注重与学生交流沟通的方式，做学生人生路上的良师益友。

(5) 遵循学生的年龄特点和身心发展规律。相信每个学生都有自己的优点，都有成才的强烈愿望，帮助每一个学生树立不断提高和进步的目标；善于发现和激励学生的每一点进步，让学生始终在成功的喜悦中提高自己、发展自己。

(6) 要建立完善的班级管理制度。通过建立科学合理的班级日常管理规范，培养学生的良好习惯。从小事、细微处着手，积极开展行为规范教育。加强学生自主管理，增进学生民主意识，培养学生独立处理问题的能力。

(7) 要积极进行班集体文化建设。指导班集体通过开展班会、团队会、各种主题教育活动和丰富多彩的文体活动，丰富学生的生活，弘扬爱国主义、集体主义和民族精神，形成健康向上、积极进取的班风和有特色的班级文化，营造良好的育人环境。

(8) 要指导和组织学生积极参加社会实践活动。充分开发社区、学校和班级的各种教育资源，组织学生积极参加有益于身心发展和道德养成的各种社会实践活动，增强道德体验，培养学生正确的劳动观念和劳动习惯。

(9) 要充分发挥纽带作用。积极主动地与其他课程任课教师、少先队、团委、政教处沟通，步调一致，形成合力，充分发挥集体教育的作用。加强与家长的沟通交流，积极建立与家长沟通和交流的有效渠道，实现学校教育和家庭教育的有机结合。加强与社会、社区的联系，善于利用各种资源让学生了解社会、参与社会、适应社会、服务社会；也让全社会都来了解教育、关心教育，支持教育，营造良好的育人环境。

(10) 要大胆创新工作方式。认真做好学生的综合素质评价工作，积极探索建立学生良好行为习惯的动态管理模式和综合考评制度，建立并填写好学生成长档案和记录袋。在此基础上，积极探索深化教育改革背景下班主任工作的新特点、新要求，创新班级管理和建设的有效模式。

五、贯彻落实《中小学班主任工作规定》应做好的工作

(1) 要将中小学班主任培训纳入教师教育计划，有组织地开展岗前和岗位培训，定期交流班主任工作经验，组织班主任进行社会考察，提高班主任的政治素质、业务素质、心理素质和工作及研究能力。教师教育机构要承担班主任的培训任务，班主任培训所需经费在教师培训专项经费中列支。教育硕士学位教育中应设立中小学班主任工作培养方向，并优先招收在职优秀班主任。

(2) 要根据《规定》要求合理安排班主任教师的课时工作量，保障班主任教师有时间和精力来开展班主任工作。要在义务教育学校绩效工资分配中，把教师是否担任班主任、班主任工作开展得如何作为重要衡量指标。对于班主任教师的超课时工作量，要发放超课时补贴。

(3) 要完善班主任的奖励制度，将优秀班主任的表彰奖励纳入教师、教育工作者的表彰奖励体系之中，定期表彰优秀班主任。应积极发展优秀班主任加入党组织，优秀班主任应列入学校党政后备干部培养范围。要树立一批班主任先进典型和重视班主任工作学校的先进典型，鼓励广大中小学校普遍重视和加强班主任队伍建设，充分发挥班主任在学校教育工作中的重要作用，使班主任成为广大教师踊跃担当的光荣而重要的岗位。

(4) 要把班主任工作作为学校教育的重要工作来抓。要制定切实可行的办法来加强班主任工作，认真做好班主任的选聘工作，应从思想道德素质和业务水平较高、身心健康、乐于奉献的优秀教师中选聘班主任。要建立科学的班主任工作评价体系，规范管理，鼓励支持班主任开展工作。学校应建立班主任工作档案，定期考核班主任工作，考核结果作为班主任教师聘任、奖励、职务晋升的重要依据。对不能履行班主任职责的，应调离班主任岗位。

真题解读

1. 一位新班主任走进教室时，刚刚推开虚掩着的教室门，忽然一把扫帚掉了下来，不偏不倚，正好打在教师的讲义夹上，课堂上一片哗然，这分明是学生搞的恶作剧。下列处理方式中最恰当的一项是(　　)。

A. 老师大发雷霆，立即查找恶作剧的人

B. 老师自我解嘲地笑着说："看来我工作中的问题不少，连扫帚都向我表示不满了，希望你们在课后也给我提提意见，帮助我改进工作吧！"

C. 老师稍做整理，批评训斥学生

D. 老师认真地说："我就喜欢接受他人的挑战。"

【答案与解析】B。教师在教书育人过程中，遇到突发的教育问题，要机智应答，要灵活、幽默地化解，这也体现了教师的职业水准，尤其是班主任的管理水平。

2.《中小学班主任工作规定》第十四条规定，班主任的工作量按当地教师标准课时工作量的(　　)计入教师基本工作量。

A. 三分之一　　B. 四分之一　　C. 五分之一　　D. 一半

【答案与解析】D。参见《中小学班主任工作规定》。

3. 留守儿童小华身上有一些不良行为习惯，班主任老师应（　　）。

A. 关心爱护小华，加强对他的行为养成教育

B. 宽容理解小华，降低对他的要求并顺其自然

C. 严厉责罚小华，令其尽快改变不良行为习惯

D. 联系小华家长，责令其督促小华改变不良习惯

【答案与解析】A。班主任老师应关心爱护小华，加强对他的行为养成教育。《中小学教师职业道德规范》规定，教师应“关爱学生”。关心爱护全体学生，尊重学生人格，平等公正对待学生。对学生严慈相济，做学生良师益友。保护学生安全，关心学生健康，维护学生权益。

第四节　《新时代幼儿园教师职业行为十项准则》解读

为深入贯彻习近平新时代中国特色社会主义思想，深入贯彻落实全国教育大会精神，扎实推进《中共中央 国务院关于全面深化新时代教师队伍建设改革的意见》的实施，进一步加强师德师风建设，教育部研究制定了《新时代高校教师职业行为十项准则》《新时代中小学教师职业行为十项准则》《新时代幼儿园教师职业行为十项准则》，其中《新时代幼儿园教师职业行为十项准则》明确了对幼儿园教师职业行为的要求。

考点梳理

一、《新时代幼儿园教师职业行为十项准则》颁布的背景

（一）准则是教师职业行为的基本规范

师德师风是评价教师队伍素质的第一标准。长期以来，广大教师不忘初心、牢记使命，爱岗敬业、教书育人，改革创新、服务社会，做出了重大贡献，党和国家高度肯定，学生、家长和社会普遍尊重。

（二）行为失范现象时有出现

有个别教师放松自我要求，不能认真履职尽责，甚至出现严重违反师德的行为，损害了教师队伍的整体形象。制定教师职业行为准则，明确新时代教师职业规范，针对主要问题、突出问题画定基本底线，是对广大教师的警示提醒和严管厚爱，是深化师德师风建设，造就政治素质过硬、业务能力精湛、育人水平高超的高素质教师队伍的关键之举。

（三）新时代对广大教师的更高要求

为进一步增强教师的责任感、使命感、荣誉感，规范职业行为，明确师德底线，引导广大教师努力成为有理想信念、有道德情操、有扎实学识、有仁爱之心的好老师，着力培养德、智、体、美、劳全面发展的社会主义建设者和接班人，对新时代广大教师落实立德树人根本任务提出了新的更高要求。

二、《新时代幼儿园教师职业行为十项准则》的具体内容

（一）坚定政治方向

坚持以习近平新时代中国特色社会主义思想为指导，拥护中国共产党的领导，贯彻党的教育方针；不得在保教活动中及其他场合有损害党中央权威和违背党的路线方针政策的言行。

（二）自觉爱国守法

忠于祖国，忠于人民，恪守宪法原则，遵守法律法规，依法履行教师职责；不得损害国家利益、社会公共利益，或违背社会公序良俗。

（三）传播优秀文化

带头践行社会主义核心价值观，弘扬真善美，传递正能量；不得通过保教活动、论坛、讲座、信息网络及其他渠道发表、转发错误观点，或编造散布虚假信息、不良信息。

（四）潜心培幼育人

落实立德树人根本任务，爱岗敬业，细致耐心；不得在工作期间玩忽职守、消极怠工，或空岗、未经批准找人替班，不得利用职务之便兼职兼薪。

（五）加强安全防范

增强安全意识，加强安全教育，保护幼儿安全，防范事故风险；不得在保教活动中遇突发事件、面临危险时，不顾幼儿安危，擅离职守，自行逃离。

（六）关心爱护幼儿

呵护幼儿健康，保障其快乐成长；不得体罚和变相体罚幼儿，不得歧视、侮辱幼儿，严禁猥亵、虐待、伤害幼儿。

（七）遵循幼教规律

循序渐进，寓教于乐；不得采用学校教育方式提前教授小学内容，不得组织有碍幼儿身心健康的活动。

（八）秉持公平诚信

坚持原则，处事公道，光明磊落，为人正直；不得在入园招生、绩效考核、岗位聘用、职称评聘、评优评奖等工作中徇私舞弊、弄虚作假。

（九）坚守廉洁自律

严于律己，清廉从教；不得索要、收受幼儿家长财物或参加由家长付费的宴请、旅游、娱乐休闲等活动，不得推销幼儿读物、社会保险或利用家长资源谋取私利。

（十）规范保教行为

尊重幼儿权益，抵制不良风气；不得组织幼儿参加以营利为目的的表演、竞赛等活动，或泄露幼儿与家长的信息。

三、落实《新时代幼儿园教师职业行为十项准则》的基本要求

（一）扎实有效地开展准则的学习贯彻

各地各校要结合落实师德师风建设长效机制，开展准则的学习贯彻，结合本地区、本学校实际进行细化，制定具体化的教师职业行为负面清单及失范行为处理办法，提高针对性、操作性。做好宣传解读，坚持全覆盖、无死角，采取多种形式帮助广大教师全面理解和准确把握，做到人人应知应做、必知必做，真正把教书育人和自我修养结合起来，时刻自重、自省、自警、自励，自觉做以德立身、以德立学、以德施教、以德育德的楷模，维护教师职业形象，提振师道尊严。

（二）把准则要求落实到教师管理具体工作中

要把好教师入口关，在教师招聘、引进时组织开展准则的宣讲，确保每位新入职教师知准则、守底线。要将准则要求体现在教师聘用、聘任合同中，明确有关责任。要强化考核，在教师年度考核、职称评聘、推优评先、表彰奖励等工作中必须进行师德考核，实行师德失范“一票否决”。改进师德考核方式方法，避免形式化、随意化。完善师德考核指标体系，提高科学性、实效性。

（三）以有力措施坚决查处师德违规行为

各地各校要按照准则及相应的处理指导意见、处理办法要求，严格举报受理和违规查处。对于发生准则中禁止行为的，要态度坚决，一查到底，依法依规严肃惩处，决不姑息。对于有虐待、猥亵、性骚扰等严重侵害学生行为的，一经查实，要撤销其所获荣誉、称号，追回相关奖金，依法依规撤销教师资格、解除教师职务、清除出教师队伍，同时还要录入全国教师管理信息系统，任何学校不得再聘任其从事教学、科研及管理等工作。涉嫌违法犯罪的要及时移送司法机关依法处理。要严格落实学校主体责任，建立师德建设责任追究机制，对师德违规行为监管不力、拒不处分、拖延处分或推诿隐瞒等失职失责问题，造成不良影响或严重后果的，要按照干部管理权限严肃追究责任。

真题解读

一、单项选择题

1. 人们常说:做教师的不要忘记,自己也曾是孩子。这话提示教师要(　　)。

A. 拓宽知识视野　　B. 消除刻板印象　　C. 淡化教师角色　　D. 善于换位思考

【答案与解析】D。教师要理解孩子,才能关爱孩子,这是符合《新时代幼儿园教师职业行为十项准则》要求的。

2. 张老师心情烦躁的时候会把气撒在孩子身上,随意批评,甚至斥责幼儿。这表明张老师(　　)。

A. 具有反思意识　　B. 具有敬业精神

C. 缺乏心理调适能力　　D. 缺乏终身学习理念

【答案与解析】C。张老师的行为主要是由于没有很好地控制自己的不良情绪,缺乏心理调适能力,违背了《新时代幼儿园教师职业行为十项准则》的相关要求。

3. 某教师一边要求幼儿安静地玩玩具,一边和同事聊天说笑。该老师的行为(　　)。

A. 正确,应该培养幼儿的好习惯　　B. 错误,应该小声聊天

C. 正确,利于融洽同事关系　　D. 错误,应该以身作则

【答案与解析】D。该教师不仅没有给幼儿做好榜样,而且会惊扰幼儿,是违反职业精神的。

二、材料分析题

4. 小华这段时间有一个不好的行为,就是总爱把幼儿园里好玩的玩具偷偷地藏起来,有时放在自己的衣帽柜里,有时放在自己的衣服兜里,有时还会放在户外的某个角落里。老师请来了小华的妈妈,委婉地向她说明了请她来的原因,小华妈妈非常感激老师及时发现了孩子的这个行为并与她沟通,决心和老师一起教育好孩子,又一再请求老师一定要替小华保密,避免小华心灵受伤害。经过一段时间的共同努力,小华的不良行为得到了改正。

参考答案

请结合上述案例分析:教师应该如何处理好与幼儿家长的关系?

备考策略

一、学习指导

根据考纲要求,本部分考试主要考查考生对《中小学教师职业道德规范》主要内容和《中小学班主任工作规定》主要精神的了解和掌握情况,要求考生熟悉教师职业行为规范的要求,熟悉幼儿园教师的职业特点,能够在教育活动中运用行为规范恰当地处理与幼儿、幼儿家长、同事以及教育管理者的关系,具备分析评价保教实践中教师的道德规范问题的能

力。从以往的考试情况来看,单项选择题正确率较高,对照教师职业道德分析、判断、解决实际问题进行材料分析时不能从多个角度来把握,失分较多。学习过程中要做到以下几个方面:

1. 与时俱进,理解内涵

围绕教师资格考试大纲要求,了解《中小学教师职业道德规范》《中小学班主任工作规定》的基本内容,结合《新时代幼儿园教师职业行为十项准则》《中共中央 国务院关于全面深化新时代教师队伍建设改革的意见》的相关内容,熟悉教师职业道德的内涵和具体内容,熟悉教师职业行为规范。

2. 联系实际,提升能力

在了解基本原理的基础上,联系教育实践,学会对照职业道德的原则要求解决实际问题,依据有关规定,分析评价幼儿教学实践中的实际问题。在教育活动中运用行为规范恰当地处理与幼儿、幼儿家长、同事以及教育管理者的关系。

二、考点预测

根据《综合素质(幼儿园)》的考纲要求,本部分在试卷结构中占比15%,题型为单项选择题、材料分析题。本部分对应着“一级指标:1. 职业道德与基本素养”“二级指标 1.2. 职业规范”“三级指标 1.2.2. 熟悉教师职业道德规范,能评析保育教育实践中的道德规范问题;1.2.3. 了解幼儿园教师的职业特点与职业行为规范,能自觉地约束自己的职业行为;1.2.4. 有爱心、耐心、责任心”。

本模块对应的题目主要包括:(1) 对教师职业道德的识记、理解;(2) 对教师职业行为的分析、判断。

三、解题要领

1. 熟记原则,加深认识

要对《中小学教师职业道德规范》《中小学班主任工作规定》《新时代幼儿园教师职业行为十项准则》《中共中央 国务院关于全面深化新时代教师队伍建设改革的意见》等文件进行深入阅读,理解其内涵,建立一个比较完备的理论知识体系。

2. 善于总结,合理归类

教师职业活动中主要面对与学生之间、与教师之间、与领导之间、与家长之间等几类关系。在学习时要透过现象看本质,进行整理归类,总结出处理一类关系的基本原则和方法,做到触类旁通、举一反三。

3. 辩证思维,全面分析

由于考试题型包括客观题和主观分析题,所以考生还须进行一定的解题能力的专项训练,学会全面地、辩证地看待问题,用合乎逻辑的方式分析问题、解决问题,不能断章取义或一叶障目,要学习从多个角度列举论据以支撑自己的观点。

模拟训练

（一）

一、单项选择题

1. 学校实施青年教师成长“导师制”，作为导师的李老师手把手地对青年教师进行“传”“帮”“带”。这体现了李老师（　　）。

A. 廉洁从教，勤恳敬业　　B. 因材施教，乐于奉献

C. 团结协作，甘为人梯　　D. 治学严谨，勇于创新

2. 冯老师在家访时坚持“四多四少”的原则，即“多一点针对性，少一点随意性；多一点肯定，少一点求全责备；多一点情感交流，少一点情况汇报；多一点指导，少一点推卸责任”。冯老师的做法（　　）。

A. 不可行，仅报喜不报忧，一味迎合家长

B. 不可行，虽重情感交流，但回避了问题

C. 可行，体现了他注重沟通策略，尊重家长

D. 可行，体现了他严格要求自己，家长至上

3. 新入职的王老师想去优秀教师李老师班上听课，学习经验，李老师笑容可掬地说：“你是名牌大学毕业的高才生，我的课上得不好，就不要去听了。”这表明李老师（　　）。

A. 缺乏专业发展意识　　B. 缺乏团结协作精神

C. 能够尊重信任同行　　D. 鼓励同事自我提升

4. 对幼儿所送的礼物，教师应该（　　）。

A. 在教师节时可以接受幼儿的礼物

B. 区别对待，对幼儿自制的小礼物可以适当接受

C. 婉言谢绝，任何时候都不能接受幼儿的任何礼物

D. 婉言谢绝，尽量避免在公开场合接受幼儿的礼物

5. 康老师在期中同行测评中得分不高，因此在活动中，当幼儿的行为出现偏差时，康老师常常大发雷霆。下列选项中，康老师应当（　　）。

A. 严格待生，专注教学　　B. 保持个性，坚持自我

C. 注重反省，调解自我　　D. 迎合同事，搞好关系

二、材料分析题

6. 材料：教师节前夕，许老师收到了毕业多年的学生小雪的来信：

许老师，您还记得毕业前的那次主题班会吗？班会上您送给我们每人一张三年前刚入校时的照片，并在照片的背面写上您的赠言。我端详着照片中有些稚嫩的自己，翻看背面您的赠言：“相信自己，成功就在一步的坚持中！”心中涌动着一阵暖流，这句话给了我前进的动

参考答案

力,激励我实现了梦想。

我不会忘记,您陪我走过情绪低沉的时光。突如其来的重病使我一度那么的消沉与无助,是您无微不至的关心给了我战胜病魔的信心与勇气!等我身体恢复后,您又利用休息时间不知疲倦地帮我补习落下的功课。

我不会忘记,为了与同学们有更多的交流话题,年过半百的您学习制作视频,关注足球赛事,就连“超女快男”也略知一二;我不会忘记,为了拓展同学们的知识面,您带领我们一起快乐“悦读”,不会忘记您在课余时间伏案学习的背影……

问题:请从教师职业道德的角度评析许老师的教育行为。

7. 幼儿活动开始了,教师请幼儿轻轻搬椅子到老师身旁来。这时,有的幼儿抱着椅子,有的幼儿推着椅子,有的幼儿拖着椅子往老师身边挤,活动室内一片混乱。

参考答案

看到这幅情景,教师轻轻走到一位推椅子的幼儿跟前,抱起他的椅子说:“哎呀, 小椅子,对不起,你的腿很疼,是吗?我帮你揉揉。”教师充满关爱的神情和言语引起了幼儿的注意,活动室一下子静了下来。“老师,我不推椅子的”“老师,我会抱起椅子的……”推着椅子和拖着椅子的幼儿小心翼翼地抱起椅子,轻轻将椅子放下。教师做出询问小椅子的样子,说:”现在椅子很高兴,他说谢谢大家爱护他。”

问题:请从教师职业道德素质角度评析这位老师的教育行为。

(二)

一、单项选择题

1. 张老师每年都给自己制订读书计划,并严格执行,张老师的行为符合(　　)。

A. 为人师表　　B. 教学创新　　C. 终身学习　　D. 以身作则

2. 小红怀疑小刚在活动中偷拿了自己的油画棒,并告诉了老师,老师要搜小刚的口袋,小刚拒绝了。教师的行为(　　)。

A. 错误,应该相信和信任小刚　　B. 错误,应当搜所有孩子的身

C. 错误,不应当当众搜身　　D. 错误,应当等联系家长后再搜

3. 李老师一个学期去父亲是副乡长的小壮家家访八次,却没有为留守儿童小龙做过家访,李老师的做法(　　)。

A. 符合与留守儿童沟通的要求　　B. 违背平等教学原则

C. 符合因材施教的要求　　D. 违背教学相长原则

4. 在小班的家长会上,有两个家长质问带班的李老师:“为什么不教孩子写字的拼音?再不教的话,我们的孩子就转园。”对此,李老师的恰当做法是(　　)。

A. 接受意见,适当增加拼音和写字的内容　　B. 听取意见,耐心向家长分析不教的原因

C. 尊重家长,推荐校外辅导机构　　D. 不予理会,尊重家长的转园自由

5. 赵老师在省政府机关幼儿园工作,她对班上每个孩子家长的工作单位和职务都了如指掌,在日常的保教活动中,赵老师对省政府工作人员的孩子总是特别关照。赵老师的做法

(　　)。

A. 不正确,没有维护幼儿的同伴关系　　B. 不正确,没有做到对幼儿一视同仁

C. 正确,有利于良好家园关系的建立　　D. 正确,有利于获得更多的办园资源

6. 王老师发现,孩子们进入大班后,变得太吵闹了,有时老师喊破了嗓子,孩子们才安静下来。下列王老师的解决方法中不恰当的是(　　)。

A. 引导幼儿逐渐学会自我约束　　B. 对吵闹的幼儿进行说服教育

C. 让家长接吵闹的孩子回家安抚　　D. 引导幼儿参与感兴趣的活动

7. 中班幼儿正在做手工,佳佳尿裤子了,刘老师发现后,对嘲笑佳佳的幼儿说:"佳佳可能是做手工太认真,忘记上厕所了,以后我们要学习她认真做事的态度。当然,如果我们在认真做事时记得上厕所,那就更好了。"刘老师的做法(　　)。

A. 有利于保护幼儿的自尊心　　B. 有利于提高幼儿的操作能力

C. 有利于增强幼儿的秩序感　　D. 有利于培养幼儿的时间观念

二、材料分析题

8. 材料:性格文静的馨馨午睡时总是睡不着,为解决这个问题,黄老师耐心地告诉她天天午睡的好处,黄老师还联系家长,请家长配合,让馨馨在家里早睡早起,以帮助她养成良好的午睡习惯,可收效不大。

参考答案

经过观察,黄老师还发现,馨馨不好运动,到午睡时精神饱满,不知疲倦。于是黄老师调整策略,首先增加馨馨的活动量,如户外运动后引导她跑几圈,跑完后发给金牌,让她和运动量较大的小朋友一起游戏玩耍;其次,黄老师注意舒缓馨馨的情绪,午睡时不催她,还在耳边轻轻说:"没关系,如果睡不着就闭上眼睛躺一会儿吧。"待她睡着后,在她枕头下藏一朵小红花,等她醒来给她一个惊喜。慢慢地,馨馨每天都能睡得着了。

问题:请从教师职业道德行为角度评析黄老师的教育行为。

9. 周老师是一名乡村幼儿园教师,她所带班级孩子的父母大部分在外打工,周老师经常在班上组织"娃娃家"游戏,在游戏中,周老师扮演"妈妈"的角色,搂搂这个,亲亲那个,"宝贝"们在"妈妈"的怀里幸福地撒着娇。

参考答案

妮妮常常把小手弄得脏脏的,还喜欢吸吮手指,导致常拉肚子。一天,周老师看到妮妮没有洗手就拿点心吃,就把她带到水池旁,一边教她洗手一边说:"脏脏的小手有许多细菌,不洗手就拿东西吃会生病的,以后我们天天把小手洗得干干净净的,做个健康的小宝宝,好吗?"妮妮使劲点点头,不好意思地笑了。

周老师还发现妮妮非常喜欢看书,由于妮妮的父母在外地打工,她和爷爷奶奶生活在一起,可是爷爷奶奶识字不多,没法陪她一起阅读,周老师就经常给她讲故事、念儿歌。周老师打电话给妮妮的妈妈说:"妮妮是个可爱的孩子,就是不太爱说话,建议你们经常打电话给她,让她感受到你们的爱。"另外,周老师还经常利用微信和妮妮的妈妈沟通、交流。

周老师觉得自己对幼儿的心理特点了解得还不够,有些问题不能妥善处理,于是还主动

参加培训，专业学习幼儿教育知识。

问题：请结合材料，从教师职业道德的角度评析周老师的教育行为。

【答案与解析】（一）

1. C。体现了李老师团结协作，甘为人梯的精神。《中小学教师职业道德规范》规定，教师应爱岗敬业，忠诚于人民教育事业，志存高远，勤恳敬业，甘为人梯，乐于奉献。

2. C。体现了冯老师在教学中注重沟通策略、尊重家长的作风。《中小学教师职业道德规范》中有相关的明确规定。

3. B。材料中的李老师没能很好地意识到同事间相互学习的重要性，更没能帮助新同事学习有效的教学经验，而是采用带有情绪的话敷衍同事，说明其缺乏团结协作的精神。

4. B。对幼儿所送的礼物，教师应该区别对待，如果是幼儿为了表达自己的心意，送给老师一些自制的小礼物，教师应该欣赏地接受。

5. C。对于在同行测评中得分不高的问题，康老师应该认真反思，从自身寻找原因，不断学习，努力赶超。不能把个人情绪带到工作中去，对待学生应该做到关心、热爱。

【答案与解析】（二）

1. C。制订读书计划是为了不断提升自己的文化素养，树立终身学习的理念。这是符合教师职业道德规范的要求的。

2. A。中华人民共和国公民具有人身自由权，人身自由权意味着任何人不得随意搜查、拘禁、逮捕、关押个人。作为教师更应该尊重学生的人身自由权，无权对学生进行搜查。

3. B。李老师做家访的工作是值得肯定的，但是在家访过程中一定要注意一个原则，就是平等的原则。在家访的过程中应该照顾到每一个学生，不得以家境、成绩、个人偏爱等为条件进行筛选。

4. B。识字学习是小学阶段的任务，幼儿阶段的主要任务是游戏，这是有相关规定的。老师为人师表，尊重家长，应该耐心对家长的质疑做出解答。

5. B。教师职业道德要求老师要关爱学生，对待幼儿要一视同仁，对全体幼儿民主平等。赵老师的做法显然不符合职业规范要求。

6. C。作为老师要关爱幼儿，不能讽刺、挖苦、歧视幼儿或者变相体罚幼儿。所以王老师不能让家长把吵闹的孩子接回家。

7. A。作为老师要关爱幼儿，尊重学生人格，不能歧视幼儿或者变相体罚幼儿。刘老师的做法既保护了幼儿的自尊，同时也鼓励了其他学生。

模块四 文化素养

考纲要求

具备一定的历史、音乐、美术等文化常识。
了解中外文学史上重要的作家及文学作品,尤其是儿童文学作品。
了解中外科技发展史上的代表人物及主要成就,知晓常见的幼儿科普读物。

第一节 历史知识

考点梳理

一、中国历史

(一) 中国古代历史(约170万年前—1840年)

1. 原始社会

原始社会经历了原始人群(约170万年前的元谋人、约80万年前的蓝田人、约70万年前至约20万年前的北京人)和氏族公社(约18 000年前的山顶洞人、约7 000年前的河姆渡文化、约6 000年前的半坡文化处于母系氏族公社,约5 000年前的大汶口文化中晚期处于父系氏族公社)两个时期。从社会生产力发展水平看,原始社会经历了旧石器时代(从元谋人到山顶洞人)和新石器时代(从河姆渡文化和半坡文化开始进入新石器时代)两个阶段。元谋人、北京人知道用火,山顶洞人会人工取火。半坡人与河姆渡人分别发明了种植粟和水稻的技术。

2. 奴隶社会的夏、商、西周

约公元前2070年,忘我治水"三过家门而不入"的禹建立了我国历史上第一个奴隶制国家夏。禹死后,他的儿子启继承王位,王位世袭制取代了原始社会后期的禅让制。约公元前

1600年，商部落首领汤推翻了夏桀的统治，建立商朝。商王盘庚迁都殷，所以商朝又叫殷朝。公元前1046年，周武王继承其父文王灭商遗志，在牧野击败商纣王，定都镐京，史称西周。

3. 春秋五霸与战国七雄

公元前770年，周平王迁都洛邑（今洛阳），中国历史进入东周时期。该时期划分为春秋（前770—前476年）和战国（前475—前221年）两个阶段。春秋时期出现的霸主主要有齐桓公、宋襄公，晋文公、秦穆公、楚庄王，史称“春秋五霸”。经过多年纷争，到战国时期，出现了七个实力最强的诸侯国——齐、楚、燕、韩、赵、魏、秦，被称作“战国七雄”。

4. 商鞅变法

公元前356年，秦孝公任用商鞅主持变法。变法内容有：废井田，开阡陌；重农抑商，奖励耕织；统一度量衡；建立军功爵制；改革户籍制度，实行连坐法；建立县制；定秦律，“燔诗书而明法令”。经过变法，秦国成为战国后期最强大的诸侯国，为统一六国奠定了基础。

5. 百家争鸣

春秋战国时代，社会急剧变化，许多问题亟待解决，产生了各种思想流派，如儒、法、道、墨等，他们著书讲学，互相论战，出现了学术上的繁荣景象，后世称为“百家争鸣”。在中国古代历史上，春秋战国时期是思想和文化最为辉煌灿烂、群星闪烁的时代。

6. 秦统一六国

秦灭六国之战，既是战国末期最后一场诸侯兼并战争，又是中国历史上最早的一场封建统一战争。秦灭六国的顺序为韩、赵、魏、楚、燕、齐。秦王嬴政于公元前221年建立秦朝，定都咸阳。秦始皇建立皇帝制度，“天下之事无小大，皆决于上”；在中央设立三公九卿制，在地方实行郡县制；制《秦律》，严刑峻法；统一货币、度量衡；车同轨，书同文；焚书坑儒，加强思想统治。

7. 修筑长城

秦统一前，许多诸侯国，如齐、魏、赵、燕、秦等都修建了自己的长城。秦统一后，蒙恬率军北击匈奴，并受秦始皇派遣主持修筑长城，把秦、燕、赵等国北部的长城连接起来，并加以增筑、扩建，筑成西起临洮（今甘肃岷县）东到辽东（今辽宁境内）的秦长城，有力地遏制了匈奴的袭扰。

8. 陈胜吴广起义

公元前209年，陈胜吴广率众起义，举起中国历史上第一次大规模农民战争的旗帜。在秦二世的反扑下，陈胜吴广起义失败，但全国各地的反秦斗争仍在继续。

9. 楚汉战争

楚汉之争发生在公元前206年至公元前202年，是西楚霸王项羽和汉王刘邦两大集团为争夺政权而进行的一场大规模战争。最终，项羽败亡，刘邦建立汉朝，定都长安，史称“西汉”，刘邦为汉高祖。

10. 文景之治

西汉文帝、景帝两代，推行轻徭薄赋，实行休养生息政策，政治稳定，经济发展，被视为封建社会的“盛世”，史称“文景之治”。

11. 罢黜百家，独尊儒术

“罢黜百家，独尊儒术”是董仲舒于公元前134年提出，汉武帝开始推行的统治政策。从此，儒家思想成为两千多年来中国传统文化的正统和主流思想。

12. 丝绸之路

丝绸之路，简称“丝路”，一般指陆上丝绸之路。汉武帝派张骞出使西域，开辟以首都长安（今西安）为起点，经甘肃、新疆，到中亚、西亚，并连接地中海各国的陆上通道。它的最初作用是运输中国出产的丝绸。1877年，德国地质地理学家李希霍芬在其著作《中国》一书中，把从公元前114年至公元127年间，中国与中亚、中国与印度间以丝绸贸易为媒介的这条西域交通道路命名为“丝绸之路”。

13. 东汉

25年，刘秀在洛阳称帝，建立东汉，结束多年纷争，随后生产逐步恢复，经济得到发展，史称“光武中兴”。东汉后期，政局动荡，政府对农民剥削加重，引发黄巾大起义，导致东汉政权覆亡。

14. 三国鼎立

东汉末年，地方豪强各霸一方，曹操“挟天子以令诸侯”，实力增强，200年打败袁绍，取得官渡之战的胜利，统一黄河中下游地区。220年，曹操病死，曹丕废掉汉献帝，自称皇帝，改国号为“魏”，定都洛阳。221年，刘备在成都称帝，国号为汉，史称“蜀”。222年，孙权称王，国号“吴”，定都建业。三国鼎立局面形成。

15. 南北朝大分裂

420—589年是南北朝时期。南朝包括四个相继存在的政权：宋、齐、梁、陈。北朝经历了北魏、东魏西魏对峙、北齐北周对峙三个时期。

16. 隋朝

581年，隋文帝杨坚建立隋朝。618年，隋炀帝的暴虐统治被农民起义军推翻，隋朝灭亡。

17. 开皇之治

隋文帝加强中央集权，开创三省六部制。三省分别是尚书省、中书省、门下省，三省下辖六部，管理具体的行政事务。六部分别是吏部、户部、礼部、兵部、刑部、工部。三省六部制成为中国封建王朝的基本制度。隋文帝改革地方官制，分科取士，开设科举制，对以后的王朝影响深远。在隋文帝统治的最初20多年间，政治清明，社会一片繁荣，史称“开皇之治”。

18. 大运河的开凿

隋炀帝将都城从长安迁到洛阳，并下令开凿大运河，贯通了淮河、黄河、长江和钱塘江等水系。隋朝开凿的这条大运河，是世界上规模空前、保留最为古老和完整的大运河之一，促进了南北方的交流。

19. 唐朝

618年，李渊于长安称帝，建立唐朝。唐太宗李世民即位后，知人善任，广开言路，重用魏徵等人；采取一些以农为本的措施；完善科举制度；实行开明的民族政策。社会呈现出相对稳定繁荣的局面，史称“贞观之治”。唐高宗开创“永徽之治”。690 年，武则天以周代唐，定都洛阳，史称“武周”。705 年唐中宗恢复唐朝国号。唐玄宗李隆基统治前期，政治清明，政局稳定，经济发展；改革吏治，完善科举制度，提高官吏整体素质；提倡文教，使天下大治。唐朝进入全盛时期，成为当时世界上最强盛的国家，被誉为“开元盛世”。安史之乱是唐朝由盛而衰的转折点。唐朝中后期经唐宪宗“元和中兴”、唐武宗“会昌中兴”、唐宣宗“大中之治”，国势复振。878 年黄巢起义破坏了唐朝统治根基，907 年，朱温篡唐，唐朝覆亡，中国进入五代十国时期。

20. 鉴真东渡

唐玄宗时，高僧鉴真曾六次前往东瀛传播佛教，传播博大精深的中国文化，促进了日本佛学、医学、建筑和雕塑水平的提高，促进了中日文化的交流与发展。

21. 玄奘西游

玄奘万里迢迢去天竺寻求佛法，搜集到大量的佛教典籍，进行翻译和讲说，同时撰写了《大唐西域记》，他是研究中国传统佛教成就最大的学者之一，又是继承印度正统佛教学说的集大成者。玄奘西游深远地影响了东亚文化，也为东亚文化能在世界文化中发挥积极作用打下了基础。

22. 五代十国

907 年，节度使朱全忠废唐哀帝，建都开封，国号梁，史称“后梁”。后梁与之后相继出现的后唐、后晋、后汉、后周共称为“五代”。在南方和河东地区，先后存在过 10 个割据政权，史称“十国”。五代十国时期为我国历史上又一个分裂时期。

23. 两宋

960 年，后周赵匡胤发动陈桥兵变，黄袍加身，建立宋朝，定都东京，史称“北宋”，赵匡胤即宋太祖。1127 年，靖康之耻后北宋灭亡。同年康王赵构于南京应天府即位，建立了南宋。1276 年，元朝攻占临安，1279 年，南宋灭亡。

24. 元、明、清朝

元朝是中国历史上首次由少数民族（蒙古族）建立的大一统王朝。

1206 年，成吉思汗铁木真统一漠北建立蒙古帝国后开始对外扩张。

1260 年，忽必烈即汗位。

1271 年，忽必烈改国号为“大元”，次年迁都燕京，称“大都”。元朝开中国行省制度之先河。

1368 年，明太祖朱元璋在应天府称帝，年号“洪武”，建立明朝。明朝是中国历史上最后一个由汉族建立的大一统王朝。明成祖朱棣迁都顺天府。明朝开创了“洪武之治”“永乐盛世”“仁宣之治”“弘治中兴”等盛世。

清朝是中国历史上最后一个封建王朝，也是中国历史上第二个由少数民族（满族）建立并统治全国的封建王朝。1616 年，努尔哈赤建立后金，1636 年，皇太极在沈阳改国号为“大清”。

1644 年，李自成攻克北京后，远在山海关的总兵吴三桂以为明帝报仇为名引清军入关。

清康熙、雍正、乾隆三代皇帝统治的时期,大清帝国达到了鼎盛阶段,史称“康乾盛世”。

1840 年,鸦片战争爆发,中国近代史开始。

1911 年,辛亥革命成功,清朝灭亡。

25. 郑成功收复台湾

1661 年,南明将领郑成功进军台湾,于 1662 年打败荷兰殖民者,收复了沦陷 38 年的台湾。

26. 郑和下西洋

明朝初年的郑和下西洋,是中国古代规模最大、船只最多、海员最多、时间最久的海上航行,比欧洲国家航海时间早半个多世纪,是明朝强盛的直接体现。郑和堪称是“大航海时代”的先驱,是唯一的东方人,更比马汉早 500 年提出海权论。

(二) 中国近代历史(1840—1949 年)

1. 第一次鸦片战争

1840 年至 1842 年,英国政府以 1839 年林则徐虎门销烟为借口发动了一场侵华战争,成为中国近代史的开端。清政府被迫与英国签订了中国历史上第一个不平等条约《南京条约》。中国开始向外国割地、赔款、商定关税,严重危害中国主权。鸦片战争是中国逐渐沦为半殖民地半封建社会的转折点。

2. 第二次鸦片战争

1856—1860 年,英、法在俄、美支持下,以亚罗号事件及马神父事件为借口,联手进攻清朝政府的战争。战争迫使清政府先后签订《天津条约》和《北京条约》以及中俄《瑷珲条约》等不平等条约,列强侵略加深。

3. 洋务运动

又称“自强运动”,是第二次鸦片战争后,清政府洋务派官员以”师夷长技以制夷”为口号,以“自强”“求富”为目的,以“中学为体,西学为用”为理论基础展开的变革运动。洋务派以恭亲王奕䜣、李鸿章、曾国藩、左宗棠、张之洞为代表,主张学习列强的工业技术和商业模式,采用官办、官督商办、官商合办等模式发展近代工业,以获得强大的军事装备,增强国力,维护清政府统治。

4. 中日甲午战争

1894—1895 年,日本侵略朝鲜和中国。1894 年 7 月 25 日爆发丰岛海战,8 月 1 日中日双方正式宣战。1895 年 2 月 12 日,日军占领刘公岛,北洋舰队全军覆灭,丁汝昌自杀殉国。清政府签订《马关条约》,大大加深了中国社会半殖民地半封建化的程度。

5. 戊戌变法

也叫“百日维新”,指 1898 年(农历戊戌年)以康有为为首的资产阶改良派通过光绪皇帝所进行的效法西方、改革旧制的资产阶级性质的维新运动,变法运动遭到以慈禧太后为首的守旧派的强烈反对,慈禧太后于 1898 年 9 月 21 日发动戊戌政变,幽禁光绪帝,杀害谭嗣同等变法六君子,戊戌变法失败。

6. **八国联军侵华**

1901年6月，英、德、法、美、日、俄、意、奥八个国家的军队组成联军进犯北京。北京失陷后，八国联军烧杀抢掠，肆意践踏中国主权。《辛丑条约》标志着中国完全沦为半殖民地半封建社会。

7. **辛亥革命**

辛亥革命是指1911年（辛亥年）前后发生的旨在推翻清朝专制帝制、建立共和政体的全国性革命。狭义指的是自1911年武昌起义爆发，至1912年元旦孙中山在南京就职中华民国临时大总统这一段时间中国所发生的革命事件。同盟会是中国第一个资产阶级革命政党，以"驱除鞑虏，恢复中华，建立民国，平均地权"为革命纲领。1912年2月12日清帝退位，宣告清王朝专制统治结束。1915年袁世凯篡位，辛亥革命失败。

8. **新文化运动**

新文化运动是以陈独秀、胡适、鲁迅、李大钊等为核心的受过西方教育的人发起的革新运动。1915年，陈独秀在上海创办《青年杂志》，后改为《新青年》，主要提倡民主与科学，反对专制与迷信。

9. **五四运动**

1919年5月4日，北京3 000多名学生到天安门前集会演讲，后举行游行示威，提出"外争国权，内惩国贼""废除二十一条"等口号。五四运动是具有划时代意义的事件，标志着中国新民主主义革命的开始。

10. **抗日战争**

国际上称作"第二次中日战争""日本侵华战争"。1931年9月18日，日本关东军在中国东北柳条湖炸毁南满铁路，即九·一八事变，中国局部抗战开始；1937年7月7日，日军挑起卢沟桥事变，中日战争全面爆发；1945年8月15日，日本无条件投降，抗日战争共14年。9月1日被定为中国抗日战争胜利纪念日。中国人民抗日战争，是中华民族历史上最伟大的卫国战争，是中国人民反抗日本帝国主义侵略的正义战争，是世界反法西斯战争的重要组成部分，也是中国近代以来抗击外敌入侵第一次取得完全胜利的民族解放战争。

11. **南京大屠杀**

1937年12月13日，南京在一片混乱中被日军占领。日军在南京烧杀抢掠，对手无寸铁的南京民众进行了长达6周惨绝人寰的大规模屠杀。在大屠杀中有30万左右的中国平民和战俘被日军杀害。

12. **遵义会议**

1935年1月15—17日，中国共产党在遵义召开政治局扩大会议，遵义会议在事实上确定了以毛泽东为核心的党中央的正确领导，是中国共产党历史上一个生死攸关的转折点。

13. **西安事变**

1936年12月12日，国民党爱国将领张学良、杨虎城在西安扣留蒋介石，迫使他停止内战，联共抗日。在中共及各方共同努力下，事件和平解决，为国共第二次合作和抗日民族统一战线的形成奠定了基础。

14. **解放战争**

1945年，国共双方在重庆谈判，于10月10日签署《政府与中共代表会谈纪要》，即《双十协定》。1946年6月，蒋介石撕毁《双十协定》，全面内战爆发。1948年冬，中国人民解放军发动战略决战。历经辽沈、淮海、平津三大战役后，国民党军队节节败退。1949年4月，中国人民解放军展开渡江战役，突破长江防线，向全国进军，南京国民政府对全中国的统治宣告终结。

（三）中国现代历史（1949年至今）

1. **开国大典**

1949年10月1日，北京30万军民聚集在天安门广场上举行开国盛典。毛泽东亲自升起第一面象征着胜利和尊严的五星红旗，宣读了《中华人民共和国中央人民政府成立公告》，向全世界庄严宣告中华人民共和国中央人民政府的成立。

2. **抗美援朝**

指20世纪50年代初，为援助朝鲜、保家卫国，中国人民志愿军出兵朝鲜，与以美国为首的“联合国军”发生的战争。1953年7月，中朝与以美国为首的联合国军签订《朝鲜停战协定》。

3. **“文化大革命”**

全称“无产阶级文化大革命”，指1966年至1976年的一场由领导者错误发动，被反革命集团利用，给党、国家和各族人民带来严重灾难的内乱。

4. **十一届三中全会**

1978年12月，中国共产党十一届三中全会在北京举行，从根本上冲破了长期“左”倾错误的束缚，重新确立了解放思想、实事求是的思想路线，做出把党和国家的工作重心转移到经济建设上来，实行改革开放的伟大决策，实际形成了以邓小平为核心的党中央领导集体。十一届三中全会是新中国成立以来党的历史上具有深远意义的转折，从此中国进入社会主义现代化建设的新时期。

5. **改革开放的全面展开**

1982年9月1日，中国共产党第十二次全国代表大会在北京召开。十二大确立建设有中国特色的社会主义指导思想，改革开放全面展开。深圳、珠海、汕头、厦门、海南经济特区的设置，标志中国改革开放进一步发展。

6. **香港、澳门回归**

1997年7月1日，香港回归；1999年12月20日，澳门回归。

7. **2008年北京奥运会**

2008年北京奥运会（即第29届夏季奥林匹克运动会），于2008年8月8日到8月24日在中华人民共和国首都北京举办。

8. **一带一路**

“一带一路”是“丝绸之路经济带”和“21世纪海上丝绸之路”的简称。它依靠中国与有关国家既有的双多边机制，借助既有的行之有效的区域合作平台，借用古代丝绸之路的历史符号，高举和平发展的旗帜，积极发展与沿线国家的经济合作伙伴关系，共同打造政治互信、经济融合、文化包容的利益共同体、命运共同体和责任共同体。

二、世界历史

1. 四大文明古国

分别是古埃及、古巴比伦、古印度和中国。尼罗河流域孕育了古埃及文明，表现在：象形文字，十进位制的计算方法，制定世界上最早的太阳历。印度河、恒河孕育了古印度文明，表现在：《罗摩衍那》和《摩诃婆罗多》两部著名史诗，建筑和雕刻艺术发达。幼发拉底河、底格里斯河孕育了古巴比伦文明，表现在：楔形文字，制定《汉穆拉比法典》，用肉眼观察月食等。长江、黄河孕育了华夏文明，表现在：火药、指南针、印刷术和造纸术四大发明。

2. 文艺复兴

文艺复兴是14—17世纪资产阶级在思想文化领域领导的反封建文化运动。文艺复兴始于意大利佛罗伦萨，后扩展至欧洲各国。人文主义思想是这一时期社会思潮的核心思想。文艺复兴的主要代表人物有意大利的但丁、达·芬奇，英国的莎士比亚等。文艺复兴推动了欧洲文化思想领域的繁荣，为欧洲资本主义社会的产生奠定了思想文化基础。

3. 百年战争

百年战争是指英国和法国以及后来加入的勃艮第，于1337—1453年进行的长达116年的战争，是世界上最长的战争。法国在这场战争中取得了最终胜利，为其日后在欧洲大陆的扩张打下了基础。圣女贞德被法国人视为民族英雄。

4. 英国资产阶级革命

从1640年查理一世召开新议会的事件开始到1688年议会反对派发动宫廷政变(又称光荣革命)结束，以新贵族阶级为代表推翻封建专制统治建立起英国资本主义制度的社会革命。推翻了封建统治，并在1689年颁布文献《权利法案》，以法律形式对王权进行明确制约，确立了议会君主立宪制，为英国发展资本主义扫清了道路。

5. 美国独立战争

1773年的“波士顿倾茶事件”是这场战争的导火线，1775年波士顿人民在美国莱克星顿与英军交战打响独立战争第一枪，到1783年英军在法国签订《巴黎和约》投降结束。独立战争的胜利使美国摆脱了英国的殖民统治，实现了国家独立，为该国资本主义的发展扫除了障碍，并为拉丁美洲各国人民的民族独立运动树立了榜样。1776年7月4日，《独立宣言》的颁布宣告美利坚合众国诞生。

6. 启蒙运动

这是17、18世纪欧洲资产阶级的一场反封建、反教会的思想文化运动，也是文艺复兴之后欧洲发生的又一次思想解放运动，启蒙运动起源于英国，在法国形成高潮。代表人物有英国的霍布斯、洛克，法国的伏尔泰、孟德斯鸠、卢梭、狄德罗，德国的康德等。他们宣传了自由、平等、民主和法治的思想，启发并培养了一代革命者，对后来的欧美和亚洲的资产阶级革命产生了极大的影响。

7. 法国资产阶级革命

1789 年 7 月 14 日，巴黎人民攻占象征法国封建专制王朝统治的巴士底狱，推翻了君主政权。8 月颁布的《人权宣言》是革命的纲领性文件。法国资产阶级革命是资产阶级革命时代最伟大、最彻底的一次革命。7 月 14 日被定为法国国庆日。

8. 二月革命

1848 年，法国爆发的“二月革命”，是法国推翻七月王朝、建立法兰西第二共和国的资产阶级革命。二月革命推翻了阻碍资本主义进一步发展和损害工商业资产阶利益的贵族的统治，建立了资产阶级民主共和国，确立起资产阶级的全面统治，为资本主义在法国的进一步发展扫清了道路，二月革命是法国大革命的继续。

9. 南北战争

南北战争，又称“美国内战”，是美国历史上一场大规模的内战，参战双方为美利坚合众国（简称“联邦”）和美利坚联盟国（简称“邦联”）。1860 年，主张废除奴隶制的共和党人林肯当选总统。1861 年，南方一些州宣布建立南部同盟，公开分裂国家。接着，南方军队挑起战争，美国内战爆发，史称“南北战争”。1862 年，林肯政府颁布了《解放黑人奴隶宣言》，规定从 1863 年 1 月 1 日起，叛乱诸州的黑人奴隶将获得自由，并可参加联邦部队。1865 年，南方军队投降，美国内战结束。这场战争是美国历史上第二次资产阶级革命，废除了奴隶制度，维护了国家统一，为美国资本主义发展铺平了道路。

10. 明治维新

明治维新，是指 19 世纪 60 年代末日本在受到西方资本主义工业文明冲击下所进行的、由上而下、具有资本主义性质的全盘西化与现代化的改革运动。这次改革始于 1868 年明治天皇推翻德川幕府，建立新政府，日本政府进行近代化政治改革，建立君主立宪政体。这次改革使日本走上资本主义道路，成为近代亚洲强国，但也保留了大量封建制残余，改革后的日本迅速走上军国主义扩张道路。

11. 第一、二、三、四次工业革命

第一次工业革命是指 18 世纪 60 年代从英国发起的技术革命，它开创了以机器代替手工劳动的时代，以蒸汽机作为动力机被广泛使用为标志。这四次工业革命最终确立了资产阶级对世界的统治地位，率先完成了工业革命的英国，很快成为世界霸主。代表性事件有：机械师凯伊发明了“飞梭”；织工哈格里夫斯发明了“珍妮纺织机”；瓦特制成改良型蒸汽机；美国人富尔顿制成的以蒸汽为动力的汽船试航成功；英国人史蒂芬孙发明了“蒸汽机车”；等等。

19 世纪 60 年代后期，以电能的突破、应用以及内燃机的出现为标志，人类进入了“电气时代”，开始了第二次工业革命。以电器的广泛应用最为显著，电器开始代替机器，代表事件有：德国人西门子制成发电机；意大利人马可尼试验无线电报成功；美国人贝尔发明了电话；等等。

从20世纪40—50年代开始的新科学技术革命，被称为"第三次科技革命"。它以原子能、电子计算机、空间技术和生物工程的发明和应用为主要标志，是人类文明史上继蒸汽技术革命和电力技术革命之后科技领域的又一次重大飞跃。

进入21世纪，人类面临空前的全球能源与资源危机、全球生态与环境危机、全球气候变化危机的多重挑战，由此引发了第四次工业革命——绿色工业革命，一系列生产函数发生从以自然要素投入为特征向以绿色要素投入为特征的跃迁，并普及整个社会。它的实质和特征，就是大幅度地提高资源生产率，大幅度地降低污染排放，经济增长与不可再生资源脱钩，与二氧化碳等温室气体排放脱钩。

12. 第一次世界大战

第一次世界大战(1914年8月—1918年11月)是一场主要发生在欧洲而又波及全世界的世界大战，是欧洲历史上破坏性最强的战争之一。战争过程主要是同盟国和协约国之间的战斗。德国、奥匈帝国、意大利(后加入协约国)等属同盟国阵营，而英国、法国、俄国等属协约国阵营。1914年6月28日，奥匈帝国皇储费迪南大公夫妇在萨拉热窝视察时，被塞尔维亚青年加夫里若·普林西普枪杀，该事件成为第一次世界大战的导火索。中国于1917年8月14日对同盟国宣战。1918年11月，德国投降，第一次世界大战以协约国的胜利而告终，这次大战摧毁了沙皇俄国、德意志帝国、奥匈帝国、奥斯曼土耳其帝国等四大帝国，推动了资本主义国家的无产阶级革命运动和亚非拉民族解放运动的蓬勃发展，推动了科学技术的发展和世界整体化进程。

13. 十月革命

1917年3月(俄历2月)，俄国爆发了二月革命，推翻了沙皇专制统治，出现了资产阶级临时政府和以工人士兵为代表的苏维埃两个政权并存的局面。1917年11月7日(俄历10月25日)，以列宁为代表的布尔什维克党领导工人士兵发动彼得格勒武装起义，推翻了资产阶级临时政府，成立了世界上第一个苏维埃政府，十月革命建立了世界上第一个无产阶级专政的社会主义国家。

14. 非暴力不合作运动

非暴力不合作运动是由圣雄甘地领导的、印度人民反抗英国殖民统治的一场影响深远的运动，其特点就是非暴力和不合作。在这场运动中印度国民大会党逐渐成为领导者，并于1947年开始了在印度的长期统治。这场运动一方面用"不合作"形式动员人民群众反抗英国殖民统治，使斗争具有空前广泛的群众性，沉重打击了英国殖民统治；另一方面，又以"非暴力"原则阻止人民群众用暴力推翻现行社会制度，阻碍民族解放运动的进一步发展，充分反映了甘地所代表的印度资产阶级的两面性。

15. 第二次世界大战

1939年9月，德国突然进攻波兰，英法对德国宣战，第二次世界大战(简称"二战")全面爆发。这次大战中的国际会议有：开罗会议、德黑兰会议、雅尔塔会议、波茨坦会议。1943年11月，"中华民国"、英国、美国三国首脑在埃及开罗召开会议，发表《开罗宣言》，明确宣告：战争结束后，日本必须将中国的东北三省、台湾和澎湖列岛归还给中国，使朝鲜独立。重大事件有:莫斯科保卫战粉碎了德军不可战胜的神话;斯大林格勒战役是第二次世界大战的重要转折点;诺曼底登陆加速了德国法西斯的灭亡;1945 年 4 月,攻克柏林,希特勒自杀身亡;1945 年 5 月 8 日德国宣布无条件投降;8 月 15 日日本宣布无条件投降,二战结束。这场反法西斯战争,是人类历史上迄今为止规模最大的一次战争。

16. 珍珠港事件

随着日本从 1941 年开始向东南亚扩展,美国冻结了对日本的经济贸易,给日本以沉重打击。1941 年 12 月 7 日早晨,日本海军的飞机轰炸了珍珠港瓦胡岛上的美军机场和珍珠港内停泊的舰艇,包括战列舰,太平洋战争由此爆发。美国参战,二战达到最大规模。这个事件也被称为“日本偷袭珍珠港”。

17. 联合国成立

联合国是一个由主权国家组成的国际组织。1945 年 10 月 24 日,在美国旧金山签订生效的《联合国宪章》标志着联合国正式成立。联合国致力于促进各国在国际法、国际安全、经济发展、社会进步、人权以及实现世界和平方面的合作,联合国总部设在美国纽约。

18. 冷战

1947—1991 年,以美国为首的西方联盟与以苏联为代表的社会主义国家分歧和冲突严重,但对抗双方都尽力避免导致世界范围的大规模战争爆发,其对抗通常通过科技和军备竞赛、外交竞争等“冷”方式进行,即“相互遏制,却又不诉诸武力”,因此被称为“冷战”。1991 年苏联解体后,长达 40 多年的冷战告终。

19. 苏联解体

指 20 世纪 90 年代初苏联共产党失去执政地位及由 15 个加盟共和国组成的苏维埃社会主义共和国联盟瓦解的事件。苏联解体,俄罗斯联邦成为苏联的唯一继承国 。苏联在海外的一切财产、存款、外交机构、使领馆等由俄罗斯接收。斯大林模式的日益僵化是苏联解体的根本原因,戈尔巴乔夫改革使苏联背离社会主义方向,是苏联解体的直接原因。受到西方和平演变政策的影响,民族矛盾激化,国家分裂势力迅速抬头。

20. 东欧剧变

东欧剧变的实质是东欧各国的政治体制和社会性质发生改变,由社会主义制度转变为资本主义制度。20 世纪 80 年代,东欧各国高度集中的经济管理体制越来越不适应经济发展的要求,导致了严重的社会危机。波兰是第一个发生剧变的国家,接着,除罗马尼亚以外的东欧国家都通过自由选举的和平方式发生了剧变,政治版图发生变化,如民主德国并入联邦德国,南斯拉夫一分为五,捷克斯洛伐克一分为二。这个事件以苏联解体告终,一般被认为标志着冷战的结束。

21. 伊拉克战争

又称“美伊战争”,是美国因伊拉克疑似拥有大规模杀伤性武器而发动的全面战争,从美军于 2003 年 3 月入侵到 2010 年 8 月撤出伊拉克,历时 7 年零 5 个月,伊拉克战争深刻影响了中东局势。

22. 欧盟

欧洲联盟，简称“欧盟”，总部设在比利时首都布鲁塞尔，是由欧洲共同体发展而来的，创始成员国有6个：德国、法国、意大利、荷兰、比利时和卢森堡。该联盟现拥有28个会员国，正式官方语言有24种。1991年12月，欧洲共同体马斯特里赫特首脑会议通过《欧洲联盟条约》，通称《马斯特里赫特条约》，于1993年11月1日正式生效，欧盟正式诞生，是一个具有政治和经济双重性质的区域经济集团组织。

23. 世界贸易组织

1995年1月1日，世界贸易组织成立。该组织负责管理世界经济和贸易秩序，总部设在瑞士日内瓦莱蒙湖畔。其基本原则是通过实施市场开放、非歧视和公平贸易等原则，来实现世界贸易自由化的目标，是具有法人地位的国际组织，在调解成员争端方面具有更高的权威性。它的前身是1947年订立的关税及贸易总协定。1996年1月1日，它正式取代关贸总协定临时机构。与关贸总协定相比，世界贸易组织涵盖货物贸易、服务贸易以及知识产权贸易，而关贸总协定只适用于商品货物贸易。自2001年12月11日开始，中国正式加入世界贸易组织，标志着中国的对外开放进入了一个全新的阶段。

真题解读

1. 第一次世界大战的起始时间是(　　)。

A. 1840年　　B. 1914年　　C. 1937年　　D. 1945年

【答案与解析】B。1914年6月28日，奥匈帝国皇储费迪南大公夫妇在萨拉热窝视察时被塞尔维亚青年加夫里若·普林西普枪杀，成为第一次世界大战的导火线。

2. 下列选项中，被后世尊为我国农耕和医药始祖的是(　　)。

A. 神农氏　　B. 伏羲氏　　C. 燧人氏　　D. 有巢氏

【答案与解析】A。炎帝，是中国上古时期姜姓部落的首领尊称，号“神农氏”，相传炎帝牛首人身，他亲尝百草，发展用草药治病；他发明刀耕火种创造了两种翻土农具，教民垦荒种植粮食作物；他还领导部落人民制造出了饮食用的陶器和炊具。

3. “鸿雁传书”这一典故源自(　　)。

A. 文姬归汉　　B. 霸王别姬　　C. 苏武牧羊　　D. 楚汉相争

【答案与解析】C。据《史记》记载，汉武帝时，使臣苏武被匈奴拘留，并押在北海苦寒地带多年。后来，汉朝派使者要求匈奴释放苏武，匈奴单于谎称苏武已死。这时有人暗地告诉汉使事情的真相，并给他出主意，让他对匈奴说：汉皇在上林苑射下一只大雁，这只雁足上系着苏武的帛书，证明他确实未死，只是受困。这样，匈奴单于再也无法谎称苏武已死，只得把他放回汉朝。从此，“鸿雁传书”的故事便流传成为千古佳话。而鸿雁，也就成了信差的美称。

4. 文成公主入藏和亲嫁给松赞干布，这一历史事件发生的朝代是(　　)。

A. 汉朝　　B. 晋朝　　C. 唐朝　　D. 宋朝

【答案与解析】C。文成公主,原是唐朝宗室之女,贞观十四年(640 年),唐太宗封其为文成公主,贞观十五年(641 年)文成公主远嫁吐蕃,成为松赞干布的王后。

5.《三字经》中"融四岁,能让梨"的"融"指的是(　　)。

A. 孔融　　B. 马融　　C. 符融　　D. 祝融

【答案与解析】A。这是中国古代东汉末文学家孔融的真实故事,教育人们凡事应该遵守公序良俗。

6. 中国历史上第一个统一的多民族中央集权国家的都城是(　　)。

A. 河南安阳　　B. 河南洛阳　　C. 陕西咸阳　　D. 陕西西安

【答案与解析】C。公元前 221 年,秦王嬴政统一六国,建立中央集权的大一统王朝——秦朝,定都咸阳。

7. 2014 年 12 月 13 日我国首个国家公祭日,与这一祭日直接相关的惨案发生的时间地点是(　　)。

A. 1931 年沈阳　　B. 1937 年南京　　C. 1937 年北京　　D. 1938 年武汉

【答案与解析】B。南京大屠杀死难者国家公祭日是中国政府设立的首个国家公祭日,目的是以国家公祭的方式祭奠在南京大屠杀中被屠杀的 30 万生灵。

8. 下面的对联所描述的历史人物是(　　)。

"两表酬三顾,一对足千秋"

A. 辛弃疾　　B. 诸葛亮　　C. 李白　　D. 陶潜

【答案与解析】B。"两表"指诸葛亮的两篇《出师表》,"三顾"指刘备三顾茅庐。"一对"指诸葛亮与刘备在隆中茅庐中大谈天下形势,诸葛亮做"隆中对"。

9. 公元前一千多年,以海上贸易著称的是(　　)

A. 巴比伦人　　B. 古罗马人　　C. 腓尼基人　　D. 古希腊人

【答案与解析】C。腓尼基人是古代最著名的航海家和商人,在全盛时期曾控制西地中海的贸易。

10. 古代社会中,对国王的称谓有很多,下列选项中,把国王尊称为"法老"的是(　　)。

A. 古希腊　　B. 古罗马　　C. 古印度　　D. 古埃及

【答案与解析】D。法老是古埃及国王的尊称,也是一个神秘的名字,它是埃及语的希伯来文音译,意为"大房屋"。

11. 中国古代四大发明指南针、造纸术、印刷术和火药,是中国古代文明的标志性成就,深刻影响了中国和世界文明的进程。下列选项中,把这些发明传播到西方的是(　　)。

A. 来华的留学生　　B. 西方船舶冒险家

C. 阿拉伯商人　　D. 派赴西方使者

【答案与解析】C。阿拉伯人,他们通过经商,往来欧亚之间,将中国的四大发明传播到西方。

12. 自从 1927 年发现"北京猿人"化石后,我国又发现多处原始人类的遗迹,并为这些原始人类命名。北京周口店龙骨山遗址的原始人,考古学上称其是(　　)。

A. 山顶洞人　　B. 元谋猿人　　C. 巫山猿人　　D. 蓝田猿人

【答案与解析】A。山顶洞人,中国华北地区旧石器时代晚期的人类化石属晚期智人,因发现于北京市周口店龙骨山北京人遗址顶部的山顶洞而得名。

13.《齐民要术》是关于(　　)的著作。

A. 君主如何统治国家　　B. 农业生产和农事活动

C. 医学　　D. 建筑学

【答案与解析】B。《齐民要术》是北魏时期的杰出农学家贾思勰所著的一部综合性农书,也是世界农学史上最早的专著之一。

14. 下列不属于"三黄"的是(　　)。

A. 黄帝　　B. 炎帝　　C. 帝喾　　D. 伏羲

【答案与解析】C。炎帝号"神农",与黄帝同时代,二者被视为华夏始祖。帝喾是五帝之一。

15. 中国境内最早的人类活动的历史证明是(　　)。

A. 山顶洞人化石的发现　　B. 元谋人化石的发现

C. 北京猿人化石的发现　　D. 石峡遗址的发现

【答案与解析】B。1965 年 5 月,考古学家在云南省发现了距今 170 万年的"元谋猿人"化石,这是中国境内最早的人类活动的历史证明。

备考策略

一、学习指导

(1) 首先要研读《综合素质》(幼儿园)考试大纲,了解本部分考试目标,考试模块与要求,以及试卷结构与题型。

(2) 认真复习,强化记忆知识点。根据考纲,本章以识记为主,理解并掌握中国历史上的重大事件和世界历史上的重大事件。

(3) 分析历年真题,了解考试趋向,做到心中有数。

二、考点预测

(1) 重大事件涉及的时间、地点、人物及事件相关内容。如曾考查第一次世界大战开始时间、秦朝统一的定都地点。

(2) 常识性的历史掌故、典故。如对"鸿雁传书"的考查,对"诸葛亮"的考查,都属于这类情况。

(3) 容易混淆的知识点。如考查了中国境内人类活动化石的相关知识点,对涉及的几次人类化石发现的时间要十分明确,才能准确答题;关于"山顶洞人"的考查,实际上需要对几类猿人进行辨析。

(4) 与当前时事政治密切相关的历史常识。如对我国首个国家公祭日的考查、对我国四大发明的传播者的考查、对海上贸易人群的考查,都有很强的现实性。

(5) 以中国历史为主,中外兼顾。近三年考题中,中国历史占比65%左右。

三、解题要领

本讲对知识点考查的形式主要是单项选择题,答案固定,客观性强。首先,审清题意,明确出题意图,弄清考查的是重大历史事件的哪方面内容。其次,根据题意,分析选项,用"直选法""排除法""比较法"等解题方法,选出最优答案即可。最后,只要强记忆,多练习,善反思,必能取得好成绩。

模拟训练

1. 据《史记·夏本纪》记载,有位治水英雄"劳身焦思,居外十三年,过家门不敢入",终于治平了洪水。他是(　　)。

A. 黄帝　　B. 炎帝　　C. 尧帝　　D. 大禹

2. 汉字是中华文明的重要载体。我国有文字可考的历史始于(　　)。

A. 夏朝　　B. 商朝　　C. 西周　　D. 春秋

3. "罢侯置守,设官分职,不与古同",这种制度始于(　　)。

A. 大禹　　B. 夏启　　C. 西周　　D. 秦国

4. 与"知彼知己,百战不殆"相关的历史人物是(　　)。

A. 韩非子　　B. 孔子　　C. 老子　　D. 孙武

5. 不可能出现在《史记》中的历史人物是(　　)。

A. 项羽　　B. 孔子　　C. 屈原　　D. 周瑜

6. "世界万国中行此法,最早者莫如我,此法实我先民千年前之一大发明也。自此法行,而我国贵族寒门之阶级永消灭;自此法行,我国民不待劝而竞于学。此法之造于我国也,大矣!"这段材料中的"此法"诞生于(　　)。

A. 秦朝　　B. 西汉　　C. 隋朝　　D. 唐朝

7. "丝绸之路经济带"是在古丝绸之路概念基础上形成的一个新的经济发展区域。古丝绸之路的起点是(　　)。

A. 长安　　B. 洛阳　　C. 咸阳　　D. 成都

8. 毛泽东说:唐明皇不会做皇帝,前半辈会做,后半辈不会做。这里的"后半辈不会做"的证据是(　　)。

A. 贞观之治　　B. 开元盛世

C. 安史之乱　　D. 任用姚崇、宋璟做宰相

9. 在中华民族的历史发展进程中,反抗侵略的民族英雄不断涌现,他们捍卫了国家的

主权和尊严，为统一的多民族国家的发展做出了突出的贡献。其中不包括(　　)。

A. 郑成功　　B. 戚继光　　C. 鉴真　　D. 左宗棠

10. 英国学者威尔斯说：(7—9世纪)当西方人的心灵为神学所缠迷而处于蒙昧黑暗之中时，中国人的思想却是开放的、兼收并蓄而好探求的。下列与这一论述不符合的史实是(　　)。

A. 鉴真东渡　　B. 玄奘西行　　C. 遣唐使来华　　D. 张骞出使西域

11. 在中华民族伟大复兴之路上，一代人有一代人的"中国梦"。近代康有为等人为追求他们的"中国梦"而采取的行动是(　　)。

A. 洋务运动　　B. 戊戌变法　　C. 辛亥革命　　D. 新文化运动

12. 南湖红船，13位中华优秀儿女做出了一件开天辟地的大事。这件"开天辟地的大事"是(　　)。

A. 五四运动　　B. 辛亥革命

C. 中国共产党成立　　D. 新中国成立

13. 中国人民为世界反法西斯战争的胜利做出了积极贡献。下列不属于反法西斯侵略的战役是(　　)。

A. 平型关战役　　B. 台儿庄战役

C. 百团大战　　D. 渡江战役

14. 中国人民坚持抗战14年，中国抗日战争开始的标志性历史事件是(　　)。

A. 九·一八事变　　B. 西安事变

C. 七·七事变　　D. 八·一三事变

15. 两岸同胞是血脉相连的骨肉兄弟，两岸是割舍不断的命运共同体，两岸关系和平发展是维护两岸和平、促进共同发展、造福两岸同胞的正确道路。"两岸关系和平发展"的关键是(　　)。

A. 牢记国破山河碎、同胞遭蹂躏的悲惨历史

B. 加强经济密切合作

C. 坚持"一个中国"的原则

D. 传承中华优秀传统文化

16. 19世纪60年代，资产阶级革命风起云涌，这其中通过革命消灭了黑人奴隶制，从而为本国的资本主义迅速发展扫清了道路的是(　　)。

A. 俄国1861年改革　　B. 美国南北战争

C. 日本明治维新　　D. 洋务运动

17. "十月革命"开辟了人类历史发展的新阶段。这里的"新阶段"指的是　　(　　)

A. 推翻了沙皇专制统治　　B. 诞生了世界上第一个社会主义国家

C. 建立了资产阶级临时政府　　D. 实现了苏联的社会主义工业化

18. 意大利政府在2016年5月18日展示了大航海家哥伦布写于1493年的一封信件的原件，里面详述了发现"新大陆"的细节。"新大陆"指(　　)。

A. 非洲　　B. 美洲　　C. 亚洲　　D. 大洋洲

19. 下列不属于阿拉伯人对世界文化做出重要贡献的有(   )。

A. 把中国的造纸术等辗转传入西亚和欧洲

B. 传播了印度人创造的 0 到 9 十个数字的计数法

C. 给中国带来阿拉伯的天文和医学知识

D. 撰写了《马可·波罗游记》

20. 决定成立联合国的国际会议是(   )。

A. 德黑兰会议   B. 雅尔塔会议   C. 慕尼黑会议   D. 开罗会议

【答案与解析】

1. D。大禹治水(鲧禹治水)是中国古代的神话传说故事。

2. B。殷商是目前知道的我国最早有文字记载的朝代。商朝人把文字刻在龟甲和兽骨上,这种文字已经具备了汉字结构的基本形式,是一种比较成熟的文字,我们称其为甲骨文。

3. D。“罢侯置守”就是罢去分封制的“诸侯”,改行郡县制的“郡守”的意思。秦郡县制还规定,郡下设县,县设县令(小县设县长)县尉、县丞等官。

4. D。语出春秋孙武《孙子兵法·谋攻篇》。意思是说,在军事纷争中,既了解敌人,又了解自己,百战都不会有危险。

5. D。周瑜生活在三国时期,《史记》记录历史至汉武帝初年。

6. C。“此法”指的是科举制度,科举是我国古代首创的朝廷选拔人才的制度。由于采用分科取士的办法,所以叫作“科举”。科举制从隋朝大业元年(605 年)开始实行。

7. A。汉武帝派张骞出使西域,开通丝绸之路,当时的都城为长安,即为丝绸之路的起点。

8. C。唐玄宗在位前期,开创了唐朝的极盛之世——开元盛世。但是在位后期逐渐怠慢朝政,宠信奸臣,结果导致了后来长达八年的安史之乱,为唐朝中衰埋下了伏笔。贞观之治是唐朝初年唐太宗在位期间形成的清明政治局面。

9. C。鉴真东渡日本,传播大唐文化。其余是:郑成功收复台湾;戚继光抗倭;左宗棠收复新疆。

10. D。张骞是汉武帝时期的人。公元前 139 年,他受命率人前往西域,寻找并联络曾被匈奴赶跑的大月氏,合力进击匈奴。时间不符。

11. B。康有为是戊戌变法的领袖人物,是中国近代史上第一个伟大的资产阶级启蒙思想家、改革家。

12. C。1921 年 7 月 23 日,中国共产党第一次全国代表大会在上海举行,后来会议被迫转到了浙江嘉兴南湖的一艘游船上举行。党的一大宣告了中国共产党的正式成立。

13. D。渡江战役,中国人民解放军强渡长江的战役。

14. A。九·一八事变标志着中国局部抗战开始;西安事变和平解决,促进了国共合作抗战局面的出现;七·七事变,揭开了中华全民族抗战的序幕;八·一三事变,是抗日战争初期日本进攻上海。

15. C。坚持“一个中国”的原则是解决一切有关两岸关系问题的前提和基础。

16. B。俄国1861年改革，是以废除农奴制为内容的资产阶级性质的改革，农奴制改革以后，俄国进入了资本主义阶段；日本通过明治维新，摆脱沦为半殖民地的危机，走上资本主义道路；洋务运动是19世纪60到90年代晚清洋务派所进行的一场引进西方军事装备、机器生产和科学技术以维护清朝统治的自救运动。

17. B。十月革命是人类历史上第一次胜利的社会主义革命，建立了第一个无产阶级领导的社会主义国家，开辟了人类探索社会主义道路的新时代。

18. B。1492年到1502年间，哥伦布在西班牙国王支持下，先后4次出海远航，开辟了横渡大西洋到美洲的航路，他在帕里亚湾南岸首次登上美洲大陆，成为名垂青史的航海家。

19. D。《马可·波罗游记》是13世纪威尼斯商人马可·波罗记述自己航行地中海、游历欧亚大陆和中国的长篇游记。马可·波罗是第一个游历中国及亚洲各国的意大利旅行家。

20. B。1945年，英、法、美三国首脑在雅尔塔召开会议，会议确定了对德国军事占领，彻底打败法西斯主义和军国主义，决定战后成立联合国等决议。

第二节　艺术常识（美术类）

考点梳理

一、绘画

（一）中国

顾恺之，字长康，晋陵无锡（今江苏无锡）人。擅画人像、佛像、禽兽、山水等，有“才绝、画绝、痴绝”之称。与陆探微、张僧繇并称“画界三杰”。其绘画的传世摹本有《女史箴图》卷、《洛神赋图》卷、《列女仁智图》卷等几种，以《洛神赋图》数量最多。

张僧繇，南朝吴中（今苏州）人。长于写真，并擅画佛像、龙、鹰，多作卷轴画和壁画。成语“画龙点睛”的故事即出自有关他的传说。代表作《五星二十八宿神形图》传世，现已流往日本，但这幅画的用笔和记载并不相同。

唐代画家有阎立本，代表作《步辇图》《历代帝王图》；吴道子，代表作《八十七神仙卷》《天王送子图》；周昉，代表作《簪花仕女图》。

李思训，字建睍，成纪（今甘肃天水）人，唐宗室。擅画青绿山水，笔力遒劲。传他的作品有台北“故宫博物院”收藏的《江帆楼阁图》轴和《明皇幸蜀图》。

边鸾，京兆（今西安）人。擅画禽鸟和折枝花木，亦精蜂蝶。传世作品有《梅花山茶雪雀图》。

梁楷，祖籍东平（今属山东），居钱塘（今杭州）。善画人物、山水、道释、鬼神。传世作品有《秋柳飞鸦图》（故宫博物院藏）、《六祖破经图》《六祖截竹图》（日本国立东京博物馆藏）、《泼墨仙人图》（台北“故宫博物院”藏）等。

张择端，字正道，东武（今属山东）人。故宫博物院所藏《清明上河图》是其传世名作。另外，天津博物馆藏有署名“张择端”的小幅《西湖争标图》，系伪托之作。

“元代四大家”：黄公望、王蒙、倪瓒、吴镇。其中黄公望的《富春山居图》是中国十大传世名画之一。这幅画于清代顺治年间曾遭火焚，断为两段，前半段重新定名为《剩山图》，现藏于浙江省博物馆；后半卷《富春山居图》世称《无用师卷》，现藏台北“故宫博物院”。

钱选，字舜举，号玉潭，吴兴（今浙江湖州）人。传世作品主要有上海博物馆藏《浮玉山居图》卷，故宫博物院藏《山居图》卷、《八花图》卷，天津艺术博物馆藏《花鸟》卷，山东博物馆藏《白莲花图》卷等。

王渊，字若水，号澹轩，钱塘（今杭州）人，善画山水、人物，尤精花鸟竹石。其传世作品主要有故宫博物院藏《山桃锦鸡图》《墨牡丹图》，山西博物院藏《花鸟》轴，上海博物馆藏《花竹禽雀图》轴，台北“故宫博物院”藏《桃竹春禽图》轴等。

沈周，字启南，号石田，长洲（今江苏苏州）人。出身诗画及收藏世家，吴门画派领袖。在明代画家中，沈周的成就可谓最高，其为“明四家”之首，另外三家文徵明、唐寅、仇英都是他的学生。其细笔作品以《庐山高图》为代表，粗笔作品以《京江送别图》为代表。

唐寅，吴县（今江苏苏州）人，字子畏，号伯虎，又号六如居士。唐寅工诗文，尤精书画，自称“江南第一风流才子”，与文徵明、祝允明、徐祯卿并称“吴中四才子”。绘画工于山水、人物、花鸟、楼阁，与沈周、文徵明、仇英共称“明四家”，又称“吴门四家”。代表作有《事茗图》卷、《孟蜀宫妓图》《骑驴归思图》等。

仇英，字实父，号十洲，今江苏太仓人。出身工匠，以职业画家的身份跻身于“明四家”。仇英绘画风格在“明四家”中最富特色，也最多样化。其代表作品有《送别图》等。

程邃，字穆倩，号垢道人、江东布衣、万历遗民、野全道者等，安徽歙县岩镇人。富收藏，能诗文、草书、隶书、八分书、绘画，精金石篆刻。其作品有《山水册》等。

恽寿平，字惟大，号南田，为清初“六大家”之一，与王时敏、王鉴、王翚、王原祁、吴历齐名，合称“四王吴恽”。他不但擅长山水，更以写生花卉蜚声画坛，传世作品较丰，有《秋海棠图》《萱草图》《牡丹图》《秋园卉草图》等。

郑燮，字克柔，号板桥，江苏兴化人。为官清正，性格旷达，有“狂”“怪”之誉，为“扬州八怪”之一。书画皆善，画中以兰竹之作最负盛名。其代表作品有《墨竹图》等。

齐白石，字渭清，号濒生，别号白石山人。湖南湘潭人。擅绘画、篆刻和书法，也工诗词。曾任中央美术学院名誉教授、中国美术家协会主席。20世纪中国画艺术大师，20世纪十大书法家、画家之一，世界文化名人。代表作品有《虾》《蟹》《牡丹》《牵牛花》《蛙声十里出山泉》等。

张大千，名爰，字季爰，号大千，四川内江人。在绘画技法上以泼彩、泼墨相结合的手段，为中国画的用色、用墨开辟了新途径。他是20世纪中国画坛最为传奇的国画大师。代表作有《振衣千仞冈》《来人吴中三隐》《石涛山水》《梅清山水》《巨然茂林叠嶂图》等。

徐悲鸿，江苏宜兴屺亭镇人，现代画家、美术教育家。代表作品有《八骏图》《愚公移山》等。

傅抱石，江西新余人，因喜爱清初石涛的画，自号“抱石斋主人”。新中国成立后任教于南京师范学院美术系，曾任江苏国画院院长、中国美协副主席等职。其作品有《潇潇暮雨》等。

李可染，江苏徐州人。专攻中国画，善山水、花鸟、人物，尤善画牛。其山水画参用西洋画法，被誉为“满、黑、厚、实”的“李家山水”。其作品有《水墨山水图》轴等。

刘海粟，字季芳，号海翁。祖籍安徽凤阳，1896 年 3 月生于江苏常州。早期油画代表作有《夕阳》《河边》《湖光》《塞纳河桥》《林间信步》《北京前门》等。

（二）外国

达・芬奇，全名列奥纳多・迪・皮耶罗・达・芬奇，意大利文艺复兴三杰之一，欧洲文艺复兴时期最杰出的代表。他是一位思想深邃、学识渊博、多才多艺的画家、寓言家、雕塑家、发明家、哲学家、音乐家、医学家、生物学家、地理学家、建筑工程师和军事工程师。他的艺术实践和科学探索精神对后世产生了重大而深远的影响。代表作有《蒙娜莉莎》。

米开朗琪罗，意大利文艺复兴三杰之一。意大利文艺复兴时期的画家、雕塑家、建筑师和诗人，是文艺复兴时期雕塑艺术最具代表性的人物。

拉斐尔，意大利杰出的画家，意大利文艺复兴三杰之一。他的作品博采众家之长，形成了自己独特的风格，代表了当时人们最崇尚的审美趣味，成为后世古典主义者不可企及的典范。其代表作有油画《西斯廷圣母》、壁画《雅典学院》等。

罗丹，法国雕塑家。其深受米开朗琪罗作品的启发，从而确立了现实主义的创作手法。他善于用丰富多样的绘画性手法塑造神态生动、富有力量的艺术形象。另有《艺术论》传世。他是欧洲两千多年来传统雕塑艺术的集大成者和 20 世纪新雕塑艺术的创造者。罗丹和他的两个学生马约尔和布德尔，被誉为欧洲雕刻艺术的“三大支柱”。

莫奈，法国画家，被誉为“印象派领导者”，是印象派代表人物和创始人之一。代表作有《印象・日出》《卢昂的圣母院系列》《睡莲系列》等。

凡・高，荷兰后印象派画家，代表作有《星月夜》《自画像》系列、《向日葵》系列等。

马蒂斯，法国著名画家、雕塑家、版画家，野兽派创始人和代表人物，代表作有《风景》《豪华、宁静、欢乐》《生活的欢乐》《开着的窗户》《戴帽的妇人》等。

毕加索，西班牙人，具有非凡的艺术才能。曾在美术学院接受过比较严格的绘画训练，具有坚实的造型能力。他一生中画法和风格几经变化，分为“蓝色时期”“玫瑰红时期”“黑人时期”“立体主义时期”。主要作品有《亚威农的少女》《坐着的裸女》等。

列宾，19 世纪后期欧洲美术史上的重量级人物，俄国巡回画派的代表画家之一，其影响力延伸到整个 20 世纪。

雷诺阿，著名的印象派大画家。他的绘画在追求光的感觉中，用鲜丽透明的色彩将古典传统和印象派绘画做了最完美的结合。主要作品有《浴女》《红磨坊街的舞会》等。

米勒,19 世纪写实主义杰出的代表画家,伟大的田园画家。

高更,法国后印象派三大巨匠之一,他的作品追求形式的简化和色彩的装饰效果,以此来传达纯粹的感受和心灵的内容。

卢梭,生于法国西北部的拉瓦尔市,是一位自学成才而又卓有成就的伟大画家。他的作品融合了现实与梦想,用纯真无瑕的眼睛去观察世界和感受生活的真谛,这使他的画作具有强烈而鲜明的个性。

柯罗,法国艺术史上最出色的风景画家,与 17 世纪的普桑及克劳德·洛兰同称法国三大风景画家。柯罗的风景画朦胧而富有诗意,无论是早晨清新柔和的光线,还是黄昏时沐浴在夕阳中的湖光山色,以及美丽的梦中桃花源景致都令人向往。

米罗,出生于西班牙巴塞罗那,早期艺术受塞尚影响极深,在经历了立体派、超现实主义的洗礼后,发展成自己独特的风格。有《荷兰室内》《星座》等系列代表作。

杜菲,20 世纪初现代绘画史开端的野兽主义成员之一,是一位多元化创作的艺术家。

蒙德里安,20 世纪几何抽象艺术大师,是荷兰三大画家之一。1917 年创立风格派,发展出他独特的构图理念。他将几何图形作为绘画的基本元素,建立起独树一帜的新造型主义艺术。

丢勒,德国画家、版画家及版面设计家。

埃里希·黑克尔,德国表现主义艺术家,作品强调色彩对比,产生一种粗犷、有力的艺术效果。

卡西米尔·马列维奇,俄国几何抽象画家,至上主义派创始人。

马奈,法国 19 世纪著名画家,印象主义画派的奠基人。

居斯塔夫·莫罗,法国象征主义画家,1826 年生于巴黎,当代艺术史上著名的美术教育家。

二、文字和书法

商朝甲骨文已经是比较成熟的文字,用于王室和贵族的占卜活动。我国已出土甲骨 15 万片,共发现甲骨文 4 500 余字,目前仅破译了 1 500 多字。

西周金文是铸刻在青铜器上的文字。西周晚期的毛公鼎腹内铸有铭文 499 字,是目前已发现的铭文最多的青铜器。

秦朝标准字体是小篆,民间流行更简化的隶书。

隶书是汉朝主要字体。东汉末年书法成为一种艺术,张芝是东汉著名的草书大家,被后人称为"草书之祖"。

曹魏时期钟繇开始把隶书转化为楷书。

东晋"书圣"王羲之,代表作《兰亭序》《黄庭经》等。

初唐三大家:欧阳询、虞世南、褚遂良;盛唐代表人物颜真卿,创立"颜体",代表作有《多宝塔碑》《颜氏家庙碑》《祭侄文稿》等;中晚唐代表人物柳公权,创立"柳体",代表作有《神策军碑》等。

唐代张旭和怀素被誉为“草圣”。

宋代四大家:苏轼、黄庭坚、米芾、蔡襄。

宋徽宗赵佶也是位杰出的书法家,以“瘦金体”著称。

元代赵孟頫与唐朝欧阳询、颜真卿、柳公权并称为“楷书四大家”。

2009 年,中国书法、篆刻艺术双双被联合国教科文组织列入“人类非物质文化遗产代表作名录”。

三、雕塑

商周古蜀国的青铜雕塑,包括太阳神树、青铜大立人像、凸目人面像等,体现了古蜀先民高超的创造力和工艺水平。

秦始皇陵兵马俑,是迄今为止出土的世界上最大的艺术宝库,被誉为世界“第八大奇迹”。

茂陵石雕,西汉霍去病墓之大型石刻群,是中国迄今发现最早、最大、保存最完整的大型石刻群之一。石雕原来主要分布在茂陵陪葬墓霍去病墓墓前及墓四周,共有 16 件。这些石刻题材多样,雕刻手法十分简练,造型雄健遒劲、古拙粗犷,是汉代石雕艺术的杰出代表。

两汉瑰宝:汉阳陵(汉景帝墓)出土上万件举世无双的陶俑,以仕女俑最为著名;甘肃武威出土的东汉铜奔马,又名“马踏飞燕”,是国之重宝。

魏晋南北朝石窟艺术:山西大同云冈石窟、河南洛阳龙门石窟、甘肃天水麦积山石窟。

隋唐甘肃敦煌莫高窟是我国石窟艺术的精华。

北宋重庆大足石刻在佛教造像中加入大量表现民间生活的内容。

四、手工艺

中国古代手工艺技术的成就主要体现在青铜器、瓷器、玉器、纺织品等方面。

1. 青铜器

青铜器在商周时期达到了登峰造极的高度,汉代以后逐渐没落,工艺失传。在河南安阳殷墟、陕西周原、江西、湖南、四川等地出土了大量青铜器国宝。

代表中原文化的青铜国宝:殷墟出土的商代后母戊大方鼎;陕西出土的西周大盂鼎、大克鼎、毛公鼎、何尊(何尊铭文中首次出现“中国”二字);河南新郑郑公大墓出土的莲鹤方壶。

代表楚文化的青铜国宝:湖南宁乡出土的人面纹方鼎(商)和四羊方尊(商);湖北随县战国曾侯乙墓出土的曾侯乙铜编钟、曾侯乙青铜尊盘以及铜冰鉴等;湖北荆州望山楚墓群出土的青铜剑——越王勾践剑。

2. 陶瓷器

中国古代陶器有悠久的历史渊源。有旧石器时代晚期距今 1 万多年的灰陶,有 8 000 多年前的磁山文化的红陶,有7 000多年前的仰韶文化的彩陶,有6 000多年前的大汶口的“蛋壳黑陶”,有4 000多年前的商代白陶,有3 000多年前的西周硬陶,还有秦代的兵马俑、汉代的釉陶、唐代的唐三彩等。到了唐宋时期,瓷器的生产迅猛发展,逐渐取代了陶器的历史地位。

唐代“南青北白唐三彩”:“南青”指越窑的青瓷,“北白”指邢窑的白瓷,“唐三彩”指洛阳出土的彩陶俑。

宋代“五大名窑”:汝窑、官窑、哥窑、钧窑、定窑。

景德镇瓷器:发达于元代,在明代景德镇成为全国制瓷中心。

景德镇四大传统名瓷:青花瓷、粉彩瓷、颜色釉瓷和玲珑瓷。

3. 玉器

玉文化是古代中国独特的传统文化,中国人使用玉的历史有上万年之久。

内蒙古红山文化遗址出土的大型C形玉龙,被称为“中华第一龙”。

距今5 000多年的浙江良渚遗址发掘出土大量玉器,包括玉琮、玉钺等。经科学家勘别,良渚玉器所用玉为新疆和田玉,而在四川三星堆古蜀国遗址发掘出土了良渚玉器,说明在四五千年前中国东西部已经有了经贸交流。

商代玉器与青铜器一样是重要的礼器。河南安阳殷墟商代妇女墓出土了大量精美玉器。

春秋战国时期玉文化形成,玉与礼、德挂钩。《韩非子》中记载了春秋时期和氏璧的故事。

汉代诸侯殡葬身着金缕玉衣。河北的西汉中山靖王墓出土了两套完整的金缕玉衣,金缕玉衣是将多达两千多块的玉片用金丝编缀而成。

宋、辽、金时期玉器中实用装饰玉占重要地位,宋徽宗赵佶嗜玉成瘾,金石学兴起。

4. 纺织品

中国先古传说:嫘祖养蚕冶丝。现存最早的家蚕丝织品出土于具有5 000多年历史的良渚遗址。

西汉马王堆汉墓出土仅49克重的薄如蝉翼的素纱蝉衣。

中国四大名绣:蜀绣、苏绣、湘绣、粤绣。

南京云锦、中国蚕桑丝织技艺于2009年成为联合国教科文组织评选的人类非物质文化遗产。

五、建筑

中国古建筑特点是:木结构建筑为主,在造型上,人字屋顶和飞檐斗拱体现了最典型的东方风格。

1. 古代建筑的杰出典范

皇家建筑:故宫、天坛、颐和园、承德避暑山庄、沈阳故宫。

帝王陵寝:秦始皇陵、兵马俑坑、乾陵(武则天与唐高宗合葬墓)。

明清皇陵:清东陵、清西陵、明十三陵、南京明孝陵。

宗教建筑:嵩山古建筑群、武当山古建筑群、五台山古建筑群、布达拉宫。

防御工事:长城、藏羌碉楼。

2. 民居建筑的典型代表

水墨徽州皖南民居:西递、宏村、棠樾、胡氏宗祠。

小桥流水江南民居:周庄、同里、西塘、乌镇、南浔。

山陕民居:陕西党家村,山西王家大院、乔家大院。

独特的圆形民居:福建土楼。

中西合璧华侨文化代表:开平碉楼。

最为古老的木建筑:唐朝仅存的木结构建筑——五台山古刹佛光寺和南禅寺,年木塔——山西应县木塔(辽代)。

古老的砖石建筑:河北赵州桥、西安大雁塔、大理崇圣寺三塔、开封铁塔。

六、园林艺术

法国凡尔赛宫,面积达 101 公顷,园内小路纵横交错,通往一个个美丽的花坛,安静的角落矗立着古典雕塑并点缀着众多装饰性湖泊,湖面不时泛起涟漪,令游客流连忘返。

新加坡植物园,建于 1859 年,被誉为世界上最美丽的植物园之一,面积达到 52 公顷(128 英亩)。胡姬花国家公园位于植物园的最中央,在这个园内最高处,有 6 万多株五颜六色的胡姬花竞相开放。

美国加州德斯康索花园,一个天堂般的世界,距洛杉矶仅 20 分钟车程,园内植物超过 10 万株,是世界上最大的山茶园之一。德斯康索花园位于圣拉斐尔山之上,连绵 65 公顷。

英属哥伦比亚宝翠花园,这是围垦工程的一个完美典范,其面积达到 22 公顷,内有 700 多种植物,3 月至 10 月开花不断。

意大利埃斯特庄园,世界上最迷人的园林之一,其最吸引人的景观莫过于喷泉。园内一条林荫大道两边建有数百个形状各异的喷泉,其中包括兽首、百合花、小船等。

美国华盛顿敦巴顿橡树园,位于乔治敦北端,是华盛顿风景最美丽的地区之一。置身其中,你会有一种来到默谦特—艾弗瑞影业公司拍摄现场的感觉。

法国埃弗鲁斯·德·罗斯查尔德别墅花园,其最大特色就是数量众多的橄榄树、薰衣草以及石雕。置身园内,游客还可以领略西班牙、日本、意大利等异国情调的小花园,与大自然融为一体。

英国斯托海德风景园,英国最大的皇家花园,从这个意义上说,斯托海德风景园无疑是上流社会“怀旧”风尚的一个典范。

中国苏州网师园,始建于宋朝,是一座居住园林。园内建有大量亭阁、走廊和琴室。网师园内,河畔绿树成荫,竹林曲径通幽,置身其中,游客可享受到最高境界的天人合一。

德国波茨坦无忧宫,一座洛可可式宫殿,是普鲁士腓特烈大帝为自己建造的夏宫。从

"无忧"这个名字我们可以看出,腓特烈大帝希望能够无忧无虑地生活在这里。无忧宫的代表性景观包括罗马皇帝的半身像、装饰性雕像以及一间中式风格的茶室。

真题解读

1. 以画马著称的画家是(　　)。

A. 吴冠中　　B. 黄宾虹　　C. 齐白石　　D. 徐悲鸿

【答案与解析】D。现当代画家中,最擅长画马的是徐悲鸿;齐白石擅长画虾;黄宾虹最擅长画山水画;吴冠中的作品多以江南水乡为题材,画面充满诗意,特别重视点、线、面的结合与搭配。

2. 被称为"书圣"的是(　　)。

A. 张旭　　B. 欧阳询　　C. 王羲之　　D. 颜真卿

【答案与解析】C。

3. 下列选项中,"狮身人面像"所在地是(　　)。

A. 英国　　B. 法国　　C. 埃及　　D. 印度

【答案与解析】C。狮身人面像位于埃及。

4. 下图所示"自叙帖"被誉为"天下第一草书",它的作者是(　　)。

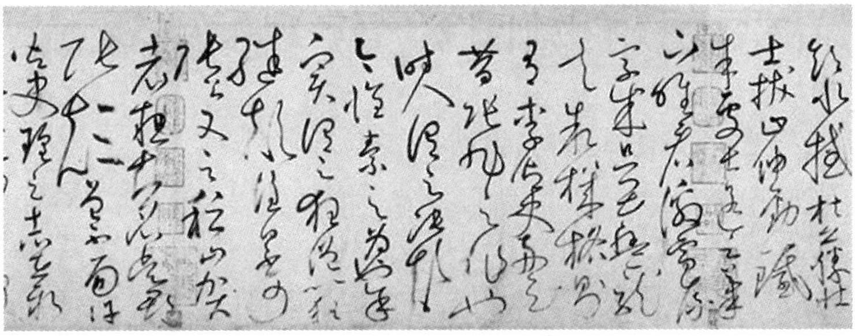

A. 王羲之　　B. 欧阳询

C. 苏轼　　D. 怀素

【答案与解析】D。"天下第一草书"为唐代书法家怀素的《自叙帖》,系中华十大传世名帖之一。

5. 下列关于古代书法的表述正确的是(　　)。

A. 王献之的《兰亭集序》是行书代表作

B. 北宋时期宋徽宗赵佶创立了"瘦金体"

C. "柳骨颜筋"指柳永书法遒健,颜真卿书法端庄

D. 唐朝的张旭和怀素的书法都是以隶书出名

【答案与解析】B。《兰亭集序》是王羲之的作品。"柳骨颜筋"指柳公权和颜真卿。张旭和怀素的书法以草书出名。

6. 右图所示的国家级文物茂陵石雕，其创作的时代是(　　)。

A. 东汉　　B. 战国

C. 西汉　　D. 唐朝

【答案与解析】C。茂陵石雕是西汉霍去病墓之大型石雕群，是中国迄今发现最早、最大、保存最完整的大型石刻群之一，也是汉代石雕艺术的杰作。

7. 被誉为意大利文艺复兴“三杰”的是(　　)。

A. 达·芬奇、米开朗琪罗、拉斐尔　　B. 达·芬奇、泰戈尔、拉斐尔

C. 莎士比亚、达·芬奇、但丁　　D. 米开朗琪罗、拉斐尔、托尔斯泰

【答案与解析】A。意大利文艺复兴时期，艺术成就最高的“三杰”分别为：达·芬奇、米开朗琪罗、拉斐尔。

备考策略

一、学习指导

(1) 首先要研读《综合素质》(幼儿园)考试大纲，了解本部分考试目标、考试模块与要求，以及试卷结构与题型。

(2) 分析历年真题，了解考试趋向，做到心中有数。

(3) 根据考纲，本内容主要以识记为主，重点考查的知识点有绘画、书法、建筑、手工艺、雕塑及园林艺术等方面的内容，特别是中外美术史上一些重要的艺术家及其代表作。

(4) 积极培养对美术常识的复习兴趣，尽可能地拓展自己的艺术视野。

二、考点预测

(1) 中外美术史上的代表艺术家及其主要作品。

(2) 中国书法的发展历史，重点辨析各类书法的代表人物及代表作品。

(3) 将建筑、手工艺、雕塑及园林艺术等方面的内容作为拓展内容进行了解性记忆。

三、解题要领

本讲对知识点考查的形式主要是单项选择题，答案固定，客观性强。首先，审清题意，明白出题意图。其次，根据题意，分析选项，用“直选法”“排除法”“比较法”等解题方法选出最优答案即可。最后，加强记忆、多练习、善反思，必能取得好成绩。

模拟训练

1. 有一幅著名的绘画作品，有人看了这幅画，其感受是“恍然如入汴京，置身流水游龙间，但少尘土扑面耳”。这幅名画的作者是（　　）。

A. 顾恺之　　B. 展子虔　　C. 阎立本　　D. 张择端

2. 西方现代派绘画的主要代表画家——毕加索是（　　）人。

A. 西班牙　　B. 法国　　C. 德国　　D. 意大利

3.《西斯廷圣母》的作者是（　　）。

A. 但丁　　B. 拉斐尔　　C. 达·芬奇　　D. 米开朗琪罗

4. 西方近现代艺术流派纷呈，请找出下列作品中表现技法与其他三幅不同的一幅是（　　）。

A.《向日葵》　　B.《风景》　　C.《星月夜》　　D.《印象·日出》

5. 下列有关书法艺术的表述，正确的是（　　）。

A. 东汉著名书法家张芝被称为“书圣”

B. 唐代书法家颜真卿是楷书四大家之一

C.《真草千字文》是唐代著名书法家怀素的代表作

D. “苏、黄、米、蔡”中的“黄”指黄公望

6. 中国书法史上，有诸多不朽的佳作足以彪炳千秋，其中被称为“天下第一行书”的作品是（　　）。

A. 王羲之《兰亭序》　　B. 米芾《蜀素帖》

C. 苏轼《寒食帖》　　D. 颜真卿《祭侄文稿》

7. 以下不属于我国明朝全国制瓷中心景德镇四大传统名瓷的是（　　）。

A. 青花瓷　　B. 白瓷　　C. 粉彩瓷　　D. 颜色釉瓷

8. 下列不属于中国四大名绣的是（　　）

A. 蜀绣　　B. 东绣　　C. 湘绣　　D. 苏绣

9. 我国的四大石窟不包括（　　）。

A. 敦煌莫高窟　　B. 云冈石窟　　C. 龙门石窟　　D. 大足石窟

10. 以下园林建筑中，不属于皇家园林的是（　　）。

A. 承德避暑山庄　　B. 颐和园　　C. 圆明园　　D. 拙政园

【答案与解析】

1. D。汴京是北宋时期对京城开封的称谓，又从“置身流水游龙间”可以判断这幅画就是著名的《清明上河图》，作者是张择端。顾恺之为东晋画家，展子虔是隋代画家，阎立本是唐代画家。

2. A。毕加索，西班牙画家，代表作有《亚维农的少女》《和平鸽》等。

3. B。拉斐尔是《西斯廷圣母》的作者。

4. B。《风景》为野兽派代表马蒂斯的作品，其他三幅是印象派代表作品，其中《向日葵》《星月夜》为凡·高的作品，《印象·日出》为莫奈的作品。

5. B。A 项张芝被称为“草圣”，被誉为“书圣”的是东晋书法家王羲之。B 项正确，“楷书四大家”指唐朝的欧阳询、颜真卿、柳公权，元朝的赵孟頫。C 项的《真草千字文》是陈、隋间僧人智永的代表作。D 项“苏、黄、米、蔡”即“宋四家”，指的是苏轼、黄庭坚、米芾、蔡襄。

6. A。王羲之的《兰亭序》被公认为天下第一行书。

7. B。景德镇有四大传统名瓷器：青花瓷、粉彩瓷、颜色釉瓷和玲珑瓷。白瓷以邢窑的北白为代表。

8. B。刺绣，是用绣针穿引彩线，按预先设计好的花纹和色彩，在绣料中绣出花卉、山川、鸟兽等图形，刺绣针法的变化，形成不同的运针风格和技艺流派，我国的四大名绣有江苏的苏绣、湖南的湘绣、广东的粤绣和四川的蜀绣。

9. D。四大石窟：敦煌莫高窟（甘肃敦煌），云冈石窟（山西大同），龙门石窟（河南洛阳），麦积山石窟（甘肃天水）。

10. D。拙政园是苏州园林的代表，属于私家园林。承德避暑山庄、颐和园以及圆明园都是清朝皇家园林。

第三节　艺术常识（音乐类）

考点梳理

一、音乐基础理论

幼儿园教师应该了解音乐的起源、发展；音乐的性质、特点和规律；能够结合音乐艺术语言的特点赏析音乐作品，并将其应用于自己的教育教学实践。

音乐是通过有组织的音响塑造艺术形象，表达人们思想感情，反映社会现实生活的艺术。以流动的音响作为物质媒介进行艺术创造，是音乐与其他艺术表现形式的根本区别，这也决定着音乐艺术的听觉性、时间性与非语义性特征。

音乐将蕴含着一定生活内容、思想情感的活跃、流动、组织有序的音响作用于人的听觉，而引起人们的各种情绪反应和情感体验。音乐艺术受时代、地域与民族的影响，有各种不同的风格形式。

音乐的基本要素有旋律、速度、音色、和声、复调等。

音乐按表现形式可以分为声乐与器乐两大类；按体裁可以分为独唱曲、合唱曲、协奏曲、交响曲以及丝竹、吹打、说唱音乐等。音乐常同诗歌、戏剧、舞蹈、摄影等结合而成为歌剧、戏曲、舞剧、电影等综合艺术。

音乐的功能大体可分为四种,即认识、教育、审美和实用功能。

音乐的认识功能:音乐是通过音响的运动来认识、表现现实世界的一种非语义性和非造型性的艺术。它经常与非音乐因素及其他艺术形式相结合,从而使其认识功能大为增强。

音乐的教育功能:音乐是通过乐曲所表现的情感和情绪来感染听众的,从而实现其强大的教育功能。在欣赏音乐的过程中,人们的道德情操会受到潜移默化的教育。

音乐的审美功能:音乐表现的主要目的就是使人们获得美的享受,通过美育的作用来唤起人们对美好事物的向往和为此奋斗的决心。

音乐的实用功能:音乐广泛应用于社会的各个领域。音乐以人的听觉感受来协调和触动人的生理反应,促使人们的心理产生变化。

曲式:曲式是指音乐在时间运动过程中的组织结构。常见的有二部曲式、三部曲式、变奏曲式、回旋曲式、奏鸣曲式等。

二、中国音乐

中国音乐大致可分为:史前至秦汉时期音乐,魏晋南北朝、隋唐音乐,宋元明清音乐,近现代音乐。

(一) 史前至秦汉时期音乐

“歌、舞、乐”三位一体的“原始乐舞”是远古音乐的主要表现形式,比较典型的乐舞有《云门》《咸池》《承云》。

商代步入以青铜、石器为代表的“金石之乐”时代。周王朝确立了严格的礼乐等级制度和音乐教育制度,设置了我国历史上第一个礼乐机构——春宫。

代表作品有《大咸》《大韶》《大夏》《桑林》《大武》《高山流水》等。

(二) 魏晋南北朝、隋唐音乐

魏晋南北朝音乐:文人音乐在魏晋南北朝时期得到了很大的发展。代表作品有《广陵散》《酒狂》《梅花三弄》等。

隋唐音乐:隋唐音乐文化成就以宫廷燕乐为最高代表。唐朝政府建立了多种音乐管理机构,如教坊、梨园。代表作品有《霓裳羽衣舞》等。

(三) 宋元明清音乐

自宋代开始,我国音乐发展中心从宫廷转向民间,宫廷歌舞逐渐被戏曲取代。宋元时期戏曲艺术的确立与发展,标志着我国民族传统音乐进入一个新的阶段。代表作品有《潇湘水云》《海青拿天鹅》等。

明清时期,琴派纷呈,主要有“虞山派”“广陵派”“泛川派”等。主要作品有《平沙落雁》《渔樵问答》等。

(四) 近现代音乐

随着新式学堂的建立,学堂乐歌开始兴起,这在中国音乐发展史上具有重要意义。学堂乐歌主要由欧美、日歌旋律或民间曲调填词而成,主要作品有《送别》《祖国歌》。同时也诞生了如李叔同的《春游》、沈心工的《黄河》、萧友梅的《问》、赵元任的《叫我如何不想他》、黄自的《玫瑰三愿》等一大批中国音乐家自己的作品。其他的有冼星海的《黄河大合唱》;华彦钧的二胡独奏曲《二泉映月》;刘天华的二胡独奏曲《光明行》《良宵》《空山鸟语》;聂耳的《毕业歌》《义勇军进行曲》;贺敬之的《南泥湾》;施光南的《祝酒歌》《在希望的田野上》;延安鲁迅艺术学院集体创作,贺敬之编剧,马可等作曲的舞剧《白毛女》;朱本等5人编剧,张敬安、欧阳谦叔作曲的歌剧《洪湖赤卫队》;阎肃编剧,羊鸣、姜春阳、金砂作曲的歌剧《江姐》;何占豪、陈钢创作的小提琴协奏曲《梁山伯与祝英台》;管弦乐作品《瑶族舞曲》;交响诗《嘎达梅林》;大型舞蹈史诗《东方红》等。

八部样板戏:包括五部现代京剧——《智取威虎山》《海港》《红灯记》《沙家浜》《奇袭白虎团》,两部芭蕾舞剧《红色娘子军》《白毛女》,一部交响音乐《沙家浜》。

三、外国音乐

外国音乐大致可分为:古代与中世纪音乐、文艺复兴音乐、17—18世纪音乐(巴洛克音乐与古典音乐)、19—20世纪音乐(浪漫主义音乐与现代音乐)。

(一) 古代与中世纪音乐

古代与中世纪音乐是指古希腊音乐和古罗马音乐,古希腊音乐艺术是诗、乐、舞三位一体,其中诗的地位在乐之上,关于音程的理论最具特色。代表作品有:两部吟唱风格的大型史诗《伊利亚特》和《奥德赛》,即荷马史诗,是由盲人诗人荷马创作的两篇长篇史诗;埃斯库罗斯的悲剧《普罗米修斯》等。

古罗马音乐基本上效仿古希腊音乐,但音乐活动更趋向于实用性和娱乐化。罗马教皇格里高利一世整理编辑了《唱经歌集》。

中世纪音乐最突出的是格里高利圣咏,一种单声部、无伴奏的天主教宗教音乐。

(二) 文艺复兴音乐

15—16世纪这两百年在西方音乐史上被称为“文艺复兴时期”。在文艺复兴音乐中声乐占主导地位,复调音乐登上舞台并渐趋成熟,尤其是无伴奏的多声部歌曲是这一时期音乐的主要风格。

(三) 巴洛克音乐

巴洛克音乐是音乐历史上的一个转折时期,复调音乐达到巅峰,代表新趋势的主调音乐正在兴起,多种重要的音乐体裁诞生。歌剧、清唱剧、康塔塔这些不同于文艺复兴时期的声乐体裁是巴洛克风格的标志。

器乐在这一时期得到前所未有的发展,器乐第一次与声乐处在平等的位置。以提琴为代表的拉弦乐器成为主导乐器。

代表人物：两位德国音乐大师巴赫与亨德尔将巴洛克音乐推向了顶峰。

代表作品有：巴赫《马太受难曲》《十二平均律钢琴曲集》、管弦乐《勃兰登堡协奏曲》等；亨德尔的清唱剧《弥赛亚》等。

（四）古典音乐

18 世纪下半叶，西方音乐进入古典音乐时期。奥地利首都维也纳成为欧洲音乐文化的中心。

代表人物有海顿（奥地利）、莫扎特（奥地利）、贝多芬（德国），形成了著名的“维也纳古典乐派”。

代表作品有：

海顿，享有“交响乐之父”的美誉，代表作有 6 首《巴黎交响曲》和 12 首《伦敦交响曲》及清唱剧《创世纪》《四季》等。

莫扎特，享有“音乐神童”的美誉，代表作有 19 部歌剧，其中有《费加罗的婚礼》《唐璜》《魔笛》等。

贝多芬，享有“乐圣”的美誉，主要作品有：9 部交响曲，其中第三部“英雄交响曲”，第五部“命运交响曲”，第六部“田园交响曲”，第九部中合唱“欢乐颂”最为著名；32 首钢琴奏鸣曲，其中《悲怆》《热情》最为著名；舞剧《普罗米修斯》等。

（五）19 世纪浪漫主义音乐

19 世纪，浪漫主义音乐发端于德国和奥地利。代表人物有舒伯特（奥地利）、门德尔松（德国）、舒曼（德国）、肖邦（波兰）、柏辽兹（法国）等。

19 世纪 30 年代到 20 世纪初，东欧和北欧出现了民族主义音乐，也被称为“民族乐派”。代表人物有穆索尔斯基（俄国）、柴可夫斯基（俄国）、格里格（挪威）。

舒伯特，“艺术歌曲之王”，他是浪漫主义艺术歌曲的缔造者。主要作品有《魔王》《野玫瑰》《美丽的磨坊女》《冬日的旅行》等。

门德尔松，主要作品有《仲夏夜之梦》《苏格兰交响曲》《意大利交响曲》《e 小调小提琴协奏曲》等。

舒曼，主要作品有钢琴曲《蝴蝶》《狂欢节》《童年情景》，声乐套曲《妇女的生活与爱情》《诗人之恋》和管弦乐《曼弗雷德序曲》等。

肖邦，享有“钢琴诗人”的美誉，主要作品有《e 小调“革命”练习曲》等。

柏辽兹，主要作品有交响曲《幻想交响曲》《罗密欧与朱丽叶》，序曲《罗马狂欢节》等。

（六）20 世纪现代音乐

20 世纪现代音乐，前期的主要流派有法国印象主义、德奥表现主义、泛欧洲的新古典主义和新民族主义。

印象主义：法国作曲家德彪西，主要作品有管弦乐《牧神午后》《大海》、钢琴曲《版画集》和歌剧《佩里亚斯与梅丽桑德》等。

其他一些著名音乐家及其代表作品：

李斯特，匈牙利作曲家、钢琴家，享有“钢琴之王”的美誉，首创新的管弦乐体裁——交响诗，作品有《前奏曲》《塔索》《玛捷帕》，交响曲《但丁》《浮士德》等。

威尔第，意大利作曲家，作品有《弄臣》《茶花女》和《游吟诗人》等。

穆索尔斯基，俄国作曲家，作品有钢琴组曲《图画展览会》等。

柴可夫斯基，俄国作曲家，作品有6部交响曲，其中以第六交响曲《悲怆》最为著名，其他有幻想曲《1812序曲》《暴风雨》、歌剧《黑桃皇后》、舞剧《天鹅湖》《睡美人》《胡桃夹子》等。

比才，法国作曲家，主要作品有歌剧《卡门》《美丽的帕斯姑娘》等。

约翰·施特劳斯，奥地利作曲家，享有“圆舞曲之王”的美誉，代表作品有《蓝色多瑙河》（被誉为奥地利“第二国歌”）、《维也纳森林的故事》《艺术家的生涯》等。

真题解读

1. 下列选项中，对民族乐器二胡的归类正确的一项是（　　）。

A. 拉弦乐器　　B. 打击乐器　　C. 弹拨乐器　　D. 吹奏乐器

【答案与解析】A。中国民族乐器中拉弦乐器主要有二胡、中胡、高胡、京胡、板胡、马头琴等。

2. 下列选项不属于西洋乐器的是（　　）。

A. 吉他　　B. 三弦　　C. 提琴　　D. 竖琴

【答案与解析】B。吉他、提琴与竖琴均来自外国，而三弦来自中国，是中国的弹拨乐器之一。它起源于秦朝，是北方大鼓书、苏州评弹等传统曲艺不可或缺的乐器。

3. 下列选项中，冼星海创作的作品是（　　）。

A.《黄河大合唱》　　B.《义勇军进行曲》

C.《天路》　　D.《我的祖国》

【答案与解析】A。《黄河大合唱》是冼星海最重要也是影响力最大的一部作品。创作于1939年3月，并于1941年在苏联重新整理加工。

4. “梁山伯与祝英台”是我国著名的民间传说，多种地方剧中都表现过相关的题材。何占豪、陈钢的小提琴协奏曲《梁山伯与祝英台》的创作所依据的地方剧种是（　　）。

A. 粤剧　　B. 豫剧　　C. 川剧　　D. 越剧

【答案与解析】D。小提琴协奏曲《梁山伯与祝英台》是何占豪与陈钢就读于上海音乐学院时的作品，以越剧中的曲调为素材，是综合运用交响乐与我国民间戏曲音乐表现手法的一部佳作。

5. 在贝多芬的交响曲中，表达了亿万人民团结起来，实现相亲相爱欢乐理想的乐曲是（　　）

A.《第九交响曲》　　B.《第五交响曲》

C.《第六交响曲》　　D.《第三交响曲》

【答案与解析】A。贝多芬在他的《第九交响曲》第四乐章中加入了大型合唱，故后人也称之为“合唱交响曲”。贝多芬通过这部作品表达了人类寻求自由和平的斗争意志，并坚信人类最后一定会胜利，人类必将获得团结与友爱。

备考策略

一、学习指导

（1）首先要研读《综合素质》（幼儿园）考试大纲，了解本部分考试目标，考试模块与要求，以及试卷结构与题型。

（2）分析历年真题，了解考试趋向，做到心中有数。

（3）根据考纲，本内容主要以识记为主，重点考查的知识点有基本乐理知识、中国音乐常识、外国音乐常识、经典中国音乐作品、经典外国音乐作品、中国著名音乐家及其代表作品、外国著名音乐家及其代表作品、中国有代表性的地方戏曲艺术等内容。

二、考点预测

（1）中外音乐史上的代表艺术家及其主要作品。

（2）中外音乐的发展历史，重点辨析各个不同时期的代表人物及代表作品。

（3）民间戏曲音乐等方面的内容作为拓展内容进行了解性记忆。

三、解题要领

本讲对知识点考查的形式主要是单项选择题，答案固定，客观性强。首先，审清题意，明白出题意图。其次，根据题意，分析选项，用“直选法”“排除法”“比较法”等解题方法，选出最优答案即可。最后，加强记忆、多练习、善反思，必能取得好成绩。

模拟训练

1. 古曲《阳关三叠》中的“三叠”是指（　　）。

A. 用一个调变化反复　　B. 歌词经常反复

C. 乐曲的结构运用的是回旋曲式　　D. 唱三遍

2. 古典歌曲《满江红》的词作者是（　　）。

A. 文天祥　　B. 岳飞　　C. 屈原　　D. 冼星海

3. 现代对“协奏曲”的理解是（　　）。

A. 几件乐器的合奏　　B. 两组乐器的合奏

C. 一件乐器与乐队合奏　　D. 歌唱与乐队的组合

4. 众所周知的歌曲《友谊地久天长》是(　　)民歌。
A. 美国　　B. 英格兰　　C. 苏格兰　　D. 法国
5. 我国交响曲《长征》的作者是(　　)。
A. 傅庚辰　　B. 丁善德　　C. 卞祖善　　D. 聂耳
6. 著名钢琴曲《晚会》的作者是(　　)。
A. 朱践耳　　B. 贺绿汀　　C. 殷承宗　　D. 赵元任
7. 圆舞曲又名“华尔兹”,是一种三拍子舞曲,它源于(　　)。
A. 法国　　B. 意大利　　C. 奥地利　　D. 英国
8. 在音乐体系中的半音是什么?(　　)。
A. 两音之间的距离　　B. 两音之间的关系
C. 相邻两音的距离　　D. 两音间的音响关系
9. 乐音体系中的主音是指(　　)。
A. 音阶中主要的音　　B. 音乐中主要的音
C. 音阶中的第一个音　　D. 音阶中最后一个音
10. 中国民歌中的小调是指(　　)。
A. 小调式结构　　B. 作品内容短小　　C. 地方小曲　　D. 小声哼唱的歌曲
11. 流行于陕北等地的“信天游”属于民歌中的(　　)类。
A. 小调　　B. 号子　　C. 山歌　　D. 戏曲
12. 两个音先后发出为(　　)。
A. 和声音程　　B. 分解和弦
C. 旋律音程　　D. 合唱
13. 音乐术语中“a Tempo”在乐曲中表示(　　)。
A. 按原来的速度进行　　B. 较原来的速度慢些
C. 恢复原来的速度　　D. 反复
14. 我国第一部新歌剧是(　　)。
A.《刘胡兰》　　B.《白毛女》　　C.《洪湖赤卫队》　　D.《江姐》
15. 我国的“国粹”京剧大约是(　　)年形成的。
A. 1796　　B. 1850　　C. 1790　　D. 1894
16. “学堂乐歌”是我国音乐史上的一个重要时期,产生于(　　)。
A. 中华人民共和国建立初期　　B. 民国时期
C. 清末民初　　D. 抗日战争时期
17. 基础乐理中关于三和弦的定义是(　　)。
A. 将乐音以三度重叠　　B. 将三个音按一定的音程关系重叠
C. 三个音以三度重叠　　D. 三个音组合一起出现
18. 音乐体系中的固定唱名法指的是(　　)。
A. 音名与唱名同步　　B. 音名与唱名不同步

C. 音名与唱名时而同步，时而不同步　　D. 音与键盘位置固定

19. 将某一主题，运用各种不同的方法，变化奏出与主题相似的新乐段乐曲，称为(　　)。

A. 变奏曲　　B. 回旋曲　　C. 奏鸣曲　　D. 重奏

20. 继承前辈的古典风格，并开启浪漫新声的音乐家是(　　)。

A. 海顿　　B. 莫扎特　　C. 贝多芬　　D. 李斯特

【答案与解析】

1. A。《阳关三叠》为中国十大古琴曲之一。这首乐曲产生于唐代，是根据著名诗人、音乐家王维的名篇《送元二使安西》谱写而成的。因为诗中有"渭城""阳关"等地名，所以，又名《渭城曲》《阳关曲》。全曲分三大段，基本上用一个曲调作变化反复，叠唱三次，故称"三叠"。

2. B。满江红，词牌名，词《满江红》为岳飞所作。

3. C。协奏曲最早是作为一种声乐体裁出现的，16世纪时，指意大利的一种有乐器伴奏的声乐曲。17世纪起，指一件或几件独奏乐器与管弦乐队竞奏的器乐套曲。

4. C。《友谊地久天长》)是苏格兰民间歌曲。

5. B。《长征交响曲》是我国著名钢琴家、音乐教育家、理论家、作曲家丁善德先生于20世纪60年代所写的代表性作品。

6. B。《晚会》原名《闹新年》，是贺绿汀在1934年创作的一首钢琴作品。《晚会》采用民间乐曲的多段体曲式，整个乐曲充分表现了解放区人民欢庆胜利、迎接解放的兴奋欢乐心情。

7. C。圆舞曲是奥地利的民间舞曲，它采用3/4拍，由于舞蹈时需由两人成对旋转，因而被称为"圆舞曲"。

8. C。相邻的两个音之间最小的距离叫半音，两个半音距离构成一个全音。

9. C。各种调式音阶中的第一个音，都称为"主音"。比如我们说C大调，它的主音一定是C。

10. C。小调是中国民歌体裁类别的一种，指流行于城镇集市的民间歌舞小曲。

11. C。信天游是流传在中国西北地区的一种民歌形式。在陕北它叫"信天游"，又称"顺天游""小曲子"，在山西被称为"山曲"，在内蒙古则被叫作"爬山调"。

12. C。两个音先后发出为旋律音程。

13. C。音乐术语中"a Tempo"在乐曲中表示恢复原来的速度。

14. B。《白毛女》是中国第一部民族歌剧，开创了中国新歌剧的里程碑，在中国民族歌剧发展史上具有划时代的意义。

15. C。京剧形成的标志是"徽班进京"，大约在1790年。

16. C。学堂乐歌产生于清末民初，是20世纪初期中国各地新式学校中音乐课程中大量传唱的一些原创歌曲。学堂乐歌的代表人物有沈心工、李叔同等人，代表作有《送别》等。

17. B。将三个音按一定的音程关系重叠。在大小调和声体系中，三个音按三度关系叠

置，即构成三和弦。这是大小调和声中最常见的和弦形式。

18. A。音乐体系中的固定唱名法指的是音名与唱名同步。

19. A。

20. C。

第四节　文学素养

考点梳理

一、中国古代文学

（一）先秦文学

1. 神话

中国远古神话大多保存在《山海经》《楚辞》《庄子》《列子》《淮南子》等古籍中，其中《山海经》最有神话学价值，是我国古代保存神话资料最多的著作。这些神话按题材大致可分为创世神话、洪水神话、战争神话、英雄神话等，其中著名的有“盘古开天地”“女娲补天”“黄帝擒蚩尤”“大禹治水”“后羿射日”“夸父追日”“精卫填海”等。

2.《诗经》

我国古代最早的一部诗歌总集，收录了西周初年至春秋中叶（前 11 世纪至前 6 世纪）的诗歌，共 305 篇。《诗经》相传为尹吉甫采集、孔子编订。《诗经》又称《诗》《诗三百》，西汉时被尊为儒家经典。《诗经》分为《风》《雅》《颂》三个部分。《风》是周代各地的歌谣；《雅》是周人的正声雅乐，又分《小雅》和《大雅》；《颂》是周王庭和贵族宗庙祭祀的乐歌，又分为《周颂》《鲁颂》《商颂》。《诗经》内容丰富，反映了劳动与爱情、战争与徭役、压迫与反抗、风俗与婚姻、祭祖与宴会，甚至天象、地貌、动物、植物等多方面的内容。孔子曾概括《诗经》宗旨为“无邪”，并教育弟子读《诗经》以作为立言、立行的标准。“诗经六义”指：风、雅、颂、赋、比、兴。

3. 先秦散文

（1）历史散文。

《尚书》，又称《书》《书经》，是中国最古老的皇室文集，是中国第一部上古历史文件和部分追述古代事迹著作的汇编，相传由孔子编撰而成。

《春秋》是儒家的经书，记载了从鲁隐公元年（前 722 年）到鲁哀公十四年（前 481 年）的历史，也是中国现存最早的一部编年体断代史书，旧时有“文王拘而演周易，仲尼厄而作春秋”之说。

《左传》相传是春秋末年鲁国的左丘明为《春秋》做注解的一部史书,与《公羊传》《谷梁传》合称“春秋三传”,也是中国第一部叙事详细的编年体史书。

《国语》是中国最早的一部国别体著作,是各国史料的汇编。

《战国策》是一部国别体史学著作,又称《国策》,主要记载战国时期谋臣策士纵横捭阖的斗争。

(2) 诸子散文。

《论语》是孔子及其弟子的语录结集,由孔子弟子及再传弟子编写而成的儒家经典,与《大学》《中庸》《孟子》并称“四书”。

《墨子》是由墨子自著和弟子记述墨子言论两部分组成的墨家经典。《老子》又称《道德经》,传说是春秋时的老子(即李耳)所撰写,是道家哲学思想的重要来源,也是中国历史上首部完整的哲学著作,被华夏先辈誉为“万经之王”,是除了《圣经》以外被译成外国文字发行量最多的文化名著。

《孟子》是记录孟轲言行的一部著作,是由孟子及其弟子(万章等)共同编撰而成的儒家经典著作。

《庄子》是道家经文,是战国中期庄子及其后学所著,汉代尊之为《南华经》,庄子即为南华真人。

《荀子》是战国末年著名唯物主义思想家荀况的著作,《劝学》是《荀子》一书的首篇。

《韩非子》是中国古代著名思想家韩非的著作,为法家集大成的作品,具有较高的文学价值。出自该书的寓言故事有“自相矛盾”“守株待兔”“讳疾忌医”“滥竽充数”“老马识途”等。

4. 屈原与“楚辞”

(1) 屈原,战国时期楚国诗人、政治家。因遭贵族排挤诽谤,被流放后自沉于汨罗江,以身殉国。屈原是中国历史上第一位伟大的爱国诗人,中国浪漫主义文学的奠基人,“楚辞”的创立者和代表作家,开辟了“香草美人”的传统,被誉为“辞赋之祖”“中华诗祖”。屈原的作品标志着中国诗歌进入了一个由集体歌唱到个人独创的新时代,其代表作有《离骚》《九歌》《九章》《天问》等。

(2) “楚辞”泛指楚地的歌辞,是指以战国时楚国屈原的创作为代表的新诗体。运用楚地(今湖南、湖北一带)的方言声韵,叙写楚地的山川人物、历史风情,具有浓厚的地域文化色彩。西汉刘向将屈原、宋玉等人的作品汇编成集,定名为《楚辞》,全书以屈原作品为主,因其中的《离骚》而得名“骚体”诗,《诗经·国风》与《楚辞·离骚》并称“风骚”,分别为中国现实主义与浪漫主义诗歌的鼻祖。后“风骚”也代指诗歌,或以“骚人”称呼诗人。

(二) 秦汉文学

秦文学主要有吕不韦召集门客编写的《吕氏春秋》和李斯的《谏逐客书》。

两汉散文:(1)《史记》是西汉史学家司马迁撰写的中国历史上第一部纪传体通史,记载了上至上古传说中的黄帝时代,下至汉武帝太初四年间共 3 000 多年的历史。包括十二本纪、三十世家、七十列传、十表、八书,共130篇,被列为“二十四史”之首,与后来的《汉书》《后汉书》《三国志》合称“前四史”,被鲁迅誉为“史家之绝唱,无韵之离骚”。(2)《汉书》是由东汉史学家班固编撰的中国第一部纪传体断代史。

两汉诗歌主要有:(1)《孔雀东南飞》是乐府诗中的长篇叙事诗,后人把它与北朝的《木兰诗》和唐代韦庄的《秦妇吟》并称为“乐府三绝”。(2)《古诗十九首》代表了汉代五言诗的最高成就,这部作品被刘勰赞为“五言之冠冕”。

汉赋:乃两汉一代之文学,是介于诗歌和散文之间的一种容量宏大且颇具表现力的新兴文体。贾谊的《吊屈原赋》是骚体赋;枚乘的《七发》是汉大赋正式形成的标志;司马相如的《子虚赋》和《上林赋》均为散体赋的代表作;班固的《两都赋》、张衡的《两京赋》均为汉大赋力作;张衡的《归田赋》开启了抒情小赋的先河。

(三) 魏晋南北朝文学

建安文学:建安是汉献帝的年号,在建安年间创作的文学即建安文学。代表作家主要是曹氏父子(曹操、曹丕、曹植)、建安七子和蔡琰等,掀起了我国诗歌史上文人创作的第一个高潮。李白有“蓬莱文章建安骨”之句。

陶渊明与田园诗:陶渊明是东晋伟大的诗人、辞赋家,为彭泽县令80多天便弃职而去,从此归隐田园。他是中国文学史上第一位田园诗人,也是第一个大量写饮酒诗的诗人。陶渊明的田园诗数量最多,成就最高,名篇有《归园田居》《五柳先生传》《桃花源记》《归去来兮辞》《饮酒二十首(并序)》等。

南北朝民歌:《乐府诗集》是一部总括我国古代乐府歌辞的诗歌选集,主要作品有南歌的抒情长诗《西洲曲》和北歌的叙事长诗《木兰诗》等。

志人志怪小说:主要有南朝刘义庆的志人小说《世说新语》和东晋干宝的志怪小说《搜神记》。

文艺理论:主要有曹丕(魏)《典论·论文》、陆机(西晋)《文赋》、刘勰(梁)《文心雕龙》和钟嵘(梁)《诗品》等论著,以及萧统(梁)《文选》、徐陵(陈)《玉台新咏》等文学总集。

(四) 隋唐五代文学

初唐四杰:唐初文学家王勃、杨炯、卢照邻和骆宾王的合称。王勃成就最高,代表作《滕王阁序》《送杜少府之任蜀州》。

山水田园诗派:以王维、孟浩然为代表。王维早年作品以边塞和游侠题材的诗歌居多,如《少年行》《从军行》《老将行》《陇头吟》《使至塞上》等;但最能标志其诗歌艺术成就的还是山水田园诗,如《山居秋暝》《终南山》《鸟鸣涧》《鹿柴》《竹里馆》等。孟浩然与王维齐名,著有《过故人庄》《宿建德江》等。柳宗元与王维、孟浩然、韦应物并称为山水田园诗的“四大家”。

边塞诗派:以高适、岑参为代表。边塞诗歌长于七言,特别是七言歌行,善于描写边塞风光和战争生活,表现征人思妇的思想情感,大多具有爱国情感和进取精神,显示浓郁的生活气息,风格多慷慨悲壮。其他代表诗人有王昌龄、王之涣、王翰、崔颢等,而尤以高适、岑参为首,故也称“高岑诗派”。高适有《燕歌行》《别董大》,岑参有《白雪歌送武判官归京》。

伟大诗人李白、杜甫：① 李白，字太白，号青莲居士，又号“谪仙人”，是唐代伟大的浪漫主义诗人，人称“诗仙”，与杜甫并称为“大李杜”（区别于李商隐与杜牧，即“小李杜”）；作品有《望庐山瀑布》《行路难》《蜀道难》《将进酒》《梁甫吟》《早发白帝城》等。② 杜甫，字子美，自号“少陵野老”，唐代伟大的现实主义诗人，人称“诗圣”，他的诗被称为“诗史”；作品有《登高》《春望》《北征》，“三吏”“三别”系列等。

白居易与“新乐府运动”：白居易，字乐天，号香山居士，唐代伟大的现实主义诗人，有“诗魔”和“诗王”之称；文学上主张“文章合为时而著，歌诗合为事而作”，白居易与元稹共同倡导“新乐府运动”，世称“元白”，与刘禹锡并称“刘白”；作品有《长恨歌》《卖炭翁》《琵琶行》等。

唐代其他著名诗人：① 孟郊，苦吟诗人代表，有“诗囚”之称，与贾岛并称“郊寒岛瘦”，作品有《游子吟》。② 刘禹锡，字梦得，有“诗豪”之称，有《陋室铭》《竹枝词》《杨柳枝词》《乌衣巷》等名篇。③ 杜牧，人称“小杜”，代表作有《山行》《清明》《过华清宫》《阿房宫赋》等。

韩愈与柳宗元：韩愈和柳宗元是唐代古文运动的代表；韩愈代表作有《师说》《答李翊书》《张中丞传后叙》《柳子厚墓志铭》《祭十二郎文》；柳宗元有《永州八记》《童区寄传》《种树郭橐驼传》。

唐传奇：一种小说文体，唐代的文言短篇小说，代表作有白行简的《李娃传》、元稹的《莺莺传》和蒋防的《霍小玉传》。

五代十国文学：出现了以温庭筠、韦庄为代表的花间派，词风清丽疏雅、华美明秀；南唐词人有冯延巳、李璟和李煜，李煜有《相见欢》《虞美人》等作品。

（五）宋代文学

宋词标志着宋代文学的最高成就，历来与唐诗并称“双绝”。词又称“曲子词”“乐府”“乐章”“长短句”“诗余”“琴趣”等。主要有以下两种流派：

（1）婉约派。

柳永，北宋著名词人，原名“三变”，字耆卿。自号“奉圣旨填词柳三变”。柳永大力创作慢词，是第一位对宋词进行全面革新的词人，也是两宋词坛上创用词调最多的词人。著有名篇《雨霖铃 · 寒蝉凄切》《八声甘州》。

晏殊，字同叔，与其子晏几道被称为“大晏”和“小晏”，又与欧阳修并称“晏欧”。代表作《浣溪沙 · 一曲新词酒一杯》等。

周邦彦，号清真居士，精通音律，为后来格律派词人所宗，被称为“词家之冠”或“词中老杜”。主要作品有《兰陵王 · 柳》《瑞龙吟 · 章台路》。

李清照，号易安居士，有“千古第一才女”之称，曾提出词“别是一家”之说。主要作品有《声声慢 · 寻寻觅觅》《一剪梅 · 红藕香残玉簟秋》《夏日绝句》等。

姜夔，字尧章，号白石道人，精通音律，能自度曲，其词格律严密。作品空灵含蓄，是继苏轼之后又一难得的艺术全才，有名篇《扬州慢》。

（2）豪放派。

苏轼，字子瞻，号东坡居士，北宋文学家、书法家、画家 。其诗与黄庭坚并称“苏黄”；其词开豪放一派，与辛弃疾并称“苏辛”；其散文与欧阳修并称“欧苏”；苏轼亦善书，为“宋四家”之一。代表作有《记承天寺夜游》《赤壁赋》《后赤壁赋》《惠崇春江晚景》《饮湖上初晴后雨》《江城子·十年生死两茫茫》《望江南·春未老》《水调歌头·明月几时有》等。

辛弃疾，字幼安，号稼轩，有“词中之龙”之称。其词题材广阔又善化用典故入词，抒写力图恢复国家统一的爱国热情，倾诉壮志难酬的悲愤，对当时执政者的屈辱求和颇多谴责。代表作品有《水龙吟·登建康赏心亭》《永遇乐·京口北固亭怀古》等。

岳飞，字鹏举，南宋爱国将领，著有《满江红》。

陆游，号放翁，南宋文学家、史学家、爱国诗人。我国诗歌存世最多的诗人，有 9 300 余首。代表作有《关山月》《游山西村》《示儿》《书愤》等。

唐宋八大家：唐代韩愈、柳宗元和宋代苏洵、苏轼、苏辙、王安石、曾巩、欧阳修的合称。韩愈为八大家之首，苏家父子又有“一门三学士”之誉。

（六）元代文学

元曲四大家：关汉卿、马致远、郑光祖、白朴。关汉卿有《南吕·一枝花》《不伏老》；马致远有《天净沙·秋思》（被誉为“秋思之祖”）。

元杂剧四大悲剧：关汉卿的《窦娥冤》、马致远的《汉宫秋》、白朴的《梧桐雨》以及纪君祥的《赵氏孤儿》。

元杂剧的四大爱情剧：王实甫的《西厢记》、关汉卿的《拜月亭》、白朴的《墙头马上》和郑光祖的《倩女离魂》。

（七）明清文学

明初诗文三大家：宋濂、刘基、高启。宋濂，明朝“开国文臣之首”，作品有《送东阳马生序》等。

以李梦阳、何景明为代表的“前七子”和以李攀龙、王世贞为代表的“后七子”是明中叶的主要文学流派。

唐宋派是明代中叶的散文流派，代表人物有王慎中、唐顺之、茅坤、归有光。归有光的代表作有《项脊轩志》。

“公安三袁”：明晚期的袁宗道、袁宏道、袁中道兄弟三人，因是湖北公安人，其文学流派世称“公安派”或“公安体”，主张“性灵说”。

徐弘祖，字振之，号霞客，明代游记散文家。《徐霞客游记》是我国第一部日记体游记，被称为“古今记游第一”，其他名篇有《游黄山记》。

中国四大古典名著：施耐庵的《水游传》是我国第一部反映农民起义的长篇章回体小说；罗贯中（号湖海散人）的《三国演义》，即《三国志通俗演义》是我国文学史上第一部长篇章回体历史演义小说；吴承恩（号射阳山人）的《西游记》是著名长篇章回体神魔小说，是古典文学中最辉煌的神话作品；曹雪芹（高鹗续后 40 回）的《红楼梦》，代表着中国古典小说的最高峰。

四大奇书：明朝人称《三国演义》《水浒传》《西游记》《金瓶梅》为四大奇书。

“三言”“二拍”：明代文学家冯梦龙的话本集《喻世明言》《警世通言》《醒世恒言》，合称“三言”；凌濛初著有《初刻拍案惊奇》《二刻拍案惊奇》，合称“二拍”。

明传奇：有以汤显祖为代表的“临川派”（重意趣）和以沈璟为代表的“吴江派”（重格律）。汤显祖著有《牡丹亭》《邯郸记》《南柯记》《紫钗记》，合称“玉茗堂四梦”，又名“临川四梦”。《牡丹亭》是他的代表作。他和关汉卿、王实甫齐名，被誉为“东方的莎士比亚”。

明末清初文章三大家：黄宗羲、顾炎武、王夫之。

清初“词家三绝”：指以陈维崧为首的阳羡词派、朱彝尊为首的浙西词派和独树一帜的满族词人纳兰性德。

袁枚，号仓山居士、随园主人、随园老人，清代诗人、散文家。著有《随园诗话》《祭妹文》等。与赵翼、蒋士铨合称为“乾隆三大家”。

“桐城派”：清代文坛最大散文流派。代表人物有戴名世、方苞、刘大櫆、姚鼐，均系安徽桐城人。

李渔，号笠翁，清代戏曲理论家、剧作家，著有《闲情偶记》。

“南洪北孔”：洪昇的《长生殿》和孔尚任的《桃花扇》，代表着清代戏剧最高成就。

蒲松龄，字留仙，号柳泉居士，世称“聊斋先生”，清代文学家。主要作品是短篇小说集《聊斋志异》，为我国第一部文言小说集。

吴敬梓，字敏轩，晚号文木老人，主要作品为《儒林外史》。

龚自珍，清代思想家、文学家，写有 315 首绝句，总题为《己亥杂诗》。

梁启超，字卓如，号任公，著有《少年中国说》《谭嗣同》。

王国维，字静安，号观堂，著有《人间词话》。

晚清“四大谴责小说”：李宝嘉的《官场现形记》、吴沃尧的《二十年目睹之怪现状》、曾朴的《孽海花》和刘鹗的《老残游记》，都是长篇白话章回体小说。

二、中国现当代文学

鲁迅，原名周树人，中国现代文学的奠基人。毛泽东曾评价：鲁迅的方向，就是中华民族新文化的方向。1918 年发表中国现代文学史上第一篇白话短篇小说《狂人日记》，始用“鲁迅”笔名。作品有小说集《呐喊》《彷徨》《故事新编》，散文集《朝花夕拾》，散文诗集《野草》，杂文集《坟》《华盖集》《华盖集续编》《南腔北调集》《且介亭杂文集》等。

郭沫若，1921 年发表中国新诗的奠基之作新诗集《女神》。

茅盾，原名沈德鸿，字雁冰。著有长篇小说《子夜》，《蚀》三部曲（《幻灭》《追求》《动摇》），“农村三部曲”（《春蚕》《秋收》《残冬》），短篇小说《林家铺子》，散文《白杨礼赞》《风景谈》等。

叶圣陶，原名叶绍钧，著有长篇小说《倪焕之》。

朱自清，现代散文家、诗人、学者、民主战士。代表作品有散文《春》《绿》《背影》《荷塘月色》《匆匆》。

老舍，原名舒庆春，字舍予。中华人民共和国成立以来第一位获得“人民艺术家”称号的作家。代表作有《骆驼祥子》《四世同堂》《茶馆》。

冰心，原名谢婉莹，著有小说《斯人独憔悴》，散文《寄小读者》《小橘灯》，诗集《繁星·春水》等。

闻一多，爱国主义诗人和学者，坚定的民主战士。代表作有《七子之歌》《死水》。

徐志摩，新月派代表诗人 。代表作有《再别康桥》《翡冷翠的一夜》。

巴金，原名李尧棠，著有《激流三部曲》（《家》《春》《秋》）、《爱情三部曲》（《雾》《雨》《电》）、《抗战三部曲》（又被称为《火》），其《随想录》充满着忏悔和自省，巴金因此被誉为“二十世纪中国文学的良心”。

曹禺，原名万家宝，中国现代话剧史上成就最高的剧作家。代表作有《雷雨》《日出》《原野》《北京人》。

丁玲，女作家，著有长篇小说《太阳照在桑干河上》《莎菲女士的日记》，短篇小说集《在黑暗中》等。

臧克家，诗人，代表作有《难民》《老马》《烙印》《有的人》等。

艾青，原名蒋海澄，著有长诗《大堰河——我的保姆》。

赵树理，山药蛋派创始人。代表作有《小二黑结婚》《灵泉洞》《三里湾》《李有才板话》等。

孙犁，开创“荷花淀派”。代表作有《白洋淀纪事》《铁木前传》《风云初记》。

贺敬之，与丁毅等合著歌剧《白毛女》，是我国第一部新歌剧，获1951年斯大林文学奖。著有抒情短诗《回延安》，长诗《放声歌唱》。

沈从文，原名沈岳焕，代表作有小说《长河》《边城》，散文《湘行散记》，学术著作《中国古代服饰研究》等。

钱钟书，中国现代作家、文学研究家，代表作有《围城》《管锥编》《谈艺录》《写在人生边上》《人·兽·鬼》。

杨绛，翻译的《唐·吉诃德》被公认为最优秀的翻译佳作，早年创作剧本《称心如意》，93岁出版散文随笔《我们仨》，96岁出版哲理散文集《走到人生边上》。

陈忠实，当代作家，《白鹿原》是其成名作。

海子，原名查海生，当代诗人，代表作品《面朝大海，春暖花开》《五月的麦地》《以梦为马》。

莫言，2012年获得诺贝尔文学奖，是第一个获得该奖的中国籍作家。著有《透明的红萝卜》《红高粱》《丰乳肥臀》等。

三、外国文学

古希腊古罗马文学：古希腊神话故事是世界神话中保存最完整、内容最丰富的神话；《伊索寓言》具有很高的哲理性；《荷马史诗》相传是由古希腊盲诗人荷马创作的两部长篇史诗

《伊利亚特》和《奥德赛》的统称，是古希腊最伟大的作品；古希腊三大悲剧，指埃斯库罗斯（史称“悲剧之父”）的《被缚的普罗米修斯》、索福克勒斯的《俄狄浦斯王》和欧里庇得斯的《美狄亚》；古希腊喜剧之父是阿里斯托芬。

古典主义文学：法国的莫里哀是这个时期最杰出的喜剧作家，代表作有《冒失鬼》《伪君子》《悭吝人》。

文艺复兴时期文学：（1）意大利，但丁、彼特拉克、薄伽丘被称为“文艺复兴三颗巨星”，也称为“文坛三杰”（文艺复兴前三杰），分别著有《神曲》《歌集》《十日谈》。但丁创作的《神曲》，由《地狱》《炼狱》《天堂》组成，恩格斯评价但丁“他是中世纪的最后一位诗人，同时又是新时代的最初一位诗人”。（2）英国，最高成就代表莎士比亚，被马克思称为“人类最伟大的戏剧天才”，代表作《罗密欧与朱丽叶》《哈姆雷特》《李尔王》《麦克白》《奥赛罗》《威尼斯商人》等。（3）法国，拉伯雷，著有《巨人传》。（4）西班牙，塞万提斯，代表作《堂吉诃德》。

启蒙文学：（1）法国，卢梭代表作有《社会契约论》《爱弥儿》《忏悔录》；伏尔泰被誉为“法兰西思想之王”。（2）德国，歌德代表作有歌剧《浮士德》、诗歌《普罗米修斯》、小说《少年维特之烦恼》；席勒代表作有《阴谋与爱情》《奥尔良的姑娘》等。

浪漫主义文学：（1）英国，拜伦的诗体小说《唐璜》；雪莱的《解放了的普罗米修斯》《云雀》《西风颂》等，其名句“冬天已经来临，春天还会远吗？”广为流传。（2）法国，雨果代表作有《笑面人》《九三年》《巴黎圣母院》《悲惨世界》；缪塞有自传体小说《一个世纪儿的忏悔》；大仲马和小仲马，父子同为法国小说家，前者著有《基度山伯爵》《三个火枪手》，后者有《茶花女》。（3）俄国，普希金被誉为“俄国文学之父”“俄国诗歌的太阳”，代表作有诗歌《致恰达耶夫》《致西伯利亚的囚徒》，农民题材小说《上尉的女儿》被称为“俄罗斯生活的百科全书”，诗体小说《叶普盖尼·奥涅金》是俄国现实主义的奠基作。（4）匈牙利，裴多菲著有《自由与爱情》。

批判现实主义文学：（1）法国，福楼拜代表作《包法利夫人》；司汤达代表作《红与黑》；巴尔扎克代表作《人间喜剧》《高老头》《欧也妮·葛朗台》；莫泊桑被称为短篇小说巨匠，代表作有长篇小说《漂亮朋友》《一生》、短篇小说《羊脂球》《我的叔叔于勒》《项链》。（2）英国，狄更斯著有《大卫·科波菲尔》《双城记》《艰难时世》《荒凉山庄》；夏洛蒂·勃朗特著有《简·爱》；艾米丽·勃朗特著有《呼啸山庄》；安妮·勃朗特著有《艾格尼斯·格雷》，后三者号称“勃朗特三姐妹”。（3）俄国，果戈理是俄国批判现实主义文学的奠基人，代表作有讽刺喜剧《钦差大人》、小说《死魂灵》；陀斯托耶夫斯基著有《卡拉马佐夫兄弟》《罪与罚》；契诃夫的短篇小说代表作《变色龙》《套中人》《小公务员之死》；托尔斯泰代表作《战争与和平》《安娜·卡列尼娜》《复活》。（4）美国，马克·吐温作品有《竞选州长》《百万英镑》等；欧·亨利作品有《警察与赞美诗》《麦琪的礼物》《最后一片叶子》；杰克·伦敦被誉为“美国无产阶级文学之父”，代表作有《马丁·伊登》《野性的呼唤》等。

世界现代文学：法国诗人欧仁·鲍狄埃的《国际歌》；俄国高尔基的自传体三部曲《童年》《在人间》《我的大学》；阿·托尔斯泰的长篇小说《苦难的历程》；苏联作家法捷耶夫的《青年近卫军》，肖洛霍夫的《静静的顿河》；英国作家劳伦斯的《儿子与情人》《查泰莱夫人的情人》，毛姆的《人性的枷锁》，伍尔芙的《墙上的斑点》《到灯塔去》，T. S. 艾略特的《荒原》；法国罗曼·罗兰的《约翰·克利斯朵夫》，尤奈斯库的《秃头歌女》；美国海明威(曾获诺贝尔奖)的《太阳照常升起》《永别了，武器》《丧钟为谁而鸣》《老人与海》，德莱塞的《美国悲剧》《嘉莉妹妹》《珍妮姑娘》，福克纳的《喧哗与骚动》，海勒的黑色幽默小说《第二十二条军规》；爱尔兰叶芝(曾获诺贝尔奖)的《驶向拜占庭》；法国普鲁斯特的《追忆似水年华》；爱尔兰贝克特的《等待戈多》；哥伦比亚马尔克斯(曾获诺贝尔奖)的魔幻现实主义长篇小说《百年孤独》；印度泰戈尔的《吉檀迦利》。

四、中外儿童文学

(一) 中国儿童作品

叶圣陶的《稻草人》。叶圣陶是我国现代童话创作的拓荒者，1922 年发表童话《稻草人》。鲁迅说：《稻草人》是给中国的童话开了一条自己创作的路。作者另有童话作品《古代英雄的石像》。

冰心的《寄小读者》。《寄小读者》是作者在 1923 年至 1926 年间写给小读者的通讯，采取和小朋友谈天的亲切口气，赞美自然、祖国、母爱，充分体现了她“爱的哲学”，是中国较早的现代儿童文学作品。

严文井的《严文井童话集》。著名的作品有《南南和胡子伯伯》《丁丁的一次奇怪旅行》《蚯蚓和蜜蜂的故事》《三只骄傲的小猫》《唐小西在“下一次开船港”》《小溪流的歌》。

张天翼的《宝葫芦的秘密》。讲述小学生王葆希望自己能得到一个像宝葫芦一样的宝贝，可愿望实现后，不但没有得到幸福和欢乐，反而增添了不少麻烦和苦恼，最终与这个“宝贝”决绝。作者另有《大林与小林》《秃秃大王》等作品。

洪汛涛的《神笔马良》。这是中国 20 世纪 50 年代影响最大的儿童文学作品，讲述了一个带有传奇色彩的少年马良怀揣梦想，凭着天赐“神笔”扶危助困、惩恶扬善的故事，马良已经成为中国儿童智慧、勇敢和正义的化身。

方惠珍、盛璐德的《小蝌蚪找妈妈》。这是一则有趣的科学童话，有水墨动画片《小蝌蚪找妈妈》。

徐光耀的《小兵张嘎》。讲述了抗日小英雄张嘎与敌人斗智斗勇的故事。

包蕾的《猪八戒吃西瓜》。同名故事被改编成我国首部剪纸动画片《猪八戒吃西瓜》。

嵇鸿的《雪孩子》；任溶溶的《没头脑和不高兴》。

诸志祥的《黑猫警长》。《黑猫警长》被改编成动画片，这是中国动画史上第一部系列动画片。黑猫警长成为家喻户晓的卡通形象，黑猫警长的机智、正义、勇敢、帅气成为 20 世纪八九十年代少儿的美好记忆。

郑春华的《大头儿子和小头爸爸》。郑春华，著名女作家，主要作品有《紫罗兰幼儿园》《贝加的樱桃班》《圆圆和圈圈》《大头儿子和小头爸爸》《非常小子马鸣加》《小女生毛毛虫》等。她创作的“大头儿子和小头爸爸”系列读物，被改编为动画片，成为历久弥新的经典幼儿文学作品。

郑渊洁的《童话大王》。《童话大王》是皮皮鲁、鲁西西、舒克、贝塔和罗克的家。郑渊洁就是中国的童话大王，其代表作品有《舒克和贝塔》《皮皮鲁和鲁西西》《魔方大厦》等。

叶永烈的《圆圆和方方》。这是一部儿童科普作品，讲述了象棋子圆圆和军旗子方方的故事，告诉小读者们一定的科学知识，即圆与方的特点与功能，同时明白“不能相互瞧不起，而应团结合作”的生活道理。

曹文轩的《草房子》。作品格调高雅，由始至终充满美感，是那种既为孩子喜爱也可供成人阅读的儿童文学作品。曹文轩 2016 年获“国际安徒生奖”，这也是中国作家首次获此殊荣。2017 年特殊文体长篇小说《蜻蜓眼》获得首届“吴承恩长篇小说奖”。另有作品《山羊不吃天堂草》《根鸟》《青铜葵花》等。

杨红樱的《淘气包马小跳》。系列小说《淘气包马小跳》主要讲述了马小跳等孩子的成长生活以及他们和家长、老师、同学的故事，呼唤张扬孩子的天性，舒展童心、童趣，探析成人世界与儿童世界之间的隔膜误区，倡导理解与沟通。该系列已成为中国儿童文学的原创品牌。作者另有作品《女生日记》《男生日记》《笑猫日记系列》等。

鲁兵的《小猪奴尼》。本书共包括《小猪奴尼》《雪狮子》《小山羊和小老虎》等约 20 篇短篇童话。其中《小猪奴尼》讲述了一只脏小猪因不被妈妈认识而被迫离家的故事，告诉小朋友要讲卫生，要懂得自我管理。

几米的《我不是完美小孩》。描述了一个三年级小女生郝完美在学习、生活，尤其是与大人相处中的困惑与烦恼。作者另有《听几米唱歌》《镜子里的小孩》《地下铁》《幸运儿》《微笑的鱼》《向左走向右走》等 30 多部作品。动画片《微笑的鱼》荣获 2006 年柏林影展国际评审团特别奖。

金波的《推开窗子看见你》。《推开窗子看见你》是抒情小诗集，一共有 389 首儿童诗歌，通过对大自然的描绘，勾画出儿童纯真的一片天空。代表作有《我们去看海》《回声》《眼睛树》《感谢往事》《盲孩子和他的影子》。

金近的《狐狸打猎人的故事》。《狐狸打猎人的故事》是一部短篇童话精选集，收录了《小猫钓鱼》《小鲤鱼跳龙门》《狐狸打猎人的故事》等经典童话。《小猫钓鱼》被编入教材。

秦文君的《男生贾里》。《男生贾里》主要讲述一个名叫贾里的男生身边所发生的事情，表现出当代青少年热爱冒险、活泼机灵的性格特征，富有时代气息和艺术魅力。有姊妹篇《女生贾梅》。

黄蓓佳的《我要做好孩子》。主人公金铃为了做个让爸爸妈妈和老师满意的“好孩子”，做出种种努力，并为保留心中那份天真、纯洁，向大人们做了许多“抗争”。作者另著有长篇小说《今天我是升旗手》《我飞了》《漂来的狗儿》《亲亲我的妈妈》《遥远的风铃》，中短篇小说集《小船，小船》《遥远的地方有一片海》《芦花飘飞的时候》《中国童话》等。

（二）外国儿童作品

《伊索寓言》。现存的《伊索寓言》是古希腊、罗马时代流传下来的故事，经后人汇集，统归在伊索名下，被誉为西方寓言的始祖。其中著名的寓言有《狐狸和葡萄》《农夫与蛇》《狼与小羊》《龟兔赛跑》《口渴的乌鸦》《蚊子和狮子》《牧童和狼》《农夫和他的孩子们》《北风与太阳》。

俄国作家克雷洛夫的《克雷洛夫寓言全集》。这些寓言常借动物和植物形象，反映广泛的社会生活，刻画社会上各种人物的复杂性格，抒发自己的民主思想，具有一种特殊的感染力。收录了《乌鸦和狐狸》《青蛙请求派国王》《富商和鞋匠》《四重奏》《杰米扬的鱼汤》《狼和牧人》《耗子开会》《衰老的狮子》《牧羊人》《死要面子的赌徒》等200余篇经典的克雷洛夫寓言。俄国作家克雷洛夫被誉为“世界三大寓言家”（其他两位是古希腊的伊索和法国的拉封丹）之一。

阿拉伯民间故事集《一千零一夜》，又名《天方夜谭》。很多故事来源于古代波斯、埃及和伊拉克的民间传说，但经过阿拉伯人民再创作，以宰相的女儿山鲁佐德给国王讲故事为结构线索，真实生动地反映了阿拉伯社会的生活。这部作品被高尔基誉为世界民间文学史上“最壮丽的一座纪念碑”。其中的著名故事有《渔夫和魔鬼》《阿拉丁和神灯》《阿里巴巴和四十大盗》《辛巴达航海旅行记》等。

雅可布·格林和威廉·格林的《格林童话》。语言学家格林兄弟收集、整理成的德国民间文学，有200多个故事，其中以《灰姑娘》《玫瑰小姐》《受骗的青蛙》《雪白和玫瑰红》《猫和老鼠交朋友》《三兄弟》《白雪公主》《小红帽》《睡美人》《糖果屋》《青蛙王子》《渔夫和他的妻子》《野狼和七只小羊》《大拇指》《勇敢的小裁缝》《不来梅的城市乐手》《穿靴子的猫》较为闻名。

丹麦作家安徒生的《安徒生童话》。其中较为著名的故事有《海的女儿》《皇帝的新装》《美人鱼》《丑小鸭》《卖火柴的小女孩》《拇指姑娘》《坚定的锡兵》《老爹做的事总是对的》《夜莺》《野天鹅》《园丁与主人》等。

卡洛·科洛迪的《木偶奇遇记》。《木偶奇遇记》被誉为“意大利儿童读物的杰作”“意大利儿童读物中最美的书”。仁慈的木匠杰佩托睡觉的时候，梦见一位蓝色的天使赋予他最心爱的木偶匹诺曹以生命，于是小木偶开始了自己的冒险，通过勇气、忠心以及诚实的考验，成为一个真真正正的男孩。

刘易斯·卡罗尔的《爱丽丝漫游奇境》。作者是英国的数学家、大学教授。一个叫爱丽丝的小女孩和姐姐在河边看书时睡着了，梦中她追逐一只穿着背心的兔子而掉进了兔子洞，从而来到一个奇妙的世界。本书在英国是除莎士比亚作品和《圣经》之外发行量最多的图书之一，被誉为“英国魔幻文学的代表作”。

乔纳森·斯威夫特的《格列佛游记》。该书是英国的一部长篇游记体讽刺小说。天生喜欢冒险的格列佛医生自述他数次航海遇险，漂流到小人国、大人国等几个童话式国家的遭遇和见闻。

圣·埃克苏佩里的《小王子》。讲述了一个发生在非洲撒哈拉大沙漠中如梦如幻的故事，暗讽了成人世界的荒唐和虚伪。这是一部世界著名的哲理童话，更是一部关于生命的寓言，是20世纪流传最广的童话，被誉为“法兰西玫瑰”“天才之作”。

马克·吐温的《汤姆·索亚历险记》。小说通过主人公汤姆·索亚的冒险经历，对美国虚伪庸俗的社会习俗、伪善的宗教仪式和刻板陈腐的学校教育进行了讽刺和批判，以欢快的笔调描写了少年儿童自由活泼的心灵，是一首美国“黄金时代”的田园牧歌。另有姊妹篇《哈克贝利·费恩历险记》。

弗兰克·鲍姆的《绿野仙踪》。这是美国最著名的童话故事，有“美国的《西游记》”之称。讲述了美国堪萨斯州小姑娘多萝西被龙卷风带入魔幻世界，与稻草人、铁皮人和狮子成为朋友，在“奥兹国”经历了一系列冒险后最终安然回家的故事。

埃迪蒙托·德·亚米契斯的《爱的教育》。这是一部意大利长篇日记体小说，由100篇文章组成。描写的是小学四年级学生安利柯一个学年的生活，其间穿插着老师每月给学生讲述的“故事”，还有父母为他写的许多具有启发意义的文章，构成了一个洋溢着温情与美德的爱的世界。

E. B. 怀特的《夏洛的网》。这是美国的一部关于友情的童话。讲述在朱克曼家的谷仓里，小猪威尔伯和蜘蛛夏洛建立了最真挚的友谊的故事。作者用童话的叙事风格表现出对生命本身的赞美与眷恋，给了我们关于生命的深沉的思索。

拉斯培和戈·比尔格的《吹牛大王历险记》。这是作者根据18世纪德国男爵敏希豪生讲的故事再创作而成的童话。通过描写敏希豪生男爵的游历故事，刻画了一个既爱说大话又机智勇敢、正直热情的神秘骑士形象。高尔基称歌德的《浮士德》、雪莱的《解放了的普罗米修斯》、拉斯培和戈·比尔格的《吹牛大王历险记》是受到民间口头文学影响的“最伟大的书面文学作品”。

查尔斯·金斯利的《水孩子》。《水孩子》是英国19世纪的一部儿童文学经典名著。讲述了一个扫烟囱的孩子汤姆如何变成水孩子，如何经历各种奇遇，克服性格缺陷，最后长大成人的美丽故事。

林格伦的《长袜子皮皮》。作者是瑞典的民族英雄，享誉全球的“童话外婆”。代表作还有《小飞人卡尔松》《米欧，我的米欧》《狮心兄弟》《绿林女儿》《淘气包埃米尔》《疯丫头马迪根》等。

黑柳彻子的《窗边的小豆豆》。这是日本有名的儿童文学作品。讲述了作者上小学时的一段真实的故事：小豆豆（作者）因淘气被原学校退学后，来到巴学园，在小林校长的爱护和引导下，一般人眼里“怪怪”的小豆豆逐渐变成了一个大家都能接受和喜欢的孩子。

山姆·麦克布雷尼的《猜猜我有多爱你》。这是一本世界性的经典图画书，作者是爱尔兰人，绘图者是英国人安妮塔·婕朗。本图画书里有一只像孩子的小兔子和一只像爸爸的大兔子，它们俩在比赛谁的爱更多一些。整个作品充溢着爱的气氛和快乐的童趣。

儒勒·凡尔纳的《海底两万里》。本书是法国“凡尔纳三部曲”（另两部为《格兰特船长的儿女》和《神秘岛》）的第二部，描述法国博物学家阿罗纳克斯教授和尼摩艇长在海底深处探索旅行的故事。

詹姆斯·马修·巴利的《彼得·潘》。这是一部苏格兰的长篇小说，讲述一个会飞的淘气小男孩彼得·潘和他在永无岛的冒险故事。彼得·潘这个不肯长大的男孩，已经成为西方世界无人不知的人物,象征着永恒的童年和永无止境的探险精神。全书的最后一句话是:事情就是这样周而复始,只要孩子们是快乐、天真和无忧无虑的。

弗朗西斯·伯内特的《秘密花园》。这是美国近百年来畅销不衰的经典儿童小说,多次被改编成影视作品。

蒙格马利的《绿山墙的安妮》。这是加拿大的一部长篇小说,成长与梦想是全书的主题。美国作家马克·吐温说:安妮是继不朽的爱丽丝之后最令人感动和喜爱的儿童形象。学者周国平说:安妮拥有两种极其宝贵的财富,一是对生活的惊奇感,二是充满乐观精神的想象力。

格雷厄姆的《柳林风声》。这是一部妙趣横生的英国童话小说,书中塑造了几个可爱的动物形象:胆小怕事但又生性喜欢冒险的鼹鼠;热情好客、充满浪漫情趣的河鼠;侠义十足、具有领袖风范的老獾;喜欢吹牛、显摆、追求时髦的蟾蜍;敦厚老实的水獭。《柳林风声》被誉为英国文学散文体的典范。

真题解读

1. 下列古典小说中人物与故事对应不正确的是(　　)。

A. 贾宝玉——怒摔通灵宝　　B. 诸葛亮——巧设空城计

C. 鲁智深——醉打蒋门神　　D. 孙悟空——三借芭蕉扇

【答案与解析】C。醉打蒋门神的是武松。

2. 下列关于《离骚》的表述不正确的是(　　)。

A. 战国时诗人屈原的代表作　　B. 我国古代最长的爱情诗

C. 运用了“香草美人”的比兴手法　　D. 具有积极的浪漫主义精神

【答案与解析】B。《离骚》是我国古代的政治抒情诗,我国古代最长的爱情诗是《孔雀东南飞》。

3. 下列人物中,既是诗人也是画家的是(　　)。

A. 李白　　B. 王维　　C. 白居易　　D. 李商隐

【答案与解析】B。唐朝诗人王维精通诗、书、画、音乐等,苏轼评价:“味摩诘之诗,诗中有画;观摩诘之画,画中有诗。”

4. 下列作品不属于高尔基自传体“三部曲”的是(　　)。

A.《童年》　　B.《在人间》　　C.《母亲》　　D.《我的大学》

【答案与解析】C。高尔基自传体“三部曲”是《童年》《我的大学》《在人间》。写出了高尔基对苦难的认识,对社会人生的独特见解,字里行间涌动着一股生生不息的希望与坚强。

5. 唐诗“松下问童子,言师采药去。只在此山中,云深不知处。”的作者是(　　)。

A. 白居易　　B. 贾岛　　C. 欧阳修　　D. 袁枚

【答案与解析】B。这首诗的题名是《寻隐者不遇》,作者贾岛。

6. 下列人物中相传曾整理《诗》《书》等古代典籍并删修《春秋》的是(　　)。

A. 孔子　　B. 老子　　C. 孟子　　D. 荀子

【答案与解析】A。孔子晚年曾修订六经,即《诗》《书》《礼》《易》《乐》《春秋》六部儒家经典。

7. 下列关于韩愈、柳宗元的表述,不正确的是(　　)。

A. 韩愈、柳宗元都是唐代文学家　　B. 他们倡导了著名的"古文运动"

C. 他们力倡内容充实,形式严整的散文　　D. 他们都是"唐宋八大家"的重要成员

【答案与解析】C。韩愈的散文句式结构灵活多变。

8. 不属于明朝章回体小说的是(　　)。

A.《水浒传》　　B.《 西游记》　　C.《金瓶梅》　　D.《红楼梦》

【答案与解析】D。《红楼梦》是清代曹雪芹的章回体小说。

9. 通常认为《庄子》为战国中期庄子及其后学所著,在哲学、文学上都有较高价值,唐代以后,人们尊称它是(　　)。

A.《南华真经》　　B.《无量寿经》　　C.《道德经》　　D.《华严经》

【答案与解析】A。庄子在唐玄宗时期被追号"南华真人",而《庄子》则被尊称为《南华真经》。

10. 世界各国的动画片往往以动物为主角。下列影片中猫的形象属于中国创作的是(　　)。

A.《猫和老鼠》　　C.《机器猫》　　C.《黑猫警长》　　D.《加菲猫》

【答案与解析】C。《猫和老鼠》《加菲猫》是美国动画片,《机器猫》是日本动画片,只有《黑猫警长》是中国动画片。

11. "千锤万凿出深山,烈火焚身若等闲。粉身碎骨全不怕,要留清白在人间。"这首诗通常被认为是明代政治家于谦的一首托物言志诗。它吟咏的对象是(　　)。

A. 花岗岩　　B. 大理石　　C. 石灰　　D. 煤炭

【答案与解析】C。题干中的诗句出自于谦的《石灰吟》,而且从"要留清白在人间"的角度也可以判断只有石灰能够达到纯白色。

12. 鲁迅(1881—1936 年),原名周树人,字豫才。中国现代文学的奠基人,现实主义小说创作的代表作家。"鲁迅"是他 1918 年发表(　　)时开始使用的笔名。

A.《上海》　　B.《狂人日记》　　C.《寒灰集》　　D.《亲爱的丈夫》

【答案与解析】B。

13. 加西亚 · 马尔克斯的代表作中被誉为"再现拉丁美洲历史社会图景的鸿篇巨著"的作品是(　　)。

A.《枯枝败叶》　　B.《蓝宝石般的眼睛》

C.《大妈妈的葬礼》　　D.《百年孤独》

【答案与解析】D。《百年孤独》是哥伦比亚作家加西亚 · 马尔克斯的代表作,也是拉丁美洲魔幻现实主义文学的代表作。

14. 我国现代儿童文学的奠基之祖是(　　)。

A. 叶圣陶的《稻草人》和冰心的《寄小读者》

B. 叶圣陶的《稻草人》和张天翼的《大林和小林》

C. 冰心的《小橘灯》和陈伯吹的《阿丽思小姐》

D. 张天翼的《宝葫芦的秘密》和贺宜的《野小鬼》

【答案与解析】A。中国现代儿童文学的奠基之作是叶圣陶创作并发表于20年代初的童话《稻草人》和稍晚几年问世的冰心的书信体散文《寄小读者》。张天翼的童话《大林和小林》是20世纪30年代中国儿童文学的杰作,陈伯吹的《阿丽思小姐》和贺宜的《野小鬼》也发表于30年代。而张天翼的《宝葫芦的秘密》则发表于中华人民共和国成立以后。

备考策略

一、学习指导

(1) 首先要研读《综合素质》(幼儿园)考试大纲,了解本部分考试目标、考试模块与要求,以及试卷结构、题型。

(2) 分析历年真题,了解考试趋向,做到心中有数。

(3) 紧扣知识点,复习记忆。根据考纲,本章主要以识记为主,重点考查的知识点有中国古代文学名家名作、中国现当代文学名家名作、外国文学名家名作和中外儿童文学名家名作,特别是中外优秀的儿童文学作品。

(4) 注重作品内容的理解和把握,比单纯记忆作品篇目效果要好。

二、考点预测

(1) 重要作品内容,甚至细节要了解和熟悉。如2015年上半年对古典小说中人物与故事对应关系的考查,对《离骚》内容的理解考查;2015年下半年对贾岛《寻隐者不遇》诗歌的识记考查。

(2) 重要作家的主要作品和文学成就要把握和理解。如2015年下半年对高尔基自传体“三部曲”的考查,2018年上半年对加西亚·马尔克斯的代表作名称的考查。

(3) 相互有关联的作家及作品的辨析。如2016年上半年关于韩愈、柳宗元的考查,2017年上半年对世界各国动画片中猫的形象的考查,2018年上半年对我国现代儿童文学奠基之祖的考查。

(4) 以中国文学为主,中外兼顾。近三年考题中,中国文学占86%左右。

(5) 加强对中外优秀儿童文学作家作品的把握和识记。

三、解题要领

本讲对知识点考查的形式主要是单项选择题,可采用选择题常见的“直选法”“排除法”

“比较法”等解题方法答题。

模拟训练

1. 下列诗句不是出自《诗经》的是(　　)。

A. 他山之石,可以攻玉

B. 昔我往矣,杨柳依依,今我来思,雨雪霏霏

C. 执子之手,与子偕老

D. 温故而知新,可以为师矣

2. “采菊东篱下,悠然见南山”是哪位诗人的名句?(　　)

A. 王维　　B. 孟浩然　　C. 高适　　D. 陶渊明

3. 下列有关杜甫的叙述有误的是(　　)。

A. 杜甫,自号少陵野老,唐代伟大的现实主义诗人。他有“致君尧舜上,再使风俗淳”的宏伟抱负

B. 与李白合称“李杜”,与李商隐合称“小李杜”

C. 杜甫在中国古典诗歌中的影响非常深远,被后人称为“诗圣”,他的诗被称为“诗史”

D. 杜甫创作了《登高》《春望》《北征》“三吏”“三别”系列等名作。杜甫共有约 1 500 首诗歌被保留了下来,大多集于《杜工部集》

4. “醉翁之意不在酒”中的“醉翁”是(　　)。

A. 范仲淹　　B. 欧阳询　　C. 欧阳修　　D. 李白

5. 有“曲状元”之称的是(　　)。

A. 白朴　　B. 马致远　　C. 郑光祖　　D. 关汉卿

6. 我国古代长篇小说的顶峰之作是(　　)。

A.《聊斋志异》　　B.《西游记》　　C.《红楼梦》　　D.《儒林外史》

7. 闻一多的诗歌代表作是(　　)。

A.《女神》　　B.《再别康桥》　　C.《七子之歌》　　D.《偶然》

8. 1945 年,延安鲁迅艺术学院集体创作,由贺敬之、丁毅执笔的歌剧(　　),成为解放区文艺的标志物,是我国新歌剧发展的里程碑。

A.《刘三姐》　　B.《白毛女》　　C.《洪湖赤卫队》　　D.《江姐》

9. 诗歌“少小离家老大回,乡音无改鬓毛衰。儿童相见不相识,笑问客从何处来”的作者是(　　)。

A. 李白　　B. 贺知章　　C. 白居易　　D. 杜甫

10. 中国首位获得国际安徒生文学奖的是(　　)。

A. 孙幼军　　B. 郑渊洁　　C. 曹文轩　　D. 秦文君

11. 下列(　　)是郑春华的作品。

A.《舒克贝塔历险记》　　B.《大头儿子和小头爸爸》

C.《小蝌蚪找妈妈》 D.《小兵张嘎》

12. 上海美术电影制片厂1960年制作的中国第一部水墨动画片是(　　)。

A.《哪吒闹海》 B.《雪孩子》 C.《小蝌蚪找妈妈》 D.《宝莲灯》

13. 1985年,《童话大王》月刊横空出世,这是一本专门刊登作者一个人作品的杂志。该作者是(　　)。

A. 孙幼军 B. 郑渊洁 C. 曹文轩 D. 秦文君

14. 英国作家丹尼尔·笛福受当时一个真实故事的启发而创作的一部长篇小说是(　　)。

A.《威尼斯商人》 B.《鲁滨孙漂流记》

C.《彼得·潘》 D.《欧也妮·葛朗台》

15. 被誉为"意大利儿童读物的杰作""意大利儿童读物中最美的书"的作品是(　　)。

A.《木偶奇遇记》 B.《小王子》 C.《绿野仙踪》 D.《秘密花园》

16. 迪士尼乐园建立的灵感来自作品(　　)。

A.《丛林故事》 B.《秘密花园》 C.《格列佛游记》 D.《绿野仙踪》

17. "生存还是毁灭,这是个值得考虑的问题"出自名著(　　)。

A.《皆大欢喜》 B.《罗密欧和朱丽叶》

C.《哈姆雷特》 D.《威尼斯商人》

18. "冬天已经来临,春天还会远吗"出自诗人(　　)之手。

A. 拜伦 B. 雪莱 C. 雨果 D. 裴多菲

19. 下列作家中不在世界三大短篇小说巨匠之列的是(　　)。

A. 契诃夫 B. 欧·亨利 C. 马克·吐温 D. 莫泊桑

20. 泰戈尔是亚洲第一个获得诺贝尔文学奖的作家,其获奖作品是(　　)。

A.《老人与海》 B.《吉檀迦利》

C.《百年孤独》 D.《第二十二条军规》

【答案与解析】

1. D。"温故而知新,可以为师矣"出自《论语·为政》。意思是温习已知的旧知识,又能领悟到新的东西,可以凭借这一点做老师了。

2. D。出自陶渊明的《饮酒·其五》。

3. B。"小李杜"指的是杜牧和李商隐。

4. C。出自《醉翁亭记》:"醉翁之意不在酒,在乎山水之间也。"意思原是作者自说在亭子里真意不在喝酒,而在于欣赏山里的风景。后人用来表示本意不在此而在别的方面。"醉翁"指作者欧阳修,号醉翁。

5. C。马致远是元代散曲大家,有"曲状元"之称。

6. C。《聊斋志异》是我国第一部个人创作的文言短篇小说集,《西游记》是我国第一部神话长篇小说,《儒林外史》是我国第一部长篇讽刺小说。

7. C。《七子之歌》是闻一多于1925年3月在美国留学期间创作的一组诗歌,共七首,

“七子”分别是我国澳门、香港、台湾、威海卫、广州湾、九龙、旅大(旅顺—大连),诗歌描写了中国被侵犯的土地。该歌曲被选为 1999 年 12 月 20 日澳门回归的主题曲。《女神》是郭沫若的代表作,是第一部具有真正现代意义的新诗集,开一代诗风。《再别康桥》《偶然》皆为徐志摩的名作。

8. B。其余三篇是 1953 年后涌现出的中国现代歌剧史上的精品之作。

9. B。出自唐代诗人贺知章的组诗作品《回乡偶书》,抒发作者久客他乡的伤感之情,也写出了久别回乡的亲切感。

10. C。2016 年 4 月 4 日,国际安徒生奖在全球最大的童书展会博洛尼亚书展上揭晓,中国作家曹文轩获得儿童文学作家奖。这是中国作家首次获得这个堪称“小诺贝尔奖”的儿童文学至高荣誉。

11. B。《舒克贝塔历险记》是郑渊洁的作品,《小蝌蚪找妈妈》是方慧珍、盛璐德创作的童话,《小兵张嘎》是徐光耀的作品。

12. C。《小蝌蚪找妈妈》是根据方慧珍、盛璐德创作的同名童话改编,取材于画家齐白石创作的鱼、虾等形象,是由上海美术电影制片厂 1960 年制作的中国第一部水墨动画片。

13. B。郑渊洁的作品创造了皮皮鲁、鲁西西、罗克、舒克和贝塔这些家喻户晓的童话人物,影响了整整一代人。1988 年,《童话大王》月刊印数就突破了 100 万册。迄今为止,《童话大王》累计印数高达数亿册。

14. B。《鲁滨孙漂流记》享有“英国第一部现实主义长篇小说”的头衔,也奠定了作者丹尼尔·笛福“英国小说之父”的地位。

15. A。《木偶奇遇记》的作者是意大利的童话故事作家卡洛·科洛迪。《小王子》是法国作品,《绿野仙踪》是美国作品,《秘密花园》是美国作品。

16. D。美国有非常著名的迪士尼乐园。而建立迪士尼乐园的灵感来自《绿野仙踪》。这本书有“美国版的《西游记》”之称,是美国人自己创作的第一部长篇童话,第一部由美国人写成的幻想故事。

17. C。出自莎士比亚的《哈姆雷特》,是主人公哈姆雷特的经典台词。

18. B。这是英国 19 世纪伟大诗人雪莱的诗篇《西风颂》里的诗句。英国浪漫主义诗人拜伦的代表作是诗体小说《唐璜》,法国浪漫主义文学领袖雨果的代表作是《巴黎圣母院》《悲惨世界》。匈牙利浪漫主义作家裴多菲的代表作有《自由与爱情》,其广为传诵的名句是“生命诚可贵,爱情价更高。若为自由故,二者皆可抛”。

19. C。马克·吐温是美国批判现实主义文学的奠基人,以幽默讽刺的风格而闻名。代表作品有小说《百万英镑》《哈克贝利·费恩历险记》《汤姆·索亚历险记》等。

20. B。《老人与海》是美国作家海明威的一篇中篇小说,它奠定了海明威在世界文学中的突出地位,这篇小说先后获得了 1953 年美国普利策奖和 1954 年诺贝尔文学奖。《百年孤独》是哥伦比亚作家加西亚·马尔克斯创作的长篇小说,是拉丁美洲魔幻现实主义文学的代表作,被誉为“再现拉丁美洲历史社会图景的鸿篇巨著”。约瑟夫·海勒的《第二十二条军规》是美国黑色幽默文学的代表作,被誉为当代美国文学的经典作品。

第五节　科学素养

考点梳理

一、科技成就

（一）古代科技成就

1. 中国古代科技成就

（1）四大发明。

造纸术：纸发明于西汉前期，东汉蔡伦改进造纸术，人称“蔡侯纸”。

印刷术：北宋毕昇发明活字印刷术。

指南针：指南针发明于战国时期，北宋时指南针用于航海。

火药：唐末始用于军事，南宋时制造出世界上最早的管形火器“突火枪”。

（2）天文。

夏朝：开始出现历法。

商朝：干支纪日法是商朝历法的最大成就，世界上延续时间最长的纪日方法。商朝甲骨文中保留了我国最早的日食、月食和新星记录。

春秋：公元前613年，《春秋》中“有星孛入于北斗”是世界公认的关于哈雷彗星的最早记录，比欧洲早670年。

战国：《甘石星经》是世界上最早的天文学著作。

西汉：汉武帝时，制定出中国第一部较完整的历书“太初历”，开始以正月为岁首；公元前28年，出现世界上最早的太阳黑子记录。

东汉：张衡发明地动仪，比欧洲早1 700多年；改造了浑天仪；对月食做了最早的科学解释。

南北朝：祖冲之，编制《大明历》，第一次将“岁差”引进历法。

唐朝：僧一行，制定《大衍历》，比较准确地反映了太阳的运行规律；在人类历史上第一次测定了子午线长度；创制了黄道游仪，用于天体测量。

元朝：郭守敬，主持编订《授时历》，以365.242 5日为一年，比现行公历早300年。

（3）地理。

西周：《周易》最早提出“地理”名称。

战国：《山海经》反映了当时人们对中外地理的认识。

北魏：郦道元的《水经注》，一部综合性地理著作。

明朝：徐霞客的《徐霞客游记》，一部地理学巨著，最早介绍喀斯特地貌。

（4）农业手工业。

北魏：贾思勰的《齐民要术》，我国现存最早、最完整、最系统的农业科学著作。

北宋：沈括的《梦溪笔谈》，总结了我国古代尤其是北宋时期的科技成就。

元朝：王祯的《农书》，概括了农业各方面的知识。

明朝：徐光启的《农政全书》，综合介绍了我国传统的农业成就，建立了比较完整的农学体系；宋应星的《天工开物》，一部关于农业、手工业生产技术的综合性著作，国外称之为“中国 17 世纪的工艺百科全书”。

（5）医学。

战国：扁鹊的“脉学之宗”，采用“望闻问切”四诊法。

西汉：《黄帝内经》，我国现存最早的奠定中医理论体系的重要著作。

东汉：《神农本草经》，我国第一部完整的药物学著作。“医圣”张仲景的《伤寒杂病论》，提出辨证施治原则，被后世医家誉为“万事宝典”。华佗，被誉为“外科鼻祖”“外科圣手”，与董奉、张仲景并称“建安三神医”，发明麻沸散，创作的“五禽戏”为我国现存最早的体育保健体操。

唐朝：《唐本草》，唐高宗时编修，世界上最早由国家发行的药典。“药王”孙思邈的《千金方》，全面总结了历代和当时的医药学成果。

明朝：李时珍的《本草纲目》，被誉为“东方医药巨典”，全面系统地总结了 16 世纪以前的中国医药学。种痘术，起源于明代隆庆年间安徽宁国府太平县（今安徽黄山市黄山区），清康熙二十七年（1688 年），俄国医生来到北京学习种人痘的方法，不久又从俄国传至土耳其，随即传入英国乃至整个欧洲。

（6）数学。

公元前 1 世纪：《周髀算经》，我国现存最古老的算书，载有“勾三股四弦五”这一勾股定理特例。

东汉：《九章算术》，当时世界上最先进的数学著作，标志着中国古代数学体系的形成。

三国：刘徽，提出计算圆周率的正确方法——割圆术。

南朝：祖冲之，精确地算出圆周率是在 3. 141 592 6 至 3. 141 592 7 之间，著有《缀术》一书。

唐朝：王孝通的《缉古算经》，首次提出三次方程式正根的解法。

明朝：程大位的《算法统宗》，为后世珠算法奠定了基础。

（7）建筑。

战国：鲁班，后世木匠祖师爷。

秦朝：长城，中国古代的军事防御工程，1987 年 12 月被列入世界文化遗产。

隋朝：李春，设计建造赵州桥，该桥为世界上现存最古老的石拱桥。

2. 西方古代科技成就

（1）古埃及。

古埃及人按照尼罗河水的涨落和农作物的生长规律，制定了人类历史上第一部太阳历；创造了一种十进制，掌握了加减法运算，能使用分数、解方程；从生产实践中总结出许多几何学理论知识，能计算矩形、三角形和梯形的面积以及立方体、长方体和柱体的体积；建造了世界建筑奇迹金字塔，其中最高大的是胡夫金字塔；在制作木乃伊的过程中，古埃及人初步了解了解剖学的知识，并开始分科治病。

（2）古希腊。

亚里士多德，世界古代史上伟大的哲学家、科学家和教育家之一，《形而上学》奠定了西方哲学思想。

阿基米德，享有“力学之父”的美称，阿基米德、高斯和牛顿并列为世界三大数学家。他发现了浮力定律（阿基米德原理）、杠杆原理，曾说过：“给我一个支点，我就能撬起整个地球。”

毕达哥拉斯，古希腊数学家、哲学家，发现勾股定理（毕达哥拉斯定律）。

欧几里得，数学家，最著名的著作《几何原本》是欧洲数学的基础。

（3）古罗马。

托勒密，运用数学模型方法建立了地心说体系，著成《至大论》一书，集古代天文学之大成，其影响延至 16 世纪哥白尼日心体系建立之后。

盖伦，著名的医生和解剖学家，提出“灵气论”学说，一生写了 131 部著作，其中《论解剖过程》《论身体各部器官功能》两书阐述了在人体解剖生理上的许多发现。

（二）近现代科技成就

1. 中国近现代科技成就

（1）核技术。

1960 年 11 月 5 日，第一枚对地近程弹道导弹“东风-1”发射成功。

1964 年 10 月 16 日，第一颗原子弹爆炸成功。

1966 年 10 月 27 日，首次发射导弹核武器试验成功。

1967 年 6 月 17 日，第一颗氢弹爆炸成功。

（2）航天技术。

1970 年 4 月 24 日，成功研制发射第一颗人造地球卫星“东方红一号”。

1972 年 3 月 3 日，成功发射第二颗科学技术试验卫星。

1975 年 11 月 16 日，成功发射第一颗返回式遥感卫星。

1981 年 9 月 20 日，首次使用一枚大型火箭将 3 颗不同用途的卫星送入地球轨道，成功实现了一箭多星的壮举。

1999 年 11 月 20 日 6 时 30 分，在酒泉卫星发射中心，由新型长征运载火箭发射“神舟一号”飞船，于次日 15 时 41 分在内蒙古自治区中部地区成功着陆。

2001 年 1 月 10 日，“神舟二号”飞船在酒泉卫星发射中心发射升空，在轨飞行 7 天后成功返回地面。

2002 年 3 月 25 日,“神舟三号”无人飞船成功发射并于 4 月 1 日顺利返回,表明我国航天已掌握了天地往返技术。

2002 年 12 月 30 日,“神舟四号”无人飞船在酒泉起航,这是神舟飞船在无人状态下考核最全面的一次飞行试验。

2003 年 10 月 15 日,“神舟五号”载人飞船承载航天员杨利伟从酒泉起航,这是我国首次载人航天。

2005 年 10 月 12 日,“神舟六号”载人飞船承载宇航员费俊龙和聂海胜从酒泉发射中心升空,5 日后返回。

2008 年 9 月 25 日,“神舟七号”载人飞船承载宇航员翟志刚、刘伯明、景海鹏从酒泉卫星发射中心升空。这是我国的第三艘载人航天飞船,掌握了出舱活动的相关技术。

2011 年 11 月 1 日 5 时 58 分 10 秒,“神舟八号”飞船在酒泉卫星发射中心发射,与我国首个空间站雏形“天宫一号”携手,共同执行首次空间交会对接任务。在顺利完成两次对接任务后,于 2011 年 11 月 17 日 19 时 36 分在内蒙古四子王旗着陆。

2012 年 6 月 16 日 18 时 56 分,执行我国首次载人交会对接任务的“神舟九号”载人飞船,在酒泉卫星发射中心发射升空后准确进入预定轨道,顺利将景海鹏、刘旺、刘洋三名航天员送上太空,刘洋是我国第一位进入太空的女宇航员。

2013 年 6 月 11 日 17 时 38 分,“神舟十号”飞船在酒泉卫星发射中心成功发射,在轨飞行 15 天,并首次开展中国航天员太空授课活动。飞行乘组由男航天员聂海胜、张晓光和女航天员王亚平组成。

2016 年 10 月 17 日 7 时 30 分,“神舟十一号”飞船在酒泉卫星发射中心发射,飞行乘组由两名男性航天员景海鹏和陈冬组成,飞船入轨后经过 2 天独立飞行完成与“天宫二号”空间实验室自动对接形成组合体。

2023 年 5 月 30 日 9 时 31 分,“神舟十六号”飞船在酒泉卫星发射中心成功发射。

2007 年 10 月 24 日,“嫦娥一号”探测器由“长征三号”甲运载火箭成功发射。

2010 年 10 月 1 日,“嫦娥二号”卫星成功发射升空,揭开了中国探月工程二期的序幕。

2013 年 12 月 15 日,“嫦娥三号”携带“玉兔”月球车在月球开始工作,标志着中国首次地外天体软着陆成功。这也是人类时隔 37 年后再次在月球表面展开探测工作。

2018 年 12 月 8 日,“嫦娥四号”探测器在西昌卫星发射中心由“长征三号”乙运载火箭成功发射。2019 年 1 月 3 日,“嫦娥四号”成功着陆在月球背面南极——艾特肯盆地冯·卡门撞击坑的预选着陆区。2019 年 1 月 11 日下午,科研人员通过“鹊桥”中继星发送了拍照遥控指令,“嫦娥四号”两器互拍顺利完成,至此,中国探月工程取得“五战五捷”。2019 年 1 月 15 日,“嫦娥四号”上搭载的“生物科普试验载荷”发布了最新试验照片,照片显示试验搭载的棉花种子已经长出了嫩芽,这也标志着“嫦娥四号”完成了人类在月面进行的首次生物实验。

2020 年 11 月 24 日,“嫦娥五号”探测器成功发射,它是中国航天迄今为至最复杂、难度最大的任务之一。

2016年8月16日01时40分，由中国科学技术大学主导研制的世界首颗量子科学实验卫星“墨子号”在酒泉卫星发射中心用“长征二号”丁运载火箭成功发射升空。

（3）计算机技术。

1983年12月，“银河-Ⅰ”亿次巨型电子计算机，历经5年，在国防科技大学诞生。

1992年11月，由国防科技大学研制的“银河-Ⅱ”10亿次巨型计算机在长沙通过国家鉴定，填补了我国面向大型科学工程计算和大规模数据处理的并行巨型计算机的空白。

1997年6月，由国防科技大学研制的“银河-Ⅲ”并行巨型计算机在京通过国家鉴定，峰值性能为130亿次，多项技术居国内领先，综合技术达到当前国际先进水平。

1983年10月，王永民发明五笔字型汉字输入法，根本解决计算机汉字输入问题。

1993年10月，“曙光一号”并行计算机研制成功，达到当时世界先进水平。

2010年11月，“天河一号”计算机以每秒2 570万亿次的实测运算速度，成为世界上运算最快的计算机。这也是我国第一台千万亿次计算机。

在2014年11月17日公布的全球超级计算机500强榜单中，中国“天河二号”以比第二名美国“泰坦”快近一倍的速度连续第四次获得冠军。

2016年6月20日，新一期全球超级计算机500强榜单公布，使用中国自主芯片制造的“神威·太湖之光”取代“天河二号”登上榜首。

（4）生物技术。

1965年9月17日，我国科学家首次人工合成结晶牛胰岛素，这是世界上第一次人工合成的具有生物活力的结晶蛋白质。

1984年3月9日，我国青年学者旭日与日本学者合作，培育出世界上第一胎“试管山羊”。1989年，“试管绵羊”被成功培育。

1988年，我国研制成功乙型肝炎基因工程疫苗。

2001年，人类基因组计划率先在中国取得突破，人类基因组“中国卷”率先绘制完成。

2015年10月，屠呦呦获得诺贝尔生理学或医学奖，成为首位获得科学类诺贝尔奖的中国人，她发现的青蒿素可以有效降低疟疾患者的死亡率。

（5）工农业技术。

1956年7月，沈阳飞机厂试制成功我国第一架喷气式飞机。

1958年6月，长春第一汽车制造厂试制成功我国第一辆国产高级轿车——红旗轿车。

1959年9月26日，黑龙江“松基三井”的油井里喷射出的黑色油流改写了中国石油工业的历史，松辽盆地发现了世界级的特大砂岩油田——大庆油田。

1973年10月，“杂交水稻之父”袁隆平正式宣告中国籼型杂交水稻“三系”配套成功。

1997年10月，中国农科院生物技术中心郭三堆研制成功我国第一个双阶抗虫棉。

（6）其他技术。

1957年建成通车的武汉长江大桥是我国在长江上修建的第一座铁路、公路两用桥梁，被称为“万里长江第一桥”。

1966 年,中国著名数学家陈景润证明了"哥德巴赫猜想"中的"1 +2"。

1984 年 12 月 30 日,中国第一支南极考察队登上乔治岛,建立中国南极长城站,1985 年 2 月 20 日落成。1989 年 9 月 26 日,中国南极中山站在南极大陆落成。2009 年,中国第一个南极内陆科学考察站昆仑站在南极大陆内陆正式建成。1999 年 6 月,我国首次赴北极考察。

1989 年,中科院化学所研制出丙纶级聚丙烯树脂。在化学纤维 5 个品种涤纶、锦纶、丙纶、腈纶和维纶中,丙纶是中国自行研究开发成功的。

2. 西方近现代科技成就

(1) 天文。

哥白尼,波兰科学家,1543 年发表《天体运行论》,建立"日心说",动摇了天主教会的"地心说",成为近代天文学的起点。

开普勒,德国天文学家,1609—1619 年提出关于行星运动的三大定律,即椭圆定律、面积定律和调和定律。

伽利略,意大利数学家、物理学家和天文学家,1609—1610 年发明人类历史上第一台天文望远镜,并使用它观察天体,论证了哥白尼学说。

赫歇尔,英国天文学家,1781 年发现天王星,1800 年发现太阳光谱中红外波段有辐射,这是人类首次探测到天体的红外辐射。

哈勃,美国天文学家,1929 年发现谱线红移定律,即哈勃定律,著有现代天文学名著《星云世界》《用观测手段探索宇宙学问题》,曾获太平洋天文学会奖章和英国皇家天文学会金质奖章。

(2) 物理。

伽利略,发明了摆针和温度计,从实验中总结出自由落体定律、惯性定律和伽利略相对性原理等,奠定了经典力学的基础,被誉为"近代力学之父""现代科学之父"。

牛顿,英国著名物理学家,发现万有引力和三大运动定律,建立牛顿力学体系,著有《自然哲学的数学原理》《光学》。

瓦特,英国发明家,第一次工业革命的重要人物,1776 年制造出第一台有实用价值的蒸汽机,开辟了人类利用能源的新时代,使人类进入"蒸汽时代"。

本杰明 · 富兰克林,美国物理学家,发明了避雷针,证明了闪电的本质即电,最早提出电荷守恒定律。

伏特,意大利物理学家,1800 年发明伏打电堆。

奥斯特,丹麦物理学家、化学家,1820 年发现电流的磁效应。

安培,法国物理学家、化学家和数学家,发现"安培定则",即右手螺旋定则,被麦克斯韦誉为"电学中的牛顿"。

欧姆,德国物理学家,发现欧姆定律。

法拉第,英国物理学家、化学家,1831 年首次发现电磁感应现象,得到产生交流电的方法,发明圆盘发电机,被称为"电学之父"和"交流电之父"。

焦耳,英国物理学家,发现了"焦耳定律",提出能量守恒与转化定律,为热力学第一定律打下了基础。

麦克斯韦，英国物理学家、数学家，经典电动力学的创始人，统计物理学的奠基人之一。1873 年出版《论电和磁》，该书被尊为继牛顿《自然哲学的数学原理》之后最重要的一部物理学经典。预言了电磁波的存在，提出了光的电磁说。

伦琴，德国物理学家，1895 年 11 月 8 日发现了 X 射线，为开创医疗影像技术铺平了道路，1901 年被授予首次诺贝尔物理学奖。

多普勒，奥地利物理学家，发现多普勒效应。

开尔文，英国物理学家，发明热力学温标（绝对温标）。

居里夫人，法国著名波兰裔物理学家、化学家，世界上第一个两次获得诺贝尔奖的人，开创了放射性理论，发明了分离放射性同位素技术，发现了新元素钋和镭。

爱因斯坦，犹太裔物理学家，提出光子假设，成功解释了光电效应，因此获得 1921 年诺贝尔物理学奖。1905 年创立狭义相对论，1915 年创立广义相对论。

玻尔，丹麦物理学家，提出玻尔模型、互补原理和哥本哈根诠释。1922 年因对原子结构理论的贡献获得诺贝尔物理学奖。

贝尔，美国发明家、企业家，获得了世界上第一台可用的电话机的专利权，创建了贝尔电话公司。

爱迪生，美国发明家、企业家，一生共有 2 000 多项发明，拥有专利 1 000 多项，其中留声机、电影摄影机、电灯对世界有重大影响。

普朗克，德国物理学家，创立量子力学，1918 年荣获诺贝尔物理学奖。

卢瑟福，英国物理学家，1911 年卢瑟福根据 α 粒子散射实验现象提出原子核式结构模型，1919 年发现质子，被誉为“原子核物理学之父”，1908 年获诺贝尔化学奖。

费米，美国物理学家，领导建立人类第一台可控核反应堆，人类从此迈入原子能时代，被誉为“原子能之父”，1938 年获诺贝尔物理学奖。

（3）化学。

波义耳，英国化学家，著有《怀疑派化学家》，发现波义耳定律，马克思、恩格斯誉称“波义耳把化学确立为科学”。

罗蒙诺索夫，俄国科学家，1756 年最早发现“质量守恒定律”，创办了俄国第一个化学实验室和第一所大学莫斯科罗蒙诺索夫国立大学。

拉瓦锡，法国化学家，提出“元素”的定义，1789 年发表第一个现代化学元素列表，被后世尊称为“化学之父”。

道尔顿，英国化学家、物理学家。近代原子理论的提出者，发现色盲（道尔顿症）。

阿伏伽德罗，意大利物理学家、化学家，1811 年发表了阿伏伽德罗假说、阿伏伽德罗定律。

布朗，英国植物学家，1827 年在花粉颗粒的水溶液中观察到花粉不停顿的无规则运动，即“布朗运动”。

门捷列夫，俄罗斯科学家，发现化学元素的周期性，依照原子量制作出世界上第一张元素周期表。

（4）生物。

哈维，英国著名生理学家、医生，发现了血液循环的规律，奠定了近代生理科学发展的基础。

施莱登，德国植物学家，提出植物细胞学说。

施旺，德国生理学家，细胞学说的创立者之一，末梢神经系统中施旺氏细胞的发现者，胃蛋白酶的发现和研究者，酵母菌有机属性的发现者，术语“新陈代谢”的创造者。

达尔文，英国生物学家，进化论的奠基人，出版《物种起源》，提出了生物进化论学说。恩格斯将生物进化论和细胞学说、能量守恒转化定律列为 19 世纪自然科学的三大发现。

巴斯德，法国微生物学家、化学家，近代微生物学的奠基人，建立疾病的病菌说，发明巴氏灭菌法、狂犬病疫苗。

孟德尔，奥地利生物学家，遗传学的奠基人，被称为“现代遗传学之父”，于 1865 年发现遗传定律。

科赫，德国医生、细菌学家，世界病原细菌学的奠基人，1905 年因肺结核研究方面的贡献获诺贝尔生理或医学奖。1982 年，我国邮电部发行了一枚纪念邮票，纪念科赫发现肺结核病原菌一百周年。

弗莱明，英国细菌学家、生物化学家、微生物学家，1928 年首先发现了青霉素，获诺贝尔生理或医学奖。

沃森，美国分子生物学家，1953 年和英国生物学家克里克发现 DNA 双螺旋结构（包括中心法则），获得诺贝尔生理学或医学奖，被誉为“DNA 之父”。

人类基因组计划（HGP）由美国科学家于 1985 年率先提出，于 1990 年正式启动，由美、英、法、德、日、中科学家共同参与。人类基因组计划与曼哈顿原子弹计划和阿波罗计划并称为“三大科学计划”，被誉为生命科学的“登月计划”。截至 2003 年 4 月 14 日，人类基因组计划的测序工作已经完成。

（5）其他。

1492—1504 年，西班牙航海家哥伦布四次横渡大西洋，到达美洲大陆。

1519—1522 年，葡萄牙探险家、航海家麦哲伦率船队完成人类历史上首次环球航行，用事实证明了地球是一个球体。

1945 年，世界上第一颗原子弹在美国新墨西哥州试爆成功，标志着世界进入核武器时代。

1946 年 2 月 14 日，美国宾夕法尼亚大学研制出世界第一台计算机电子数值积分计算机（ENIAC）。

1952 年 11 月 1 日，世界上第一枚氢弹试验装置“迈克”在太平洋的恩尼威托克岛上爆炸。

1903 年 12 月 17 日，美国发明家莱特兄弟首次试飞了世界上第一架飞机“飞行者一号”。

1957 年 10 月 4 日，苏联发射了世界上第一颗人造卫星。

二、科学常识

（一）物理

1. 光

（1）光的产生。

能够发光的物体叫作光源。常见的自然光源有太阳、星星、萤火虫等，人造光源有蜡烛、电灯、激光等，月亮不会发光不是光源。

（2）光的传播。

光在真空中的传播速度最快，为 3×10^5 千米/时，在固体中传播速度最慢。光在同一种均匀介质中沿直线传播。光由一种介质射向另一种介质时，一部分光返回原介质发生反射（平面镜成像、水中的倒影、潜望镜）；光由一种介质射向另一种介质时，一部分光进入另一种介质发生折射（投影仪、放大镜、海市蜃楼）。光通过棱镜折射后会被分解为红、橙、黄、绿、蓝、靛、紫的现象叫光的色散（彩虹就是被空中的水滴色散而产生的）。色光的三原色——红、绿、蓝，电视的光就是三原色混合而成的。光谱中红光以外的是红外线，一切物体都可以辐射红外线，且温度越高辐射的红外线越强。光谱中紫光以外的是紫外线，自然界中的紫外线大多来自太阳。

2. 声

（1）声音的产生。

声音是由于物体的振动而产生的。正在发声的物体叫"声源"。振动的气体、液体和固体都能发声。声音的特性包括音调、响度、音色。人能听到的声音频率范围为 20 ~ 20 000 赫兹，频率低于 20 赫兹的声波为次声波，频率高于 20 000 赫兹的声波为超声波。

（2）声音的传播。

声音以波的形式传播，且需要介质。一般来说，声音在固体中的传播速度最快，在液体中较快，在气体中最慢。同种介质，温度越高，声速越大。

3. 电

自然界中存在正、负两种电荷。同种电荷相互排斥，异种电荷相互吸引。电荷的定向移动形成电流。容易导电的物体叫导体。如金属，人体，大地，石墨，酸、碱、盐水溶液等。不容易导电的物体叫绝缘体，如玻璃、陶瓷、塑料、油、纯水等。

保险丝是用电阻率大、熔点低的铅锑合金制成。当电路中有过大的电流时，保险丝升温达到熔点而熔断，自动切断电路，起到保险的作用。

三孔插座与两孔插座的区别和连接方法：三孔插座多出的一孔与大地连接，三脚插头多的一脚与用电器金属外壳连接。

4. 磁

磁体是具有磁性（能够吸引铁、镍、钴等物质）的物体。任何磁体都有两个磁极，一个是北极（N 极），另一个是南极（S 极）。同名磁极互相排斥，异名磁极互相吸引。

地球周围空间存在地磁场,地磁场的北极在地理位置的南极附近,而地磁场的南极则在地理位置的北极附近。地理的南北极与地磁场的南北极并不重合,它们的夹角称“磁偏角”。我国宋代科学家沈括是世界上第一个准确记载这一现象的人。

5. **热**

温度表示物体的冷热程度。标准大气压下,冰水混合物的温度为0℃、沸水的温度为100℃。固态、液态、气态是物质存在的三种状态。物质从固态变成液态的过程叫作“熔化”,反之叫“凝固”。固体分为晶体(水晶、冰、明矾等)和非晶体(蜡、玻璃、沥青等),晶体有固定的熔点,非晶体没有固定的熔点。物质从液态变为气态的过程叫“汽化”,反之叫“液化”。雾、露、云、雨的形成即为液化。物质从固态变成气态的过程叫“升华”,反之叫“凝华”。如樟脑丸消失为升华,霜的形成为凝华。

6. **力和运动**

力是物体间的相互作用,如弹力、重力、摩擦力、压力、浮力。

牛顿第一定律:一切物体在没有受到力的作用时,总保持静止状态或匀速直线运动状态。

惯性不是力,是物体本身固有的一种属性。汽车突然刹车时,乘客因惯性向汽车行驶的方向倾倒。利用惯性,如跳远助跑可提高成绩。

(二) 化学

1. **物质的构成**

物质由分子、离子、原子构成。原子由原子核和核外电子构成,原子核由质子和中子构成,中子、质子这一类强子是由更基本的单元——夸克组成的。

物质由元素组成,到目前为止共有118种元素被发现。

2. **物质的分类**

物质可以分成纯净物与混合物,纯净物可以分为单质和化合物,化合物又可以分为氧化物、酸、碱、盐。空气是混合物,其组成为 $N_2$78%、O_2 21%、稀有气体0.94%、CO_2 0.03%,其他气体与杂质0.03%。水是纯净物,由氢、氧两种元素组成。自来水的净化过程和净化原理:沉淀—过滤—吸附—消毒。

3. **燃料及应用**

燃烧的条件:可燃物、氧气(或空气)、温度达到着火点,三者缺一不可。灭火的原理:只要消除燃烧条件中的任意一个即可。

三大化石燃料:煤、石油、天然气(主要成分为甲烷)。

新能源:氢能源(最清洁的能源)、太阳能、核能、风能、地热能、潮汐能。

4. **环境污染**

按环境要素分大气污染、水体污染、土壤污染、噪声(音)污染、农药污染、辐射污染、热污染。

二氧化硫——损伤呼吸道,形成酸雨;氮氧化物——产生光化学烟雾;二氧化碳——形成“温室效应”；氯氟烃——导致臭氧层空洞；氮、磷——导致“水体富营养化”；塑料制品——形成“白色污染”；铅——损伤神经系统；镉——导致“痛痛病”；汞——导致“水俣病”。

常见室内污染物：甲醛、苯、氡、氨等。

(三) 生物

1. 植物

种子植物、苔藓植物、蕨类植物和裸子植物等植物中，据估计现存大约有 350 000 个物种。绿色植物大部分的能源经由光合作用从太阳光中得到，温度、湿度、光线、淡水是植物生存的基本需求。种子植物共有六大器官：根、茎、叶、花、果实、种子。

按照茎的变态来分，有茎卷须、茎刺、根茎、块茎、鳞茎、球茎等，其中根茎（芦苇、莲、毛竹）、鳞茎（洋葱、大蒜、百合）、球茎（荸荠、慈姑、芋艿）和块茎（马铃薯、菊芋）同属于地下茎的变态。

2. 动物

根据化石研究，地球上最早出现的动物源于海洋。动物分为无脊椎动物和脊椎动物两大类。科学家已经鉴别出 46 900 多种脊椎动物，包括鲤鱼、黄鱼、草鱼等鱼类动物，蛇、蜥蜴等爬行类动物，青蛙、娃娃鱼等两栖类动物，鸟类以及熊猫等哺乳类动物等。130 多万种无脊椎动物，这些动物中多数是昆虫，昆虫中多数是甲虫。鼻涕虫、蚯蚓、乌贼、牡蛎、红海星、水母、蜘蛛、珊瑚虫、放射虫、蛔虫、猪肉绦虫、沙蚕、蜗牛、蛞蝓等都属于无脊椎动物。

3. 人体

人体结构的基本单位是细胞。

人体由无机物和有机物构成。无机物主要为钠、钾、磷和水等，有机物主要为糖类、脂类、蛋白质与核酸等。

人体共有八大系统：运动系统、神经系统、内分泌系统、循环系统、呼吸系统、消化系统、泌尿系统、生殖系统。这些系统协调配合，使人体内各种复杂的生命活动能够正常进行。

人体皮肤：由外往里分为表皮层、真皮层、皮下组织。表皮属复层扁平上皮；真皮则是致密结缔组织，有许多弹力纤维和胶原纤维，故有弹性和韧性；真皮比表皮厚，有丰富的血管和神经；皮肤下面有皮下组织，属疏松结缔组织，有大量脂肪细胞。皮肤还有毛发、汗腺、皮脂腺、指（趾）甲等许多附属物。

人体血管：按构造功能不同，分为动脉、静脉和毛细血管三种。动脉从心脏将血液带至身体组织，静脉将血液自组织间带回心脏，毛细血管则连接动脉与静脉，是血液与组织间物质交换的主要场所。

4. 微生物

微生物包括 8 大类：细菌、病毒、真菌、放线菌、立克次氏体、支原体、衣原体、螺旋体。有些微生物是肉眼可以看见的，像属于真菌的蘑菇、灵芝、香菇等。还有些微生物是一类由核酸和蛋白质等少数几种成分组成的“非细胞生物”，但是它的生存必须依赖于活细胞。微生物根据其在的不同环境分为空间微生物、海洋微生物等，按照细胞结构分类分为原核微生物和真核微生物。

5. **现代生物技术**

以基因工程、蛋白质工程、细胞工程为基础的现代生物技术是21世纪科技创新的前沿，代表了高新技术发展的方向。

（四）天文

1. **太阳系**

太阳系是以太阳为中心，和所有受到太阳的引力约束的天体组成的集合体。目前太阳系有八大行星，分别是水星、金星、地球、火星、木星、土星、天王星、海王星。木星是太阳系中体积和质量最大、自转最快、拥有卫星最多的行星。

太阳由里向外分别为太阳核反应区、太阳对流层、太阳大气层。太阳表面和大气层中的活动现象，诸如太阳黑子、耀斑和日冕物质喷发（日珥）等，会使太阳风大大增强，造成许多地球物理现象——例如，极光增多、大气电离层和地磁的变化。

彗星分为彗核、彗发、彗尾三部分。彗核由冰物质构成。当接近太阳时，彗星在太阳辐射的作用下分解成彗头和彗尾，状如扫帚，俗称“扫帚星”。著名的哈雷彗星绕太阳一周的时间为76年。

流星体原来是围绕太阳运动的，在经过地球附近时，受地球引力的作用，改变轨道，从而进入地球大气圈。流星有单个流星、火流星、流星雨几种。流星体坠落到地面通常为陨石、陨铁或者其他金属类石头。中国保存的最古年代的陨铁是四川隆川陨铁，大约是在明代陨落的。

2. **日食与月食**

日食，又叫“日蚀”，当月球运动到太阳和地球中间，如果三者正好处在一条直线上时，月球就会挡住太阳射向地球的光，月球身后的黑影正好落到地球上，这时就会发生日食现象。日食分为日偏食、日全食、日环食、全环食。观测日食时不能直视太阳，否则会造成短暂性失明，严重时甚至会造成永久性失明。

月食是一种特殊的天文现象，指当月球运行至地球的阴影部分时，在月球和地球之间的地区会因为太阳光被地球所遮蔽，导致月球看上去好像缺了一块。此时的太阳、地球、月球恰好（或几乎）在同一条直线上。月食可以分为月偏食、月全食和半影月食三种。月食只可能发生在农历十五前后。

3. **潮汐与潮汐锁定**

潮汐现象指海水在天体（主要是月球和太阳）引潮力作用下所产生的周期性运动，习惯上把海水在海面垂直方向的涨落称为“潮汐”，而海水在水平方向的流动称为“潮流”。根据潮汐周期分为半日潮型、全日潮型、混合潮型。

潮汐锁定（或同步自转、受俘自转）发生在重力梯度使天体永远以同一面对另一个天体时，由于潮汐锁定，月球绕地球公转与自转的周期相同，因而月球永远以同一面朝向地球，在地球上看到的月亮“景色”总是一样。

4. 二十四节气

二十四节气是指干支历(太阳历)中表示季节变迁的24个特定节令,是古人依据黄道面划分制定的,反映了太阳对地球产生的影响,属太阳历范畴。在国际气象界,二十四节气被誉为“中国的第五大发明”。2016年11月30日,二十四节气被正式列入联合国教科文组织人类非物质文化遗产代表作名录。

(五)地理

1. 地球结构

地球是一个两极稍扁赤道略鼓的不规则球体。

地球绕着地轴不停地自转,方向自西向东,周期约为24小时,产生昼夜更替。地球围绕太阳不停地公转,周期约为365天,形成四季。

地球圈层结构分为地球外部圈层和地球内部圈层两大部分。地球外部圈层可进一步划分为三个基本圈层,即大气圈、水圈、生物圈;地球内圈可进一步划分为三个基本圈层,即地壳、地幔和地核。地壳和上地幔顶部(软流层以上)由坚硬的岩石组成,合称岩石圈。

地球五带:南寒带、南温带、热带、北温带、北寒带。

自地表起垂直向上,大气层通常分为5层:对流层、平流层、中间层、热层和外逸层。

云主要有三种形态:一大团的积云、一大片的层云和纤维状的卷云。“看云识天气”的谚语有“天上钩钩云,地上雨淋淋”,钩钩云指钩卷云,预兆着阴雨将临;“天上鲤鱼斑,明日晒谷不用翻”,鲤鱼斑指透光高积云,云层如果没有继续增厚,短期内仍是晴天。

2. 陆地和海洋

七大洲:亚洲、非洲、北美洲、南美洲、南极洲、欧洲、大洋洲。

四大洋:太平洋、大西洋、印度洋、北冰洋。

亚洲是最大的洲,欧洲是最小的洲;太平洋是最大的洋,北冰洋是最小的洋;南极洲是跨经度最广的大洲,北冰洋是跨经度最广的大洋。

全世界约有14种气候类型,我国主要的气候类型有:热带季风、亚热带季风、温带季风、高原山地、温带大陆性、热带雨林。

3. 地貌

地貌即地球表面各种形态的总称,是内力过程与外力过程对立统一的产物。

丹霞地貌:一种有着特殊地貌特征以及与众不同的红颜色的地貌景观,像“玫瑰色的云彩”或者“深红色的霞光”。2010年8月1日,在巴西利亚举行的第34届世界遗产大会上,“中国丹霞”经联合国教科文组织世界遗产委员会批准,被正式列入世界遗产名录。

喀斯特地貌:具有溶蚀力的水对可溶性岩石(大多为石灰岩)进行溶蚀作用所形成的地表和地下形态的总称,又称“岩溶地貌”。钟乳石是指碳酸盐岩地区洞穴内在漫长地质历史中和特定地质条件下形成的石钟乳、石笋、石柱等不同形态碳酸钙沉淀物的总称。石钟乳和石笋大不相同,石钟乳从上往下生长,石笋从下往上生长,连接起来便成为石柱。

盆地：盆地是地球表面（岩石圈表面）相对长时期沉降的区域，因整个地形外观与盆子相似而得名。中国的盆地数量很多，其中，塔里木盆地、准噶尔盆地、柴达木盆地和四川盆地被誉为中国的“四大盆地”，特色各异。塔里木盆地位于新疆南部，是中国面积最大的内陆盆地。准噶尔盆地位于新疆北部，是中国第二大的内陆盆地。柴达木盆地位于青海省西北部、青藏高原东北部，是我国四大盆地之中地势最高的盆地。四川盆地是中国著名的红层盆地，位于亚洲大陆中南部，囊括四川省中东部和重庆大部，又称“信封盆地”“紫色盆地”。吐鲁番盆地位于新疆天山东部南坡，是中国地势最低和夏季气温最高的地方。

4. 中国地理

三大平原：东北平原、华北平原、长江中下游平原。

四大盆地：塔里木盆地、准噶尔盆地、柴达木盆地、四川盆地。

四大高原：青藏高原、内蒙古高原、黄土高原、云贵高原。

五大名山：东岳泰山、西岳华山、中岳嵩山、北岳恒山、南岳衡山。

（六）其他

2005 年，青藏铁路格尔木—拉萨段全线铺通，2006 年 7 月 1 日开通运营。青藏铁路工程技术人员和建设者按照建设世界一流高原铁路的目标，攻克“多年冻土、高寒缺氧、生态脆弱”三大世界性难题，优质地完成了青藏铁路全线铺通任务。青藏铁路是我国新世纪四大工程之一，其东起青海西宁，西至拉萨，全长 1 956 千米，它是世界上海拔最高的铁路，还拥有多项世界之最。

“天鲲号”是我国拥有自主知识产权的、亚洲最大的重型自航绞吸挖泥船，它的设计挖泥量为 6 000 立方米/时，测试中的最高生产率达到 7 501 立方米/时，并能将这些泥土通过管道输送到 15 千米以外的地方。

“北斗”是我国自主研发的导航定位系统，在全球范围内，定位精度为水平 10 米、高度 10 米，测速精度为 0.2 米/秒，授时精度 20 纳秒，系统服务可用性优于 95%。

港珠澳大桥 2018 年 10 月 24 日正式通车，分别由 3 座通航桥、1 条海底隧道、4 座人工岛及连接桥隧、深浅水区非通航孔连续梁式桥和港珠澳三地陆路联络线组成，被业界誉为桥梁界的“珠穆朗玛峰”，被英国《卫报》称为“现代世界七大奇迹”之一。

海洋调查船是专门从事海洋科学调查研究的船只，按调查任务可分为综合调查船、专业调查船、特种海洋调查船。世界第一艘海洋调查船是英国“挑战者号”，我国在 1970 年 1 月建造出第一艘水文气象船“向阳红 01 号”。

三、常见儿童科普读物

《十万个为什么》（幼儿版）。全套书一共 8 本，分门别类地讲述了百科知识，叙述语言活泼、充满童心，突出对“幼儿”这个特定读者群体的关照。

《神奇校车》。这是一套将奇特想象和抽象的科学知识完美融合的科普绘本，情节惊险刺激，语言生动爆笑，对话可爱而充满童趣，知识结构清晰严谨，展示了一种新奇的、迷人的、另类的自然科学教育方式。

《大中华寻宝系列》。该系列漫画版图书共34册,以23个省、4个直辖市、5个自治区、2个特别行政区为创作背景,以独特的漫画元素和创新的故事语言,悬念迭出的情节和匠心独运的编创,将神州大地的地理风貌、历史遗迹、文化艺术、物产资源、民族风俗等内容巧妙融合。

《平博士密码科学馆》。这是一套贴近互联网时代的儿童科普书,涵盖宇宙、互联网、数学、生物等元素,趣味科学新闻、奇趣科普故事、趣味科学实验、走近科学家……多元板块激发孩子求知欲望,引领孩子进入科学世界。

《小小牛顿幼儿馆》。该书的中心理念是"幼儿生活中的科学",不只涵盖生物、理化、数学、天文等知识,更是融合了科学态度与情操的培养,即逻辑思考、好奇求知、勇于解决问题等能力。

《BBC科普三部曲》。这是配合BBC纪录片出版的科普读物,主要探索了地球、生命和海洋的奥秘。书中的内容都是入门级的知识,内容简明生动,在增长知识的同时也可以激发儿童对科学的兴趣。

《How & Why美国经典少儿百科知识全书》(低幼版)。该套书从动物到生态系统、从生物到自然循环、从我自己到社区,从单独的个体进阶到整个群体,循序渐进,每个主题都有小我到大我的升级,帮助孩子完美度过小我到大我、本我到世界的认知。

《DK儿童百科全书》。本书用贴近孩子心理的语言表达方式为孩子树立一个全方位的知识结构,内容丰富多彩,栏目设计独具匠心,全新的阅读体验激发孩子读书的渴望,培养他们追求知识的兴趣,获得寻找知识的方法和独立思考的能力。

《大英儿童百科全书》。本书用大量趣味盎然的故事、科学小品、优美散文、旅行游记、诗歌童谣、生活小游戏等帮助孩子深入理解知识,加深印象。全书不但有翔实的科学知识介绍,更有大量人文知识的介绍,科学与人文完美交融,为孩子呈现浮动在书纸上的斑斓大世界。

《从小爱科学》。本书将故事与科学完美融合,妙趣横生,亲和力十足,一个个新意迭出的故事、惊奇的探险、搞笑的幽默、脑洞大开的妙招……在孩子喜爱的故事里融入科学知识,让孩子在故事中亲临现场,培养对科学的学习兴趣。

《法布尔昆虫记》(儿童版)。本书用幽默风趣的语言将昆虫短暂的一生、生活习性呈现在读者面前,娓娓道来,有助于培养儿童热爱自然的意识,引导他们探索生命的奥妙。在为儿童呈现一个丰富多彩的昆虫世界的同时,也让儿童赞美生命的伟大,懂得生命的弥足珍贵。

《自然图鉴》。本书以精彩的插图、简练的说明,带着小朋友们走向森林、原野和海滨,去发现、辨认花草菇莓、贝螺鱼虾,它们好看、好吃还好玩,于是孩子们发现并认识了一个美丽、多彩、真实的大自然,也交上了大自然这个好朋友。

真题解读

1. “种痘术”对消灭天花起到了决定性作用,它最早出现在(　　)。

A. 英国　　B. 法国　　C. 中国　　D. 印度

【答案与解析】C。种痘术最早在16世纪中叶由我国发明。在明朝隆庆年间(1567—1572年),我国的中医率先找到了对付天花的方法,即人痘接种。在《张氏医通》(1695年)和《医宗金鉴》(1742年)两部医学著作中,记述了痘衣法和鼻苗法两种人痘接种方法。

2. 下列关于医学知识的说法不正确的是(　　)。

A. 砒霜在中医里是可以入药的

B. 放疗要使用放射线进行照射

C. 肝脏的功能之一是分解排除血液中的毒素

D. 针灸中的“灸”是指用针扎刺人体的穴位

【答案与解析】D。针灸,针法和灸法的合称。针法是指在中医理论的指导下把针具(通常指毫针)按照一定的角度刺入患者体内,运用捻转与提插等针刺手法来对人体特定部位进行刺激从而达到治疗疾病的目的。刺入点称为穴位。灸法是以预制的灸炷或灸草在体表一定的穴位上烧灼、熏熨,利用热的刺激来预防和治疗疾病。通常以艾草最为常用,故而称为艾灸。

3. 下列选项中,被后世尊为我国农耕和医药始祖的是(　　)。

A. 神农氏　　B. 伏羲氏　　C. 燧人氏　　D. 有巢氏

【答案与解析】A。神农氏,华夏太古三皇之一,汉族民间传说中的农业和医药的发明者,他尝遍百草,教人医疗与农耕,被后世尊称为我国农耕和医药的始祖。

4. 下列选项中,不属于天然光源的是(　　)。

A. 阳光　　B. 月光　　C. 激光　　D. 星光

【答案与解析】C。激光是20世纪以来,继原子能、计算机、半导体之后,人类的又一重大发明,属于人造光源。

5. 下列太阳系行星中,已证实拥有卫星最多的是(　　)。

A. 地球　　B. 木星　　C. 水星　　D. 火星

【答案与解析】B。木星拥有63颗卫星,是拥有卫星最多的太阳系行星。

6. 右图是世界上最早测定地震方位的地动仪示意图,创新地动仪的中国古代科学家是(　　)。

A. 祖冲之　　B. 宋应星

C. 张衡　　D. 蔡伦

【答案与解析】C。张衡是我国东汉时期的伟大科学家。他发明制造的地动仪,是世界上最早测定地震方位的仪器。

7. 下列对古代科技著作的表述不正确的是(　　)。

A.《周髀算经》是数学专著　　B.《农政全书》是农学专著

C.《黄帝内经》是中医学专著　　D.《齐民要术》是天文学专著

【答案与解析】D。《齐民要术》是我国杰出农学家贾思勰所著的一部综合性农学著作。

8. 下列动物中不属于两栖动物的是(　　)。

A. 青蛙　　B. 蟾蜍　　C. 蜥蜴　　D. 大鲵

【答案与解析】C。蜥蜴是陆生动物。

9. 我们日常食用的马铃薯,所属的植物器官是(　　)。

A. 块根　　B. 块茎　　C. 肉质根　　D. 肉质茎

【答案与解析】B。马铃薯属茄科一年生草本植物,块茎可供食用,是全球第四大重要的粮食作物,仅次于小麦、稻谷和玉米。

10. 英国一位科技史专家花费近50年心血编著了多卷本的《中国科学技术史》,全面、系统地概述了中国古代科学技术的辉煌成就及其对世界文明的伟大贡献。这位科技史专家是(　　)。

A. 莫塞莱　　B. 布拉格　　C. 达尔文　　D. 李约瑟

【答案与解析】D。李约瑟是英国近代生物化学家和科学技术史专家,其所著《中国科学技术史》对现代中西文化交流影响深远。

11. 在进化过程中,鸟嘴形成了不同的形状,下图是鹦鹉、鹭鸶、鹰、金丝雀头部的画像,从嘴型看,金丝雀应当是(　　)。

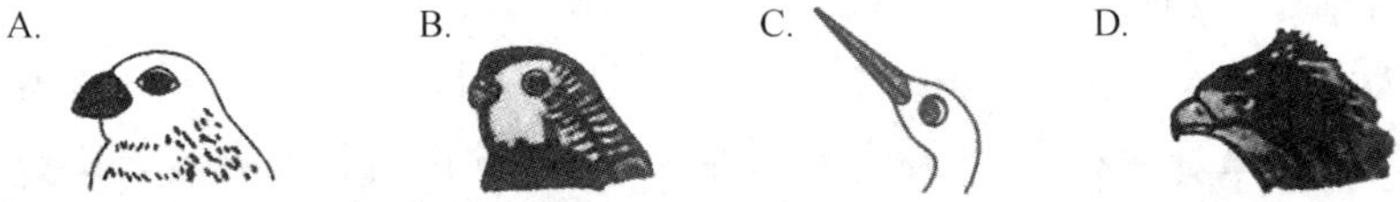

【答案与解析】A。金丝雀是食谷鸟类,嘴为圆锥形;鹦鹉爱好坚果,嘴较为厚重;鹭鸶是水性鸟类,嘴细长便于在水中捕食;鹰嘴带钩,便于撕咬。

12. 没有发动机的过山车,自高处下滑,速度越来越大,到达斜坡底部时速度最大,足以使车体冲上下一个斜坡,使过山车保持运动状态,冲上下一个斜坡的是(　　)。

A. 势能　　B. 惯性　　C. 加速度　　D. 初速度

【答案与解析】B。过山车到达斜坡最下端时,势能转化为动能,速度最大,惯性使过山车保持运动状态,冲上斜坡。

13. 钟乳石发育于石灰岩溶洞地区,包括石笋、石柱、石钟乳等,其中悬挂在洞顶,向下生长的倒锥状碳酸钙沉积物是(　　)。

A. 石笋　　B. 石柱　　C. 石钟乳　　D. 石灰乳

【答案与解析】C。钟乳石是指碳酸盐岩地区洞穴内在漫长地质历史中和特定地质条件下形成的石钟乳、石笋、石柱等不同形态碳酸钙沉淀物的总称。石钟乳和石笋大不相同,石钟乳从上往下生长,石笋从下往上生长,连接起来便成为石柱。

14. 中国古代发明的指南针、造纸术、印刷术、火药是中国古代文明标志性的成就,深刻地影响了中国和世界文明的进程。下列选项中,把这些发明传播到西方的是(　　)。

A. 来华的留学生　　B. 西方航海冒险家
C. 阿拉伯的商人　　D. 派赴西方的使者

【答案与解析】C。阿拉伯人通过“丝绸之路”将中国古代文明传入西亚和欧洲等地。

15. 人的身体里布满了血管,下列关于人体血管的表述不正确的是(　　)。

A. 人体内的血管分为动脉、静脉和毛细血管
B. 毛细血管是极细微的血管,连接动脉和静脉
C. 动脉是将血液输送到心室的血管
D. 静脉是引导血液流回心房的血管

【答案与解析】C。人体血管按构造功能不同,分为动脉、静脉和毛细血管三种。动脉从心脏将血液带至身体组织,静脉将血液自组织间带回心脏,毛细血管则连接动脉与静脉,是血液与组织间物质交换的主要场所。

16. 大气被称为围绕地球的大气圈,对地球有重要作用。下列选项中,不属于大气作用的是(　　)。

A. 防止过量太阳紫外线辐射　　B. 帮助保持地球温度
C. 锁住地球生物所需水分　　D. 产生厄尔尼诺现象

【答案与解析】D。大气对地球上人类和生物有很好的保护作用。臭氧能大量吸收太阳光中的紫外线,使人类和生物免受大量紫外线的伤害,穿透大气到达地面的少量紫外线正起到杀菌消毒的作用;大气对地面又有一定保温作用,使地表热量不致过分散失,也使地表温度变化缓和,不致像月球的温度那样骤然升高或降低;大气又是防护来自宇宙空间物质撞击的屏障,使星际物质与大气摩擦燃烧化成灰烬;大气中的尘埃可作凝结核,使水汽凝云致雨,地表水再蒸发送还大气,水分循环,往复不止,如果没有大气,地球上的水很快就会蒸发掉而不循环往复。

17. 自然界中很多固体物都可以晶体状态存在,如水晶。下列物质中,不以晶体状态存在的是(　　)。

A. 玻璃　　B. 钻石　　C. 盐　　D. 糖

【答案与解析】A。玻璃是混合物,非晶体。

18. 基因工程又称基因拼接技术或DNA重组技术,此外还有一种通俗叫法是(　　)。

A. 生命工程　　B. 遗传工程
C. 细胞工程　　D. 绿色工程

【答案与解析】B。基因工程是以分子遗传学为理论基础,以分子生物学和微生物学的现代方法为手段,将不同来源的基因按预先设计的蓝图,在体外构建杂种DNA分子,然后导入活细胞,以改变生物原有的遗传特性,获得新品种,生产新产品。所以,基因工程又称为遗传工程。

19. 我国人民在长期的劳动实践中,观察云的状态预测天气,产生了许多天气谚语。下列图片中,与谚语“馒头云在天脚边,晴天无雨日又煎”相符的是(　　)。

A.  B.  C.  D. 

【答案与解析】A。根据谚语得知馒头云在天脚边,比较低,而且形状像馒头。从四个选项的图形判断上,只有A选项的图形像馒头。

20. 光是人类生存环境的一个要素。光照射在物质上,一般会与物质发生相互作用。下列选项中,不是光与物质相互作用的结果是(　　)。

A. 直射　　B. 折射　　C. 反射　　D. 吸收

【答案与解析】A。直射是光的性质。在光直射过程中遇到物质时,与物质相互作用而使光的性质发生了某些变化,光作为信息的载体分别反映了物质对光的吸收、折射、散射和反射等能力,而吸收、散射、折射、反射等现象正是光和物质相互作用的结果。

21. 历法是推算年、月、日的时间长度和它们之间的关系,制定时间序列的法则。我国最早制定历法的朝代是(　　)。

A. 夏朝　　B. 商朝　　C. 西周　　D. 西汉

【答案与解析】A。我国早在夏朝就形成了较为精确的天文历法,称为夏历。

22. 外国历史学家要研究我国历史上手工业生产的基本情况。下列著作中,最应该推荐的是(　　)。

A.《齐民要术》　　B.《梦溪笔谈》　　C.《天工开物》　　D.《农政全书》

【答案与解析】C。《天工开物》是世界上第一部关于农业和手工业生产的综合性著作,被誉为"中国17世纪的工艺百科全书",作者是明朝宋应星。

23. 盆地的主要特征是四周高(山地或高原)、中部低(平原或丘陵)。下列选项中,海拔最高的盆地是(　　)。

A. 塔里木盆地　　B. 柴达木盆地　　C. 吐鲁番盆地　　D. 四川盆地

【答案与解析】B。柴达木盆地位于青海省西北部,青藏高原东北部,是我国四大盆地之中地势最高的盆地。

24. 海洋科学考察离不开考察船的建造。从20世纪70年代起到现在,我国建造了各种类型的科考船。我国建造的第一艘水文气象科考船是(　　)。

A."大洋一号"　　B."远望一号"　　C."东方红一号"　　D."向阳红一号"

【答案与解析】D。"向阳红一号"是我国建造的第一艘水文气象船,"大洋一号"是我国第一艘现代化综合性远洋科学考察船,"远望一号"是我国研制成功的第一艘现代化测量船,"东方红一号"是我国发射的第一颗人造地球卫星。

25. 大量细小的水滴随气流飘浮,从天空慢慢降落地面。生活中,人们常常把这种自然现象称为(　　)。

A. 雾　　B. 霾　　C. 小雨　　D. 毛毛雨

【答案与解析】D。毛毛雨是天气现象中的降水现象,即由直径小于0.5毫米雨滴组成的稠密、细小而十分均匀的液态降水现象。

26. 人类的发展进程与使用工具密切相关，下列选项中，属于人类最早的工具是(　　)。

A. 石器　　B. 陶器　　C. 瓷器　　D. 铁器

【答案与解析】A。石器，是指以岩石为原料制作的工具，它是人类最初的主要生产工具。

27. 作为斗量单位，"光年"和"甲子"分别是(　　)。

A. 时间单位、时间单位　　B. 长度单位、长度单位

C. 时间单位、长度单位　　D. 长度单位、时间单位

【答案与解析】D。光年是长度单位，用来计量光在宇宙真空中沿直线传播了一年时间的距离，一般被用于衡量天体间的时空距离。甲子为干支之一，六十组干支轮一周，称一个甲子，共60年。

28. 如果太阳不发光，那么地球上的人们仍然能够用眼直接看到的天体是(　　)。

A. 彗星　　B. 金星　　C. 流星　　D. 月亮

【答案与解析】B。金星是太阳系中八大行星之一，夜空中亮度仅次于月球，是离地球最近的行星(火星有时候会更近)。

备考策略

一、学习指导

从考纲要求和历年真题看，本专题主要考查中外科学史上重要的代表人物及其主要成就、中外科学发展史上的重大事件以及一些应知应会的基础科学常识。考试题型以选择题为主，题量为2~4题。涉及面广，知识点繁多，同学们在复习时需要做到以下几点：

(1)由点及面，同时兼顾知识的广度与深度，夯实基础。

(2)以练促学，在强化识记的基础上，多练习多积累，拓展知识储备。

(3)古今兼顾，熟悉古代科学成就的同时，关注中外科技发展时事，做生活的有心人。

二、考点预测

(1)中国古代科学技术成就。纵观近四年的真题，几乎每次考试均有1~2题考查我国古代科学研究成就，如"四大发明"及医学、工农业等方面的著作。

(2)容易混淆的科学知识，如辨析"鸟的嘴型""云的形状"等。

(3)关于基础科学概念的理解，如"惯性""块茎""晶体"等。

(4)近现代科学技术成就，以中华人民共和国成立以来的重大科技突破为主，如"第一艘水文气象科考船"等。

三、解题要领

仔细读题，把握题干核心信息（如时间、人物、事件、地点、国度、关键术语等），分析选项，有方向性地进行选择，也可根据已知信息采用排除法获得正确答案。

模拟训练

一、科学素养

1. 发明活字印刷术的是北宋的（　　）。
A. 蔡伦　　B. 毕昇　　C. 扁鹊　　D. 华佗

2. 世界上最早的天文学著作是（　　）。
A.《甘石星经》　　B.《周易》　　C.《山海经》　　D.《大明历》

3. 哈雷彗星最早记录于（　　）。
A.《水经注》　　B.《授时历》　　C.《春秋》　　D.《梦溪笔谈》

4. 被誉为"脉学之宗"，奠定了中医学的切脉诊断方法的是（　　）。
A. 张仲景　　B. 扁鹊　　C. 董奉　　D. 华佗

5. 载有"勾三股四弦五"这一勾股定理特例的是（　　）。
A.《九章算术》　　B.《算法统宗》　　C.《缉古算经》　　D.《周髀算经》

6. 世界上现存最古老的石拱桥是（　　）。
A. 赵州桥　　B. 卢沟桥　　C. 广济桥　　D. 洛阳桥

7. 曾说过"给我一个支点，我就能撬起整个地球"的是（　　）。
A. 欧几里得　　B. 亚里士多德　　C. 阿基米德　　D. 毕达哥拉斯

8. 完成人类在月球表面进行的首次生物实验的是（　　）。
A. 嫦娥一号　　B. 嫦娥二号　　C. 嫦娥三号　　D. 嫦娥四号

9. 2016 年 8 月 16 日，我国成功发射升空的世界首颗量子科学实验卫星是（　　）。
A. 东方红一号　　B. 墨子号　　C. 天河一号　　D. 曙光号

10. 首位获科学类诺贝尔奖的中国人是（　　）。
A. 屠呦呦　　B. 李政道　　C. 杨政宁　　D. 莫言

11. 下列说法错误的是（　　）。
A. 哥白尼建立了"日心说"　　B. 赫歇尔首次探测到天体的红外辐射
C. 哈勃发明人类历史上第一台天文望远镜　　D. 开普勒提出行星运动三定律

12. 下列不属于美国科学家富兰克林的研究成就的是（　　）。
A. 发明了避雷针　　B. 证明了闪电的本质是电
C. 发现电磁效应　　D. 提出电荷守恒定律

13. 发明发电机，被称为"电学之父"和"交流电之父"的是（　　）。
A. 伏特　　B. 安培　　C. 焦耳　　D. 法拉第

14. 发现花粉在水溶液中做不停无规则运动的是(　　)。
A. 布朗　B. 道尔顿　C. 门捷列夫　D. 波义耳
15. 被誉为“现代遗传学之父”的是(　　)。
A. 达尔文　B. 孟德尔　C. 弗莱明　D. 沃森
16. 1946 年美国宾夕法尼亚大学研制出的世界第一台计算机是(　　)。
A. NIEAC　B. EINAC　C. NEIAC　D. ENIAC
17. 发射世界上第一颗人造卫星的国家是(　　)。
A. 英国　B. 美国　C. 苏联　D. 法国
18. 下列没有参加人类基因组计划的国家是(　　)。
A. 美国　B. 英国　C. 中国　D. 韩国
19. 发现 X 射线的科学家是(　　)。
A. 玻尔　B. 居里夫人　C. 伦琴　D. 开尔文
20. 发现万有引力的科学家是(　　)。
A. 牛顿　B. 爱因斯坦　C. 多普勒　D. 奥斯特

二、科学常识

1. 下列现象中属于光的直线传播的是(　　)。
A. 太阳光穿过茂密的树叶,在地面上留下光斑
B. 人在河边看见“白云”在水中飘动
C. 奇妙的“海市蜃楼”景观
D. 盛了水的碗,看上去好像变浅了
2. 下列属于凝华现象的是(　　)。
A. 衣橱中的樟脑丸消失　B. 大气中雨水的形成
C. 水结成冰　D. 冬天霜的形成
3. 声音在(　　)中传播速度最快。
A. 木头　B. 冷水　C. 空气　D. 热水
4. 中华民族的创造发明为世界文明做出了巨大贡献。下列发明创造不涉及化学反应的是(　　)。
A. 火药及使用　B. 打磨磁石制指南针
C. 用粮食酿酒　D. 铁的冶炼
5. 引起“赤潮”的原因是(　　)。
A. 塑料制品的使用　B. 森林被砍伐
C. 含氮磷污水的排放　D. 化石燃料的燃烧
6. 具有放射性,被称为“室内隐形杀手”的物质是(　　)。
A. 甲醛　B. 苯　C. 氨　D. 氡
7. 人体共有(　　)块骨头。
A. 205　B. 206　C. 207　D. 208

8. 血小板具有(　　)作用。

A. 造血　　B. 凝血　　C. 血细胞　　D. 溶血

9. 蜻蜓用(　　)来点水。

A. 头部　　B. 翅膀　　C. 后足　　D. 尾部

10. 人吃了未煮熟的"米猪肉"或被囊尾蚴污染的食物,就可能感染(　　)。

A. 球虫病　　B. 钩虫病　　C. 吸虫病　　D. 绦虫病

11. 下列节气不在夏天的是(　　)。

A. 小满　　B. 处暑　　C. 芒种　　D. 大暑

12. 在地球上看到的月亮"景色"总是一样,是由于(　　)。

A. 潮汐锁定　　B. 月球自转　　C. 月食　　D. 月球公转

13. 关于日食,说法错误的是(　　)。

A. 日食分为日偏食、日全食、日环食、全环食

B. 日食时月球运动到太阳和地球中间

C. 观测日食时,可以直视太阳

D. 日食发生时间短,可观测地区有限

14. 下列不属于我国主要气候类型的是(　　)。

A. 热带季风　　B. 高原山地　　C. 温带大陆性　　D. 极地冰原

15. 被称为"紫色盆地"的是(　　)。

A. 四川盆地　　B. 吐鲁番盆地　　C. 塔里木盆地　　D. 准噶尔盆地

16. 患有"夜盲症"的人可能体内缺乏维生素(　　)。

A. A　　B. B1　　C. C　　D. D

17. 自然界中,被称为"天然的碳氧平衡器"的生物是(　　)。

A. 植物　　B. 动物　　C. 病毒　　D. 细菌和真菌

18. "人间四月芳菲尽,山寺桃花始盛开",造成这一差异的非生物因素主要是(　　)。

A. 光　　B. 水　　C. 湿度　　D. 温度

19. 植物体吸收和运输水分的主要结构分别是(　　)。

A. 根毛、导管　　B. 导管、根毛　　C. 根毛、根毛　　D. 导管、导管

20. 被业界誉为桥梁界"珠穆朗玛峰"的是(　　)。

A. 港珠澳大桥　　B. 青岛胶州湾大桥

C. 苏通长江公路大桥　　D. 清水河大桥

【答案与解析】

一、科学素养

1. B。活字印刷术由北宋毕昇发明。

2. A。战国时期编著的《甘石星经》是世界上最早的天文学著作。

3. C。《春秋》中"有星孛入于北斗"是世界公认的关于哈雷彗星的最早记录,比欧洲早670年。

4. B。扁鹊在诊视疾病中,已经应用了中医全面的诊断技术,即后来中医总结的四诊法——望诊、闻诊、问诊和切诊,当时扁鹊称它们为望色、听声、写影和切脉。

5. D。《周髀算经》,我国现存最古老的算书,载有"勾三股四弦五"这一勾股定理特例。

6. A。赵州桥由李春设计建造,是世界上现存最古老的石拱桥,与潮州的广济桥、北京的卢沟桥、福建的洛阳桥并称为中国四大古桥。

7. C。阿基米德发现浮力定律、杠杆原理。

8. D。2019 年 1 月 15 日,"嫦娥四号"上搭载的"生物科普试验载荷"发布了最新试验照片,照片显示试验搭载的棉花种子已经长出了嫩芽,这也标志着"嫦娥四号"完成了人类在月球表面进行的首次生物实验。

9. B。2016 年 8 月 16 日 1 时 40 分,由中国科学技术大学主导研制的世界首颗量子科学实验卫星"墨子号"在酒泉卫星发射中心用"长征二号"丁运载火箭成功发射升空。

10. A。2015 年 10 月,屠呦呦获得诺贝尔生理学或医学奖。

11. C。伽利略发明人类历史上第一台天文望远镜。

12. C。富兰克林发明了避雷针,证明了闪电的本质即电,最早提出电荷守恒定律。

13. D。英国物理学家法拉第 1831 年首次发现电磁感应现象,得到产生交流电的方法,发明人类第一个发电机圆盘发电机,被称为"电学之父"和"交流电之父"。

14. A。1827 年英国植物学家布朗观察到花粉颗粒在水溶液中不停顿的无规则运动,即"布朗运动"。

15. B。奥地利生物学家孟德尔发现遗传定律,被称为"现代遗传学之父"。

16. D。1946 年 2 月 14 日,美国宾夕法尼亚大学研制出世界第一台计算机"电子数值积分计算机"(ENIAC)。

17. C。1957 年,苏联发射了世界上第一颗人造卫星。

18. D。人类基因组计划由美国科学家于 1985 年率先提出,于 1990 年正式启动,由美、英、法、德、日、中科学家共同参与。

19. C。1895 年德国物理学家伦琴发现真空放电管放出的射线具有很强的穿透力,称之为"X 射线",并用 X 射线拍出了手骨照片。

20. A。英国科学家牛顿发现万有引力和三大运动定律,建立牛顿力学体系。

二、科学常识

1. A。光在同一种均匀介质中沿直线传播,如小孔成像(树荫下的光斑)、日食月食、影子的形成。

2. D。物质从气态变成固态的过程叫凝华,如霜的形成。

3. A。一般来说,声音在固体中的传播速度最快,在液体中较快,在气体中最慢。同种介质,温度越高,声速越大。

4. B。打磨磁石制指南针只是使磁石在形态上发生了改变,没有发生化学反应。

5. C。"赤潮"是海洋生态系统中的一种异常现象,是海藻家族中的赤潮藻在特定环境条件下爆发性地增殖造成的。城市工业废水和生活污水大量排入海中,使氮、磷等营养物质在水体中富集,造成海域富营养化,促使藻类大量繁殖。

6. D。氡气,为无色、无嗅、无味的惰性气体,具有放射性。因为氡是放射性气体,当人吸入体内后,氡发生衰变的阿尔法粒子可在人的呼吸系统造成辐射损伤,建筑材料是室内氡的最主要来源。如花岗岩、砖砂、水泥及石膏之类,特别是含放射性元素的天然石材,最容易释放出氡。

7. B。成年人体内共有206块骨,其中颅骨29块、躯干骨51块、四肢骨126块。

8. B。血小板对机体的止血功能极为重要。因血管创伤而失血时,血小板在生理止血过程中的功能活动大致可以分为两个阶段:第一阶段主要是创伤发生后,血小板迅速黏附于创伤处,并聚集成团,形成较松软的止血栓子;第二阶段主要是促进血凝并形成坚实的止血栓子。

9. D。当蜻蜓在水面上飞翔时,尾尖经常会紧贴着水面,一点一点地点水,其实是雌蜻蜓在产卵。

10. D。人吃了“米猪肉”或被囊尾蚴污染的食物会得人体猪带绦虫病,会在小肠长出长达2~4米的绦虫。

11. B。“处暑”中“处”是终止、躲藏的意思。处暑是表示炎热的暑天结束。公历每年8月23日前后是处暑。

12. A。由于潮汐锁定,月球绕地球公转与自转的周期相同,因而月球永远以同一面朝向地球。

13. C。观测日食时不能直视太阳,否则会造成短暂性失明,严重时甚至会造成永久性失明。

14. D。我国主要气候类型:热带季风、亚热带季风、温带季风、高原山地、温带大陆性、热带雨林。

15. A。四川盆地是中国著名红层盆地,位于亚洲大陆中南部,又称“信封盆地”“紫色盆地”。

16. A。维生素A又称“视黄醇”或“抗干眼病因子”,人体缺乏维生素A易导致“夜盲症”。

17. A。光合作用中绿色植物利用光能,在叶绿体中将二氧化碳和水合成有机物并释放出氧气。

18. D。山上的温度比山下低,因而山上的桃花比山下的开得晚。

19. A。根毛是根吸收水分和无机盐的主要部位。导管具有运输作用,能自下向上运输水分。

20. A。港珠澳大桥被业界誉为桥梁界的“珠穆朗玛峰”,被英国《卫报》称为“现代世界七大奇迹”之一。

模块五 教师基本能力

考纲要求

1. 信息处理能力

具有运用工具书检索信息、资料的能力。

具有运用网络检索、交流信息的能力。

具有对信息进行筛选、分类、存储和应用的能力。

具有根据保教工作的需要，设计、制作课件的能力。

2. 逻辑思维能力

了解一定的逻辑知识，熟悉分析、综合、概括的一般方法。

掌握比较、演绎、归纳的基本方法，准确判断、分析各种事物之间的关系。

准确而有条理地进行推理、论证。

3. 阅读理解能力

理解阅读材料中重要概念的含义。

理解阅读材料中重要句子的含义。

具有筛选并整合图画、文字、视频等阅读材料信息，并运用于保教工作的能力。

具有归纳阅读材料内容要点，概括中心意思的能力，能分析、理解作者在文中的观点和态度。

4. 写作能力

掌握文体知识，能根据需要按照选定的文体写作。

能够根据文章中心组织、剪裁材料。

具有布局谋篇、有效安排文章结构的能力。

语言表达准确、鲜明、生动，能够运用多种修辞手法增强表达效果。

第一节　信息处理

一、工具书检索工具

工具书是一类特殊的出版物,它的作用是供人们在工作、学习、生活中遇到疑问或难题时查检参考。它通过对大量的一次文献、二次文献的提炼、浓缩,集人类知识的精华于一身,同时配以各种科学、合理的排检方法。工具书不论是从编排目的、取材范围还是从编排方式上看,都具有不同于普通图书的特征。

工具书类型主要有:检索性工具书、语言性工具书和参考性工具书。

(一) 图书检索工具

1. 印刷型中文图书检索工具

目前主要有《四库全书总目》《全国总书目》《全国新书目》《中国国家书目》等。

2. 中文联机馆藏目录与联合目录

(1) 单一馆藏目录查询系统——《国家图书馆联机公共目录查询系统》。

(2) 联合目录查询系统——《CALIS 联合目录公共检索系统》《CALIS 联合目录数据库》。

3. 中文电子图书

(1) 超星数字图书馆。

(2) 书生之家数字图书馆。

(3) 方正 Apabi 数字图书馆。

4. 网上中文图书

(1) 中国图书网。

(2) 中华读书网。

(3) 当当网上书店。

(4) 卓越亚马逊书店。

(二) 中文期刊论文检索工具

(1) 全国报刊索引(印刷型和光盘型)。

(2) 中国期刊全文数据库。

(3) 中文科技期刊数据库。

(4) 万方数据库。

(三) 参考工具书的类型

(1) 按文种划分:中文参考工具书、外文参考工具书。

（2）按学科内容分：社会科学参考工具书、科技参考工具书。

（3）按编排目的、收录内容、功用划分，主要有：字典词典、百科全书、年鉴、手册、类书、政书、表谱、图录、名录 、综述等。

（四）参考工具书的作用

（1）查字、词和文句：《康熙字典》《新华字典》《现代汉语词典》《汉语成语大词典》《万首唐人绝句索引》等。

（2）查人物、地名及组织机构：《二十五史纪传人名索引》《中国人名大辞典》《中国地名辞源》《中国政府机构名录》等 。

（3）查历史及当代事件：《中外历史年表》《中国历史大事年表》《中国经济年鉴》等。

（4）查找科技缩略语：《英汉科技文献缩略语词典》《新英汉缩略语词典》等 。

（5）查数据及公式、定理定律：《元素性质数据手册 》《基础物理手册》等。

（6）查百科知识：查古代有《艺文类聚》《册府元龟》；查近现代有《辞海》《中国大百科全书》；查历代典章制度有《十通》等。

（五）工具书的排检方法

- 工具书的排检方法
  - 字顺法
    - 中文字顺法
      - 形序法
        - 部首法
        - 笔画法
        - 号码法
      - 音序法
        - 拼音字母法
        - 注音字母法
        - 声部法
    - 西文字顺法
      - 逐词排列法
      - 逐字母排列法
  - 分类法
    - 学科体系分类法
    - 事物性质分类法
  - 主题法
    - 标题词法
    - 单元词法
    - 关键词法
    - 叙词法
  - 顺序法
    - 时序法
    - 地序法

二、Word 2010 文字处理软件

Word 2010 是微软公司的一个文字处理软件，是 Microsoft Office 2010 的一部分 。

（一）操作界面

如图 5-1-1 所示是 Word 2010 操作界面，了解标注名词，熟悉常用功能。

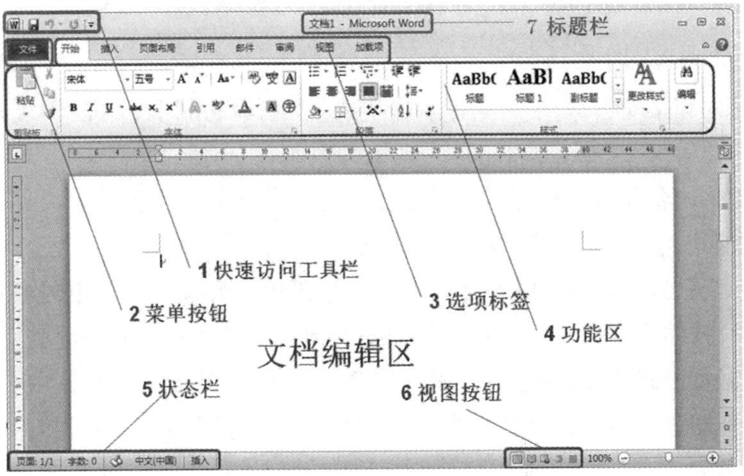

图 5-1-1

（二）基本操作

1. 文档视图

文档视图是用户在使用 Word 编辑与浏览文档时屏幕显示的形式。用户可以根据需要选择相应的模式，使编辑和浏览文档更加方便。

单击“视图”选项卡，在“文档视图”组中单击需要的视图模式按钮，或分别单击右下角视图栏视图快捷方式图标，即可选择相应的视图模式，如图 5-1-2 所示。

图 5-1-2

2. 文本操作

- 移动、删除和复制文本

（1）删除文本。Backspace 退格键，是删除光标前面的字符；Delete 键，是删除光标后面的字符。

（2）移动文本。剪切，按组合键 Ctrl + x。选中内容后，直接拖动：剪切→粘贴。

（3）复制文本。复制，按组合键 Ctrl + c。选中内容后，按下 Ctrl 键直接拖动：复制→粘贴。

- 撤消与恢复操作

如果不小心删除了一段不该删除的文本，可通过单击“自定义快速访问工具栏”中的

“撤消”按钮把刚刚删除的内容恢复过来。如果又要删除该段文本，则可以单击“自定义快速访问工具栏”中的“恢复”按钮。

- 查找与替换文本

单击“开始”选项卡，选择在“编辑”组中打开“查找和替换”对话框，完成查找和替换任务，如图 5-1-3 所示。

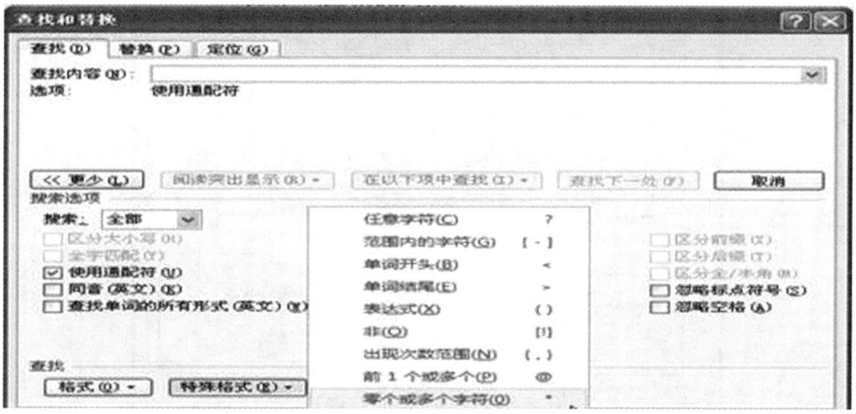

图 5-1-3

- 设置字体

(1) 在“字体”下拉列表框中设置字体。

(2) 在“字号”下拉列表框中设置字号。

(3) 在“字形”工具栏中设置字形，主要有常规、倾斜、加粗等。

- 设置特殊效果

可以使用标尺设置缩进，也可以使用“段落”对话框设置缩进。设置段落对齐的方式主要有：水平对齐、垂直对齐。操作如图 5-1-4 所示。

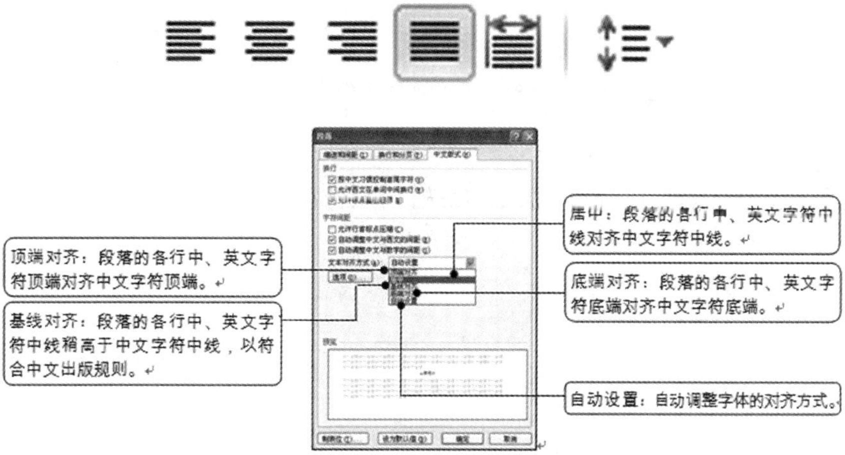

图 5-1-4

● 设置段间距、设置行距

操作参照图 5-1-5 所示。

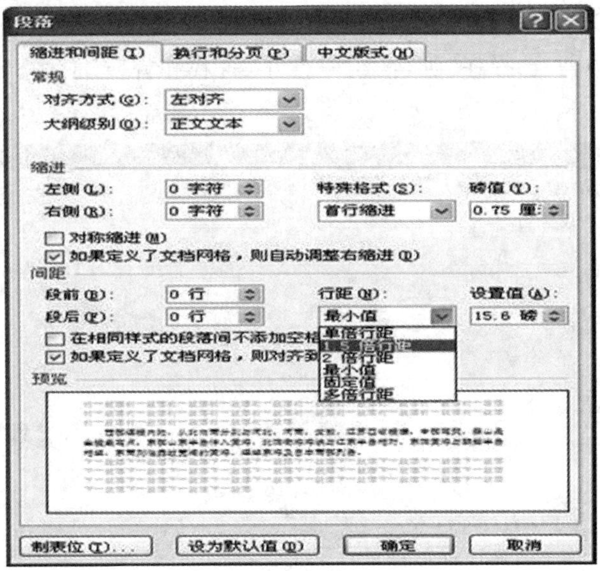

图 5-1-5

● 添加边框和底纹

给文本添加边框和底纹,参照图 5-1-6 所示。

图 5-1-6

● 调整字符间距

操作参照图 5-1-7 所示。

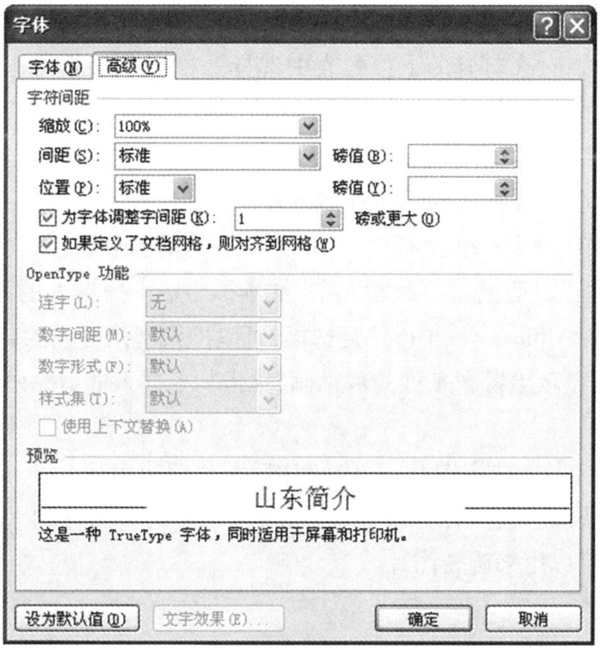

图 5-1-7

- 首字下沉

首字下沉是指将段落首行的第一个字符放大，使其占据两行或多行位置。执行“插入”→“文本”→“首字下沉”命令，如图 5-1-8 所示。

- 使用程序预设样式

将光标定位在要设置样式的段落内，执行“开始”→“样式”→“快速样式”命令，如图5-1-9所示。

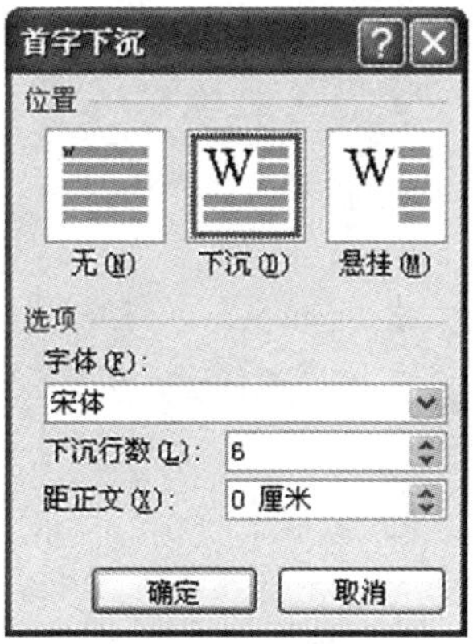

图 5-1-8

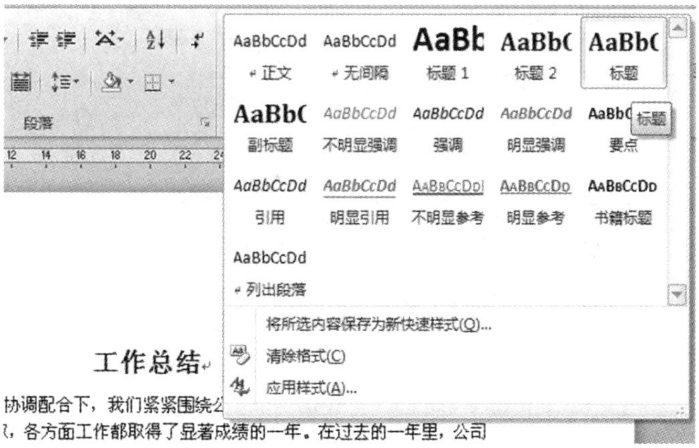

图 5-1-9

3. 插入图片

操作方法：

(1) 把插入点定位到要插入的图片位置；

(2) 选择“插入”选项卡，单击“插图”组中的“图片”按钮；

（3）在弹出“插入图片”对象框中，找到需要插入的图片，单击“插入”按钮或单击“插入”按钮旁边的下拉按钮，在打开的下拉列表中选择一种插入图片的方式。（插入图片的方式有：插入、链接到文件、插入和链接、插入剪贴画）

Word 的剪贴画存放在剪辑库中，用户可以从剪辑库中选取图片插入文档中。

（1）把插入点定位到要插入的剪贴画的位置；

（2）选择“插入”选项卡，单击“插图”组中的“剪贴画”按钮；

（3）弹出“剪贴画”对话框，在“搜索文字”文本框中输入要搜索的图片关键字，单击“搜索”按钮，如选中“包括 Office. com 内容”复选框，可以搜索网站提供的剪贴画；

（4）搜索完毕后显示出符合条件的剪贴画，单击需要插入的剪贴画即可完成插入。

4. 图文混排

对图片操作前，首先要选定图片，选中图片后图片四边出现 4 个小方块，对角上出现 4 个小圆点，这些小方块和小圆点称为尺寸控点，可以用来调整图片的大小，图片上方有一个绿色的旋转控制点，可以用来旋转图片。

- 设置文字环绕

环绕是指图片与文本的关系，图片一共有 7 种文字环绕方式，分别为嵌入型、四周型、紧密型、穿越型、上下型、衬于文字下方和浮于文字上方。

设置文字环绕时单击“格式”选项卡下“排列”组中的“自动换行”下拉按钮，在弹出的“文字环绕方式”下拉列表中选择一种适合的文字环绕方式即可，如图 5-1-10 所示。

下拉列表也可以通过选中图片，右击鼠标，在快捷菜单中选择“自动换行”选项打开。

点击“其他布局选项”，打开“布局”对话框的“文字环绕”选项卡也可以设置文字环绕方式，如图 5-1-11 所示。

图 5-1-10

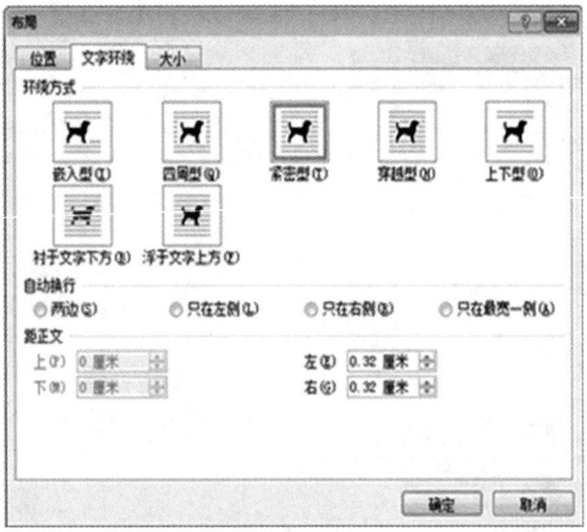

图 5-1-11

● 调整图片的大小和位置

图片选中后，将鼠标移到所选图片，拖动鼠标可以移动所选图片的位置，移动鼠标到图片的某个尺寸控点上，当鼠标变成双向箭头时，拖动鼠标可以改变图片的形状和大小。精确调整图片大小如图 5-1-12 所示。

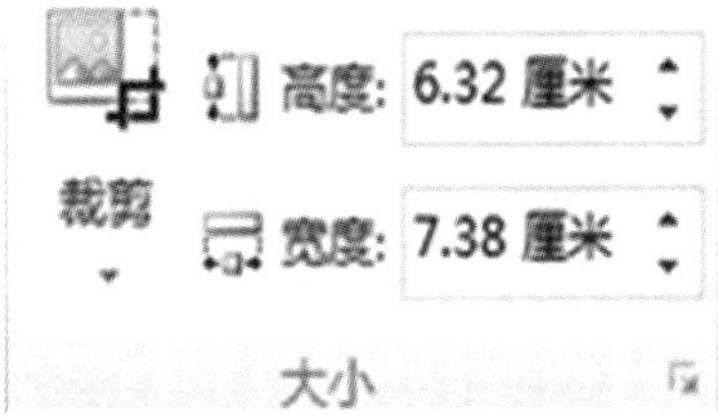

图 5-1-12

● 设置图片的样式

设置图片样式参照图 5-1-13 所示。

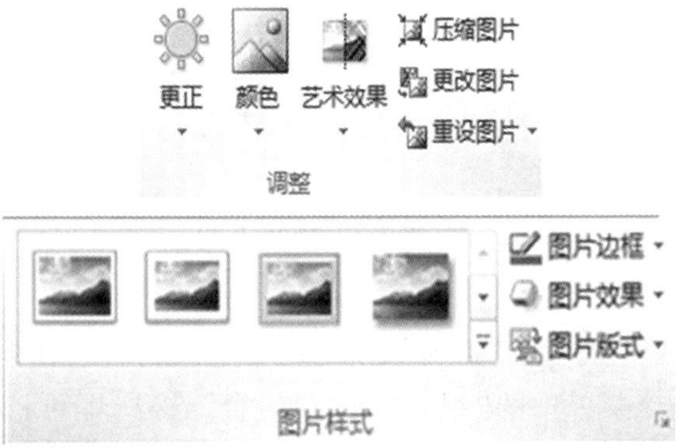

图 5-1-13

● 旋转图片

将鼠标移到旋转控制点上，此时鼠标变成  形状，按下鼠标左键，此时鼠标变成  形状，拖动即可旋转图片了。

5. **文本框**

文本框是储存文本的图形框，可以像页面文本一样对文本框中的文本进行各种编辑和格式设置，而同时对整个文本框又可以像图形、图片等对象一样在页面上进行移动、复制、缩放等操作，并可以建立文本框之间的链接关系。

● 插入文本框

将光标定位到要插入文本框的位置，选择“插入”选项卡，单击“文本”组中的“文本框”下拉按钮，在弹出的下拉面板中选择要插入的文本框样式，此时，在文档中已经插入该样式的文本框，可以在文本框中输入文本内容并编辑格式。

注意：艺术字是指将一般文字经过各种特殊的着色、变形处理后得到的艺术化的文字。在 Word 中可以创建出漂亮的艺术字，并可作为一个对象插入文档中。Word 2010 将艺术字作为文本框插入，用户可以任意编辑文字。

6. **形状**

Word 提供了绘制图形的功能，可以在文档中绘制各种线条、基本图形、箭头、流程图、星、旗帜、标注等。对绘制出来的图形还可以设置线型、线条颜色、文字颜色、图形或文本的填充效果、阴影效果、三维

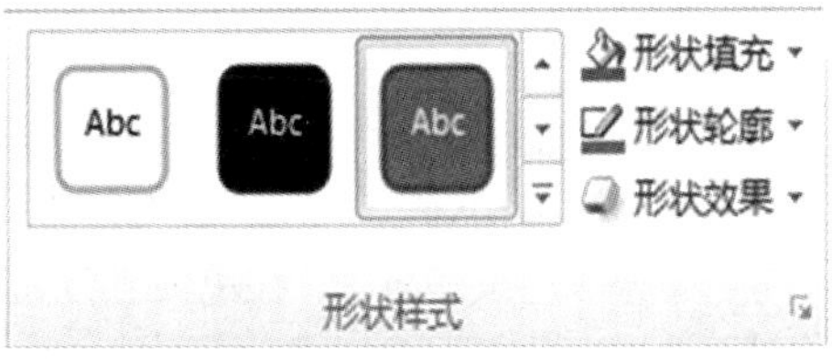

图 5-1-14

效果、线条端点风格。

常用的操作有：编辑形状、更改形状样式、更改形状填充颜色、设置形状轮廓颜色、设置形状效果。图 5-1-14 所示是形状样式图。

- 对象层次关系

在已绘制的图形上再绘制图形，则产生重叠效果，一般先绘制的图形在下面，后绘制的图形在上面。要更改叠放次序，先需要选择要改变叠放次序的对象，选择绘图工具中的“格式”选项卡，单击“排列”组的“上移一层”按钮和“下移一层”按钮选择本形状的叠放位置，如图 5-1-15 所示。

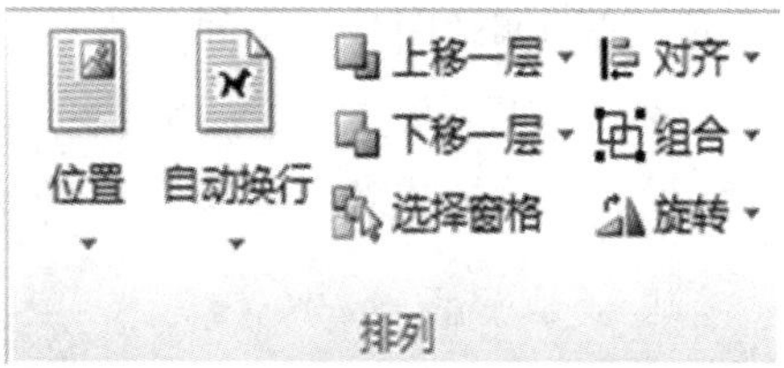

图 5-1-15

- 对象组合与分解

（1）按住 Shift 键，用鼠标左键依次选中要组合的多个对象。

（2）选择“格式”选项卡，单击“排列”组中“组合”下拉按钮，在弹出的下拉菜单中选择“组合”选项，或单击快捷菜单中的“组合”下的“组合”选项，即可将多个图形组合为一个整体。

分解时选中需分解的组合对象后，选择“格式”选项卡，单击“排列”组中“组合”下拉按钮，在弹出的下拉菜单中选择“取消组合”选项，或单击快捷菜单中的“组合”下的“取消组合”选项。

7. 表格

插入表格可以通过手动绘制和快速插入两种方式完成。

- 插入快速表格

选择“插入”选项卡“表格”组中的“表格”下拉按钮，在弹出的下拉面板中选择“快速表格”选项，在弹出的子选项中选择合适的表格。

- 选定表格的操作对象

（1）使用“选择”按钮选定表格对象（图 5-1-16）。

图 5-1-16

（2）使用鼠标快速选择表格对象：

① 选择单元格：将鼠标指针指向单元格的左边，当鼠标指针变为一个指向右上方的黑色箭头时，单击可以选定该单元格。

② 选择行：将鼠标指针指向行的左边，当鼠标指针变为一个指向右上方的白色箭头时，单击可以选定该行；如拖动鼠标，则拖动过的行被选中。

③ 选择列：将鼠标指针指向列的上方，当鼠标指针变为一个指向下方的黑色箭头时，单击可以选定该列；如水平拖动鼠标，则拖动过的列被选中。

④ 选择连续单元格：在单元格上拖动鼠标，拖动的起始位置和终止位置间的单元格被选定；也可单击位于起始位置的单元格，然后按住 Shift 键单击位于终止位置的单元格，起始

位置和终止位置间的单元格被选定。

⑤ 选择整个表格：单击表格左上角的表格移动控点可选择整个表格。

⑥ 选择不连续单元格：在按住 Ctrl 键的同时拖动鼠标，可以在不连续的区域中选择单元格。

注意：Ctrl 键和 Shift 键的区别。

- 移动/复制单元格

对单元格的移动和复制操作也可以通过拖动鼠标或剪贴板来完成：

将鼠标指针指向选定的单元格区域，对选定的单元格按下左键拖动鼠标即可；如在拖动过程中按住 Ctrl 键则可以将选定单元格复制到新的位置。

- 删除单元格、行、列和表格

删除行后，被删除行下方的行自动上移；删除列后，被删除列右侧的列自动左移，如图 5-1-17 所示。

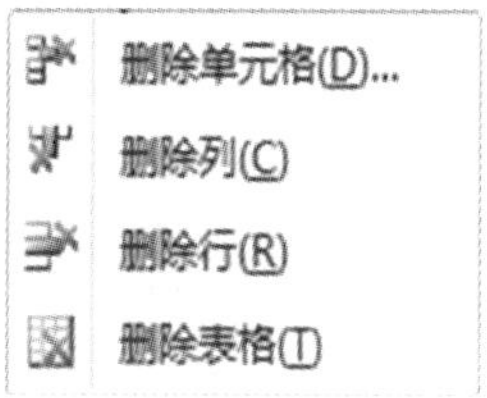

图 5-1-17

- 插入单元格、行和列

选定插入位置上的单元格，右击鼠标，在弹出的快捷菜单中选择“插入”→“插入单元格”选项，如图 5-1-18 所示。

图 5-1-18

选择“布局”选项卡中的“行和列”组中的“在上方插入”或“在下方插入”按钮可插入行和列，如图 5-1-19 所示。

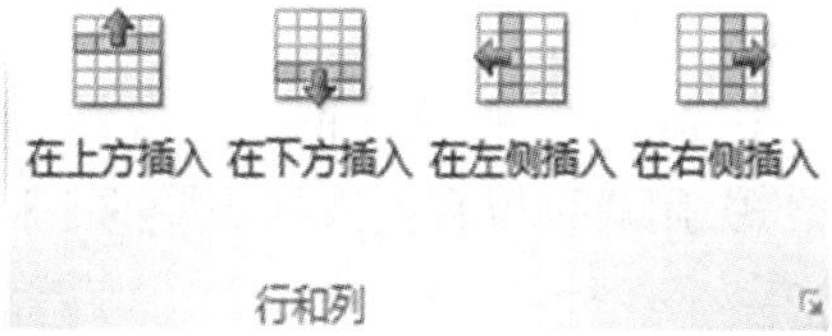

图 5-1-19

也可以在选定行后右击鼠标，在弹出的快捷菜单中选择“插入”→“在上方插入行”或“在下方插入行”选项。

- 合并和拆分单元格

合并单元格

（1）选定要合并的两个或多个单元格；

（2）选择“布局”选项卡的“合并”组中的“合并单元格”按钮，或右击鼠标，在弹出的快捷菜单中选择“合并单元格”选项。

拆分单元格

（1）选定要拆分的一个或多个单元格；

（2）选择“布局”选项卡的“合并”组中的“拆分单元格”按钮，或右击鼠标，在弹出的快捷菜单中选择“拆分单元格”选项；

（3）在对话框中输入需拆分的行数，如图 5-1-20 所示。

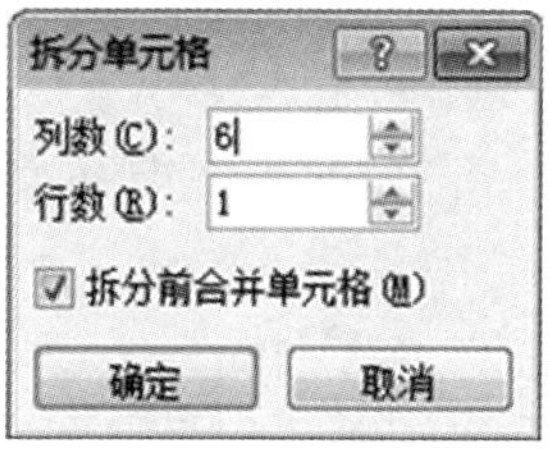

图 5-1-20

• 改变行高和列宽

将鼠标指针指向需移动的行线，当指针变为 ≑ 状时，按下左键拖动鼠标可移动行线；将鼠标指针指向需移动的列线，当指针变为 ◂||▸ 状时，按下左键拖动鼠标可移动列线。如需准确地指定表格大小、行高和列宽，也可以在“表格属性”对话框中设置，如图 5-1-21 所示。

图 5-1-21

• 平均分配行列

如果需要表格的大部分行列的行高或列宽相等，则可以使用“平均分布行列”功能。该功能可以使选择的每一行或每一列都使用平均值作为行高或列宽，如图 5-1-22 所示。

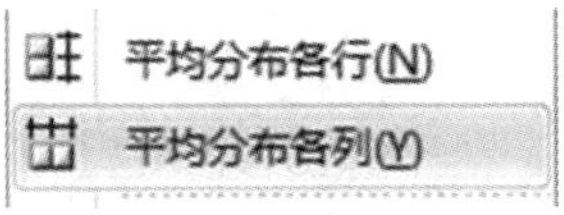

图 5-1-22

• 格式化表格

“自动套用格式”是 Word 中提供的一些现成的表格式样，其中已经定义好了表格中的各种格式，用户可以直接选择需要的表格式样，而不必逐个设置表格的各种格式。

8. 其他知识点

• 页面布局

在“页面布局”选项卡下，可设置纸张大小、纸张方向、页边距等项，如图 5-1-23 所示。

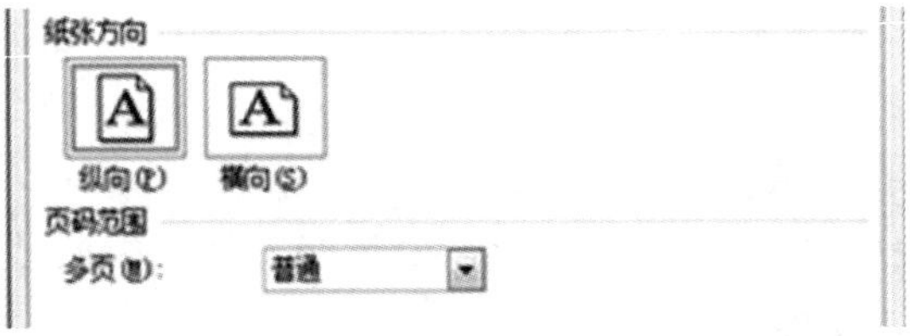

图 5-1-23

• 插入页码

在“页码格式”对话框中可设置页码，如图 5-1-24 所示。

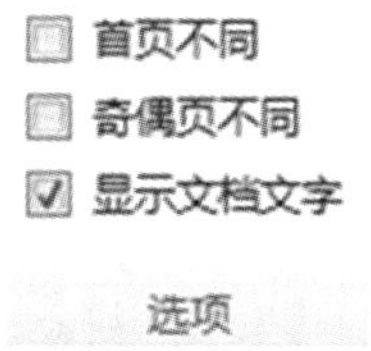

图 5-1-24

- 分栏

分栏是指将页面在横向上分为多个栏，文档内容在其中逐栏排列。Word 中可以将文档在页面上分为多栏排列，并可以设置每一栏的栏宽以及相邻栏的栏间距。“分栏”对话框如图 5-1-25 所示。

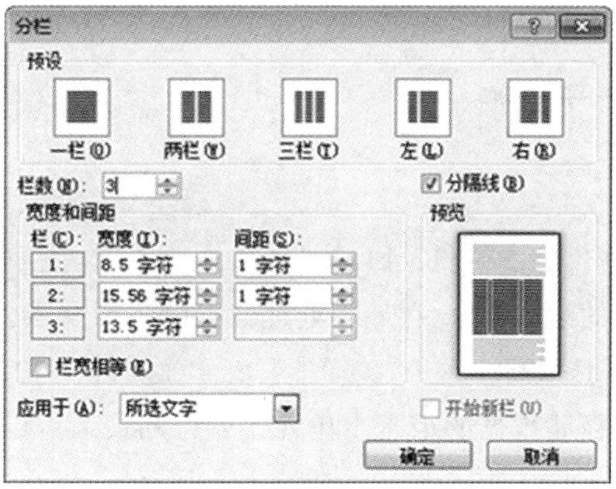

图 5-1-25

- 目录

用户可以使用 Word 自动生成目录，如果文档内容发生改变，用户只需要更新目录即可。

- 批注

批注是审阅者添加到独立的批注窗口中的文档注释或者注解，如果审阅者只是评论文档，可以在不直接修改文档时插入批注，批注并不影响文档的内容。批注是隐藏的文字，Word 会为每个批注自动赋予不重复的编号和名称。

- 脚注和尾注

脚注和尾注也是文档的一部分，用于文档正文的补充说明，帮助读者理解全文的内容。

脚注所解释的是本页中的内容，一般用于对文档中较难理解的内容进行说明；尾注是在一篇文档的最后所加的注释，一般用于标明所引用的文献来源。

脚注和尾注都由两部分组成，一部分是注释引用标记，另一部分是注释文本。对于引用标记，可以自动进行编号或者创建自定义的标记。

- 并排查看多个文档窗口

打开两个或两个以上 Word 2010 文档窗口，在当前文档窗口中切换到“视图”功能区，然后在“窗口”组中单击“并排查看”命令，如图 5-1-26 所示。

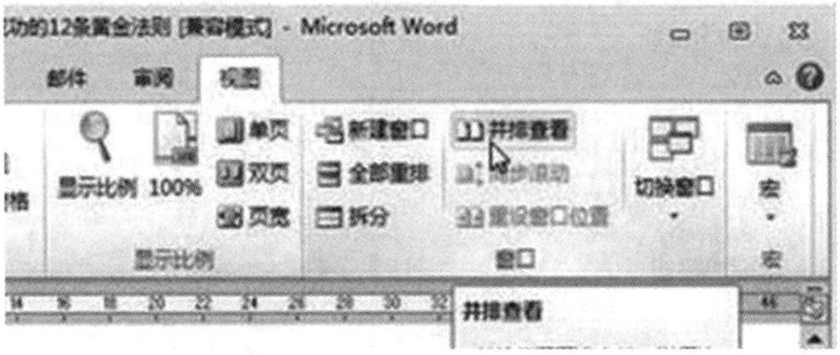

图 5-1-26

注意：Word 可以同时打开多个文档窗口。

- 字数统计

切换到“审阅”功能区，在“校对”选项卡中单击“字数统计”按钮进行统计。

- 打印预览

文档在打印前，为预先观看打印效果而显示文档的一种视图。

三、Excel 2010 电子表格

（一）基本概念

（1）工作簿：Excel 创建的文件（Book1/2/3…）。

（2）工作表：工作簿的组成部分，存储和处理数据的主要文档。如数据工作表（Sheet1/2/3…）；图表工作表（Chart1/2/3…）。

（3）单元格：工作表存储数据的最基本单元。如行列交叉点（列标 A/B/C… + 行标 1/2/3…）。

（4）单元格区域：多个单元格组成的矩形区域。如左上角单元格 ：右下角单元格（A1：F9）。

图 5-1-27 所示是单元格、工作表、工作簿示例。

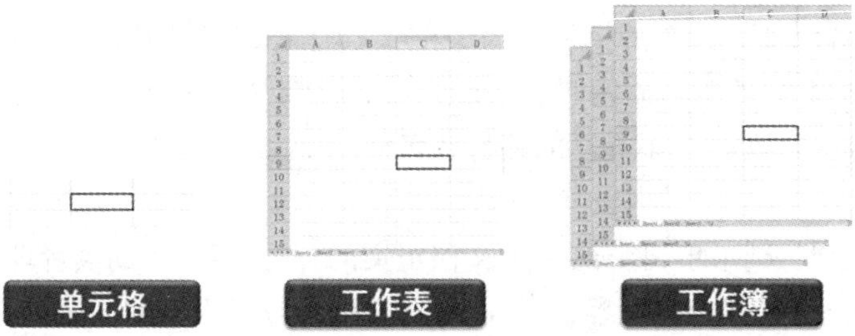

图 5-1-27

（二）Excel 2010 界面

Excel 2010 界面参看图 5-1-28 所示。

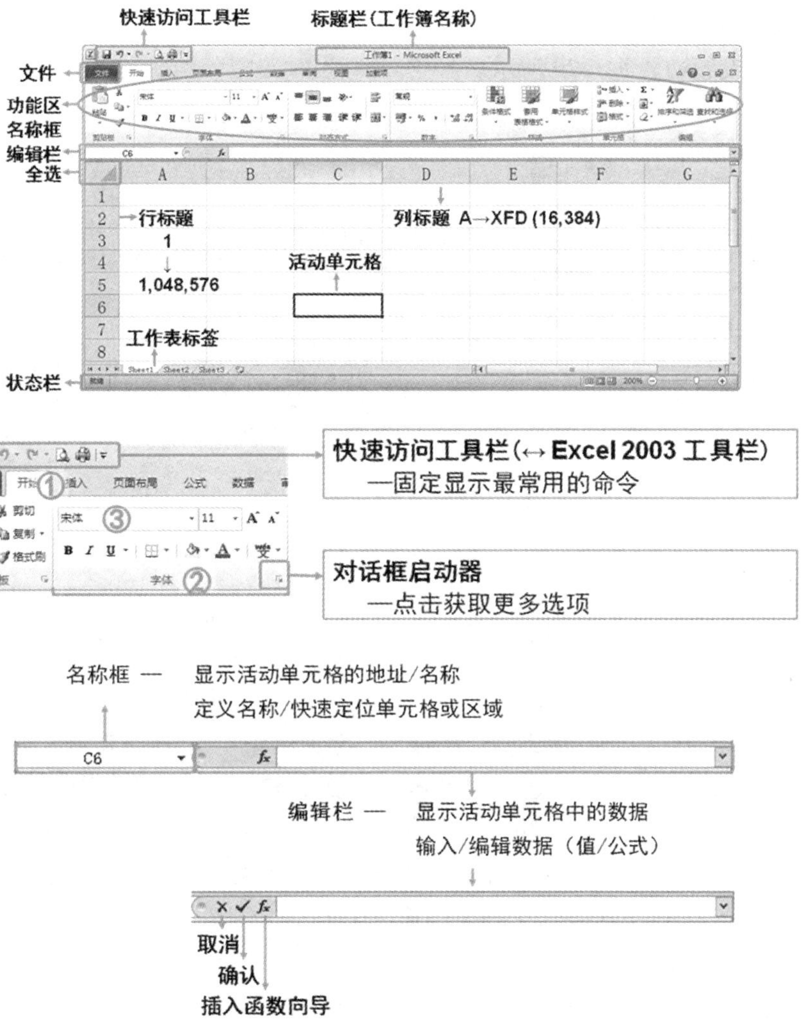

图 5-1-28

(三) 基本操作

1. 单元格

- 单元格—选择

单元格:鼠标左键单击。

连续的单元格区域:左键按住 + 拖动 / 单击首单元格 + (Shift + 单击末单元格)。

不连续的单元格/区域:单击首单元格 + (Ctrl + 单击其他单元格)。

整行与整列:单击行标/列标(连续:Shift,不连续:Ctrl)。

- 单元格 — 输入数据

常用数据类型有:

数字 :可进行数学计算(默认右对齐),如数值(整数、小数、分数)、日期、时间。

文本:说明数据的含义,不进行数学计算(默认左对齐),如中文汉字、字母、数字和文本或符号的组合。

逻辑值:TRUE、FALSE(默认居中对齐)。

数据类型设置如图 5-1-29 所示。

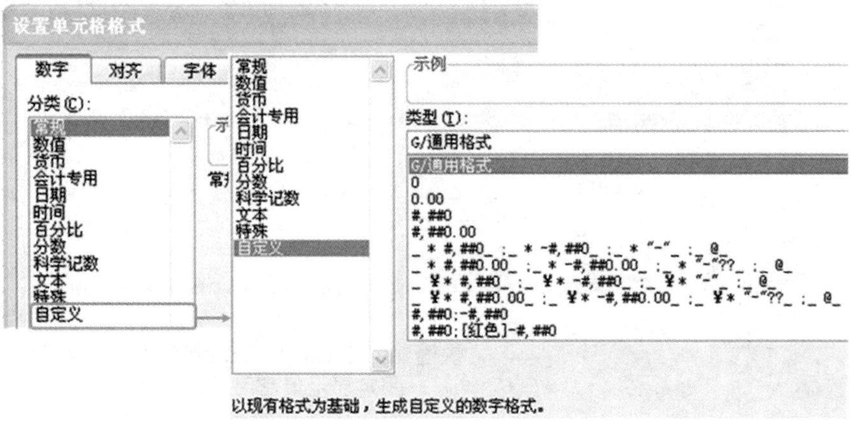

图 5-1-29

- 单元格—设置格式

在如图 5-1-30 所示的界面中设置单元格格式。

图 5-1-30

- 条件格式

基于条件更改单元格区域的外观如图 5-1-31 所示。

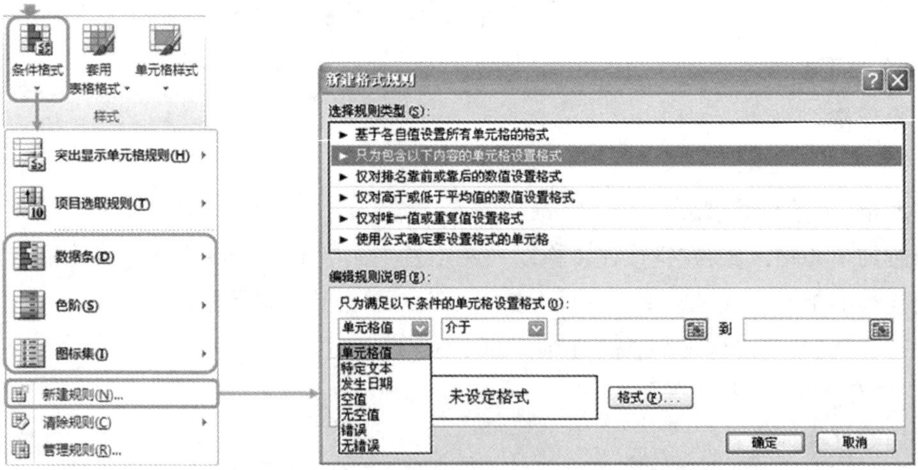

图 5-1-31

2. **工作表**

选择：Shift(连续)/Ctrl(不连续)+单击工作表标签。可进行插入/删除、重命名、移动/

复制操作。

3. **数据处理**

- 排序

数据有序化和筛选如图 5-1-32 所示操作。

图 5-1-32

- 公式与函数

公式和函数是 Excel 实现数据计算的重要工具。公式是对数据执行计算和操作的等式；函数是预先定义的计算公式，可实现复杂的计算和操作。示例操作如下：

公式：=(A1 + A2 + A3 + … + A100)/100

↓

函数：=AVERAGE(A1:A100)

- 计算运算符(表 5-1-1)

表 5-1-1

类别	运算符	含义	示例	优先级
引用运算符	:	区域运算，生成对两个引用之间所有单元格的引用	C1:E6	1
	[空格]	交叉运算，生成对两个引用中共有单元格的引用	A1:C5 B2:E9	2
	,	联合运算，合并多个引用为一个引用	A1:C5,B2:E9	3
算术运算符	-	负号	-10	4
	%	百分比	60%	5
	^	乘方	5^3	6
	* /	乘、除	5*9/3	7
	+ -	加、减	7+2-3	8
文本运算符	&	连接两/多个文本值合并为一个文本值	"3"&"m"→"3m"	9
比较运算符	= > < >= <= <>	比较两个值的大小，结果为逻辑值	10<6→FALSE	10

● 常用函数

SUM(number1,number2, …)——求和函数;

AVERAGE(number1,number2, …)——算术平均函数;

MAX(number1,number2,…)——求最大值函数;

IF(logical_test,value_if_true,value_if_false) ——判断函数;

COUNT(value1, [value2],…) ——计算区域包含数字单元格个数;

COUNTA(value1, [value2], …) ——计算区域非空单元格个数;

TODAY( ) ——返回当前日期;

NOW( ) ——返回当前时间。

表 5-1-2 是操作出错信息。

表 5-1-2

######	单元格列宽不足以显示内容,或日期或时间为负值
#DIV/0!	0 作为除数,或引用空白单元格作为除数
#N/A	无信息/数值可引用
#NAME?	引用无法识别的文本/不存在的名称
#NULL!	指定两个并不相交区域的交点
#NUM!	引用无效的数值(超限,应介于 -1 * 10307 ~ 1 * 10307 之间)
#REF!	引用无效的单元格(被引单元格被删除或覆盖)
#VALUE!	引用不正确的数据类型

4. 数据图表化

● 图表—组成

图表的组成如图 5-1-33 所示。

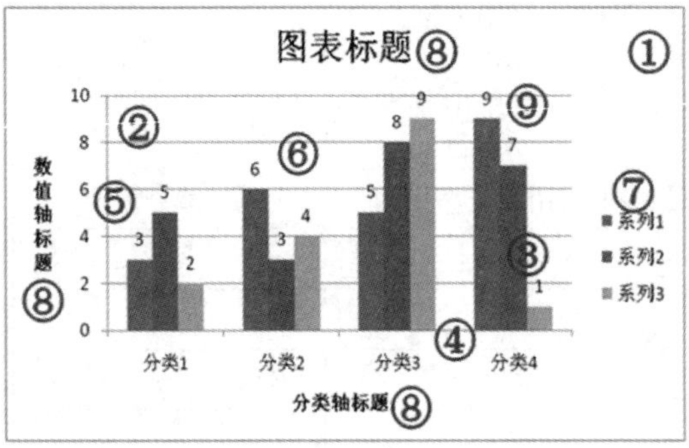

① 图表区
② 绘图区
③ 数据系列(某一行/列)
④ 横坐标轴(分类轴)
⑤ 纵坐标轴(数值轴)
⑥ 网格线
⑦ 图例
⑧ 标题(图表标题、横纵坐标轴标题)
⑨ 数据标签

图 5-1-33

● 常用类型

柱形图:显示一段时间内的数据变化/各项之间的比较情况。

折线图:显示在相等时间间隔下数据的变化趋势。

饼图：显示一个数据系列中各项大小与各项总和的比例。
条形图：显示各项之间的比较情况（适于分类轴标签很长的情况）。
面积图：强调数量随时间变化的程度/引起对总值趋势的注意。
XY 散点图：显示若干数据系列中两个变量之间的关系。
图表工具栏如图 5-1-34 所示。

图 5-1-34

- 创建图表

在 Excel 2010 中创建图表的操作非常简单：
① 确保数据适合于图表；
② 选择包含数据的区域；
③ 执行“插入”→“图表”→“选择图表类型”→“生成基本图表”命令；
④ “图表工具”关联菜单。
操作如图 5-1-35 所示。

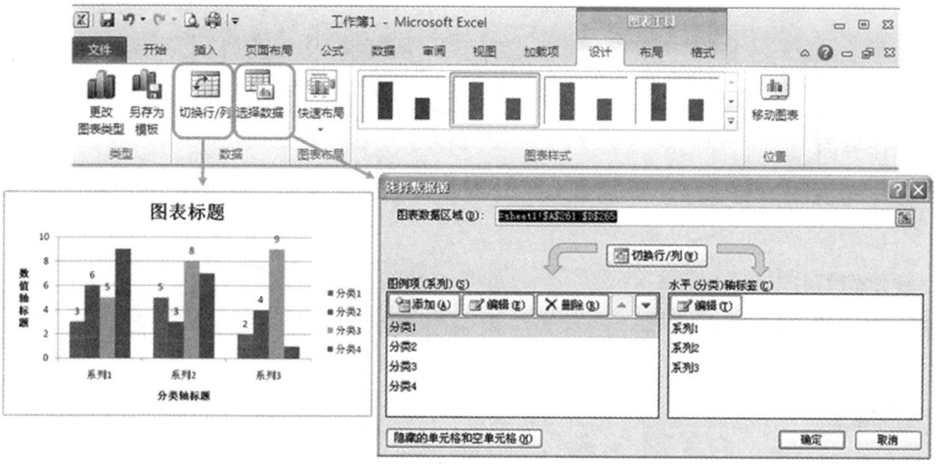

图 5-1-35

四、PowerPoint 2010 课件制作

（一）基础操作

PowerPoint 2010 操作界面如图 5-1-36 所示。

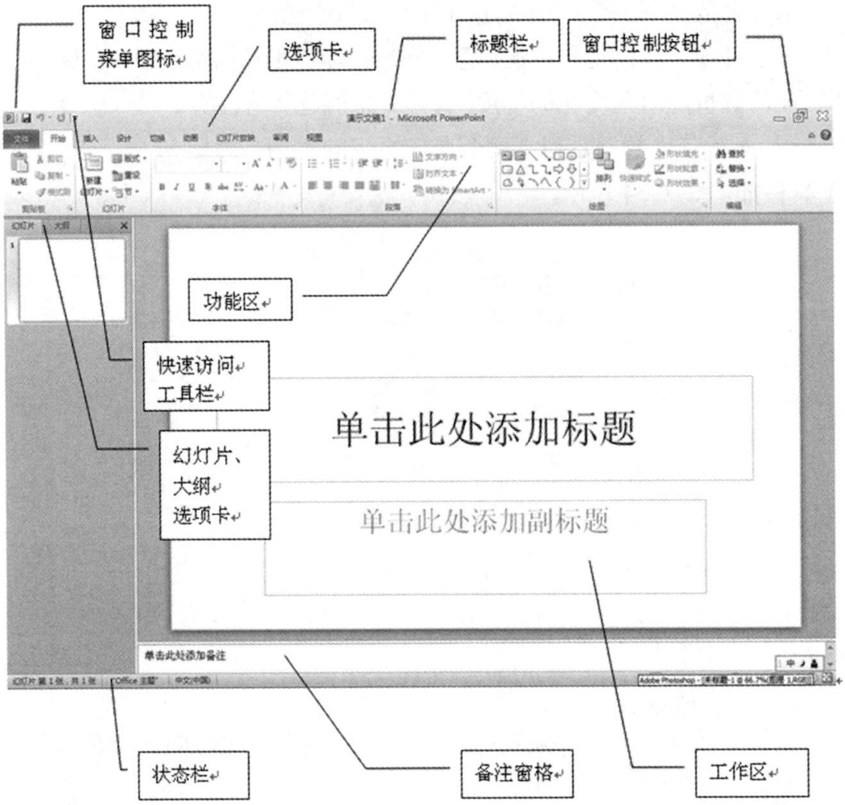

图 5-1-36

1. **操作界面**

幻灯片的视图方式包括：普通视图、大纲视图、阅读视图、幻灯片浏览视图和备注页视图。

2. **新建幻灯片**

新建幻灯片：执行“开始”→“幻灯片”→“新建”命令，如图 5-1-37 所示。

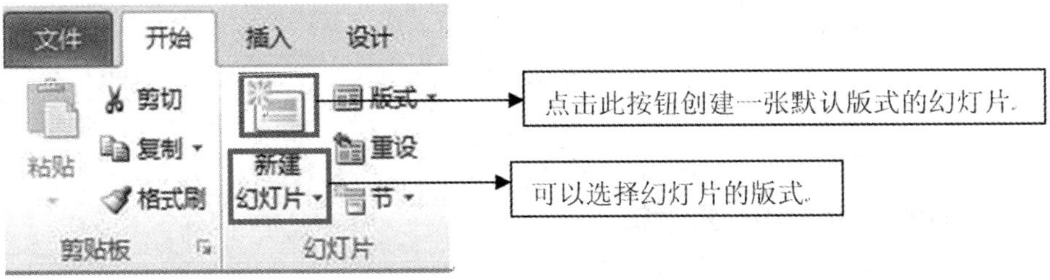

图 5-1-37

版式有“标题幻灯片”“标题和内容”“节标题”“两栏内容”“比较”“仅标题”“空白”“内容与标题”“图片与标题”“标题和竖排文字”“垂直排列标题与文本”等。

3. **利用文本框输入文本**

(1) 执行“插入”→“文本”→“文本框”命令，如图 5-1-38 所示。

图 5-1-38

（2）选中文本框→“绘图工具/格式”选项卡→“快速样式”组→选择形状填充/形状轮廓/形状效果，调整文本框样式，如图 5-1-39 所示。

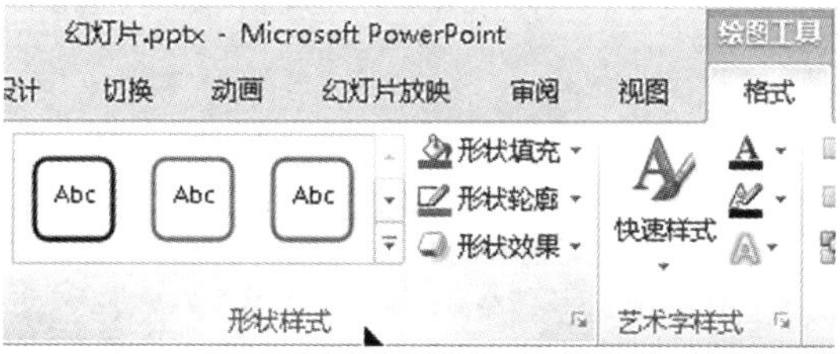

图 5-1-39

4. **插入图片**

● 插入→图像→图片

图片可通过复制粘贴直接插入到 ppt 中：选中图片→右击→复制→在合适位置右击→粘贴选项→图片。

操作如图 5-1-40 所示。

图 5-1-40

● 调整图片的大小

（1）当光标变为双向箭头形状时，单击左键拖动图片控制点即可对大小进行粗略设置。

（2）选中图片→“图片工具/格式”选项卡→“大小”组→设置高度/宽度（精确设置其数值），如图 5-1-41 所示。

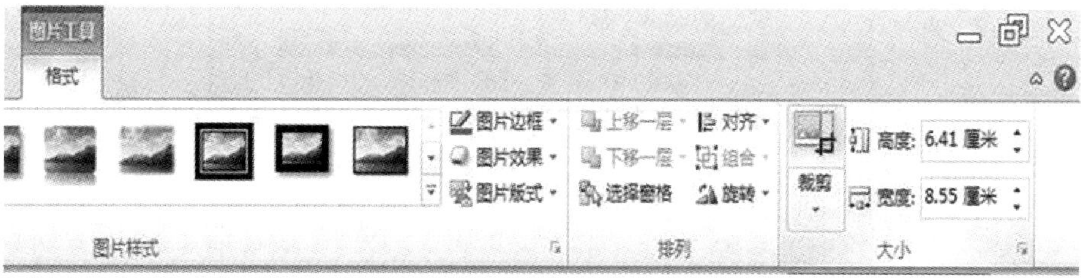

图 5-1-41

- 设置图片的叠放次序

选中图片→“图片工具/格式”选项卡→“排列”组→ 上移一层(置于顶层)/下移一层(置于底层),如图 5-1-42 所示。

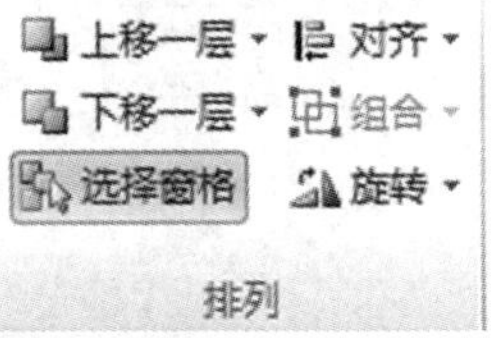

图 5-1-42

- 图片的裁剪

选中图片→“图片工具/格式”选项卡→“大小”组→裁剪;按纵横比裁剪图片,并将图片裁剪为不同的形状,如图 5-1-43 所示。

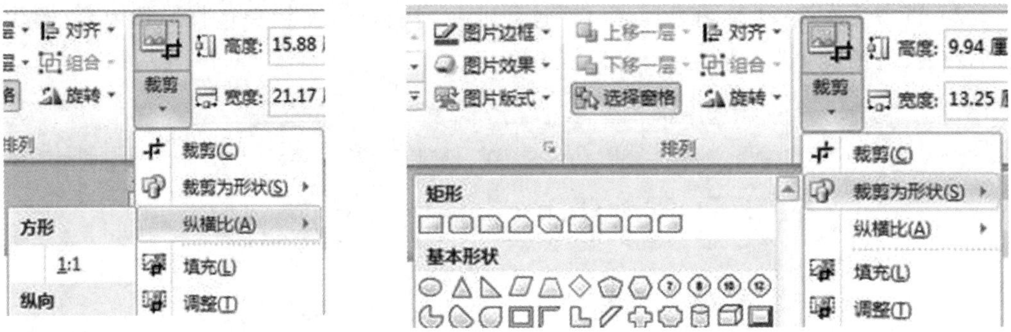

图 5-1-43

- 亮度和对比度调整

选中图片→“图片工具/格式”选项卡→调整→更正→亮度和对比度,如图 5-1-44 所示。

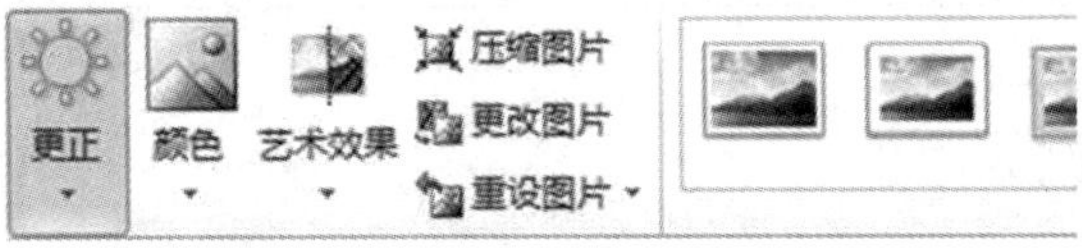

图 5-1-44

- 设置幻灯片背景

“设计”选项卡→“背景”组→背景样式→设置背景格式,如图 5-1-45 所示。

图 5-4-45

5. 音/视频处理

● 插入音频

插入音频文件：插入→媒体→音频→文件中的音频/剪贴画音频。

设置音频文件：选中声音图标→“音频工具/播放”选项卡→音频选项→ 开始（自动/单击时/跨幻灯片播放），如图 5-1-46 所示。

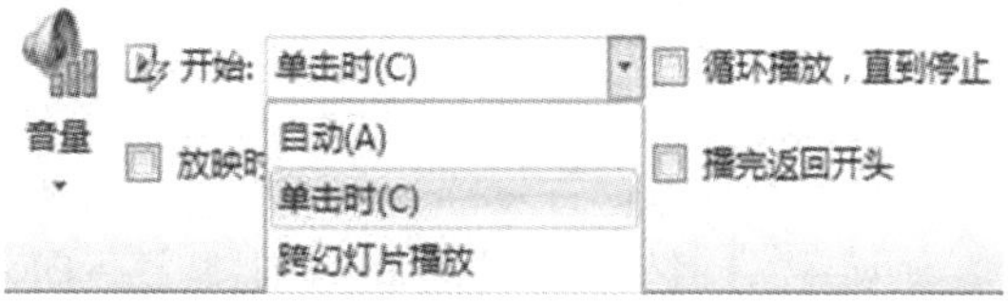

图 5-1-46

● 插入视频

插入视频文件：插入→媒体→视频→文件中的视频。

注意：PowerPoint 2010 支持的视频格式有 swf（flash 动画）、avi、mpg、wmv 等。其他格式的视频需要转化格式才能插入幻灯片。

调整视频大小、样式并调试：

选中视频→“视频工具/格式”选项卡→“大小”组→高度/宽度（可以精确设置数值），如图 5-1-47 所示。

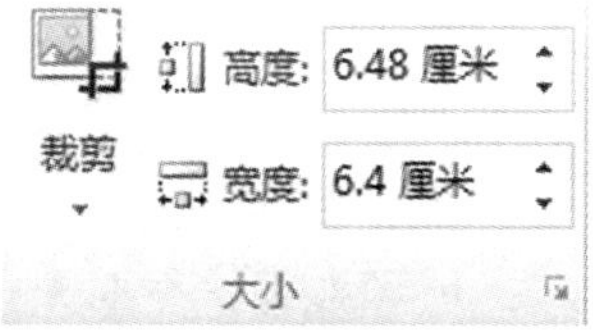

图 5-1-47

6. 动画设置

文本进入效果：选中文本对象→“动画”选项卡→“动画”组→快翻按钮→进入。效果选择种类如图 5-1-48 所示。

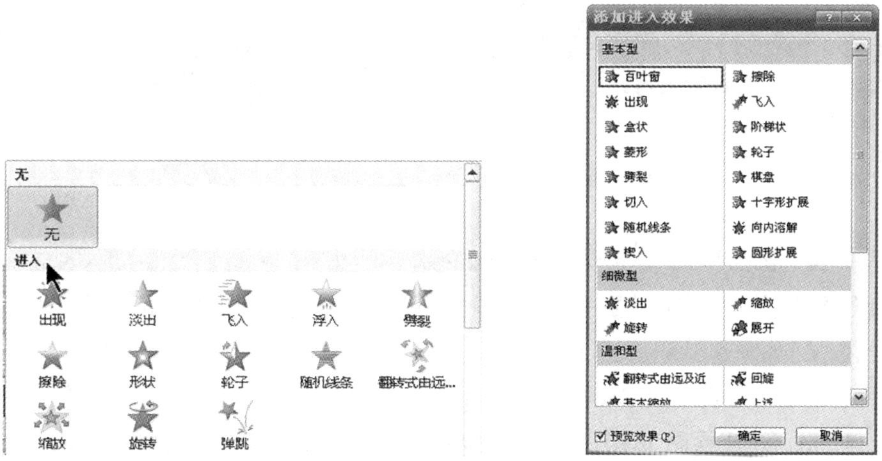

图 5-1-48

● 方向设置

选中文本对象→“动画”选项卡→“动画”组→效果选项。

● 动画持续时间

选中文本对象→“动画”选项卡→计时→持续时间，如图 5-1-49 所示。

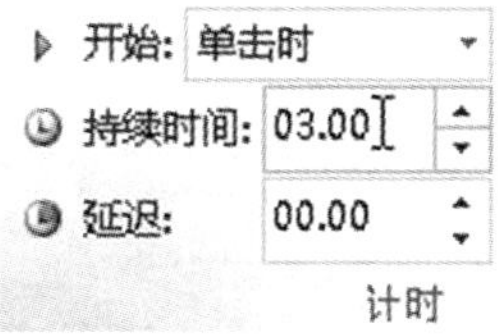

图 5-1-49

注意：动画效果可批量设置，不一定需要一个个设置。

- 设置入场动画的声音

选中对象→“动画”选项卡→高级动画→动画窗格→效果选项→“效果”选项卡→声音，如图 5-1-50 所示。

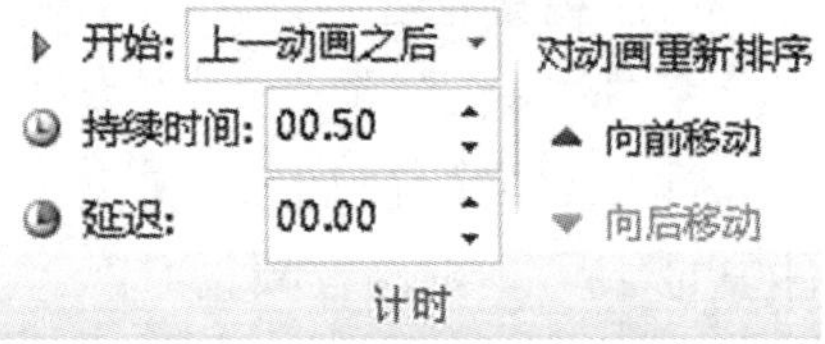

图 5-1-50

- 对动画重新排序

为各个对象设置好入场动画：选中对象→“动画”选项卡→“计时”组→对动画重新排序→向前移动/向后移动。

7. 艺术字与自选图形

- 插入艺术字

“插入”选项卡→“文本”组→艺术字。

- 设置艺术字格式

选中艺术字→“绘图工具/格式”选项卡→“艺术字样式”组→快速样式/文本填充/文本轮廓/文本效果，如图 5-1-51 所示。

图 5-1-51

- 绘制自选图形

“插入”选项卡→“插图”组→形状，如图 5-1-52 所示。

图 5-1-52

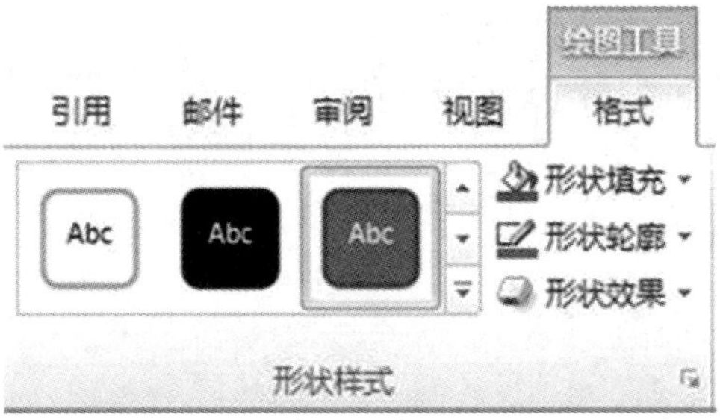

图 5-1-53

- 设置自选图形样式/为自选图形添加文本

选中自选图形→“绘图工具/格式”选项卡→“形状样式”组→快翻按钮/形状填充/形状轮廓/形状效果，如图 5-1-53 所示。

- 调整自选图形叠放次序

选中自选图形→“绘图工具/格式”选项卡→“排列”组→上移一层（置于顶层）/下移一层（置于底层），如图 5-1-54 所示。

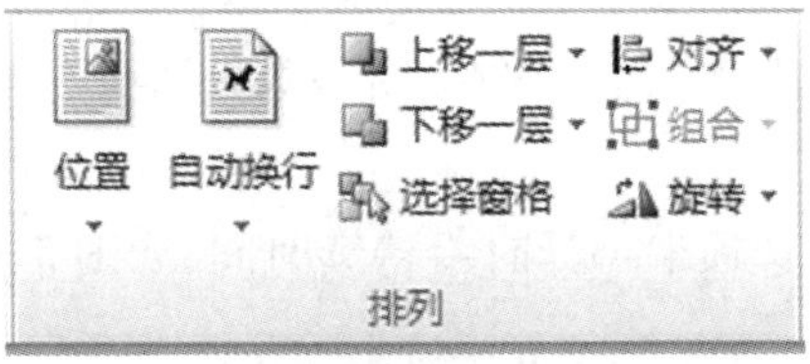

图 5-1-54

8. 表格

- 创建表格

插入表格:“插入”选项卡→“表格”组→插入表格,如图 5-1-55 所示。

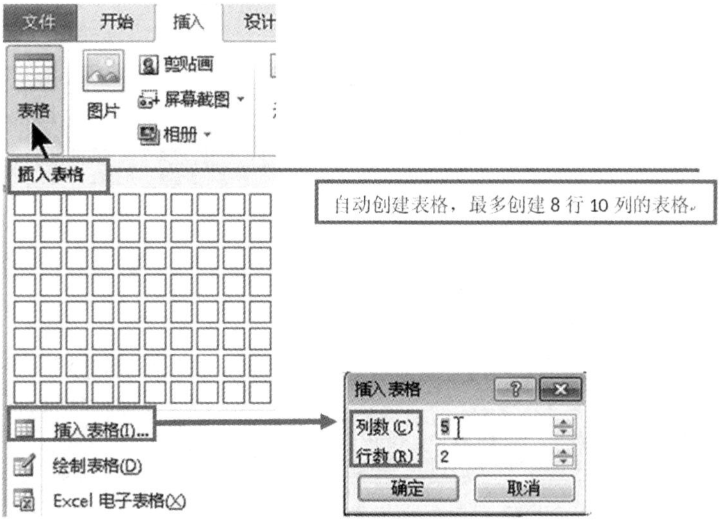

图 5-1-55

- 设置行高和列宽

选中行或列→“表格工具/布局”选项卡→“单元格大小”组→高度/宽度(精确设置数值),如图 5-1-56 所示。

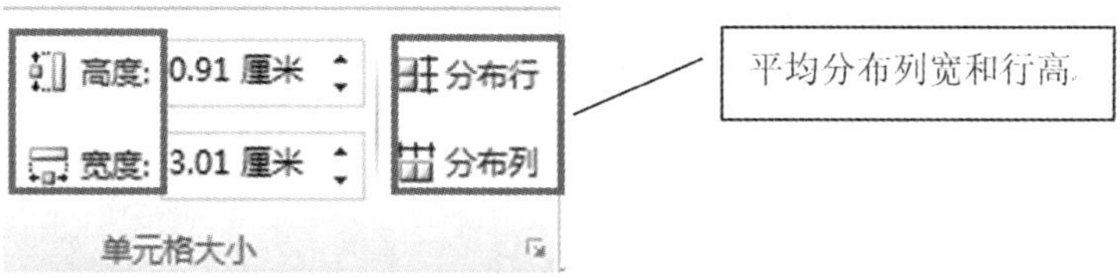

图 5-1-56

- 文字对齐方式

选中文本→“表格工具/布局”选项卡→“对齐方式”组,如图 5-1-57 所示。

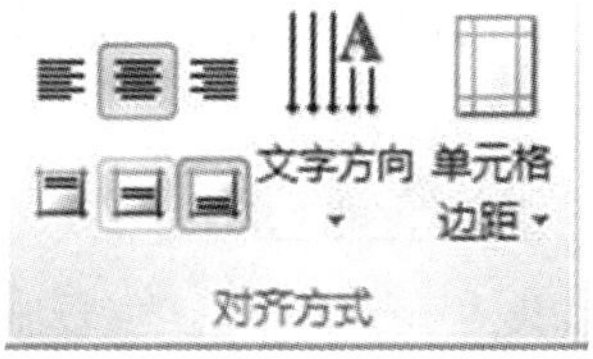

图 5-1-57

- 表格样式

光标定位在表格内→“表格工具/设计”选项卡→“表格样式”组→快翻按钮/底纹/边框,如图 5-1-58 所示。

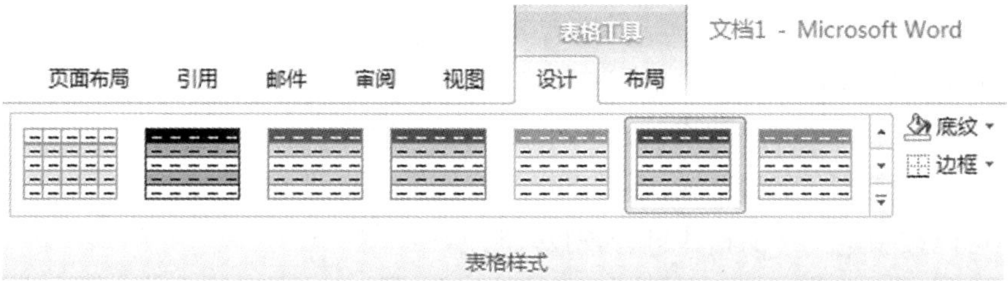

图 5-1-58

● 插入行/列

插入行：光标定位到相应单元格→“表格工具/布局”选项卡→“行和列”组→在上方插入/在下方插入。

插入列：光标定位到相应单元格→“表格工具/布局”选项卡→“行和列”组→在左侧插入/在右侧插入。

删除行/列：光标定位到相应单元格→“表格工具/布局”选项卡→“行和列”组→删除→删除行/列。

操作如图 5-1-59 所示。

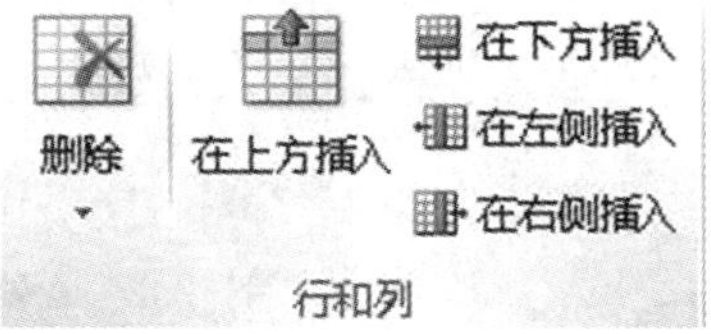

图 5-1-59

9. 页面切换

● 切换方式

选中幻灯片→“切换”选项卡→“切换到此幻灯片”组→快翻按钮，如图 5-1-60 所示。

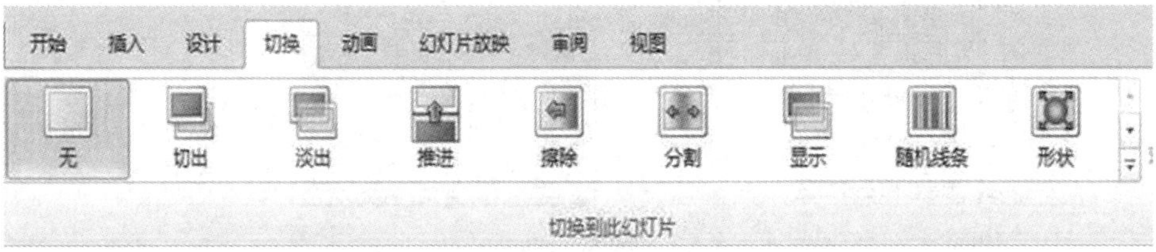

图 5-1-60

● 切换音效及换片方式

选中幻灯片→“切换”选项卡→“计时”组→声音/换片方式，如图 5-1-61 所示。

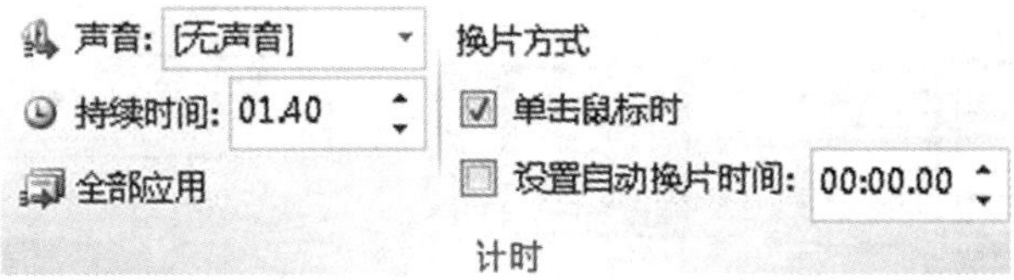

图 5-1-61

● 添加翻页按钮

“插入”选项卡→“插图”组→形状→动作按钮→上一页/下一页。

真题解读

1. 在 Word 中，如果双击某行文字左端的空白处，被选中的区域是（　　）。

A. 该行　　B. 全文　　C. 该段　　D. 该页

【答案与解析】C。

2. 关于 Word 中的“查找或替换”功能，下列表述正确的是（　　）。

A. 不可以指定查找文字的格式，可以指定替换文字格式

B. 可以指定查找文字的格式，不可以指定替换文字格式

C. 不可以按指定文字的格式进行查找及替换

D. 可以按指定文字的格式进行查找及替换

【答案与解析】D。

3. 在 Word 编辑状态下,要将另一个文档的内容全部添加在当前文件光标处,正确的操作是(　　)。

A. 单击“文件”—“打开”　　B. 单击“文件”—“新建”

C. 单击“插入”—“文件”　　D. 单击“插入”—“超级链接”

【答案与解析】C。A 项打开的是一个 Word 文档,B 项新建的是一个 Word 文档,D 项插入“超级链接”是直接插入图标。

4. 在 Excel 中,数据筛选是广泛使用的统计工具。下列有关其功能的表述,正确的是(　　)。

A. 将满足条件的记录显示,而删除不满足条件的数据

B. 将满足条件的记录显示,而隐藏不满足条件的数据

C. 将不满足条件的记录显示,而删除满足条件的数据

D. 将不满足条件的记录显示,而隐藏满足条件的数据

【答案与解析】B。

5. 在 Excel 中,以下方法可实现快速查找满足条件的数据内容的是(　　)。

A. 排序　　B. 自动筛选　　C. 数据单　　D. 分类汇总

【答案与解析】B。

6. 下列选项中,关于 Word 中“项目符号”的说法不正确的是(　　)。

A. 项目符号可以改变　　B. 项目符号只能是阿拉伯数字

C. 项目符号可增强文档可读性　　D. @可定义为项目符号

【答案与解析】B。项目符号,就是放在文本前面的圆点或其他符号,它一般是列出文章的重点,不但能起到强调的作用,使得文章条理更清晰,还可以起到美化版面的作用。Word 中的项目符号,可自定义为圆圈、方框、阿拉伯数字等多种字符。可通过定义新项目符号完成对项目符号的设定。

7. 下列选项中,关于 Word 文档“页码”功能的表述,不正确的是(　　)。

A. 文档中的页眉页脚区域可以插入页码

B. 文档中左右页边距区域不可以插入页码

C. 可以通过设置“首页显示不同”实现首页不显示页码

D. 可以通过设置“奇偶数不同”实现奇数页和偶数页页码位置不同

【答案与解析】B。

8. 在 PowerPoint 中,演示文稿基本组成单元是(　　)。

A. 文本　　B. 图形　　C. 工作表　　D. 幻灯片

【答案与解析】D。幻灯片是演示文稿的基本构成单位,每张幻灯片包括文字、图案、声音、视频、图表、动画效果等。

9. 在 PowerPoint 中,对幻灯片中某对象建立超链接时要添加的是(　　)。

A. 文本框和超链接点　　B. 文本和图片

C. 文本框和动作按钮　　D. 超链接点和动作按钮

【答案与解析】D。

10. 赵老师希望按特定顺序呈现演示文稿当前幻灯片的标题、图片文字等。下列选项中能实现这一操作的是(　　)。

A. 自定义放映　　B. 幻灯片设计　　C. 幻灯片切换　　D. 自定义动画

【答案与解析】D。

备考策略

一、学习指导

信息处理能力测试主要考查考生掌握现代信息技术基础知识和常用软件的使用能力,要求考生能系统掌握信息技术基础理论和操作实践,为今后在教学中灵活应用信息技术打下良好基础。考生应从实际应用角度出发,掌握有关的原理、概念和实际操作技能。学习过程中要做到以下几个方面:

1. 了解要求,把握考点

仔细阅读教材,紧密围绕教师资格考试信息处理能力模块考试大纲要求,了解考试所涉及的知识点。这部分的知识点主要包括信息处理能力的基本要求、计算机硬件和软件的基础知识、网络搜索的基础知识、在网络环境下的信息搜索能力以及 Office 办公软件的使用等多个方面。

2. 系统学习,全面积累

在学习过程中应逐段阅读,逐句推敲,吃透每个知识点,对基本操作必须深刻了解,对基本原理要彻底弄清,对软件的使用方法应结合操作进行训练,做到灵活应用。在进行习题练习时应结合教程,仔细分析题目,注重理解和巩固所学知识,培养分析问题、解决问题的能力。因为考试考点范围广泛,需要考生进行全面的积累和运用,切忌只根据习题进行选择性学习,这样只能一叶障目,不见泰山,导致知识点和能力点的遗漏。

二、考点预测

信息处理能力测试的考点主要包括工具书使用和信息处理能力两大方面。

(一) 工具书使用

工具书是一种依据特定的需要,广泛汇集相关的知识或文献资料,按一定的体例和节奏方式编排,专供查找知识信息的文献。

1. 了解常用工具书

常用的工具书主要有:(1)字典、词典;(2)百科全书;(3)年鉴;(4)手册;(5)标准;

(6)传记资料类工具书;(7)地理资料类工具书;(8)机构名录;(9)类书和证书;(10)书目、索引和文摘等类型。

2. 运用工具书的排检方法

3. 网络检索信息的方法

4. 网络信息交流能力

网络信息交流能力的测试主要包括:(1) 电子邮件,BBS 电子公告系统,腾讯 QQ、MSN、ICQ、微信等即时通信软件,微博等信息分享、传播和获取的平台,MOOC 慕课教学平台;(2) 教师在网络信息交流中应注意的问题;(3) 教师在网络信息交流中应遵循的信息道德规范。

(二)信息处理能力

信息处理能力主要涉及 Word、Excel、PowerPoint 等软件的常用功能及操作。

1. Word 常用功能及操作

主要包括:(1)查找与替换;(2)字符格式、格式刷的使用;(3)段落格式;(4)分隔符;(5)页面布局;(6)表格操作;(7)图片格式;(8)艺术字设置;(9)页眉、页码、页脚等功能的使用。

2. Excel 常用功能及操作

主要包括:(1)常用函数的使用;(2)数据排序;(3)条件格式;(4)数据透视表;(5)数据筛选;(6)分类汇总;(7)图表的建立等。

3. PowerPoint 常用功能及操作

主要包括:(1)模板;(2)PowerPoint 视图方式;(3)幻灯片母版的使用;(4)层次与组合;(5)动画的使用;(6)超级链接的设置;(7)幻灯片的切换设置;(8)插入图片、文本框、艺术字、形状及其设置等。

三、解题要领

信息处理能力主要考查单选题,一般 2 ~4 道题,解题时应注意以下几个方面:

1. 理解题意,细心解题

面对试题,有很多考生只看大概内容就直接答题,这样做很容易丢分。解题时首先要认真审题,理解题目意思,对选择题的每一个选项都要认真研究。在做操作题时要知道做什么,要达到什么要求,明确试题的意图和要求,这样才能在选择题中选出最佳答案。

2. 回忆操作,实践验证

由于考试为笔试形式,在考试中遇到拿不准、不能准确判断的题目时,可以通过回忆实际操作过程,对给出的答案进行模拟验证,从而得出最佳答案。平时做练习题时,可以多通过电脑实际操作来求证。

3. 依据所学,用排除法解题

有些知识点考生可能记得不是太清楚或未操作过,这时可根据自己已经掌握的知识,对题目所给信息从易到难,逐步排除不合理选项,最后选定正确答案。

模拟训练

1. 文献检索中应注意的问题不包括(　　)。

A. 选择畅销的工具书　　B. 选择权威性和科学性的工具书

C. 查对原文,核实无误　　D. 注明文献来源

2. 通过搜索引擎得到的结果过多,不能通过(　　)优化检索结果。

A. 词组检索　　B. 字段限定

C. 使用逻辑“或”　　D. 增加同义词

3. 下列选项属于参考工具书范畴的是(　　)。

A. 期刊　　B. 百科全书　　C. 标准　　D. 科技报告

4. 如果想查广东省 2008 年以前各市、县发生的大事,要用的检索方法是(　　)。

A. 顺查法　　B. 倒查法　　C. 循环法　　D. 抽查法

5. 下列各操作中,不可删除幻灯片的是(　　)。

A. 在幻灯片浏览视图中选定幻灯片,再按 Del 键

B. 在幻灯片视图中选择幻灯片,再按“剪切”按钮

C. 在幻灯片视图中选择幻灯片,再单击“编辑”菜单中的“删除幻灯片”命令

D. 在幻灯片大纲视图中选中幻灯片,再按“剪切”按钮

6. 在保存 Word 文档时可以省略扩展名,这时候系统会在文件名后自动加上扩展名(　　)。

A. . exe　　B. . docx　　C. . xlsx　　D. . pptx

7. 在 Excel 操作中,在 A1 输入“ = COUNT(″C1″,120,26)”,其函数值等于(　　)。

A. 120　　B. 26　　C. 3　　D. 2

8. 在 Excel 操作中建立准则(条件),有时需要对不同的文字标示,使其满足同一标准。为此,Excel 提供了特殊的符号,来标示这一要求。“ * ”是特殊的符号之一,该符号表示(　　)。

A. 任一字符　　B. 一个或多个字符

C. 除了该符号后面的文字外,其他都符合准则

D. 只有该符号后面的文字符合准则

9. 下列 Excel 的表示中,属于绝对地址的表达式是(　　)。

A. E8　　B. $A2　　C. C$　　D. G5

10. 当保存工作簿出现“另存为”对话框,则说明该文件(　　)。

A. 做了修改　　B. 已经保存过

C. 未保存过　　D. 不能保存

11. Word 软件(　　)。

A. 只能处理文字　　B. 只能处理表格

C. 可以处理文字、图形、表格等　　D. 只能处理图片

12. 在 Word 中,选定文档内容之后,单击工具栏上的“复制”按钮,是将选定的内容复制

到(　　)。

A. 指定位置　　B. 另一个文档中

C. 剪贴板　　D. 磁盘

13. 在 Word 中,如果要选定较长的文档内容,可先将光标定位于其起始位置,再按住(　　)键,单击其结束位置即可。

A. Ctrl　　B. Shift　　C. Alt　　D. Ins

14. 在 Word 2010 中,若想删除单字符,并且光标在该字符后,可使用(　　)方法。

A. 按 Backspace 键　　B. 按 Delete 键

C. 按 Tab 键　　D. 按空格键

15. 在 PowerPoint 中打开文件,下面的做法中正确的是(　　)。

A. 启动一次 PowerPoint, 只能打开一个文件

B. 最多能打开三个文件

C. 能打开多个文件,但不能同时打开

D. 能打开多个文件,可以同时打开

16. PowerPoint 在幻灯片中建立超链接有两种方式:通过把某对象作为“超链点”和(　　)。

A. 文本框　　B. 文本　　C. 图片　　D. 动作按钮

17. 演示文稿中每张幻灯片都是基于某种(　　)创建的, 它预定义了新建幻灯片的各种占位符布局情况。

A. 视图　　B. 版式　　C. 母版　　D. 模板

18. 要使所有幻灯片有统一的背景,应该采用的常规方法是(　　)。

A. 执行“格式”中的“背景”命令,在“背景”对话框中进行设置后单击“全部应用”按钮

B. 执行“格式”中的“背景”命令,在“背景”对话框中进行设置后单击“应用”按钮

C. 执行“格式”中的“应用设计模板”命令

D. 执行“格式”中的“幻灯片配色方案”命令,在“幻灯片配色方案”对话框中进行设置后单击“应用”按钮

19. 要实现在播放时幻灯片之间的跳转,可采用的方法是(　　)。

A. 设置预设动画　　B. 设置自定义动画

C. 设置幻灯片切换方式　　D. 设置动作按钮

20. 在 Excel 2010 中“编辑”菜单中的“恢复”命令能够(　　)。

A. 重复上次操作

B. 恢复对文档进行的最后一次操作前的样子

C. 显示第一次的操作内容

D. 显示第二次的操作内容

【答案与解析】

1. A。完整的文献注释包括六个要素:著者、文献名、出版者、出版时间、版次、位置。

2. C。使用“词组检索”“字段限定”“增加同义词”均能优化检索结果。使用逻辑“或”

会增加搜索结果。

3. B。参考工具书包括字典、辞典、百科全书、年鉴等,所以本题的正确答案为B。

4. B。顺查法是指按照时间的顺序,由远及近地进行信息检索的方法。倒查法是由近及远、从新到旧,逆着时间的顺序进行文献检索的方法,又称“分段法”或“综合法”。抽查法是指针对项目的特点,选择有关该项目的文献信息最可能出现或最多出现的时间段,进行重点检索的方法。题干中要查找以前发生的大事,又是从时间较近处开始,属于逆着时间查找。

5. B。使用选项A、C、D三种方式都可以删除指定的幻灯片,而在幻灯片视图下,无法对编辑的幻灯片进行剪切操作,只可以用“编辑”菜单中的“删除幻灯片”命令。

6. B。.xlsx是Excel文件格式,.pptx是PowerPoint文件格式。

7. D。COUNT函数用于计数,注意()内只能是数值型数据。

8. B。星号(*)可以代替零个、单个或多个字符。文件查找时,通配符问号(?)可以代替一个字符。

9. D。 10. C。 11. C。 12. C。 13. B。 14. A。 15. D。 16. D。 17. B。 18. A。 19. D。 20. B。

第二节 逻辑思维

考点梳理

逻辑思维能力是指人们采用科学的逻辑方法,准确而有条理地表达自己思维过程的能力,亦即对事物进行观察、比较、分析、综合、抽象、概括、判断、推理的能力。它是每一位教师应掌握的基本职业能力,教师逻辑思维水平的高低直接决定着其所从事的教育教学活动的成败。

一、概念的内涵、外延以及外延间的关系

逻辑思维的基本形式是概念、判断、推理。

概念是反映思维的对象和特有属性的思维形式,也是构成判断和推理的基本要素。概念有两个基本的逻辑特征:内涵和外延。概念的内涵是指反映在概念中的对象的特有属性或本质属性,即回答事物是什么样的;概念的外延是指具有概念所反映的特有属性或本质属性的对象,即回答这类事物有哪些。例如,“学校”这个概念的内涵是“有计划、有组织地进行系统教育的机构”,外延是古今中外所有具有以上特有属性的对象,包括大学、中学、小学等各级各类学校。概念的内涵和外延之间存在反变关系,即一个概念的内涵越多,那么其外

延就越少;反之,如果一个概念的内涵越少,那么其外延就越多。

两个概念的外延之间主要存在以下几种关系:

(1) 全同关系:两个概念的外延完全相同。如“等边三角形”与“等角三角形”、“南京”与“江苏省省会”。

(2) 属种关系:两个概念的外延有部分重合。如“动物”与“脊椎动物”、“大学生”与“学生”。前者为真包含关系,后者为真包含于关系。

(3) 交叉关系:两个概念的外延有且仅有部分重合。如“医生”与“军人”、“畅销商品”与“高档商品”。

(4) 全异关系:两个概念的外延没有部分重合。它又可分为两种:(1)反对关系:两个种概念的外延之和小于属概念的外延,如“黑色”与“蓝色”、“大学”与“小学”;(2)矛盾关系:两个种概念的外延之和等于属概念的外延,如“直接经验”与“间接经验”、“脊椎动物”与“无脊椎动物”。

二、直言判断及其推理

判断就是对事物情况有所断定(肯定或否定)的思维形式。不包含其他判断的判断称为简单判断。简单判断主要包括性质判断和关系判断两种。

性质判断是断定对象具有或不具有某种性质的判断。由于它的断定是直接的,因此又称为直言判断。同学们应重点掌握直言判断及其推理。

(一) 直言判断的分类

直言判断由主项(S)、谓项(P)、联项和量项组成。其中主项和谓项是变项,联项和量项是常项。具体又分为以下四种:

(1) 全称肯定判断:断定一类对象全部都具有某种性质,即所有 S 都是 P,写作 SAP。例如,所有大熊猫都是哺乳动物。

(2) 全称否定判断:断定一类对象全部都不具有某种性质,即所有 S 都不是 P,写作 SEP。例如,所有唯理论者都不是经验论者。

(3) 特称肯定判断:断定一类对象中至少有一个个体具有某种性质,即有的 S 是 P,写作 SIP。例如,有些学生是用功的。

(4) 特称否定判断:断定一类对象中至少有一个个体不具有某种性质,即有的 S 不是 P,写作 SOP。例如,有些天鹅不是白色的。

(二) 直言判断的真假

概念外延间的关系主要有全同、真包含、真包含于、交叉、全异等几种,据此我们可以考察 A、E、I、O 四种判断的真假情况。

1. SAP 的真假

当 S 与 P 具有全同关系、真包含于关系时,SAP 为真;当 S 与 P 具有真包含关系、交叉关系、全异关系时,SAP 为假。例如,

（1）所有等边三角形都是等角三角形。

（2）所有团员都是青年。

（3）所有牛都是水牛。

（4）所有高价商品都是优质商品。

（5）所有三角形都是四边形。

上述例子都是SAP，但只有（1）（2）是真判断，因为判断的断定与主、谓项的实际关系相符，（3）（4）（5）则是虚假判断。

2. SEP 的真假

当S与P具有全异关系时，SEP为真；当S与P具有全同关系、真包含关系、真包含于关系、交叉关系时，SEP为假。

若将上述5个例子分别换成SEP，则只有第五个为真，其他四个都为假。

3. SIP 的真假

当S与P具有全同关系、真包含关系、真包含于关系、交叉关系时，SIP为真；当S与P具有全异关系时，SIP为假。

若将上述5个例子分别换成SIP，则前四个为真，第五个为假。

4. SOP 的真假

当S与P具有真包含关系、交叉关系、全异关系时，SOP为真；当S与P具有全同关系、真包含于关系时，SOP为假。

若将上述5个例子分别换成SOP，则后三个为真，前两个为假。

（三）直言判断的推理

推理是根据一个或一个以上的判断得出一个新判断的思维形式。推理必须包含前提、结论、推理依据等三个要素。推理至少由两个判断组成，但是两个或两个以上的判断组成的不一定都是推理，它们之间必须存在着一定的逻辑联系。

直言判断的直接推理主要包括以下两类：

1. 根据对当关系的直接推理

主、谓项都相同的A、E、I、O四种判断之间具有的真假制约关系称作对当关系。主要表现为以下四种：

（1）A与O、E与I分别具有矛盾关系，即它们不能同真，也不能同假。

（2）A与E具有反对关系，即不能同真，可以同假。

（3）I与O具有下反对关系，即可以同真，不能同假。

（4）A与I、E与O分别具有差等关系，即可以同真，而不必然同真；可以同假，而不必然同假。

根据上述四种对当关系，我们可以进行对当关系的直接推理。例如，

（1）由"所有商品都有使用价值"→"并非有的商品没有使用价值"。

（2）由"并非人都是自私的"→"有些人不是自私的"。

（3）由“所有公民都有受教育的权利”→“并非所有公民没有受教育的权利”。

（4）由“所有人都不是生而知之的”→“并非所有人都是生而知之的”。

（5）由“并非有的甲班学生是运动员”→“有的甲班学生不是运动员”。

（6）由“并非有些运动不是消耗能量的”→“有些运动是消耗能量的”。

（7）由“所有恒星都是发光体”→“有些恒星是发光体”。

（8）由“某厂所有产品都不是优质产品”→“某厂有些产品不是优质产品”。

（9）由“并非有些铅笔是用铅做的”→“并非所有铅笔都是用铅做的”。

（10）由“并非有的麻雀不会飞”→“并非所有麻雀都不会飞”。

上述例子中，(1)(2)是根据矛盾关系进行的推理，(3)(4)是根据反对关系进行的推理，(5)(6)是根据下反对关系进行的推理，(7)—(10)是根据差等关系进行的推理。

2. 判断变形的直接推理

判断变形的直接推理就是通过改变前提判断的形式从而推出结论的直接推理。主要有以下三种：

（1）换质推理。

换质推理就是通过改变前提的质(联项)和将前提谓项换成它的矛盾概念，从而得出一个等值判断的结论。A、E、I、O 几种判断的换质推理如下：

① $SAP \to SE\overline{P}$。

例如，由“所有共青团员都是青年”→“所有共青团员都不是非青年”。

② $SEP \to SA\overline{P}$

例如，由“死读书不是正确的读书方法”→“死读书是不正确的读书方法”。

③ $SIP \to SO\overline{P}$

例如，由“有些固体是能溶解于水的”→“有些固体不是不能溶解于水的”。

④ $SOP \to SI\overline{P}$

例如，由“有些到会者不是本单位工作人员”→“有些到会者是非本单位工作人员”。

（2）换位推理

换位推理就是把前提的主项和谓项的位置互换而不改变质，从而得出新的结论。A、E、I、O 几种判断的换位推理如下：

① SAP→PIS。

例如，由“犯罪行为都是违法行为”→“有些违法行为是犯罪行为”。

② SEP→PES。

例如，由“所有本校学生都不是市足球队队员”→“所有市足球队队员都不是本校学生”。

③ SIP→PIS。

例如，由“有些经济作物是高产作物”→“有些高产作物是经济作物”。

④ SOP 不能换位。

（3）换质位法推理。

换质位法推理就是把换质和换位交替运用的直接推理。一般是先换质、再换位，所得结论的主项为前提中谓项的矛盾概念。A、E、O 三种判断可以进行换质位推理。

① $SAP \to SE\overline{P} \to \overline{P}ES$。

例如，由“好孩子是不说谎的”→“说谎的不是好孩子”。

② $SEP \to SA\overline{P} \to \overline{P}IS$。

例如，由“自行车不是机动车”→“有些非机动车是自行车”。

③ $SOP \to SI\overline{P} \to \overline{P}IS$。

例如，由“有些诗歌不是讲平仄的”→“有些不讲平仄的（作品）是诗歌”。

3. 三段论推理

所谓三段论，就是由两个包含着共同项的性质判断推出一个新的性质判断的演绎推理。任何三段论都包含三个概念，每个概念各被使用两次。其中，在前提中出现两次，在结论中不出现的概念称为中项（M）；结论中的主项叫小项（S）；结论中的谓项叫大项（P）。两个前提中，含有大项的叫大前提，含有小项的叫小前提。

三段论公理：凡对一类事物的全部有所肯定或否定，则对该类事物中的部分或个别对象有所肯定或否定。它是三段论赖以成立的基本依据。要确保三段论有效，必须遵守以下规则：

（1）一个三段论中，有且只能有三个项。

例如，“我国的大学分布于全国各地，南京师范大学是我国的大学，所以南京师范大学分布于全国各地。”其中，第一个“我国的大学”是集合概念，表示我国所有大学的总体，第二个“我国的大学”是个非集合概念，仅表示某一所大学。这是两个不同的概念，犯了“四概念”错误。

（2）中项在两个前提中至少周延一次。

例如，“不少师范毕业生为国家做出了突出贡献，某人是师范毕业生，所以某人为国家做出了突出贡献。”中项“师范毕业生”在两个前提中都不周延，结论不能必然得出，犯了“中项两次不周延”的错误。

（3）前提中不周延的项在结论中也不得周延。

例如，“中国是发展中国家，中国是亚洲国家，所以亚洲国家都是发展中国家。”小项“亚洲国家”在小前提中不周延，在结论中周延，犯了“小项扩大”的错误。

（4）两个否定的前提不能得出结论。

例如，“小学生没有学过逻辑，我们不是小学生，所以……”，无法必然地推出结论。

（5）如果前提中有一个否定判断，那么结论必为否定判断；如果结论为否定判断，那么前提中必有一个否定判断。

（6）两个特称判断不能推出结论。

（7）如果前提中有一个是特称，结论必定是特称的。

（8）如果大前提是特称判断，小前提是否定判断，不能得出结论。

三、复合判断及其推理

复合判断就是自身中包含有其他判断的判断。它由支判断和联结词构成。根据联结词的不同,复合判断主要可分为联言判断、选言判断、假言判断等几种。

(一)联言判断及推理

联言判断就是断定若干事物情况同时存在的判断。如果用 p、q、r 等来表示联言支,用“并且”表示联言联结词,则其逻辑形式为 p,并且 q,并且 r。如果每个联言支都为真,则该联言判断为真;只要有一个联言支为假,则该联言判断为假。

联言推理是以联言判断为前提或结论,并根据联言判断的逻辑特性进行推理的一种演绎推理。主要有两种形式:

(1) 分解式:即以一个联言判断为前提,以这个联言判断的一部分支判断为结论的联言推理。

例如,“我们的干部要德才兼备,所以我们的干部要有德。”

(2) 合成式:即以两个或两个以上的判断为前提,以这几个判断所构成的联言判断为结论的联言推理。

例如,“中国是火药的故乡,中国是火箭的故乡,所以中国既是火药的故乡,又是火箭的故乡。”

(二)选言判断及推理

1. 选言判断

选言判断是断定若干事物情况中至少有一种情况存在的判断。根据其选言联结词的不同可分为两种:

(1) 相容选言判断。即断定在若干事物情况中至少有一种存在而并未断定仅有一种存在。其逻辑形式为:或者(也许)p,或者(也许)q,或者(也许)r。

例如,“他或者是位教师,或者是位作家。”

(2) 不相容选言判断。即断定在若干事物情况中有且仅有一种情况存在。其逻辑形式为:要么 p,要么 q,要么 r。

例如,“这场战争,要么是正义战争,要么是非正义战争。”

一个相容选言判断,只要有一个选言支为真,它就为真;只有当所有选言支都为假,它才为假。一个不相容选言判断,有且仅有一个选言支为真时,它为真;如果选言支都假,或者不止一个选言支为真,那么它就为假。

2. 选言推理

选言推理就是前提中有一个选言判断,并且根据选言判断的逻辑特性进行推理的演绎推理。根据选言前提的种类,它也可分为两种:

(1) 相容选言推理。即前提中有一个相容选言判断的选言推理。它有两条规则:

① 否定一部分选言支,必然要肯定另一部分选言支;

② 肯定一部分选言支，不能必然否定另一部分选言支。

根据以上规则，相容选言推理只有一种有效形式：否定肯定式。例如，"这孩子腹泻或者是因为受凉，或者是因为吃了不消化的东西；这孩子腹泻不是因为受凉；所以这孩子腹泻是因为吃了不消化的东西。"

(2) 不相容选言推理。即前提中有一个不相容选言判断的选言推理。它也有两条规则：

① 否定一部分选言支，必然要肯定另一部分选言支；

② 肯定一部分选言支，必然要否定另一部分选言支。

根据以上规则。不相容选言推理有两种有效形式：

① 否定肯定式。

例如，"一场战争，要么是正义战争，要么是非正义战争；我国人民为抵抗日本侵略者而进行的战争不是非正义战争；所以我国人民为抵抗日本侵略者而进行的战争是正义战争。"

② 肯定否定式。

例如，"这次会议要么在北京举行，要么在上海举行，要么在广州举行；这次会议在北京举行；所以这次会议不在上海举行，也不在广州举行。"

(三) 假言判断及推理

1. 假言判断

假言判断又叫条件判断，就是断定某一事物情况的存在为另一事物情况存在的条件的判断。一个假言判断由两个支判断和联结词构成。根据假言联结词所表示的前后件之间不同的条件关系，可将假言判断分为三类：

(1) 充分条件假言判断。所谓充分条件，就是指如果前件所反映的事物情况存在，那么后件所反映的事物情况就一定存在。其逻辑形式：如果(只要)p，那么(就)q。

例如，"如果明天下雨，那么运动会就延期举行。"

一个充分条件假言判断，当前件真后件也真、前件假而后件真、前件假后件也假时，该判断为真；当前件真后件假时，该判断为假。

(2) 必要条件假言判断。所谓必要条件，就是指如果前件所反映的事物情况不存在，那么后件所反映的事物情况就一定不存在。其逻辑形式：只有 p，才 q。

例如，"只有病得起不了床，他才请一次假。"

一个必要条件假言判断，当前件真后件也真、前件真后件假、前件假后件也假时，该判断为真；当前件假而后件真时，该判断为假。

(3) 充分必要条件假言判断。所谓充分必要条件，就是指如果前件所反映的事物情况存在，那么后件所反映的事物情况就一定存在；如果前件所反映的事物情况不存在，那么后件所反映的事物情况就一定不存在。其逻辑形式：当且仅当 p，才 q。

例如，"当且仅当付出努力，才会有所收获。"等同于"如果付出努力，就会有所收获；并且只有付出努力，才会有所收获。"

一个充分必要条件假言判断，当前件真后件也真、前件假后件也假时，该判断为真；当前件真后件假、前件假而后件真时，该判断为假。

2. **假言推理**

假言推理就是前提中有一个假言判断，并通过另一个前提对假言前提的前件或后件加以肯定或否定，然后根据假言前提前后件的逻辑关系推出结论的演绎推理。包括以下三种：

（1）充分条件假言推理。即前提中有一个充分条件假言判断。它有四条规则：

① 肯定前件，必然要肯定后件；② 否定后件，必然要否定前件；③ 否定前件，不能必然否定后件；③ 肯定后件，不能必然肯定前件。

根据以上规则，充分条件假言推理包括两种有效形式：

① 肯定前件式。例如，“如果我这件事做得对，就不怕别人说三道四；我这件事做得对；所以我不怕别人说三道四。”

② 否定后件式。例如，“如果这个三段论的形式是正确的，那么它不会出现四个项；这个三段论有四个项；所以这个三段论的形式不正确。”

（2）必要条件假言推理。即前提中有一个必要条件假言判断。它有四条规则：

① 否定前件，必然要否定后件；② 肯定后件，必然要肯定前件；③ 肯定前件，不能必然肯定后件；④ 否定后件，不能必然否定前件。

根据以上规则，必要条件假言推理包括两种有效形式：

① 否定前件式。例如，“他只有认识到自己的错误，才能改正错误；他认识不到自己的错误；所以他不能改正错误。”

② 肯定后件式。例如，“这名运动员只有平时刻苦训练，才能在比赛中取得好成绩；这名运动员在比赛中取得了好成绩；所以这名运动员平时是刻苦训练的。”

（3）充分必要条件假言推理。即前提中有一个充分必要条件假言判断。它有四条规则：

① 肯定前件，必然要肯定后件；② 否定前件，必然要否定后件；③ 肯定后件，必然要肯定前件；④ 否定后件，必然要否定前件。

根据以上规则，充分必要条件假言推理包括四种有效形式：肯定前件式、否定前件式、肯定后件式、否定后件式。

四、其他各种类型的推理（演绎、归纳、类比、数字、图形）

根据前面提到的结论的思维进程方向的不同，推理可以分为演绎推理、归纳推理、类比推理等。

（一）演绎推理

从一般性前提推出特殊性或个别性结论。它的种类较多，前面所介绍的直接推理与三段论、各种复合判断推理都属于演绎推理。

（二）归纳推理

从特殊性、个别性前提推出一般性结论。它能把人们的认识由个别扩大到一般，所以在探索新知识方面起着重大作用。

根据在前提中是否考察了一类事物的全部对象,归纳推理可以分为:

1. 完全归纳推理

即考察了一类事物中的每一个对象。这种推理的结论没有超出前提的范围,因此是一种必然性推理。

例如,“太平洋的洋底有矿藏,大西洋的洋底有矿藏,印度洋的洋底有矿藏,北冰洋的洋底有矿藏,所以地球上所有大洋的洋底都有矿藏。”

2. 不完全归纳推理

即考察了一类事物中的部分对象。这种推理的结论超出了前提的范围,前提对结论的支持强度低于完全归纳推理,因此是一种或然性推理。

例如,“蛇是用肺呼吸的,鳄鱼是用肺呼吸的,海龟是用肺呼吸的,蜥蜴是用肺呼吸的,所以所有爬行动物都是用肺呼吸的。”

(三)类比推理

根据两个对象在一系列属性上相同推知它们在其他属性上也相同。类比推理只是根据简单的比较而进行推论,并不能确切地把握事物属性之间的逻辑联系,因此也是一种或然性推理。

例如,“红外线是一种具有穿透力的光线,它能使微生物细胞的某些成分发生变化,具有灭菌作用;紫外线也是一种具有穿透力的光线,也能使微生物细胞的某些成分发生变化;由此推知,紫外线也具有灭菌作用。”

(四)数字推理

给出一个数列,但其中至少缺少一项,要求仔细观察数列的排列规律,然后从四个选项中选出最为合理的一项来填补空白项。数字推理考查的是数字之间的联系,要求掌握恰当的方法和技巧,对运算能力的要求并不高。例如,

(1) 12,20,30,42,(56)。

解析:前后每两项之差是一个等差数列,依次为8,10,12,14。

(2) 1,2,3,5,(8),13。

解析:从第三项起,每一项都是前两项之和。

(3) 8,12,18,27,(40.5)。

解析:从第二项起,每一项与它前一项的比均为1.5。

(4) 66,83,102,123,(146)。

解析:每一项依次是8,9,10,11,12的平方后+2。

(5) 4,6,10,14,22,(26)。

解析:每一项依次是质数数列2,3,5,7,11,13乘以2。

(6) 34,36,35,35,(36),34,37,(33)。

解析:由两个数列相隔而成,一个递增,一个递减。

(7) 2.01, 4.03, 8.04, 16.07, (32.11)。

解析:整数部分为等比数列,小数部分为移动求和数列(从第3项起每一项都是前两项之和)。

(8) 65, 35, 17, 3, (1)。

解析:每一项都是平方关系与和差关系的组合,分别为8的平方+1,6的平方-1,4的平方+1,2的平方-1,下一个应为0的平方+1=1。

(五) 图形推理

图形推理更多的是考查一个人的观察、抽象、推理能力。观察图形规律的要点有:图形的大小、笔画曲直多少、方向的旋转、图形的组合顺序、图形的叠加、求同等。

解答图形推理题,首先要找出规律,要认真剖析第一套图形。有些简单题,从第一套图形中即可直接看出规律。对于一些复杂的图形,则需结合第二套图形具体分析。图形排列的规律是千变万化的,只要仔细观察其变化,最终肯定能发现其规律。其次还要突破思维定式,要把图形推理与数字推理有机结合起来。找到规律以后,便可选择正确答案。但是,在选择时一定要仔细,不能发生视觉错误,而且要拿所选答案去印证自己归纳出的规律。如果符合规律,则所选答案肯定无疑。

例1 请从所给的四个选项中选择最适合的一个填入问号处,使之呈现一定的规律性。

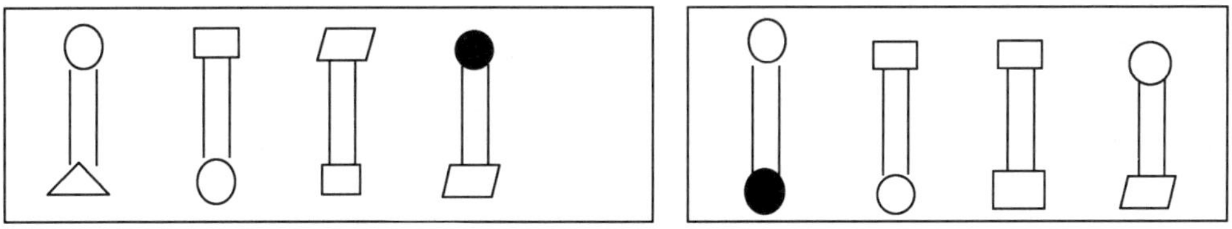

A. B. C. D.

解析:本题属于图形的相对位置题。后一个图都是将前一个图下方的图形换掉,并且整个图位置作180°改变。故答案为A。

例2 从所给的四个选项中选择最合适的一个填入图形后面,使之呈现一定的规律性。

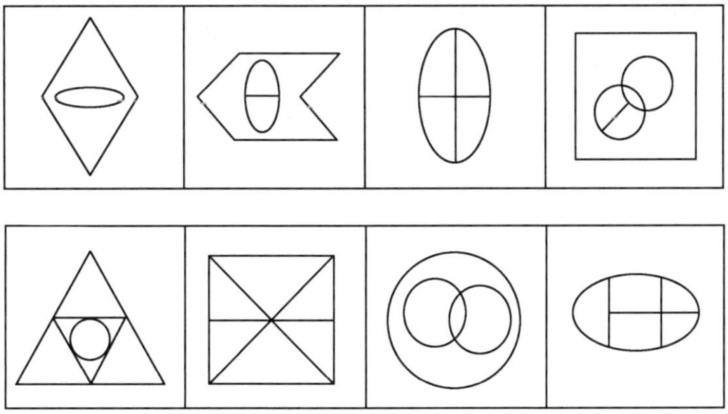

A. B. C. D.

解析:本题考查图形的数量关系。题干中的图形封闭空间数量逐增,依次是2、3、4、5。

故答案为B,6个空间。

五、分析、综合、概括的一般方法

(一) 分析

分析就是将研究对象的整体分为各个部分、方面、因素和层次,并分别加以考察的认识活动。其意义在于细致地寻找能够解决问题的主线,并以此解决问题。常见的分析类型有以下几种。

1. 定性分析

它是为了确定研究对象是否具有某种性质而进行的分析,主要解决“有没有”“是不是”的问题。

2. 定量分析

它是为了确定客观对象各种成分的数量而进行的分析,主要解决“有多少”的问题。

3. 因果分析

它是为了确定引起某一现象变化原因而进行的分析,主要解决“为什么”的问题。

4. 系统分析

它是一种动态分析,将客观对象看成是一个发展变化的系统;它又是一种多层次分析,将对象看成是一个复杂的多层次系统。

5. 概念分析

它是研究某个确定术语所表示的概念的内涵和外延的研究方法。这种分析主要是基于概念的内涵以及外延间的关系。

6. 文献分析

它是指通过阅读、分析文献得出对主客观事物认识的研究方法。

7. 调查分析

它是指研究者通过实地面谈、提问调查等方式收集、了解事物详细资料数据,并加以分析的方法。根据调查手段和方式的不同,可以分为问卷调查、面谈调查、电话调查、网络调查等;根据调查对象的不同,可以分为个案调查、重点调查、抽样调查、专家咨询等。

8. 比较分析

它是将同类事物进行对比,分析其异同,进而判断其优劣的研究方法。它可以分为纵向比较和横向比较两种:前者是对同一事物不同时期的状况进行比较,从而认识事物的过去、现在及其发展趋势;后者是对不同国家、不同地区、不同部门的同类事物进行比较,从中找出差距,判断优劣。

(二) 综合

综合就是将已有的关于研究对象各个部分、方面、因素和层次的认识联结起来,形成对研究对象的统一整体的认识。综合不是关于对象各个构成要素的认识的简单相加,综合后的整体性认识应具有新的关于对象的机理和功能的知识。综合主要分为以下几类:

1. 感觉活动的综合

感觉活动的综合是指人们通过自己的感觉器官，以不同的感觉直接反映事物的某一表面特性，并在大脑中综合成关于对象的完整的知觉表象。它不属于科学思维中的综合。

2. 理论的综合

初步的理论综合是静态的，它探求研究对象在相对静止、相对稳定的状态下的整体性结构。随着研究工作的进一步发展，更高水平的理论综合是动态的，它把对象的各部分、各要素之间看成是一个多变量的关系，把这个结构整体看成是运动的和变化的，从运动和变化中来把握这个结构整体。

3. 科学的综合

科学的综合分为两类：一种是多种学科的综合，产生一种综合性的边缘学科。如物理、化学、生物学三者相互渗透，成为综合性的物理化学生物学科。另一类是科学内的综合。如当前的许多物理学家都致力于研究四种自然力（引力、电磁力、强力、弱力）的统一理论。

（三）概括

概括是在思想中从某类事物的个别、少数对象具有某种属性，推广到某类事物的全体对象都具有这种属性的一种思维方法。其常见分类有：

1. 根据水平的不同分类

概括分为初级概括和高级概括两种。前者指在感知觉或表象水平上的概括，表现为根据具体经验抽取事物的共同特征或联系，总结出某类事物的共同属性，是概括的初级形式；后者指在把握事物的本质特征的基础上进行的概括，是概括的高级形式。

2. 根据所依据材料的多少分类

概括可以分为整体性概括、外推性概括和典型性概括。整体性概括是在对某类事物所有个体的了解的基础上形成的概括，它把这类事物的共同点归结在一起。外推性概括是指由某类事物中部分事物具有某种属性推广到某类事物全体都具有这种属性。典型性概括是依据对某类事物中的典型性事物的认识而上升为普遍性认识的概括。

3. 根据思维材料的性质分类

概括又可以分为经验概括和理论概括。经验概括是对事实或感性认识材料的概括。理论概括是对理性认识材料的概括。

概括和综合都必须在分析的基础上形成，但从根本上看来，二者是有区别的。概括是通过分析、抽象，从某类个别对象具有某种特性，推广到某类的全体对象都具有这种特性，在概括过程中需要运用归纳法。概括的基础是事物之间个别和一般的关系。综合则是在分析、抽象的基础上，将所获得的对某一个事物的各个方面、各个部分的认识联系在一起，形成对该事物的更加深刻、完整的认识。综合的基础是事物之中整体与局部的关系。在实际运用中，概括和综合可以交互为用。

六、论证

论证就是根据已知为真的判断，通过逻辑推理来确定另一个判断的真实性的思维过程。

论证和推理有着密切联系。一个论证必然具有一种论证方式,而论证方式就是一个或几个推理形式的总和。论证必须运用推理,推理总是为论证服务的。论证的论据相当于推理的前提,论证的论题相当于推理的结论,而论证方式相当于推理形式。常见的论证类型有以下几种:

1. 演绎论证和归纳论证

演绎论证就是论据与论题之间有必然关系的论证。它的论据往往是一般原理,而论题往往是特殊场合。

归纳论证就是论据与论题之间有或然关系的论证。它的论据往往是特殊场合,而论题往往是一般原理。

2. 直接论证和间接论证

直接论证就是不经过对矛盾论题虚假性的论证,而直接论证论题的真实性的论证。

间接论证就是通过对矛盾论题虚假性的论证,进而确立论题的真实性的论证。

论证必须遵守下列规则:

(1) 论题必须明确,不能转移或偷换论题。

(2) 论据是已确知为真的判断,其真实性不能依赖论题的真实性来证明。

(3) 推理的形式和规则必须正确。

论证方法很多,常见类型有举例论证、理论论证、对比论证、比喻论证、引用论证等。

七、逻辑基本规律

逻辑思维是一种确定的而不是模棱两可的,前后一贯的而不是自相矛盾的,有条理、有根据的思维。逻辑思维规律主要包括同一律、矛盾律、排中律以及辩证逻辑的对立统一、质量互变、否定之否定等规律。违背了这些规律,思维就会发生偷换概念、偷换论题、自相矛盾等逻辑错误,认识就是混乱的。

1. 同一律

同一律的内容是:在同一种思维过程中,每一思想必须与其自身保持同一。即在同一时间、同一方面,对同一个对象所运用的概念或判断必须保持自身的同一。

同一律有两个基本要求:第一,在同一种思维中必须保持概念自身的同一,否则就会犯"混淆概念"或"偷换概念"的错误;第二,在同一种思维过程中必须保持论题自身的同一,否则就会犯"转移论题"或"偷换论题"的错误。

2. 矛盾律

矛盾律的内容是:在同一种思维过程中,两个互相否定的思想不能同真,必有一假。即在同一时间、同一方面,对同一对象不能同时用两个互相否定的思想去反映它。

这里的"互相否定"包括矛盾关系和反对关系。矛盾律要求在同一种思维过程中,对于同一个对象不能同时用两个互相矛盾或反对的概念或判断来反映。例如,对于同一个青年,不能同时用"共青团员"和"非共青团员"这两个互相矛盾的概念来反映;"所有的球都是圆的”和“所有的球都不是圆的”是具有反对关系的两个判断,不能同时为真。违反了矛盾律就会犯“自相矛盾”的逻辑错误。

3. **排中律**

排中律的内容是:在同一种思维过程中,两个互相矛盾的思想不能同假,必有一真。即在同一时间、同一方面,对同一对象不能同时用两个互相矛盾的思想去反映它。

例如,在“车”这个论域中,某一个对象或者是“机动车”,或者是“非机动车”,二者必居其一。“某厂所有产品都是合格的”和“某厂有些产品不合格”也不能同假,其中必有一真。违反了排中律,就会犯“模棱两可”的错误。

真题解读

1. 下列选项中,与“青岛—珠海”逻辑关系相同的是(　　)。

A. 新疆—边疆　　B. 大象—老鼠　　C. 植物—水仙　　D. 西瓜—水果

【答案与解析】B。本题考查的是概念间的关系。“青岛”和“珠海”是不同的城市名,属于全异关系。而“新疆”与“边疆”、“植物”与“水仙”、“西瓜”和“水果”都是属种关系,或是真包含,或是真包含于,只有“大象”与“老鼠”是全异关系。

2. 小王、小赵和小李的艺术专长分别为小提琴、二胡和古筝。已知:小王比小赵年龄大,小李比弹古筝的年龄小,拉小提琴的年龄最大。根据上述条件,可以确定的是(　　)。

A. 小王拉小提琴,小赵弹古筝,小李拉二胡

B. 小王拉二胡,小赵拉小提琴,小李弹古筝

C. 小王拉小提琴,小赵拉二胡,小李弹古筝

D. 小王弹古筝,小赵拉小提琴,小李拉二胡

【答案与解析】A。根据题干“小李比弹古筝的年龄小,拉小提琴的年龄最大”,可以推知小李的专长不是弹古筝,也不是拉小提琴,只能是二胡。根据题干“小王比小赵年龄大,拉小提琴的年龄最大”可以推出,小王的专长是小提琴。因此可以推出,小赵的专长是古筝。

3. 下列选项中与“书法家—画家”逻辑相同的是(　　)。

A. 童星—明星　　B. 党员—教师　　C. 军人—军官　　D. 幼儿—青年

【答案与解析】B。题干中的“书法家”与“画家”是交叉关系。而“童星”与“明星”“军人”与“军官”是属种关系,前者是真包含于,后者是真包含。“幼儿”和“青年”是全异关系。只有“党员”和“教师”是交叉关系。

4. 4个杯子上各写着一句话,第一个杯子:每个杯子中都是酸性溶液;第二个杯子:本杯中是矿泉水;第三个杯子:本杯中不是蒸馏水;第四个杯子:有的杯子中不是酸性溶液。如果4句话中只有一句是真实的,则可以确定的是(　　)。

A. 所有的杯子中都是酸性溶液　　B. 第二个杯子中是矿泉水

C. 所有杯子中都不是酸性溶液　　D. 第三个杯中是蒸馏水

【答案与解析】D。第一个杯子和第四个杯子的命题互相排斥,如果第一个杯子上的话

是错的，那么第四个就是对的；反过来，如果第四个杯子上的话是错的，那么第一个就是对的，所以唯一的一个真命题就在一、四两个杯子中，这就意味着，二和三都是错的。从第三杯不是蒸馏水是假话，可以推知第三杯是蒸馏水。

5. 下列选项中与“三角形—几何图形”逻辑相同的是（　　）。

A. 矩形—椭圆形　　B. 菱形—六边形　　C. 圆形—三角形　　D. 梯形—四边形

【答案与解析】D。题干中的“三角形”与“几何图形”是属种关系中的真包含于关系。“矩形”与“椭圆形”、“菱形”与“六边形”、“圆形”与“三角形”都是全异关系，只有“梯形”与“四边形”是真包含于关系。

6. 找规律填数字是一个很有趣的活动，特别锻炼人的观察力和思考能力。下列选项中填入数列“1，2，4，10，42，（　　）”空缺处的数字，正确的是（　　）。

A. 422　　B. 523　　C. 624　　D. 725

【答案与解析】A。考查后发现，从第三个数字起，每个数字都是前两个数字之积加2，因此括号内的数字应该是10乘以42加2，即422。

7. 找规律填数字，数列“2，4，9，16，（　　），47”，空缺的数字是（　　）。

A. 28　　B. 29　　C. 30　　D. 31

【答案与解析】A。考查后发现，从第三个数字开始是前两个数字之和再加3，由此可以知道括号内的数字应该是47减去3再减去16，即28。

8. 下列选项所表述的内容包括在“只有想不到，没有做不到”中的是（　　）。

A. 如果想不到，一定做不到　　B. 只要想得到，就能做得到

C. 既然做到了，肯定想到了　　D. 既有想不到，也有做不到

【答案与解析】B。题干“只有想不到，没有做不到”的意思是只要肯努力，一定会实现，一定可以做得到。只有B选项中的意思在其范围之内。

9. 下列选项中，填入数列“36，24，15，12，（　　），9”空缺处的数字，正确的是（　　）。

A. 8　　B. 7　　C. 6　　D. 5

【答案与解析】C。考查后发现，从第三个数字起，每个数字都是前两个数字之差加3，那么括号内的数字应该是15减12加3，即6。

10. 下列选项所表述内容，包含在“只有理解别人，才能被人理解”中的是（　　）。

A. 除非被别人理解，否则没理解别人　　B. 只要理解别人，就被别人理解

C. 没被别人理解，是因为没理解别人　　D. 要想被别人理解，就得去理解别人

【答案与解析】D。本题考查假言命题，“只有……才……”是必要条件假言命题，“理解别人”只是“被别人理解”的一个条件，跟D选项的意思一致。

11. 下列选项中，填入数列“7，8，9，11，（　　），19”空缺处的数字，正确的是（　　）。

A. 12　　B. 14　　C. 16　　D. 18

【答案与解析】B。本题属于数字推理，主要考查递推数列。从题干的数列中，可以以三个已知数字为一组找规律，因为数字之间相差不大，考虑加法和减法。数列规律为前两个数字之和减6得出第三个数字。所以，括号中数字为$9+11-6=14$。因此本题选择B选项。

12. 下列选项所表述的内容，包含在“没有学会分享，就不能感受更多快乐”中的是(　　)。

A. 只要学会了分享，就能感受更多快乐　　B. 即使学会分享，也未必感受更多快乐

C. 没感受更多快乐，是因为没学会分享　　D. 只有学会了分享，才能感受更多快乐

【答案与解析】D。本题主要考查假言关系判断。从题干“没有……，没有……”可知前后件为必要条件，也就是“快乐→分享”。A选项为充分条件，故排除。B选项为“分享可能→快乐”，与题干不矛盾，但与原文意思不完全相同，待观察。C选项为“分享→快乐”，分享为充分条件，故排除。D选项“只有……，才……”为必要条件，与题干意思完全相同，更符合题意。

13. 下列选项中，和“电磁炉”与“家用电器”的逻辑关系相同的是(　　)。

A. “钢笔”与“文具”　　B. “电脑”与“微机”

C. “电视”与“冰箱”　　D. “教具”与“黑板”

【答案与解析】A。题干中的“电磁炉”与“家用电器”是属种关系中的真包含于关系，而“电脑”与“微机”是全同关系，“电视”与“冰箱”是全异关系，“教具”与“黑板”是属种关系中的真包含关系，只有“钢笔”和“文具”是真包含于关系。

14. 按照给出图形的逻辑特点，在下列选项中，填入空白处最恰当的是(　　)。

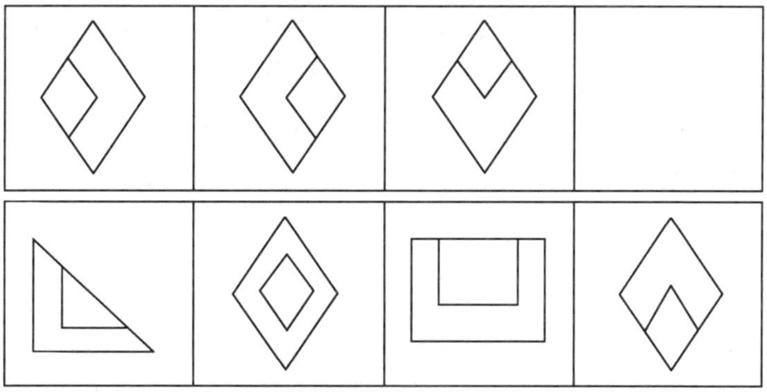

A.　　B.　　C.　　D.

【答案与解析】D。观察图片后发现，菱形中的小菱形分别位于大菱形的左、右、上位置，依据此规律，在第四幅图中它应该出现在大菱形的下方。

备考策略

一、学习指导

1. 注意研习

按照类型，选用解析详细的真题进行练习，认真分析和理解题目和答案，总结题型和解题技巧。对于自己做错的题目或虽然做对了但费时较多的题目，要认真对照解析，写出题目的分析过程，规范自己的解题思路。同时重点题目要进行标注，重做时要重点对待。

2. 重视演练

在知识记忆和系统的脉络梳理之后，选用历年真题，集中练习，灵活运用解题方法，提高解题速度，平均每道题的用时控制在1分钟左右。对薄弱环节，特别是做错的题和做对了但不易理解的题，要仔细体会正确答案和解析，进一步规范自己的解题思路。

3. 把握“套路”

逻辑学有一个备考原则是“以不变应万变”。不同类型的逻辑题有不同的解题方法和套路，但不管考题怎么千变万化，总是万变不离其宗。因此，考生一定要熟练掌握母题解题套路，这样才能在遇到同类问题时尽快理清思路，找到正确答案。

二、考点预测

逻辑思维能力部分在历年考试中大多以客观题形式出现，通常考查两道单项选择题，难度不大，内容相对固定。考生只要把握了逻辑学的基本概念、基本原理、基本规律，尤其是掌握了概念间的关系、推理的基本知识、直言判断与对当关系、复合判断与复合判断推理、三段论、智力推理、类比推理等知识点，就能在考试中快速解题。

需要掌握的重点内容分为必然性推理和可能性推理两大部分。必然性推理的知识包含直言命题和复合命题两部分：直言命题部分需要掌握对当关系、概念间关系、三段论推理、变形推理和直言模态命题，复合命题部分则要掌握各种复合命题的含义、真假关系及推理规则。这部分内容知识点较多且较难理解，考生复习时要注意结合实例理解知识点的含义。可能性推理部分重在把握论证结构，要掌握六大题型，即削弱型、加强型、前提型、解释型、评价型和结论型的论证相关知识，并在此基础上重点掌握削弱型题目的解题方法。

三、解题要领

1. 培养理性逻辑思维

理性思维是考试中需要的思维方式，是一种建立在逻辑推理基础之上的思维方式。因此，考生要注重对理性思维的培养，形成惯性，增加考试取胜的筹码。

2. 掌握必要的解题技巧

每一类逻辑题目都是有一定的解题技巧的，这些技巧是解答这一类题目的关键，因此，考生在备考阶段要多做习题，把握出题人的命题思路，并在解题中熟练运用各种解题方法，快速且准确地做出题目。

对于难度较大的分析推理类题目，更要熟练掌握矛盾分析法、假设法、排除法、图表法、时针法等解题方法，以提高解题速度和准确率。

模拟训练

1. 和“尼古丁—香烟”类型相同的一组是(　　)。

A. 蜂蜜—饼干　　B. 冰毒—毒品　　C. 糖—甘蔗　　D. 萝卜—蔬菜

2. 有四只小老鼠一块出去偷食物,回来时族长问它们都偷什么了,A说:我们每个老鼠都偷了奶酪;B说:我只偷了一颗樱桃;C说:我没偷奶酪;D说:有些老鼠没偷奶酪。族长仔细观察了一下,发现它们当中只有一只说了实话。那么下列评论中正确的是(　　)。

A. 所有老鼠都偷了奶酪　　B. 所有老鼠都没有偷奶酪

C. 有些老鼠没偷奶酪　　D. 老鼠B偷了一颗樱桃

3. 和“上元节:赏花灯”类型相同的一组是(　　)。

A. 七夕节:鹊桥相会　　B. 端午节:插茱萸

C. 重阳节:登高　　D. 中秋节:游湖

4. 在某办公室内,甲说:“如果给我加薪的话,也会给乙加薪。”乙说:“如果给我加薪的话,也会给丙加薪。”丙说:“如果给我加薪的话,也会给丁加薪。”结果发现三个人的说法都是正确的,但甲、乙、丙、丁4人中只有2人加了薪,你知道是哪两个人吗?(　　)。

A. 甲和乙　　B. 乙和丙　　C. 丙和丁　　D. 丁和甲

5. 数列填空:1,3,7,15,31,(　　)。

A. 32　　B. 43　　C. 57　　D. 63

6. “有的人喜欢一边工作一边听音乐”,这是事实。由此必然得出的结论是(　　)。

A. 有的人不喜欢一边工作一边听音乐　　B. 有的人喜欢工作,但不喜欢听音乐

C. 有的人喜欢听音乐,但不喜欢工作　　D. 并非所有人都不喜欢一边工作一边听音乐

7. 下列选项中,与“曹操和曹植是父子”判断类型相同的是(　　)。

A. 崔健和田震是歌手　　B. 王静和李霞是团员

C. 徐超和周楠是战友　　D. 樊铃和李捷是医生

8. 下列选项中,对“这种商品并非既物美又价廉”的理解正确的一项是(　　)。

A. 这种商品物美,或者这种商品价廉　　B. 这种商品物不美,或者这种商品价不廉

C. 这种商品物不美,但这种商品价廉　　D. 这种商品物美,而且这种商品价廉

9. 从所给的四个选项中选择最合适的一个填入问号处,使之呈现一定的规律性,选项是(　　)。

旺	旱	旧	旮	时	?

A. 旨　　B. 旷　　C. 早　　D. 旭

10. 已知:所有甲都属于乙,有些甲属于丙,所有乙都属于丁,没有戊属于丁,有些戊属

于丙。结论(　　)不能从上述论述中推出。

A. 有些丙属于丁　　B. 没有戊属于丁

C. 有些甲属于戊　　D. 所有甲都属于丁

11. 从所给的四个选项中,选择最合适的一个填入问号处,使之呈现一定规律性,选项是(　　)。

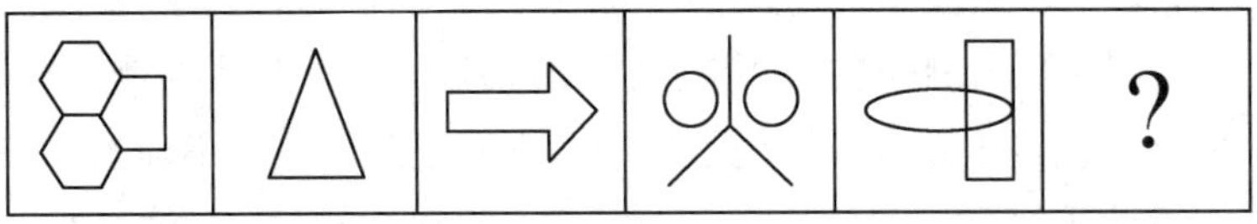

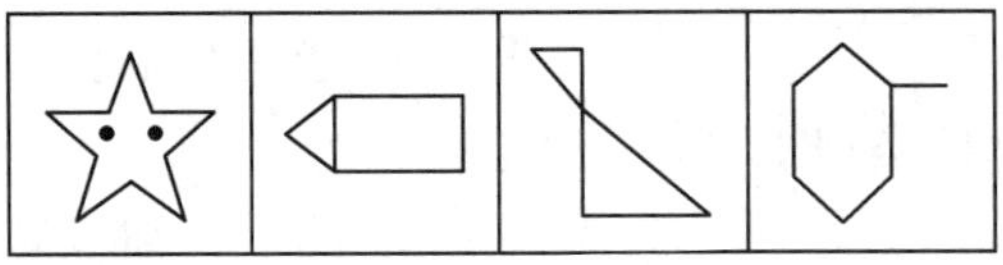

A.　B.　C.　D.

12. 经理说:"有了自信不一定赢。"董事长回应说:"但是没有自信一定会输。"

选项(　　)与董事长的意思最为接近。

A. 不输即赢,不赢即输　　B. 如果自信,则一定会赢

C. 只有自信,才可能不输　　D. 除非自信,否则不可能输

E. 只有赢了,才可能更自信

13. 数列填空:0, 9, 26, 65, (　　), 217。

A. 123　　B. 124　　C. 125　　D. 126

14. 关于甲班体育达标测试,三位老师进行了预测。张老师说:"不会所有人都不及格。"李老师说:"有人会不及格。"王老师说:"班长和学习委员都能及格。"如果三位老师中只有一人的预测正确,则选项(　　)为真。

A. 班长和学习委员都没及格　　B. 班长和学习委员都及格了

C. 班长及格,但学习委员没及格　　D. 班长没及格,但学习委员及格了

E. 以上各项都不一定为真

15. 把下面的六个图形分为两类,使每一类图形都有各自的共同特征或规律,分类正确的一项是(　　)。

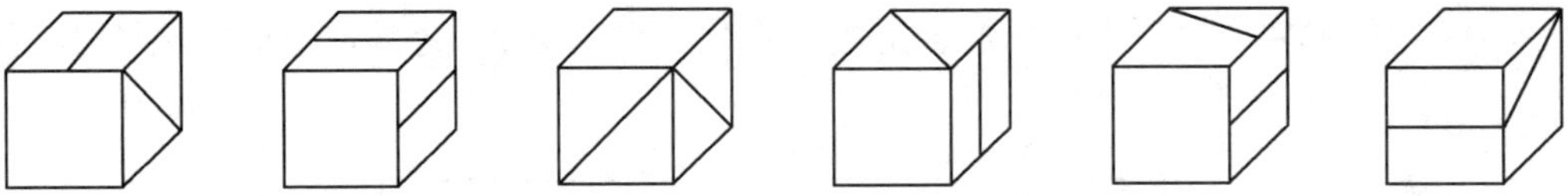

①　②　③　④　⑤　⑥

A. ①②③,④⑤⑥　　B. ①②④,③⑤⑥

C. ①②⑤,③④⑥　　D. ①③⑤,②④⑥

16. 张珊喜欢喝绿茶,也喜欢喝咖啡。她的朋友中没有人既喜欢喝绿茶又喜欢喝咖啡,但她的所有朋友都喜欢喝红茶。如果上述断定为真,则选项(　　)不可能为真。

A. 张珊的所有朋友都喜欢喝咖啡

B. 张珊的所有朋友喜欢喝的茶在种类上完全一样

C. 张珊有一个朋友既不喜欢喝绿茶,也不喜欢喝咖啡

D. 张珊喜欢喝的饮料,她有一个朋友都喜欢喝

17. 将下列 5 个句子重新排列,语序正确的是(　　)。

① 他们保存历史的唯一办法是将历史当作传说讲述,由讲述人一代接一代地将史实描述为传奇故事口传下来

② 但是,没有人能把他们当时做的事情记载下来

③ 这些传说是很有用的,因为它们能告诉我们以往人们迁居的情况

④ 我们从书籍中可以读到 5000 年前近东发生的事情,那里的人最早学会了写字

⑤ 但直到现在,世界上仍然有些地方的人们还不会书写

A. ①③②④⑤　　B. ④①③②⑤　　C. ④⑤①③②　　D. ①②③④⑤

18. 假期中,学校某学生宿舍楼剩下甲、乙、丙、丁四人留校。按规定,晚上最迟回来的同学锁上宿舍楼的大门。某晚宿舍楼的大门未锁上。第二天,宿舍管理员过来查问是哪一个同学最迟回来。

甲说:“我回来的时候,丙正在洗衣服。”

乙说:“我回来的时候,丁已睡了,我也就睡下了。”

丙说:“我进门的时候,乙正好上床睡觉。”

丁说:“我上床就睡着了,什么都不知道。”

如果这四位同学说的都是事实,那么最迟回来的那个人是(　　)。

A. 甲　　B. 乙　　C. 丙　　D. 丁

19. ① 18 世纪,人们在哥伦比亚玛雅文明遗产中发现了一个极像现代飞机的黄金制品

② 航空专家认真辨认和研究,得出了完全不同于前人的结论

③ 在 900 年前,玛雅文明突然神秘消失,为后人留下了许多未解之谜

④ 当时的考古学家认为,这是一种以鸟或鱼为原型制作的饰物,并没有给予其更多的关注

⑤ 他们认为,那是一种飞机模型,与现代飞机模型极为相似

⑥ 到了 20 世纪末,人们在厄瓜多尔南部的一个地下隧道中又发现了两个用黄金制成的类似物品

将以上 6 个句子重新排列,语序正确的是(　　)。

A. ①⑤⑥④②③　　B. ③⑥⑤①②④

C. ③①④⑥②⑤　　D. ①④③②⑤⑥

20. 在某次交通整治民意代表座谈会的代表中,一个是黑龙江人,两个是北方人,一个是广东人,有两个人只负责客运业务,三个人只从事货物运输。如果以上介绍涉及了该次座谈会的所有代表,则参加这次座谈会的代表人数(　　)。

A. 最少可能是 3 人,最多可能是 8 人　　B. 最少可能是 5 人,最多可能是 8 人

C. 最少可能是5人,最多可能是9人　　D. 最少可能是3人,最多可能是9人

【答案与解析】

1. C。题干中的两个词"香烟"中含有"尼古丁",属于包含关系中的组成关系,只有C项"甘蔗"中含有"糖",与之类型相同。

2. A。假设A说的是真话,那么其他三只老鼠说的都是假话,这符合题中仅一只老鼠说实话的前提;假设B说的是真话,那么A说的就是假话,因为它们都偷食物了;假设C或D说的是实话,这两种假设只能推出A说假话,与前提不符。

3. C。上元节赏花灯,对应的是这一节日的民间习俗。A项对应的是神话故事;B项对应错误,端午节应该是包粽子;D项对应错误,中秋节应该赏月。所以选C,重阳节登高。

4. C。因为如果甲加薪了,则根据所述,乙、丙、丁都得加薪,有4人加薪;如果乙加薪了,则丙、丁都加薪,有3人加薪;所以只能是丙和丁加薪了。

5. D。后项减去前项的差构成一组等比数列2,4,8,16,32。

6. D。本题考查的是直言判断的对当关系推理。由题干可知,"有的人喜欢一边工作一边听音乐"为真,则其矛盾命题"所有人都不喜欢一边工作一边听音乐"为假。再由负命题的真值表可知,"所有人都不喜欢一边工作一边听音乐"为假时,其负命题"并非所有人都不喜欢一边工作一边听音乐"为真,即D项的答案可以必然推出。

7. C。题干是对两人之间的关系做了断定的直言判断。选项A、B、D跟题干判断类型不同,都是对两人分别做了判断的复言判断,相当于"甲是,并且乙也是",只有C跟题干判断类型相同,是一个直言判断。故选C。

8. B。题干为"并非物美且价廉"即求"物美且价廉"的矛盾,联言判断可用"A且B"的形式表示,那其矛盾是"非A或非B",故选B。

9. C。该题属于数量类与位置类综合考查。观察后发现,每幅图中的封闭空间图形为2个,并且其中的"日"按着顺时针左、上、右、下、左旋转,则下一个封闭空间"日"应该在上。

10. C。题干强调的是甲、乙、丙、丁、戊之间的关系,需要根据部分和整体的关系来判断各个之间的关系。因为有些甲属于丙,说明甲、丙之间有交集,而所有甲都属于丁,所以有些丙也属于丁,A项正确。因为没有戊属于丁,而所有乙都属于丁,所以戊和乙也没有交集,B项正确。因为所有甲都属于乙,而所有乙都属于丁,所以所有甲都属于丁,D项正确。有些甲属于丙,说明甲、丙之间有交集;而没有戊属于丙,则戊和丙之间没有交集,不能说明戊和丙之间有没有交集,所以不能推出有些甲属于戊,因此答案为C。

11. A。观察第一组给出的5个图形,会发现其对称轴依次为横轴、竖轴、横轴、竖轴、横轴,因此下一个图形的对称轴应该为竖轴。

12. C。董事长意思为:如果没有自信则一定会输。其逻辑形式:没有自信→会输。根据逆否命题推理,则不输→自信。B项的逻辑形式:自信→不输。C项的逻辑形式:不输→自信。D项的逻辑形式:不自信→不输。E项的逻辑形式:自信→不输。因此选C。

13. B。首先辨识出每一个数字都与自然数的三次方相近,然后发现它们分别是1,2,3,4,6的三次方减1或者加1,依照此规律,括号中应是5的三次方减1,所以答案是124。

14. A。张老师说“不会所有人都不及格”的意思是“有些人考试及格”。李老师说“有人会不及格”，两者说的话是下反对关系，至少一真，因此，王老师说“班长和学习委员都能及格”是假的，那么班长和学习委员至少一个没及格。于是得出结论李老师说的是真的，张老师说的是假的，即有些人考试及格为假，那么所有人考试没及格为真，因此，班长和学习委员一定没及格。

15. D。②④⑥三个立方体中，两个外表面上的两条直线是相互垂直的，①③⑤三个立方体中两个外表面上的两条直线不是相互垂直的。

16. D。题干断定：张珊喜欢喝绿茶，也喜欢喝咖啡；她的朋友中没有人既喜欢喝绿茶又喜欢喝咖啡。由此可以推得：张珊喜欢喝的饮料，她的朋友没有一个都喜欢喝。因此，选项D不可能为真。

17. C。先看四个选项排在首位的句子，A、D项以①句开头，B、C项以④句开头。①句句首为“他们”，一般来说，用到人称代词“他们”时，前文须有具体的指代内容，故①句不能排在首位，排除A、D。④句句首为“我们”，“我们”是一种泛指，可以放在段首，故答案在B、C中间选。⑤句前有一个转折词“但”，其内容“世界上仍然有些地方的人们还不会书写”恰能与④句“那里的人最早学会了写字”构成转折关系。故⑤句应紧跟在④句后面，排除B，答案为C。

18. A。由甲的说法可知：甲晚于丙；由乙的说法推出：乙晚于丁；由丙的说法可知：丙晚于乙。因此，甲最晚回来。

19. C。阅读题干后，我们应对“900年前”“18世纪”“20世纪末”的表述格外注意，很明显，文段是按照时间顺序来编排全文的。首先是“900年前”，然后是“18世纪”，再然后是“20世纪末”，只有C项符合，语意通顺。

20. B。本题考查概念间的关系。其中2个北方人包含1个黑龙江人，与1个广东人是全异关系。又知2个人只做客运业务，3个人只从事货物运输，因此最少的人数是2个北方人同时包含黑龙江人和做生意中的2人，共5人，最多的是只有2个北方人中包含1个黑龙江人，其他的均不相互包含，因此为8人。

第三节　阅读理解

考点梳理

阅读是教师职业活动的重要任务。阅读过程中有多种能力因素发挥作用，因此阅读能力是一种综合能力。提高阅读能力，一是要有意识地丰富自己的语言素养，二是要了解基本的学科知识，三是要掌握正确的阅读方法和技巧。

一、理解文中重要概念的含义

（一）重要概念的界定

“重要概念”指的是那些与文段的整体内容或要传达的主要信息密切相关的概念，主要包括：(1) 与写作对象或文段主旨密切相关的概念。(2) 在文中被临时赋予特殊含义或深层意义的概念。(3) 体现作者创作意图或感情倾向的概念。(4) 某些重要的指示代词。对重要概念的理解是掌握整个文段内容的基础。

分析与理解重要概念的含义，往往是指分析与理解其隐含义、指代义和语境义。该考点的命题对象一般有两类：(1) 概念术语类词语。这类词语多指在阅读文本中处于核心地位的概念或术语，常常是文章的写作对象。对这类概念的考查多以理解为重点，要求正确诠释概念的内涵或外延。(2) 指代类词语。这类题主要考查对具体语言环境中代词指代内容的理解和指代范围的把握。

[示例] 科技与道德的联系表现为科学技术从本质上讲是一种革命的力量，能够促进人类社会的进步，为人类带来利益，增进人类的福利。尤其是在现代社会，科学技术已成为第一生产力，科学技术通过与生产力诸要素相结合，从而转化为现实的生产力，为人类创造着巨大的物质财富。从这个意义上看，科学技术对人类来说具有最大的“善”的价值。

问题：试概括本段中所说的“善”的内涵。

[点评] 整体感知语段后可知，语段中与“善”密切相关的关键句为“能够促进人类社会的进步，为人类带来利益，增进人类的福利”和“为人类创造着巨大的物质财富”，对这两句进行提炼和归纳，可以得出结论：本段中所说的“善”指“为人类造福”。

（二）概念理解的技巧

在阅读理解题中，重要概念的考查方式灵活多样，相对应的解题思路也有所区别。具体方法有以下几种：

1. 直接提炼要点

有些题目以解释概念的形式出现，即要求诠释概念的基本含义。在文段中，概念的基本含义一般都交代得比较清楚，通过详细阅读材料即可找到答案。

[示例] 经常听到这样的议论：社会转型时期，旧的道德规范已经不能适应社会发展的需要，而新的道德规范体系还没有建立起来，因此就难免存在道德混乱的现象。这种议论似乎是在说，今天一些不符合道德标准的行为的出现是因为道德标准过时了，这其实是站不住脚的。因为自古及今，道德的一些基本原则并没有发生变化，在社会实际中客观存在着一条“道德黄金律”。“黄金”是指普遍适应性，即它的基本标准；而“律”就是“戒律”，是人人都应当遵守的普遍准则。谈到做人的道德，涉及一个人的修养和待人的态度和方式，在这一点上，世界上各个民族都有一个大致相近的基本标准，就是要求人们“待人如己”。孔子所说的“己所不欲，勿施于人”“己欲立而立人”“己欲达而达人”就是这样的基本标准，它的意思与“待人如己”是一样的。说它是“道德黄金律”最早的充满伦理智慧的体现，也并不过分。

问题:根据文意,谈谈你对“道德黄金律”的理解。

[点评] 这个题目的答案在文中很清楚,很容易找到,适当取舍就行。可以这样表述:“道德黄金律”是指有普遍适应性的、人人都应当遵守的道德准则。它往往充满伦理智慧,“待人如己”“己所不欲,勿施于人”等即是如此。

2. 联系文段背景

有些重要概念的含义在文中比较明显,可以在上下文中找到具体的文字表述;而有些概念的含义则相对隐晦,没有具体的诠释文字,需要考生结合文段背景,调动自己的知识经验进行分析归纳,找出其含义。

[示例] 在较长一段稔熟的相处之后,我家厨房来了一个不速之客,那是一缕咖啡的香气。这是另一路的气味,和他们家绝无相干。它悄悄地,夹在花椒炸锅的油烟里,进来了。这是一股子虚无的气息,有一种浮华的意思在里面,和他们家实惠的风格大相径庭。因此,我断定,这又是一户新入住的人家,很没经验的,也将管子接进了烟道,又恰逢顺时顺风,于是,来到我家厨房凑热闹了。这一路的风格显然要温和、光滑一些,比较具有装饰感,唤起人的遐想。和它不那么实用的性格相符,它并不是按着一日三餐来,不大有定规,有时一日来一次,有时一日来两次,有时一日里一次不来,来时也不在吃饭的点上,而是想起了,就来,想不起,就不来,显得有些孱弱似的。而那先来的,从来一顿不落,转眼间,油烟全面铺开,又转眼间,油烟席卷而去,总是叱咤风云的气势。但是,有时候,夜已经很深了,那新来的,悄然而至。咖啡的微苦的香味,弥漫开来。

问题:试析文段中“孱弱”一词的含义。

[点评] “孱弱”一词的含义在文中并不明确,需要在仔细阅读后加以理解归纳。这个“孱弱”包含了作者对于新搬来的邻居一家日常生活的微妙感受,应该理解为:新来的一家的咖啡味道较弱;生活不大有定规;日常化的生活气息不浓烈;有虚无浮华的气息,不如第一家来得实在。

3. 结合上下文语境

在词句理解型题目中,所考查词语的含义常常是其本身含义的引申义,或是临时被赋予了更为深刻的含义,这时可以将词语放回整个文段中,联系上下文语境,仔细推敲其含义或指代内容。

[示例] 中国咏花诗词的历史认识价值和艺术审美价值是不容忽视的。它通过人们对花卉的审美态度和欣赏情调,曲折地反映了人的种种处境和对生活的理解。我们在阅读鉴赏咏花诗词的同时,考察历代诗人、词人的不同创作心态以及与之相适应的艺术境界,是很有趣味的,这对我们的鉴赏活动也颇有益。

问题:如何理解“趣味”一词?

[点评] 联系上下文可知,“很有趣味”的主语是“考察历代诗人、词人的不同创作心态以及与之相适应的艺术境界”,同时该主语也是对“趣味”的解释。因此,“趣味”是指人们在阅读鉴赏咏花诗词时所产生的艺术审美情趣。

4. **分析指代意图**

有些词句理解型题目以解释某个代词所指代的内容为考查形式,如“这”“它”“此”等在具体语境中的意义和作用。考生必须通读材料,深入分析作者意图,准确把握该代词所指内涵。

[示例] 经济学家保罗·罗默指出,知识的生产、应用和扩散的效率与知识的积累及人力资本正相关。而正是这两点,发展中国家同发达国家存在着巨大差距,这种差距虽然使发展中国家在知识的选择和应用方面可以有较大的回旋余地,但同时使得他们与发达国家在国际分工中因位势的不同形成垂直分工的关系,因而处于不利地位,甚至随着新的技术壁垒的形成而形成新的“中心—依附”关系,加大贫富差距。

问题:文中画线部分“而正是这两点”中的“这”指代什么?

[点评] 首先,“这”与“两点”是同源指代,所以只要在前一句中找到“两点”指的是什么即可。出题者为了增加难度,故意选择了一个不易理解的长句子。很多人一看到有顿号,同时还有“和”“与”“及”就懵了,认为这句话是很多主体的并列。其实仔细分析,此句不难破解。遇到看似复杂的并列,我们首先要做的就是把并列的主体找出来,这样才能提纲挈领,如果只看并列词“和”“与”“及”,那就很难一下找到头绪。找到并列主体后,这句话就很简单了,“知识的A与知识的B及人力资本”总共是三点并列,后面的“这两点”由于在这个并列句之后,显然指代的是后面的两点,即“知识的B及人力资本”,所以答案是“知识的积累和人力资本”。

二、理解文中重要句子的含义

(一)重要句子的界定

“重要句子”是指那些对文意表达起重要作用的关键性语句。主要包括:

(1)能点明主旨或能显示脉络层次的关键性语句。

(2)在文中起重要作用的中心句、总结句、过渡句,或对文脉的推进与转接有关键作用的语句。

(3)内涵较为丰富而且具有提示性或引导性作用的语句。

(4)比较含蓄的、有深层含义的语句。

(5)言在此而意在彼,或在一定语境下产生临时意义,容易被误解的句子。

理解文中重要句子的含义要做到:

(1)把握文中重点语句的准确含义,其中包括分析句子本身的意思、句子的深层含义、体味句子的言外之意。

(2)理解重要句子在文中的作用,其中包括理解句子的表达作用,分析句子使用了何种句式、什么修辞手法及其表达作用。

(3)分析作者在文中运用某一个重要语句的原因,即分析句子的表达意图。

(4)对抽象的句子进行阐发,使之具体化。

（二）句子理解的技巧

词句是构成文章的基本单位，正确理解文中词句的含义，尤其是重要词语、句子的含义，是把握文章旨意的前提。

1. 答题步骤

（1）巧用信息，整体把握。

词句理解型题目中，文段提供了很多重要信息，比如作者、写作时间和文后注释等内容，很多时候这些信息会给我们必要的提示。另外，我们还要特别关注后面的题目，往往可以从题目的要求中揣度文章的主旨和命题人的出题意图，在这个基础上再整体把握材料，就容易形成正确的解题思路。

（2）确定区域，圈点勾画。

阅读大段材料，可以先采用粗读方式，大致浏览一下全文，初步理清段落之间的关系，了解行文思路，明确文章大意；然后看题目涉及文中哪些段落或区域，和文中哪些语句有关；接着对相关段落进行精读，仔细阅读每一句的意思，逐字逐句推敲揣摩，并圈画与之相关的内容。这样，答题时就不需要再从头至尾搜寻，可节省不少宝贵时间。

（3）尊重原文，摘取信息。

词句理解型题目的答案通常就在原文中，不需要凭空想象。离开了原材料，会导致答不准、答不全。在原文中找答案是准确解答题目最重要也是最有效的方法，大多数题目的答案是可以从文中概括提炼出来的。当然，找出的语句不一定能够直接使用，必须根据题目要求进行加工，或摘取词语，或压缩主干，或抽取要点，或重新组织。

（4）“踩点”答题，准确阐述。

回答词句理解型题目有两个基本要求：一是“踩点”答题；二是文通字顺。一般说来，考生可参照分值明确得分点，在不限定字数的情况下尽可能地陈述自己的见解，同时要保证字迹清晰、条理清楚。阅读理解与作文一样，十分注重语言表达的基本功，为了确保答题质量、提高得分率，回答时不妨先拟草稿，在反复修改后准确阐述。

2. 答题技巧

（1）语境分析法。

① 抓上下文。在题目中，所考查的词语或句子的含义常常是对其本身的含义进行引申，或是临时被赋予更为深刻的含义，这时必须将词语或句子放回整个文段中，联系上下文的内容来进行分析。

［示例］ 村头老榆树的根深深懂得，自己千丝万缕的血肉之躯正养育着一个古老的村庄。于是，你盘根错节，编织出一部古远的传奇。你的依恋也是黄土地的依恋。而默默无闻的土地又有何等情怀。你将气管点化成血管，把黄土地的爱恋倾诉给那些盼归的心，那些顽皮的孩子便是你的第一个听众。<u>树成了村庄古老神圣的旗帜，你便是村庄悠久的化石。</u>乡亲们在你哺养的大树下欢歌狂舞，祭祖祈祷，或私订终身，寻情约会，你无私地奉献出自己裸露的躯体，显示出博大的胸怀。

问题：如何理解画线句子“树成了村庄古老神圣的旗帜，你便是村庄悠久的化石”的含义？

[点评] 联系上下文，可以这样理解：(1)村头的老榆树养育了古老的村庄，是村庄悠久历史的见证，因此是旗帜；(2)树根默默地支持着老榆树的成长，盘根错节，编织出一部古远的传奇，正如长埋地下的历经漫长岁月的化石一般有价值。

② 抓文段背景。每一个文段都有自己的写作背景，因此在解答词句理解型题目时，可结合相关背景知识来判断词语或句子的含义，即所谓的“由事及义的联想”。“事”是与词句理解相关的种种事实，了解这些事实有助于理解重要词句的“义”。

[示例] 美国华盛顿儿童博物馆墙上有句格言：我听到了就忘记了，我看见了就记住了，我做过了就理解了。

问题：请解释这句话的内涵。

[点评] 联系文段背景“儿童博物馆墙上的格言”，很容易联想到这句话旨在提醒世人关注儿童健康成长，再结合文中的三个关键词“听、见、做”恰恰代表着教育学中所说的“知和行”“认识和实践”，就不难想到，这句话旨在强调不仅要让儿童掌握知识、学习知识，更要让他们去体验和实践。

③ 抓标点符号。在题目中，有些标点本身具有一定的提示作用，能够指引我们在文段中找到词语或句子的准确含义。双引号、冒号、破折号在句中一般起注释作用，其后的内容往往就是对文段意思及作者观点的最好说明。因此，如果在所考查的词句后面出现了双引号、冒号、破折号等标点，考生要加以重视，决不能轻易放过。

[示例] 传统阅读已经有几千年了，人们有很深的习惯，包括价值取向。应该说，21世纪网络或数字出版是重要的趋势，但不是全部。在这种趋势发展的同时保留传统也是必要的，读者也有广泛的需求。二者一个浅显、快捷，一个专业、深厚。正是这两种层次的矛盾运动构成了文化的传承和发展。前中国出版集团公司总裁聂震宁说：“两种阅读方式各具特色，不能因传统废读屏或是因读屏废读书。”

问题：请谈谈对画线句子的理解。

[点评] 双引号中的这句话总结了文段的主要观点，要理解这句话的意思概括文段的主要内容即可。阅读文段可知，这句话的含义是：读书的特点是专业、深厚，人们都习惯于读书，它可以弥补读屏浅显的缺点；而读屏是以网络或数字出版为媒介获取信息，方便、快捷，有优于读书的方面。正是这两种层次的矛盾运动构成了文化的传承和发展，二者缺一不可。

④ 抓修辞手法。修辞手法的正确运用能使句子表达的意思更形象、生动、传神。常见的修辞手法有8种(即比喻、比拟、夸张、排比、对偶、反复、设问、反问)，它们在不同的语境中所起到的作用各不相同。

[示例] 十几年前的一天，我在北京第一次发现了时间的痕迹。我在梳头时发现一根白发，它在清晨的曙光中像一道明丽的雪线一样刺痛了我的眼睛。我知道时间其实一直悄悄地躲在我的头发里行走，只不过它这一次露出了痕迹而已。我还看见时间在母亲的口腔里行走，她的牙齿脱落得越来越多。我明白时间让花朵绽放的时候，也会让人的眼角绽放出

花朵——鱼尾纹。

问题：怎样理解“它在清晨的曙光中像一道明丽的雪线一样刺痛了我的眼睛”在文中的含义？

［点评］　作者围绕人的成长来写对时间的感受。作者认为，时间并不是无情地抛弃我们，而是我们的情侣，伴随我们走过一生。阅读文段，可以看出其主旨是：人生易逝。我们应该热爱、珍惜时间，让生命在时间里充满意义。这句话中的“它”指代上文“我梳头时发现的那一根白发”，是那一根白发“刺痛了我的眼睛”，而“白发”代表着岁月的流逝，自然引发了作者对时间和生命的感悟。“像一道明丽的雪线”是个生动的比喻，本体（白发）跟喻体（雪线）形似却不同类。联系主旨，我们可以得出答案：梳下来的白发让我感叹时光飞逝，人生苦短。

（2）层次划分法。

层次划分法主要包含两层意思：一是从句子结构入手分析，主要指单句的结构成分，即主、谓、宾。二是从句子与句子之间的逻辑关系入手分析，主要指复句各分句间的并列关系、承接关系、递进关系、转折关系、因果关系等。理清句子的内部成分结构或者各分句之间的关系，对理解词句含义有重要作用。

［示例］　无论什么文章，一旦选进语文教材，就不再是原来意义上的、独立存在的作品，而是整个教材系统中的一个有机组成部分，是“基本功训练的凭借”。

问题：文中“基本功训练的凭借”指的是哪些作品？

［点评］　这是一个复句，抓住联结各分句的关联词，句子的层次一目了然：“……不再是……而是……是……”，三个谓语动词为并列关系。也就是说，作为最后一个“是”的宾语“基本功训练的凭借”与“不再是”“而是”的宾语是并列关系，而非主宾关系，由此可以很快排除作为“不再是”“而是”宾语的内容。答案为“选进语文教材中的各类文章”。

三、筛选并整合图表、视频等阅读材料的主要信息

阅读的主要目的是从书面语中汲取有用的信息，但有些时候这些信息会以图表、视频等形式出现，因此考生还要具备从图表、视频等材料中获取准确、有效信息的能力。具体说来，就是要能够准确地从图表、文字、视频等多种阅读材料中找出特定的信息或重要的细节并加以整合，形成整体认识，做整体把握。

（一）图表信息的筛选与整合

所谓图表信息，是指将已知信息用图像或表格的形式加以呈现。它要求考生从已知图像或表格中获取信息，回答题目。图是指统计图及绘画等；表是指统计表，是描述数据的一种形式。在文章写作中，图表一般是作为论据或说明事理而使用。阅读理解型题目中也会出现图表来配合文字，图表阅读是材料阅读的重要部分。

1. 表格数据的信息筛选

表格数据，是指将某组数据以表格的形式加以呈现，根据表格中数据提供的信息对数据

进行分析处理,按其内在联系抽象成知识与规律。作答时要注意对题意、数据和知识点的联系进行综合分析。

[示例] 1950—1954年中国农村不同阶层人口及其占有土地比例变化表

阶层	1950年		1954年	
	人口比例/%	土地占有比例/%	人口比例/%	土地占有比例/%
贫农、中农	85.5	45.2	92.1	91.4
富农、地主	14.5	54.8	7.9	8.6

问题:根据以上材料并结合所学知识,说明我国土地所有制的变化及其变化的原因。

[点评] 由上述表格可以看出:1950年时,占人口少部分的地主和富农占有绝大部分土地,而到了1954年时,绝大部分土地掌握在贫农和中农手中,这表明我国的土地所有制形式由封建地主阶级为主的土地所有制转变为农民为主的土地所有制,发生这种转变的主要原因是土地改革的完成。

2. 统计图的信息筛选

统计图是根据统计数字而绘制的几何图形、事物形象或地图等各种图形。它具有直观、形象、生动、具体等特点,可以使复杂的数字简单化、通俗化、形象化,让人一目了然,便于理解和比较。在解答资料分析测验中有关统计图的试题时,既要考察图的直观形象,又要注意核对数据,不要被表面形象所迷惑。

[示例] 阅读下面"关于礼仪教育的承担者"的问卷调查统计表,根据其中反映的情况,谈谈你的发现。其中的A是家庭,B是学校,C是社会,D包括以上各项。

选项	调查对象	
	学生	市民
A	20.23%	22.22%
B	9.83%	10.38%
C	8.62%	13.10%
D	61.32%	54.30%

[点评] 调查显示,学生与市民对礼仪教育的认识有诸多相同之处。在礼仪教育承担者的问题上,学生与市民中多数人认为礼仪教育的责任应由家庭、学校和社会共同承担,同时也都认为这三者之中家庭是最重要的礼仪教育承担者,然后依次为学校和社会。但学生与市民的认识也存在差异,例如,对礼仪教育的需求,学生比市民更加强烈。

(二)视频材料信息的筛选与整合

随着信息时代的发展,音频、视频多媒体技术由于包含的内容丰富、画面感强、生动有趣且易于接受,因此愈来愈多地被应用到教学活动中。教师应重视音频、视频材料在教学中的作用,要学会对音频、视频材料信息进行正确合理的选择、采集、加工以及整理制作,以更好地解决实际问题。音频、视频材料与统计图、表及其他平面静止视觉图像都不同,它们是动态的,需要在聆听或观看的过程中搜集、整合并把握信息。考生要根据音频、视频提供的信息，重点关注动态画面信息、字幕、旁白等有效内容，抓住关键词句，理解音频、视频反映的观点和思想。

［示例］ 幼儿园教师资格考试中有一道题，要求观看“故宫”视频的片段，然后回答问题：

（1）故宫又称“紫禁城”，“紫”和“禁”分别代表什么？“紫禁”体现了什么？

（2）谈谈你对紫禁城的建筑“源于古人聚居的居住形式”而又超越“居民房”的理解。

［点评］ （1）“紫”：即“紫宫”，即天帝的居所。封建皇帝自称“天子”，即天帝的儿子，他们所居住的皇宫也被喻为天上的“紫宫”。“禁”：皇帝出于维护自身的权威、尊严和安全考虑，他的所居之地被视为禁地，除了为其服务的宫女、太监、侍卫之外，只有被召见的官员以及被特许的人员才能进入。“紫禁”体现了封建时代皇帝皇权天授、高高在上，神圣不可侵犯的崇高地位。

（2）紫禁城的建筑跟民居有相似的建筑结构和建筑形式：中轴对称、前庭后院、院落冲门。但作为最高统治者生活、办公之地，它又具备了普通民房所没有的特点：①具有居住、办公、外交等多重职能；②建筑中考虑到宫廷大家庭维护王朝秩序的需要，房间设置、机构职能多于民居；③房屋面积大、数量多、高度高，体现了地位和权力；④雕刻精巧，装饰装潢精美，有高超的艺术价值；⑤建筑中融入人文理念和“家国”意识。

四、归纳内容要点，概括中心意思

（一）归纳内容要点应该注意的问题

材料的内容要点是指材料的主要内容，或者说是材料内容的精要之处。归纳内容要点的前提是对文段内容有准确的理解，对文章的写作思路有清晰的判断。在此基础上还应注意两点：

（1）尽可能用原文中的词语归纳，这样做可以避免过度主观臆断，防止归纳不准。

（2）防止要点遗漏。要对相关文字作层次分析，如果无字数限制就要尽量多写要点，保证答案完整。

（二）归纳内容要点的技巧

1. 找出相关的概括性语句

在具体材料中，概括性的语句与具体的叙述描写是相互依存、相互作用的。因此寻找概括性语句来总结内容要点是最重要的途径。材料中局部内容要点的归纳，一般也可以运用这种方法。

［示例］ 有一次去乡下采风，同去的还有县里的一位宣传部部长。在田头我们与一位老农聊开了。聊得正欢，老农问那部长：“你是干什么的？”我接过话：“这位是部长，每日在办公室看公文的。”老农又问：“除了看公文，还干活不干？”我一笑，就说：“还要开会，听汇报，迎接检查什么的！”老农一听，唏嘘不已：“那日子怎么过！每日里见不到日头，不到野外吸几口新鲜空气，不去地里头舒活舒活一下身体，那日子怎么过！”我一听懵了！我心里正

为这一颗汗珠摔八瓣的老农同情着呢！却原来他并不觉得自己的愁苦。

问题:作者的主要观点是什么?

[点评]　文段前面部分讲述事情,最后一句发表议论,点明题旨,因此作者的主要观点体现在最后一句话中,即真正热爱劳动的人不会为自己的辛劳而发愁痛苦。

2. 提取精要,独立总结

有的文段虽然有概括力强的语句,但与试题要求归纳的角度并不一致;也有一些文段中并没有相应的概括性语句。遇到这种情况,要根据题目要求,认定所指范围,提取出精要语句,然后再用自己的语言来进行总结。

[示例]　材料一:日本时报网28日发表题为《有关南京的不当言论》的社论称,虽然很难确定日军当年在南京杀害了多少中国人,但从日本过去的报告和研究来看,名古屋市市长河村隆之的言论肯定是不恰当的。河村隆之2月20日会见来自友好城市南京的官员时谈到发生在1937年12月到1938年初的南京大屠杀。河村隆之称南京当时存在"普通的军事行动",但似乎并未出现"南京事件"。

材料二:日本名古屋市市长河村隆之日前连续数次发表谬论否认"南京大屠杀"史实,引起了南京市民的强烈不满,南京市政府于2月23日通报暂时与日本名古屋市停止官方交流,但河村隆之对此置若罔闻,导致南京对日关系降至冰点。

材料三:1日下午,法国华人青年在巴黎日本驻法使馆附近举行集会,抗议日本名古屋市市长河村隆之否认南京大屠杀。

问题:阅读上面的三段材料,用概括性语句说出你的发现。

[点评]　回答类似题目时,可先概括每个材料的要点,再对几个要点进行合并,去异存同,形成完整答案。以上三则材料中包含着相同的关键词:"否认历史的言行""社会各界""反对"。抓住了这些,答案可以轻松得出:一切否认历史的言行将遭到社会各界的反对。

五、分析概括作者在文中的观点态度

(一)作者的观点态度及分析概括的注意点

作者在文中的观点态度是文章思想内容的核心,即文章的主旨。所谓观点,就是作者对事情所持的看法。所谓态度,就是作者在文中所表现的思想倾向和感情倾向,包括赞同与反对、爱与憎、褒与贬以及某种程度的保留等。

作者的观点态度在不同类型的文章中有不同的表现形态。一般说来,论说性的文字是明朗的、直抒的,文学作品则比较含蓄。在论说性的文章中,中心论点、分论点以及特定论述就是作者在文中的主要观点。叙述性的文学作品,一般以写人、叙事、写景见长,观点态度等不直接说出,但是可以通过分析概括性语句、作者评述、引用材料捕捉到。分析概括作者的观点态度时应注意以下几点:

1. 要把握全文的倾向

分析概括全文的观点态度要注意全文的文意,即使分析概括文章局部表现的观点态度也应如此。

2. 要准确理解语句

作者在文中的观点态度总是要通过一定的语句来表现，对语句理解不准确，分析概括观点就会出错。

（二）分析概括作者观点态度的技巧

1. 从概括性强的句子入手

有些文章的观点是直接表述的，抓住了概括性强而又表达某种看法的句子，就抓住了作者的观点态度。

［示例］ 教师的成功，是创造出值得自己崇拜的人。先生之最大快乐，是创造出值得自己崇拜的学生。说得正确些，先生创造学生，学生也创造先生，学生先生合作而创造出值得彼此崇拜之活人。倘若创造出丑恶的活人，不但是所塑之像的失败，亦是合作塑像之失败。倘若活人之塑像是由于集体创造的，而不是个人创造的，那么这成功失败是属于集体，而不仅仅属于个人。

问题：指出这段材料中作者关于“教育的最大成功”的主要观点。

［点评］ 这段文字中的每一句话都明说着或暗含着作者的一种观点。哪一句话表达了作者对“教育的最大成功”的观点呢？首句说教师的“成功”，自然不是。次句说“先生之最大的快乐”，有点像，但也不是，因为下句有“说得正确些”。而“学生先生合作而创造出值得彼此崇拜之活人”一句概括力强，内容完备，就是作者的主要观点，也就是“教育的最大成功”之处。

2. 从文中运用的材料入手

文中运用的材料，不论是事实还是文献资料，总是要表达一定的观点。因此，分析文中运用的材料是概括作者观点态度的重要途径。

［示例］ 创造思考教学以培养创造性思维为目标。创造性思维具有以下特点：创造性思维的结果对于思考者或者文化而言具有新颖性和价值；创造性思维是非传统的、具有高度机动性和坚持性的思维活动；创造性思维的任务是将原来模糊的、不明确的问题清楚地勾画出来，或提出某种方案加以解决。

1972年联合国教科文组织的一份报告《学会生存》中指出：人们越来越要求把所有人类意识的一切潜能都解放出来，然而人们的创造能力是最容易受文化影响的能力，开发创造精神和窒息创造精神这样的双重力量是并存的。因此，有必要警惕教学中妨碍创造性思维发展的因素，即概念的内涵固定化。概念的内涵固定化可产生的不良后果：限制了思考；无法产生突破和解决新问题；对问题的固定反应方式；限制了发散性思维的发挥；墨守成规更窒息了创新的愿望和灵感；强调记忆、练习、再现的聚敛性思考；忽略应用、联想的扩散性思维训练；情感因素不足；缺乏形象和审美内容；缺乏认知中的愉悦和激励。

问题：作者在第二段中引述《学会生存》中的一些话要说明什么？

［点评］ 第二段引述了《学会生存》中的三句话，第一句与第二、三句之间用“然而”作

转折,可见后两句是重点。引完以后写道:“因此,有必要警惕教学中妨碍创造性思维发展的因素。”这句话起到了概括总结全文观点的作用,正揭示了作者引用《学会生存》中的一些话的意图,即“教学中需要培养创造性思维能力”。

3. 从作者的评述入手

有时候作者把自己的观点态度隐含在具体的评述之中而不直接说出,这就要求从分析具体的评述入手,提取精要内容,做出合理概括。

[示例] 这一部《古文辞类纂》之所以风行二百余年,到现在还有人在那里感激涕零的理由,一半虽在它的材料的丰富,但一半也在它的分门别类,能以一个类名来决定内容。但言为心声,人心不同又各如其面,想以外形的类似而来断定内容的全同,是等于医生以穿在外面的衣服而来推论人体的组织;我们不必应用近代修辞学的分类来与它对比,就有点觉得它靠不住了。所以近代的选家就更进了一步,想依文章本体的内容来分类而辨体。……从文章的本体来看,当然是以后人的分类方法为合理而简明……中国古代……尊君、卫道与孝亲;经书所教的如此,社会所重的亦如此,我们不说话不行事则已,若欲说话行事,就不能离开这三种教条,做文章的时候,自然更加要严守这些古圣昔贤的明训了。这些就是从秦汉以来的中国散文的内容……

问题:作者对于《古文辞类纂》一书持什么态度?

[点评] 从上列摘引的文字看,作者从两个方面来评述《古文辞类纂》这部书,即“它的材料的丰富”和“它的分门别类”。作者对此有何评价呢? 对它的分门别类,先说“觉得靠不住”,后说“以后人的分类方法为合理而简明”,也就是它的分类不够合理而简明。对“材料丰富”的评价不像前者那样集中而明朗,而是隐含在最后一段之中,即“严守这些古圣昔贤的明训”等句中,换言之,它是严守封建教条的。这样看来,本题的答案应该是:虽然它的材料丰富,但其思想是严守封建教条的;虽然它能分门别类,但它的分类不够合理而简明。这个答案正好符合“没有完全否定”,但也并不是“感激涕零”的限制。

真题解读

材料分析题

1. 每年夏天,被冰层覆盖的格陵兰岛大部分地区几乎整日被阳光照射,在很多冰盖上,特别是那些低海拔地区,融冰沿着冰盖表面流动,并聚集成深蓝色的池塘或湖泊,不同于我们能够畅游其中的湖泊,这些水体能够在眨眼之间就消失不见,例如,一个比全球最大的室内体育场——新奥尔良超级穹顶体育场大上十几倍的湖泊,能够仅仅在90分钟内就从冰缝中排干所有的水。

研究者们已经分散到格陵兰岛各地,从细节上调查这些湖泊会怎么影响冰盖和未来海面。伍兹霍尔海洋研究所的地球物理学家萨拉·达斯说,最近的实地考察研究表明,研究者已经知道,当湖泊突然排空时,融冰会被送往基岩,暂时性地对冰盖向海洋迁移起到润滑作用。科学家们担心,如果这个区域的气候持续变暖,那么湖泊突然排空的现象可能经常发生，并在更大范围的冰盖上出现。那样可能会加速冰盖的崩解，从而导致海平面上升。

纽约城市大学的冰川学家马德·德斯科认为，冰盖上的湖泊也会加速冰盖融化：湖泊下的冰融化速度比湖泊周围暴露在地面的冰快两倍。今年夏天，德斯科使用一艘远程遥控船只，通过实际测量来揭示湖泊的颜色深浅是否与它们的深度有关——这些数据可以帮助研究人员更好地估计卫星图像中地表湖泊的深度，以便更好地预测冰盖的融化速度。加利福尼亚大学洛杉矶分校的地理学家劳伦斯·C. 史密斯正在将冰盖表面的融化速度同由融水积聚而成的河流的流动速度进行比较，如果两者相差甚大，那么这种差距就表示，一部分融水积聚在了冰盖下，这将提升冰流向大海的速度。

问题：

（1）冰盖上的湖泊与普通湖泊的差别是什么？

（2）请根据文段中的描述，简要分析冰盖上的湖泊会产生的影响。

参考答案

2. 在艺术创作中，往往有一个重复和变化的问题：只有重复而无变化，作品就必然单调枯燥；只有变化而无重复，就容易陷于散漫凌乱。

重复与变化的统一，在建筑形象的艺术效果上起着极其重要的作用。古今中外的无数建筑，除去极少数例外，几乎都以重复运用各种构件或其组成部分作为取得艺术效果的重要手段之一。

历史中最杰出的一个例子是北京的明清故宫。从天安门到端门、武门是一间间重复着的“千篇一律”的朝房。再进去，太和门和太和殿、中和殿、保和殿成为一组的“前三殿”与乾清门和乾清宫、交泰殿、坤宁宫成为一组的“后三殿”的大同小异的重复，就更像乐曲中的主题和“变奏”；每一座的本身是许多构件和构成部分（成句、乐段）的重复；而东西两侧的廊、庑、楼、门，又是比较低微的，以重复为主但亦有相当变化的“伴奏”。然而整个故宫，它的每一个组群，每一个殿、阁、廊门却全部都是按照明清两朝工部“工程做法”的统一规格、统一形式建造的，连彩画、雕饰也尽如此，都是无尽的重复。我们完全可以说它们“千篇一律”。但是，谁能不感到，从天安门一步步走进去，就如同置身于一幅大“手卷”里漫步；在时间持续的同时，空间也连续着流动，那些殿堂、楼门、廊庑虽然制作方法千篇一律，然而没走几步，前瞻后顾，左睇右盼，那整个景色的轮廓、光影，却都在不断地改变着，一个接着一个新的画面出现在周围，千变万化。空间与时间、重复与变化的辩证统一在北京故宫中达到了最高的成就。

翻开一部世界建筑史，凡是较优秀的个体建筑或者组群，一条街道或者一个广场，往往都以建筑物形象重复与变化的统一而取胜。说是千篇一律，却又千变万化。每一条街都是一轴“手卷”、一首“乐曲”。千篇一律和千变万化的统一在城市面貌上起着重要的作用。

参考答案

问题：

（1）请简要概括重复变化的辩证统一关系。

（2）简要分析北京故宫的建筑在“千篇一律”与“千变万化”结合中取得的艺术效果。

3. 一个真正的文学批评家，应该坚守自己独立的批评品格，远离世俗的主流风尚，对文学进行精神与灵魂的审视。然而，中国当下文学的主流批评恰恰存在着一定的灵魂缺失与精神萎缩。文学批评渐渐被市场与媒体所左右，总是在大而无当的赞歌与恣肆恶意的攻击之间进退失据，作家和读者很难听到真正的批评的声音。大多数文学批评家将自己的批评视角与笔墨投向了文学热闹喧嚣之地，而对一些处于边缘地位因种种缘故未能进入主流文坛的作家和作品却少有注意。事实上，在一些边缘作家的作品里，我们往往能够读到异于所谓主流的特别内容。譬如王小波，他在世的时候，并没有多少批评家的目光注意到他，关于其作品的译介自然也是其身后的事情了。而王小波的出现无疑显示了文学的另一种可能，他的作品，在精神上和鲁迅式的焦灼与反抗，可谓有着异曲同工之妙：对人间猥琐的嘲弄，对现实生活的焦虑，对芸芸众生的哀怜，以及回到生活的深处与内心的深处，“将人的狂放、朗然之气弥散在作品中”“在嘲弄社会的同时，也冷视了自我”。显然，王小波之死唤醒了一种新的文学批评的诞生，即充满学术良知、生存尊严的文学批评。不过，这种文学批评并非当前文坛的大多数，恰恰相反，它只在少数批评家那里存在着，热闹的文坛依然那么热闹，热闹过后，一片虚无。文学批评的光芒，倘若日益被甚嚣尘上的商业化炒作完全掩盖，文学批评的末路或许也就为期不远了，我们的文学批评必须对此有所警觉。

参考答案

问题：

（1）材料最后一句“我们的文学批评必须对此有所警觉”中的“此”指代的内容是什么？

（2）结合文本简要分析当下文学批评存在的弊端。

4. 记得是在读小学三年级的时候，有一天，我在母亲的书架上发现一本装帧精致的小书，翻开来，便不由自主地沉浸下去。一小段一小段的文字不带韵脚，却诗意莹莹。字里行间似有一种不可测的魔力。用书中的语言来形容，恰“好像那傍晚的宽宏大量的和平，覆盖着日间的骚乱一样”。当时是什么日子，岁月刚入七十年代，外面正闹“文化大革命”呢！我于是记下了这么一个题目：《新月集》，以及这么一个外国人的名字：泰戈尔。八年后我进京读书，随身行囊中就有这本美丽的小书。大学毕业时，我将行李打包邮寄回家，其中有一件不慎遗失，心爱的小书却恰巧在那只邮箱中，后来，我试着翻阅其他版本，却再难寻得那怦然心动的感觉，我这次咀嚼回忆起另外一个名字——郑振铎，并深深地怀念着。

几十年过去了，直到不久前我终于又欣然发现一本郑振铎翻译的“泰戈尔诗选”。重新捧读下，曾经令十岁孩童着迷的文字让如今已知天命的我仍然沉醉不已。合上书本，我忍不住细细叩问自己，这份历久弥新的魅力究竟从何而来？

郑振铎先生翻译所依蓝本是英文版,其实那已经是翻译本了。泰戈尔的诗篇多用孟加拉语写成,早期风格深受印度宗教哲学的影响,又创造性地融入了孟加拉国乡间民歌的旋律,尽管如此,在翻译过程中,郑先生对这部诗集的英文版始终恪守"忠实"信条。这一点,从文中多处做定语的"的"字便可看出。"从天空中突然升起了一个男孩的尖锐歌声,他穿过看不见的黑暗,留下他歌声的痕迹跨过黄昏的静谧。"从译文中我们几乎可以不费力地还原出英文来。换了我或大多数人,恐怕会轻易采用"他的歌声碾过黄昏的静谧"这样熟稔的译法。而如此一来,读者们便不再能体会到原文中"track"一词的存在了。(He traversed the dark unseen ,leaving the track of his song across the hush of the evening.)

从根本上讲,"译"与"惑""媒"的意义一贯相同,翻译家如同媒人,挑起人们的好奇心,引诱他们作多于原作的无心遐想。而一旦能够欣赏货真价实的原作以后,一般人常常薄情地抛弃翻译家辛勤制造的代替品,不过我以为郑振铎先生的译文却属于另外一种意境,它纯净得犹如空气,人们透过它得以畅通无碍地欣赏原文,却几乎忘记了这个媒介本身的存在。或许这才是真正的翻译家该有的角色——尽量隐匿在原作者的身影里。毕竟与天马行空式翻译的自由发挥比较起来,忠实原文要艰难得多。

问题:

(1) 郑振铎翻译的《新月集》中"忠实"的特点体现在哪里?请简要概括。

(2) 文章认为翻译外文作品一般有几种意境?请结合文本做简要分析。

参考答案

5. 提到人工智能的发展历程,在它的起源阶段,有三位名人和一个关键地点。第一位名人就是大名鼎鼎的"人工智能之父"——图灵,他对人工智能的贡献主要体现在两篇论文上,一篇对"可计算性"下了一个严格的定义,并提出著名的"图灵机设想",从数理上为人工智能用上机械大脑开设了理论先河,另外一篇提出了一种判定机器是否具有智能的试验方法,即著名的"图灵测试"。如果一台机器能够与人类展开对话而不能被辨认出其机器身份,那么这台机器就是智能的,可以说,图灵是第一个严肃地探讨人工智能标准的人,被称作"人工智能之父"当之无愧。第二位名人是一位神童,18 岁即取得数理逻辑博士学位,他就是"控制论之父"维纳。1940 年,维纳开始将计算机看作一个进行信息处理和信息转换的系统,认为所有的智能活动都是反馈的结果,而反馈机制是可以用机器模拟的。维纳的理论抓住了人工智能核心——反馈,因此可以被视为人工智能"行为主义学派"的奠基人。第三位名人是"人工智能(AI)"这一名词的发明者麦卡锡。在 1955 年,他与另一位人工智能先驱明斯基和信息论创始人香农一起作为发起人,邀请各路志同道合的专家齐聚学院,讨论自动计算机、自然语言处理和神经网络等经典人工智能命题。关键地点便是上述会议的举行地达特茅斯学院。达特茅斯会议正式确立了"AI"这一术语,并开始从学术角度对 AI 开展严肃而精专的研究,在那之后,最早的一批人工智能学者和技术开始涌现,这次会议是人工智能诞生的标志。从此人工智能走上快速发展的道路。

1956年至1974年是人工智能发展的第一个黄金时期，在此之前，“通用解题机”被制造出来，人工智能程度在问题求解、语言处理方面取得了一些进展。然而，民众和政府似乎对人工智能期待过高，当研究遭遇瓶颈，或者不尽如人意时，便丧失了对人工智能的兴趣。从1974年开始，人工智能遭遇第一次寒冬，对其研究的资金投入骤减。直到1980年，人工智能的商用价值被广泛接受，企业订单增多，全面的研究开始复苏，然而这次复苏未能持续太久，从1987年开始，由于Apple和IBM生产的个人电脑发展迅速，没有使用AI技术却在性能上超过了价格昂贵的AI机，人工智能市场急剧萎缩，科研经费又被削减，AI经历了第二次寒冬。从20世纪90年代中期开始，随着神经网络技术的发展，以及人们开始理性地认识AI，AI技术开始进入平稳发展的时期，1997年5月11日，IBM的计算机系统“深蓝”战胜了国际象棋世界冠军卡斯帕罗夫，又一次在公众领域引发了现象级的AI话题讨论。2006年，Hinton在神经网络的深度学习领域取得突破，人们再次看到机器人赶超人类的希望。这次标志性的技术进步，在2013年之后引爆了一场商业革命，谷歌、微软、苹果等科技巨头，还有众多的初创科技公司，纷纷加入人工智能产品的战场，掀起新一轮的智能化的狂潮。随着技术的日趋成熟和人们的广泛接受，这次狂潮也许会架起一座现代文明和未来文明的桥梁。

问题：

（1）人工智能发展的三个阶段，分别有怎样的重要进步？请根据文本进行简要概括。

（2）人们应该如何理性地看待人工智能的发展？

参考答案

6. 一部小说《西游记》，是一部孙悟空的英雄史，记录了他的出生、成长、奋斗直到成为“斗战胜佛”的全过程，探求他追求自由、追求平等、追求成功的人生意义。

《西游记》写孙悟空的出生，有一点和普通人大不一样的地方，他是天生地长的，从石头缝里蹦出来的神猴。

孙悟空从石头里蹦出来，他就摆脱了人与生俱有的社会关系。美猴王没有家庭的束缚，也就意味着他一开始就不受任何的社会束缚，用小说的话，就是“不服麒麟辖，不服凤凰管，又不服人间王位拘束”，成为一个摆脱一切社会关系的原生态的人。

那么，作为一个原生态的人，是不是就获得了真正的“自在”呢？这还不行，石猴有一天突然发现，自己生活的环境太狭隘了，来来回回的就是在花果山上，交往的就是那些个猴哥猴弟，他想要拥有更大的空间和世界，所以他就去寻仙问道，有了种种法力，这既提升了个人能力，同时也拓展了无穷的生存空间，一个筋斗云就可以翻出十万八千里，生活空间如此之大，可以为所欲为，来去自如。

有了这么广阔的生存空间，人就能获得真正的“自在”了吗？还是不行，孙悟空有一天忽然悲叹起来，他看到老猴子一个个死去，想到自己迟早也要死去，孙悟空努力超越，到阎罗殿去把自己的名字从生死簿中勾掉。

孙悟空对精神自由的追求是被唤醒的，原来他只有对空间自由和时间自由的追求，但一旦上了天庭，孙悟空就变化了，他有对“名”的追求，原来他是没有追求“名”的意识的，你叫他美猴王也罢，叫他悟空也罢，什么都行。所以当孙悟空第一次被收容到天庭时，让他当“弼马温”，他还挺高兴，可以天天管马。

可是，当他知道“弼马温”是个未入流的官职的时候，他明白了人和人之间还有官职的区别，于是他又造反了，他给自己创造了响亮的名号——“齐天大圣”。

社会教给孙悟空知识的过程就是他个人的欲望不断膨胀的过程，最后他提出一个最极端的口号，就是“皇帝轮流做，明年到我家”。孙悟空说这是“常言道”，咱们要追问：这“常言”是哪来的？孙悟空不识字，他从哪儿学到这“常言”呢？花果山的猴子们哪能知道“皇帝”是什么？这显然是玉皇大帝和臣子们教的，在天庭生活的耳濡目染中，孙悟空受到了熏陶，被知识化了。他逐渐失去了原有的“赤子之心“，导致了个人欲望的极端膨胀。

有了个人欲望的极端膨胀之后，社会就不能容忍他了，有人赞扬说“皇帝轮流做”体现出“造反精神”。但这种造反精神如果应该得到肯定的话，那么这个社会就毫无秩序可言了，“皇帝轮流做”，是靠能力还是靠年龄？怎么“轮流”法？如果人人想要当皇帝，这只能导致个人欲望的极端膨胀，造成社会秩序的残酷破坏。

孙悟空打破了这种社会规律，扰乱了正常的文化秩序，这必定要受到惩罚。小说采取了寓意性的写法，个人有再大的能耐也逃不出“如来佛的掌心”。“个体人”一旦步入社会，就不可能再有绝对的自由自在，不可能再为所欲为了。

问题：

（1）在本文看来，“如来佛的掌心”的寓意是什么？请根据文本，简要概括。

（2）文章是怎样表明孙悟空从一个“原生态”的人演变为“个人欲望极端膨胀”的人的？他为什么最终又能成为“斗战胜佛”？请结合文本做简要分析。

参考答案

7. 人类在两千多年前轴心时期所创造的人文经典，那个历史时期留下的人文价值理念，包括怎么做人、怎么处理人和人的关系，怎么建构一个和谐合理的社会等涉足道德、审美、信仰等人文精神的内容，仍然是今天人们的思想源泉。然而，近百年来，我们不时中断这一源头活水，常常会对中华文化的人文经典采取很不适当的态度。今天，当我们富国强兵的梦想即将实现之时，却突然发现，我们的人文经典所承载的人文理性、人文价值是多么重要。今天很多学生，也包括企业家、公务员，他们津津乐道于读经典。这种重新回到经典的冲动，实质上也是一种回归中华人文传统的精神渴求。

中华文明的每一次重要发展，都跟重新回归经典有关系。比如，当隋唐时期佛教大盛，中华文明面临外来宗教的挑战，中国会不会成为一个佛教化的国家呢？许多儒家士大夫强调中华民族自身的文化传统，并且选择了春秋战国时期的儒家子学（《论语》《孟子》）和解释“五经”的传、记之学，把这些典籍重新确立为新的经典体系，从而为中华文化又一个高峰的近世文明奠定了人文价值、人文信仰的基础。

当代中国,我们需要回归经典,但这并不是说把古代的经典搬过来重读就可以解决问题,而是需要一个重建中华经典学或现代新经学的过程。这个重建的过程,应该说更加艰难。

如果我们站在整个中华文明史发展的角度来看,历史上所谓的“经”实质上是在不断地变化的。比方说,孔子创立的所谓“六经”体系的前身,实际上是夏商周时期的先王们留下的档案文献等历史典籍,而孔子希望在那样一个礼崩乐坏的历史时期,重建理想的社会秩序和文明形态,故而从历史传下来的典籍中间挑选、整理出一个“六经”体系。

为了真正实现中华文明的复兴,我们应该从浩如烟海的文献典籍中选出哪些典籍作为现代中国文明复兴的经典呢?很多人自然而然想到“五经”“四书”。其实,如果我们要建立合乎当代中华文明复兴的经典体系的话,不应该局限于历史上的经典,而是要根据这个时代的需求而重建经典体系。一个是超越时代,也就是应该不再以“三代”圣王为标准,除了充分考虑轴心时代的先哲所创作的著作外,也可以延续到汉唐以后。只要是既能够体现中华民族文化内涵又具有普遍性、永恒性价值和意义的文献,都可以进入中华经典体系。另一个是超越学派,中国古代,只有儒家的经典才是经学,其他各家各派的都是子学。我们建立中华民族现代新经典体系时,只要具有普遍意义和现代价值,均可以成为当代中华经典。从中华文明的历史建构和现代需要来看,儒家典籍仍然是中华新经典体系的主体。但与此同时,我们应该从中华民族无限丰富的典籍里为现代中国人构筑精神家园,为中华文明复兴,为人类文明的发展,建立新的经典体系。

我们选出新的经典体系来,还要根据时代的发展做出合乎我们现代人所需要的创造性诠释。我相信,中国经典的创造性诠释,其实就是我们当代学人、当代中国人和千古圣贤打破时空关系的一种心灵对话,我们要在这种对话中完成回归经典、重建经学的使命。这种对话能够实现现代中华文明的建构,特别是对当代中国的人文价值、人文信仰、人文理性的建构有着非常重要的、关键性的意义。

问题:

(1)文章认为回归中华传统经典有何意义?请简要概括。

(2)文章认为应当怎样重建中华经典体系?请简要分析。

参考答案

备考策略

一、学习指导

要提高阅读理解能力,首先应该利用闲余时间多阅读一些经典作品,了解社会文化、历史、教育、文学等方面的时文和佳作。同时,通过阅读,进一步开阔视野,及时跟进时代发展的脉搏,关注经常出现的一些体现现代科技文化生活发展的“热词”,如“人工智能”“大数据”等;在广泛积累的基础上,注意掌握正确的解题方法和技巧提高应试能力。

1. 锁定关键语句位置,提炼相关信息

需要理解的概念一般在材料中会用一定的篇幅进行说明或阐释,材料对关键语句的阐述有时集中在一起,有时会分散在文章的各个段落里面,需要仔细阅读材料来加深对关键语句的理解,从而筛选有关重要信息。

2. 结合上下文语境,全面理解关键语句

阅读时不但要关注语言环境,还要关注文段内容叙述的背景、语句所在位置较具体的语境。通常说来,关键词语或语句在文章中不是孤立存在的,材料的上下文或多或少包含其意思;有时为了表达需要,某个语句在文中被赋予特殊含义,所以阅读时要有整体观念,要联系上下文语境去推敲其指代的含义。

3. 分析关键语句的结构,摸清关系

阅读时要及时弄清各部分之间的关系,包括开头和结尾的关系、关键语句与主体部分的关系,以及前后照应的关系等。弄清这些关系,既是分析结构的需要,也是弄清作者写作思路的需要。

二、考点预测

近几年阅读理解部分的考查都在材料分析题的第三道题呈现,除 2015 年上半年幼小卷为科普题材外,其他均为社会科学类题材,包括文学、美学、哲学、文艺理论等,字数一般在 600—800 字,有 2 道题目(均为主观题,分别为 4 分、10 分)。

通过总结分析历年考题及其命题规律,不难发现,阅读理解题旨在考查考生以下能力:筛选、归纳文中主要信息、重要细节;理解文中重要概念、句子的含义;概括作者在文中的观点、态度、情感;分析文章结构,把握文章思路。相信在今后的考试中,仍将会把对以上能力的考查作为阅读理解部分的主要考试内容。

三、解题要领

阅读理解题作答时应分条列点,很多时候可根据分值确定回答的要点数,概括要具体而全面。

1. 带入问题,整体浏览

在做题时正确把握顺序性,先看提问的问题,再整体浏览文章,包括文章的题目、作者以及各段落,整体泛读文章。

2. 重点区域,符号标记

对于问题所在的段落,我们需要认真仔细地阅读,并及时标记划出那些重点句子;然后逐句理解分析,如有必要,重点段落可精读几遍。

3. 尊重原文,理清思路

答题时要尊重作者的原意,在理清答题的思路以及要点后再作答;注意表述清楚、字迹工整、书写规范。

模拟训练

材料分析题

1. 常读常新的“人鱼公主”

毕淑敏

童话,并不只是给儿童读的。我在成年之后,还常常读童话。每当烦心的时候,从书架上随手扯出的书,必是童话。比如安徒生的《海的女儿》,我就读过多遍,它也被翻译成“人鱼公主”。比较起来,我更喜欢“人鱼公主”这个名字。海的女儿,好像太阔大太神圣了些。人鱼呢,就显得神秘而灵动,还有一点点怪异。

大约8岁的时候,第一次读到人鱼公主的故事。读完后泪流满面,抽噎得不能自已。觉得那么可爱和美丽的公主,居然变成了大海上的水泡,真是倒霉极了。从此在很长一段时间内,看到湖面上河面上甚至脸盆里的水泡就有些发呆,心中疑惑地想,这一个水泡,是不是善良的人鱼公主变成的呢?看到风把小水泡吹破,更是分外伤感。

大约18岁的时候,又一次比较认真地读了人鱼公主。也许是情窦初开,这一次很容易地读出了爱情。原来,这是一篇讲爱情的童话啊!你看,她之所以能忍受那么惨烈的痛苦,是为了自己所爱的人。她忍受了非人的折磨,在刀尖样的甲板上跳舞,她是宁肯自己死,也不要让自己所爱的人死。这是一种多么无私和高尚的不求回报的爱啊!

到了28岁的时候,我已经做了妈妈。这时来读人鱼公主,竟深深地关切起人鱼公主的家人来了。她的母亲在生了6个女儿之后去世了,我猜想这个女人临死之前,一定非常放心不下她的女儿,不论是最大的还是最小的。她一定是再三再四地交代给公主的祖母老皇后,要照料她的孩子,特别是最小的女儿。

到了38岁的时候,因为我也开始写小说,再读人鱼公主的时候,不由自主地探讨起安徒生的写作技巧来了。我有点纳闷,安徒生在写作之前,有没有一个详尽的提纲呢?我的结论是——大概没有。似乎能看到安徒生的某种随心所欲,信马由缰。当然了,大轮廓走向他是有的,这个缠绵悱恻一波三折既有血泪也有波浪的故事,一定是在他的大脑里酝酿许久了。但是,连读了几遍之后,感到结尾处好像有点画蛇添足。

现在,我48岁了。又读了几遍人鱼公主。这一次,我心平气和,仿佛天眼洞开,有了一番新的感悟。这是一篇写灵魂的故事。无论海底的世界怎样瑰丽丰饶,因为没有灵魂,所以人鱼公主毅然离开了自己的亲人。人鱼公主是顽强和坚定的,她选定了自己的道路就绝不回头,终于,她得到了一个自己追求灵魂的机会。在一个接一个严峻的考验之后,在经受了肉体和精神的磨砺煎熬之后,她又踏上了寻找不朽灵魂的漫漫旅途。

这个悲壮而凄美的寻找灵魂的故事,是如此动人心弦,常读常新。于是想,当我58岁……68岁……108岁(但愿能够)的时候,不知又读出了怎样的深长?

(选自《我要好好爱自己》,有删改)

问题：

（1）作者常读“人鱼公主”，感受常新。请你简要概括作者8岁、28岁时读出的内容。

（2）48岁时，作者读出“人鱼公主”是一篇写灵魂的故事。你认为这里的“灵魂”指什么？请结合文中你感受最深的词、句做一点分析。

参考答案

2. 依偎

黄济人

“依偎”这个词，是很难用在眼前这位年轻人身上的。他显然来自农村，靠在肩上的那截比身高略长的竹筒，系在竹筒上的那团比他指头还粗的绳索，标明了他的山城棒棒军的身份。可是他毕竟太年轻了一点，充其量十六七岁。而他那弱小的身躯所必须承受的，却是生活的重担。当他背着城里的冰箱摇摇晃晃爬上一幢宿舍的顶楼的时候，他气喘吁吁，他大汗淋漓，他青筋鼓胀，他牙关紧咬。“依偎”这个词的柔软情调已经离他而去了，远远地，久久地。他所面对所经历的情感只能是与“依偎”截然相反的东西，比如说昂首挺立，比如说身腰佝偻，总之，在那衣着褴褛的遮掩下，在那蓬头垢面的裸露中，即便在那心理承受能力最为脆弱的地方，也只能剩下那副近乎残忍的铁石心肠了。

然而，此时此刻，他确实依偎在一位农村老汉的怀里。那是在一个雷雨交加的中午，当路上的行人纷纷躲进沿街的一个窄小的屋檐下的时候，我在一个角落里看见了他。他坐在潮湿的地上，靠在肩上的，依然是那截比身高略长的竹筒，系在竹筒上的，依然是那团比他指头还粗的绳索。有所不同的是，他此刻的表情是平静的、顺从的，从那歪着的脏兮兮的脖子和那翘着的毛茸茸的鼻孔望去，他似乎睡着了。而这位老农也坐在地上，从年龄，从长相，更从为了不致惊动对方而久久不得动弹的双腿去看，他无疑是怀中孩子的父亲。他是什么时候进城来的，他怎么会在这里找到孩子，我一无所知。深信不疑的，便是他是怀揣着担心与不安，不计旅途之苦专程前来看望孩子的。现在好了，孩子的一切他都看到了。让他欣慰的是，孩子长高了一点，长壮了一点，而且突然变得懂事多了，没有再去调皮捣蛋，没有再去贪耍玩闹，孩子顽强的生存能力证明，他的家庭甚至他的家族已经升起了一颗希望之星。那么，明天就要回到乡下去了，地里发黄了的麦子等他回去收割，在这样的时候，父亲能够为孩子再说点什么或再做点什么呢？该说的也许已经说了，比如要吃饱穿暖，比如要早睡早起，有了病一定要吃药，医院进不起就进药店，西药吃不起就吃中药。哦哦，这孩子不讲卫生的坏习惯进了城也没有改好，喏，手指甲这么长这么脏了，要是等到他自己来剪，还不知道要等到猴年马月呢！

于是，在我的注目之下，这位老农抖抖颤颤地从衣兜里摸出一把小剪刀，开始为依偎在怀里的孩子剪手指甲。小剪刀生了点锈，刀口也钝了，他剪得有些吃力，却剪得格外认真，剪着剪着，伴着口中的喃喃自语，在那布满皱纹的嘴角竟绽出来几丝幸福的笑容。而孩子调皮的天性此时复活了，他的脑袋使劲朝父亲的怀里钻，一只手臂索性搭在了父亲的肩头，那稚气与娇气一并显现的时候，简直像一个待哺的婴儿，贪婪地享受在母亲的怀抱之中。我被眼前的这一幕愣怔住了，尽管这父子两人如入无人之境，于周围的任何目光全然不顾。不知怎的，随着屋檐水的哗哗滴落，我的泪水亦潸然而下。老实说，我多么希望这场雷雨不要停止，以便让人世间这幕难得一见的街景，得以框定，得以永恒……

（选自《人民日报》，有删改）

问题：

（1）请概括本文中作者所见街景。

（2）在文章结尾，“我”的泪水为什么会潸然而下？“雷雨”这一天气现象在文章中有哪些作用？

参考答案

3. 世博会中国国家馆“东方之冠”的设计

2010年上海世博会中国国家馆“东方之冠”的设计方案，在传统的斗拱造型基础上进行了创造性的现代转译。斗拱榫卯穿插的运用，保持了最为世人所理解的中国建筑元素，而层层出挑的主体造型更显示了现代工程技术的力度和气度。与国家馆相呼应的地区馆平卧其下，则引入江南园林的理念，以现代园林空间来软化主体建筑与城市周边的关系。整个设计一寓“天”，一寓“地”，体现出东方哲学对于“天地”关系的理解，以及对理想人居环境的憧憬。几年之后，这个世博中国馆必将成为上海的新地标，雄踞于浦江之滨，给上海和中国带来新的光荣和自豪。

城市地标是一座城市最具标志性的建筑或景观，它聚焦了一座城市的魅力，是这座城市区别于另一座城市的特色之所在。我国历史上唐代长安之曲江，北宋汴州之金明池，南宋杭州之西湖，明清南京之秦淮河、北京之故宫、苏州之虎丘、扬州之瘦西湖，近代上海之外滩，都是历史上极具特色和标志性的城市景观，并积淀为一种独特的城市意象。随着我国当代城市化进程的迅猛发展，新的城市地标不断浮出地表。这些新的城市地标如何与城市的历史文脉相协调，并体现出创新和发展，已成为今天城市建设中一个普遍性的问题。

所谓历史文脉，就是指一座城市的历史文化传统，它是在城市产生和发展的漫长历史进程中慢慢积淀和形成的，一旦形成，它又影响着生活于这座城市的市民共享的生活体验和共有文化想象。由于中国很早就是个统一的多民族国家，因而其城市必然烙有大体一致的中国特色；同时由于中国疆域辽阔，分成许多文化区域，因而每座城市又往往形成鲜明的地方特点。王国维说过“都邑者，政治与文化之标征也”，就是说，城市是一个国家、民族和区域政治与文化的标征。今天的城市新地标，理应与这座城市的历史文脉亦即城市的政治和文化标征相吻合。而目前很多城市的新地标，要么比高度，要么比奢华，或是一味追求前卫和怪诞，与周边的历史文脉形成尖锐的反差。由于建筑特别是地标性建筑关涉百年大计，千年大计，一旦造好，就很难改变，因而近年来有不少公认的败笔，已成为城市中极不和谐的音符，为世人所诟病，并为后人留下笑柄。

城市新地标必须和城市的历史文脉相协调，近年来也有不少成功的尝试，由著名建筑学家贝聿铭设计的苏州博物馆就是其中一例。该建筑地处著名的苏州园林拙政园旁边，楼层不高，灰白色调，青砖铺地，窗格透绿，曲径通幽，移步换景，与周边建筑和环境完全融为一体。它继承了苏州园林和江南民居的建筑风格，整个建筑的灰白色调和传统的粉墙黛瓦非常协调。不仅如此，城市新地标还应在原有城市地标的基础上有所承续与发展。这方面我们可以举出上海外滩和浦东陆家嘴的建筑群。前者为欧洲古典建筑，凝重、端庄、厚实，代表着二十世纪二三十年代的上海；而后者多为造型奇特的摩天大楼，拔地而起，鳞次栉比，富有现代感，代表着二十世纪九十年代浦东开发以后的新上海形象。这两组地标都切合上海海派文化的历史文脉，又互为映衬，以黄浦江为界，形成了相互呼应的"双城记"，成为今天上海最显著的标志。

强调城市新地标要与历史文脉相协调，并不是说一味复古，不要创新，只是说创新首先要有个文化底色和基调，这个底色和基调就是中国特色、地方特点。世博中国馆的设计体现了这一思路，如国家馆的"故宫红"色调就代表了最典型的中国元素。但无论国家馆还是地区馆又都不是一味复古，而是在传统的基础上进行了大胆的革新，从而体现了传统和现代的完美结合，以及国家和地区的和谐一致。世博会中国馆的建设，将为 2010 年中国上海世博会留下一座纪念碑式的建筑，也给今天和未来的上海留下一座新的城市地标。

（选自 2018 年上海高考卷，有删改）

问题：

（1）第三段"近年来有不少公认的败笔"一句中"败笔"的意思是什么？第四段阐述了城市新地标与原有地标之间的什么关系？

（2）联系全文，概述上海世博会中国馆的文化底色。（80 字左右）

参考答案

4. 路遥，一位充满着英雄主义精神的作家

郭军平

山原起伏、沟壑纵横的陕北高原既是一块贫瘠落后的地方，也是一块英雄辈出的地方。明末最大的农民起义就是从这里发起，撼动、摧垮了腐朽、垂死的朱明王朝。高迎祥、李闯王的故事在这里代代流传。再向北，就通向了浩瀚的沙漠、辽阔的草原，成吉思汗的故事也在这里代代流传。处于游牧文化与农耕文化交叉地带的陕北人民，既有着固守家园的传统思想，也有着粗犷豪放、改变穷苦命运的游牧文化思想。在这里，特殊的地理文化环境既孕育出了温婉动情的陕北民歌艺术，也孕育出了像安塞腰鼓那样雄浑壮丽、吞天吐日的高原文化。这里曾经是中国革命的圣地，是一个曾经集中了全民族最优秀的人才的渊薮。饱受战争洗礼的人民往往饱含革命激情与革命信仰，他们曾经用自己的热血捍卫了红色革命政权，为中国革命立下了汗马功劳。

一块深受英雄精神洗礼的土地，一块饱受苦难与抗争浸染的土地，这是路遥精神成长的母土。路遥，就是这块土地上成长起来的英雄的马兰花。一方面，它有着顽强的生命抗争

力；另一方面，它又能给苦难中的人们带来美好和希望。在路遥成长的人生历程中，我们不难看到精神导师柳青对他的指引作用。他在书信中曾经为柳青说过的这段话而激动："从黄陵到延安，再到李自成故里和成吉思汗墓，需要一天的时间就够了，然而，这么伟大的一块土地没有陕北自己人写出两三部陕北题材的伟大作品，是不好给历史交代的。"柳青的话深深地嵌入路遥的内心，令他激动不已。当然，柳青对路遥的期待与寄予的厚望，自然不言而喻。要说柳青在当代中国文坛的地位，尤其对陕西作家的深刻影响，那不亚于一面旗帜、一位精神导师和文学教父。因此，柳青的话以及柳青的伟大指导也就自然成为激励他冲刺文学高峰的精神动力。当然，这里还有诸如曹谷溪、陶正等一大批热爱文学的挚友对他的帮助和启发，也有一大批欣赏他、帮助他的编辑老师的指导与教诲。正是受着他们的帮助与激励，路遥一步步走向了事业巅峰。

苦难的土地给予了路遥坚韧不拔的精神，也给予了他昂扬向上的动力。在其代表作《人生》《平凡的世界》里的高加林、孙少平、孙少安等身上，我们总能看到路遥的影子——一个个充满着奋斗精神的形象，一个个充满着浪漫英雄主义精神的形象。对于苦难的摆脱，对于美好生活的追求，他们是多么的热切啊！是啊，对黄土地苦难的深深理解、承受与反叛，一直主导路遥寻找美好的人生，路遥在寻找美好人生的途中，得到了文学缪斯的青睐。这让他深深地迷恋下去。没有想到，他的一次次努力，都给他带来了荣誉与希望，是文学让他走出了苦难深重的黄土地；也是文学，让他深深地痴迷于其中而最终累垮在人生的路途上。

他反叛黄土地，但他更热爱黄土地。黄土地的苦难让他抗争、奋斗、反叛；然而，黄土地上勤劳、朴实、善良的人民，又令他深深感恩。他是一位不满足于现状的夸父，倒在逐日的路上。在文字的征伐上，他就像英雄成吉思汗一样，有着崇高的目标、宏伟的蓝图。可惜，经年累月的勤奋著作，终于让他积劳成疾，留下了诸多遗憾。他虽然英年早逝，但人生无憾，正如作品内容简介里写到的：路遥的短暂人生迸发出强大的生命光焰，其作品《人生》《平凡的世界》影响了千千万万的普通读者。

路遥是强者，是文坛硬汉。他的一生，是奋斗的一生，是洋溢着崇高英雄主义精神的人生。这种精神，对现今物质太丰富却缺少崇高精神追求的人们来说是最好的激励。我们的时代依然需要崇高的信仰，依然需要不懈地追求。物欲横流的时代，我们不能做拜金主义的奴隶，更不能在浑浑噩噩、碌碌无为中度过。我想，这也是《路遥传》给我们的一个最大的精神启示。

（选自"光明网"，有删改）

问题：

（1）阅读全文，说说作者为什么称"路遥是一位充满着英雄主义精神的作家"？

（2）分析"他是一位不满足于现状的夸父，倒在逐日的路上"一句的妙处。

参考答案

5. 清　欢

林清玄

少年时代读到苏轼的一阕词，非常喜欢。这阕词，写苏轼和朋友到郊外去玩，在南山里喝了浮着雪沫乳花的小酒，配着春日山野里的蓼菜、茼蒿、新笋以及野草的嫩芽。所以能深记这阕词，主要是爱极了最后的一句“人间有味是清欢”，那么，清欢是什么呢？

清欢，不同于“人生在世不称意，明朝散发弄扁舟”的自我放逐，不同于“人生得意须尽欢，莫使金樽空对月”的尽情欢乐，也不同于“人生不相见，动如参与商”的那种无奈。当一个人感觉野菜的清香胜过了山珍海味，或者看出路边的石头也许比钻石更有魅力，或者觉得聆听林间鸟鸣比提笼遛鸟更令人感动，或者体会了静静品一壶茶比吃一顿喧闹的晚宴更能清洗心灵，他就懂得了清欢。

我们活在这个世界上，领略过千百种人生。可是，享受清欢就难了！尤其是生活在现代的人，差不多是没有清欢的。

我们想在路边好好地散个步，可是人声车声不断地呼吼而过，一天里，几乎没有纯然安静的一刻。

我们到馆子里，想要吃一些清淡的小菜，几乎不可得。过多的油、过多的酱、过多的盐和味精已经成为中国菜最大的特色。

我们有时只想和朋友啜一盅茶，饮一杯咖啡，可惜的是，心情也有了，朋友也有了，就是找不到约会的地方，即便是山中或海边。凡是人的足迹可以到的地方，就有了垃圾、污秽和吵闹。

我当学生的时候，有一位朋友住在圆通寺的山下，我们常常沿着上山的石阶，走走，坐坐，停停，看看。我们顺手拈下山道两旁熟透的朱槿花，吸着花朵底部的花露，感觉清香胜蜜，心里遂有一种春天才会有的欢愉。

后来，朋友到国外去了。我又去了一趟圆通寺，寺院的门口摆满各种摊子。有一摊是儿童坐的机器马，叽里咕噜的童歌震撼半山；有两摊是卖香肠的摊子，烘烤香肠的白烟正向那古寺的大佛飘去。一位母亲因为不准她的孩子吃香肠而揍打着两个孩子，高亢的哭声尖厉而急促。我连圆通寺的寺门都没有进去，便沉默地转身离开了。

下山时的心情只是惆怅，心中浮起一首李觏的诗：人言落日是天涯，望极天涯不见家；已恨碧山相阻隔，碧山还被暮云遮！那时正是黄昏，在都市烟尘蒙蔽了的落日中，真的看到了一种悲剧似的橙色。

生在这个时代，眼要清欢，找不到青山绿水；耳要清欢，找不到宁静和谐；鼻要清欢，找不到干净空气；舌要清欢，找不到蓼茸蒿笋；身要清欢，找不到清凉净土；意要清欢，找不到智慧明心。现代人的欢乐，是到油烟爆起的啤酒屋去吃炒蟋蟀，是到不见天日的卡拉 OK 去乱唱一气，是到胡乱搭成的乡间山庄去豪饮一番，是到狭小的房间里做重复摸牌的方城之戏。为什么现代人反而以浊为欢、以清为苦呢？

清欢是不讲究物质条件的，它只讲究心灵的品位。我们拥有的物质世界愈大，清欢就愈容易失去。

这使我想起东坡的另一首诗来:梨花淡白柳深青,柳絮飞时花满城;惆怅东南一枝雪,人生看得几清明?

满城都飞着柳絮时,梨花也开了遍地,一株梨花却从深青的柳树间伸了出来,仿佛雪一样的清丽,但是,人生,看这么清明可喜的梨花能有几回呢?这正是千古风流人物的性情,正如清朝画家盛大士在《谿山卧游录》中说的:凡人多熟一分世故,即多一分机智。多一分机智,即少却一分高雅。此言极是。

第一流人物是什么人物?第一流人物,是能体会人间清欢滋味的人物!第一流人物,是在污浊的人间也能找到清欢滋味的人物!

(选自《林清玄散文集》,有删改)

问题:

(1)本文以“清欢”为题,根据文意用自己的话解释“清欢”二字的具体含义。文章是从哪几个方面来表现“清欢难享”的?

(2)在作者看来,人怎样才能获得清欢?

参考答案

6. 让高贵与高贵相遇

鲍尔吉·原野

有泪水在,我感到自己仍然饱满。

对不期而至的泪水,我很难为情。对自己,我不敢使用伟岸、英武这样高妙的词形容,但还算粗豪的蒙古男人。这使我对在眼圈里转悠的泪水的造访很有些踟蹰。

我的泪水是一批高贵的客人,它们常在我听音乐或读书的时候悄然来临。譬如在收音机里听到德沃夏克《自新大陆》第二乐章黑人音乐的旋律,令人无不思乡。想到德沃夏克这个捷克农村长大的音乐家,在纽约当音乐学院院长,但时刻怀念自己的故土。一有机会,他便去斯皮尔威尔捷克人的聚居地,和同胞一起唱歌。听着这些歌,我的泪水也顺着这些并不曲折的旋律线爬上来。譬如读乌拉圭女诗人胡安娜·伊瓦沃罗的诗集《清凉的水罐》,诗人在做针线活时,窗外缓缓走过满载闪光的麦秸的大车,她说:我渴望穿过玻璃去抚摸那金色的痕迹。她看到屋里的木制家具,想:砍伐多少树才能有这一切呢?露水、鸟和风儿的忧伤,在光闪闪的砍刀下倒下的森林的凄哀心情。读诗的时候,心情原本平静,但泪水会在此优美的叙述中肃穆地挤上眼帘。读安谧的诗集新作《手拉手》,说透过玫瑰色暮霭的轻纱/我看到河边有个光脚的女孩/捧一尾小鱼/小心翼翼向村口走去。这时,你想冲出门去,到村口把小女孩手里的鱼接过来。那么,在地上洒满白露的秋夜,在把身子喝软、内心却异常清醒的酒桌上,在照片上看到趴在土坯桌上写字的农村孩子时,蓦然想起小心翼翼的小女孩,捧着小鱼向村口走去时,难免心酸。

那么,我想:我不是一个多愁善感的人,为何会常常流泪?一个在北国的风雪中长大的孩子,一个当抄家的人踹门而入时贴紧墙壁站着的少年,一个肩扛檩子登木头垛被压得口喷鲜血的知青;我,不应该流泪,在苦难中也没有流过泪水。生活越来越好了,我怎么会变得儿女泪沾巾呢?至今,我的性格仍强悍。

后来我渐渐明白了一点。泪水,是另外一种东西。这些高贵的客人手执素洁的鲜花,早早就等候在这里,等着与音乐、诗和世道人心中美好之物见面。我是一位司仪吗?不,我是一个被这种情景感动了的路人,是感叹者。

如果是这样,我理应早早读一些真诚的好书,听朴素单纯的音乐,让高贵与高贵见面。旋律或词语,以及人心中美好的部分,使我想起海浪。当浪头涌来时,你盯住远处的一排,它迈着大步走过来,愈来愈近,却在与你相拥的一瞬消散了。这是一种令人惋惜的美好,我们似乎无法盯住哪一排浪。但令人欣慰的在于,远处又有浪涌来,就像使人肠热的旋律、诗和眼里的泪潮。

因而,我不必为自己难为情了。

(选自《譬如朝露》,有删改)

问题:

(1)题目中提到的两种“高贵”分别指的是什么?为什么说它们是高贵的?

(2)第三段写了作者听音乐或读书时泪水悄然来临的情景,分别是什么样的感情使作者流泪?(每条不超过10字)

参考答案

7. 湿湿的想念

沈　红

七十年前,爷爷沿着一条沅水,走出大山,走进那所无法毕业的人生学校,读那本未必都能看懂的大书。后来,因为肚子的困窘和头脑的困惑,他也写了许多本小书和大书,里面有许多很美的文字和用文字作的很美的画卷,这些文字与画托举的永远是一个沅水边形成的理想。

七十年后,我第一次跑到湘西山地,寻到沅水的上游,寻找爷爷一生都离不开的故水故土。

正值冬季,湘西竟还处处葱茏青翠,与北方都市的昏灰底色成鲜明对比。山还是那座山,湾依旧是那道湾,但桥已不是那座桥,房也不是那幢房,人是新人物,事是新故事了。凤凰城里风味独特的吊脚楼,也被速生的风头砖瓦楼渐渐替代,这片土地已悄悄变了模样。

看不到了,爷爷,你的印象或者只是你的梦想。你笔下的那种种传说、风情和神奇故事,我怎么想象它们曾经在这山地水域中发生过,流动过,辉煌过,闪耀过?而眼前的这支清流,亦负载,亦推托,一点也不动声色。

而我回到这里,并不是要寻找你七十年前的起点,有多少风景将永远不能回来,我只想读一读你的天地,这里有着无须刻意维护而能留存下去的东西。

在水边长大、水边懂事,爷爷的第一所学校就是这条沅水。他在自传中说:“我感情流动而不凝固,一派清波给予我的影响实在不小。我幼小时较美丽的生活,大部分都同水不能分离。我的学校可以说是在水边的。我认识美，学会思索，水对我有极大的关系。”

水给爷爷三样东西：

水给了他想象力和自己的思索方式。爷爷认识字，是从私塾小学校开始，而他认识课本上无从写出的丰富人生，却是在校园外，在老街店铺、桥头渡口、水上人家……没有谁来教他，他用眼睛、耳朵和机敏的鼻子接受水边的光色、声音和气味给予一颗小小心灵的感觉，把各种事物的内容和意义在游戏中融汇，丰富了自己的想象，最终凝聚为他对生活对世界的独特思索。

水给了他坚忍柔韧的性格。爷爷曾说过：“水的德性为兼容并包，从不排斥以不同方式浸入生命的任何离奇不经事物，却也从不受它的玷污影响。”水的性格似乎特别脆弱，且极容易就范，其实柔弱中有强韧，如集中一点，即使涓涓细流，也能滴水穿石，无坚不摧。水的性情品格，恰好是爷爷一生处世方式的写照。他是那么温和，又是那么倔，倔得从从容容。

水激发他对人世怀抱虔诚的爱与希望。正如爷爷说过的那样：“水教给我黏合卑微人生的平凡哀乐，并作横海扬帆的美梦。”“美梦”中蕴含着他的人生热望。他执着地用自然的美、人性的美、古代文明的美编织朴实单纯的理想。虽然他不奢望以此取代社会理想，但是他热切地希望能为百病缠身的民族唤回一些健康的记忆、美好的梦想。

爷爷曾说：“值得回忆的哀乐大事常是湿的。”此时我的眼睛也是湿的了。谁能体会他那热情洋溢之中的忧虑，幽默后面的隐痛，微笑之间的悲凉，悲凉之外的深重的爱！很多年，我们和他一起生活，可是我们不懂。水边学校水边书，我是否来得太晚？

尽管爷爷从二十岁起就离开了家乡，但这一片水土上的光辉，在爷爷生命中终生不灭。我记得爷爷最后的目光，默默地，停留在窗外的四季中，停留在过去的风景里。

爷爷，有一天我要送你回来，轻轻地，回到你的土地，回到你的风景里。那风里雨里，透明的阳光里，透明的流水里，有我湿湿的想念，永远永远。

（选自《〈边城〉导读与赏析》，有删改）

注释：本文中的“爷爷”指作家沈从文（1902—1988）。

问题：

（1）文章第一段指出“这些文字与画托举的永远是一个沅水边形成的理想”，这“理想”是什么？结合文意说说。

（2）沈从文从二十岁起就离开了家乡，有位评论家却说“沈从文在一条长达千里的沅水上生活了一辈子”。结合本文，谈谈你对这种说法的理解。

参考答案

8. 巩乃斯的马

周　涛

我一直对不爱马的人怀有一点偏见，认为那是由于生气不足和对美的感觉迟钝所造成的，而且这种缺陷很难弥补。有时候读传记，看到有些了不起的人物以牛或骆驼自喻，就有点替他们惋惜，他们一定是没见过真正的马。

在我眼里,牛总是有点落后的象征的意思,一副安贫知命的样子,这大概是由于过分提倡“老黄牛”精神引起的生理反感。骆驼却是沙漠的怪胎,为了适应严酷的环境,把自己改造得那么丑陋畸形。至于毛驴,顶多是个黑色幽默派的小丑,难当大用。它们的特性和模样,都清清楚楚地写着人类对动物的征服,生命对强者的屈服,所以我不喜欢。它们不是作为人类朋友的形象出现的,而是俘虏,是仆役。有时候,看到小孩子鞭打牛,高大的骆驼在妇人面前下跪,发情的毛驴被缚在车套里龇牙大鸣,我心里便产生一种悲哀和怜悯。

自古好马生塞北。在伊犁,在巩乃斯大草原,马作为茫茫天地之间的一种尤物,便呈现了它的全部魅力。

那是1970年,我在一个农场接受“再教育”,第一次触摸到了冷酷、丑恶、冰凉的生活实体。不正常的政治气息像潮闷险恶的黑云一样压在头顶上,使人压抑到不能忍受的地步。高强度的体力劳动并不能打击我对生活的热爱,精神上的压抑却有可能摧毁我的信念。

终于有一天夜晚,我和一个外号叫“蓝毛”的长着古希腊人脸型的上士一起爬起来,偷偷摸进马棚,解下两匹喉咙里滚动着咴咴低鸣的骏马,在冬夜旷野的雪地上奔驰开了。天低云暗,雪地一片模糊。随着马的奔驰、起伏、跳跃和喘息,我们的心情变得开朗、舒展。压抑消失,豪兴顿起,在空旷的雪野上打着呼哨乱喊,在颠簸的马背上感受自由的亲切和驾驭自己命运的能力,是何等的痛快舒畅啊!我们高兴得大笑,笑得从马背上栽下来,躺在深雪里还是止不住地狂笑,直到笑得眼睛里流出了泪水……

马能给人以勇气,给人以幻想,这也不是笨拙的动物所能有的。在巩乃斯后来的那些日子里,观察马渐渐成了我的一种艺术享受。

唉,天似穹庐,笼盖四野。在巩乃斯草原度过的那些日子里,我与世界隔绝,生活单调;人与人互相警惕,唯恐失一言而遭来灭顶之祸,心灵寂寞。只有一个乐趣,看马。好在巩乃斯草原马多,不像书可以被焚,画可以被禁,知识可以被践踏,马总不至于被驱逐出境吧?这样,我就从马的世界里找到了奔跑的诗韵。油画般的辽阔草原,夕阳落照中兀立于荒原的群雕,大规模转场时铺散在山坡上的好文章,熊熊篝火边的通宵马经,毡房里悠长喑哑的长歌在烈马苍凉的嘶鸣中展开,醉酒的青年哈萨克在群犬的追逐中纵马狂奔,东倒西歪的俯身鞭打猛犬,这一切,使我蓦然感受到生活不朽的壮美和那时潜藏在我们心里的共同忧郁……

哦,巩乃斯的马,给了我一个多么完整的世界!凡是那时被取消的,你都重新又给予了我!弄得我直到今天听到马蹄踏过大地的有力声响时,还会在屋子里坐卧不宁,总想出去看看,是一匹什么样儿的马走过去了。而且我还听不得马嘶,一听到那铜号般高亢、鹰啼般苍凉的声音,我就热血陡涌、热泪盈眶,大有战士出征走上古战场,“风萧萧兮易水寒”的悲壮之慨。

马就是这样,它奔放有力却不让人畏惧,毫无凶暴之相;它优美柔顺却不任人随意欺凌,并不懦弱。我说它是进取精神的象征,是崇高感情的化身,是力与美的巧妙结合恐怕也并不过分。值得自豪的是我们中国有好马。从秦始皇的兵马俑、铜车马到唐太宗的六骏,从马踏飞燕的奇妙构想到大宛汗血马的美妙传说,从关云长的赤兔马到朱德总司令的长征坐骑……纵览马的历史,还会发现它和我们民族的历史紧密联系着。这也难怪,骏马与武士与英雄本有着难以割舍的亲缘关系呢！彼此作用的相互发挥、彼此气质的相互补益，曾创造出多少叱咤风云的壮美形象！纵使有一天马终于脱离了征战这一辉煌事业，人们也随时会从军人的身上发现马的神韵和遗风。我们有许多关于马的故事，我们是十分爱马的民族。至今，如同我们的一切美好的传统都像黄河之水似的遗传下来那样，我们的历代名马的筋骨、血脉、气韵、精神也都遗传下来了。那种"龙马精神"，就在巩乃斯的马身上。

（选自北师大版五年级《语文》教科书，有删改）

问题：

（1）在第三段中，作者为什么说马是"茫茫天地之间的一种尤物"？

2. 第八段开头画线句子中的"取消"与"给予"两词有什么内涵？文章结尾处列举历史上许多名马的目的是什么？

参考答案

9. 幸福和痛苦的领悟

俞敏洪

有一年夏天，我沿着黄河旅行，无数次站在黄河岸边，看滔滔河水像黄龙翻滚，自天际流下，把我的心都流成了无边无际的壮阔；无数次注视着落日像血一样融入河水，好像生命被一次次重新染色，每一次都有奔腾到海的冲动。

但让我感受最深的是在黄河边上，用瓶子灌一瓶河水。泥浆翻滚的水，被灌到水瓶里以后，依然十分浑浊，透过瓶子，看到的只是浑浊、黄色的世界。在瓶子背后，看不到天，也看不到地。面对这样的水，我感到了痛苦和绝望，感到了黄河河床不断提高带来的灾难，感到了人们在这种灾难中的呼喊。我把水瓶放在边上，痛苦地坐在岸边，看着黄河发呆。

一段时间后，我把眼神从远处收回来，猛然发现身边瓶子里的水开始变清。浑浊的泥沙沉淀下来，上面的水变得越来越清澈。我看着这种变化，直到泥沙全部沉淀，只占整个瓶子的五分之一，而其余的五分之四都变成了清清的河水。我慢慢把瓶子举起来，透过瓶子，我看到了天，看到了地，看到了生命中幸福与痛苦的界限。

原来我们的幸福和痛苦也像黄河水一样。我们在匆忙和浮躁中，拼命地摇晃我们的生活，直到我们的生活变得一片浑浊，使所有的幸福都掺杂了痛苦的成分。假如清水是幸福，泥沙是痛苦，那我们一生幸福的总量应该大于痛苦。我们时时感到痛苦，不是因为痛苦多于幸福，而是我们用不恰当的方式，让痛苦像脱缰的野马，随意奔跑在我们生活的每一个角落。因为痛苦的渗透，我们本来应该清澈如水的生活，变得像黄河水一样，有了太多的杂质。如果我们能够静下心来，让痛苦沉淀在我们的心底，不管痛苦能不能消失，都只让它占有我们心里的一小片空间，那大部分的空间就会被幸福充实。每一个人出生伊始，一辈子所经历的幸福和痛苦的总量都应该是相同的，之所以有的人更痛苦，有的人更幸福，不是人们对待幸福的态度不同，而是人们对待痛苦的态度不同。想到这里，我把水瓶中的水晃动了一下，已经变得非常清澈的水在一瞬间就又变得浑浊不堪。

而生命的难处在于，我们很难让生命静止不动，使我们能够把痛苦和幸福截然分开，并彻底把痛苦沉淀在某个被遗忘的角落不再翻滚。痛苦和幸福在我们的生活中，或多或少都会搅和到一起。如果我们陷入其中不能自拔，生命将失去存在的最本质意义。那痛苦和幸福相混合的生活是不是就失去意义了呢？

我再次把目光投向黄河，我发现它是那么的壮阔和美丽。看着滔滔的河水，翻滚着浊浪，从地平线那头流过来，从我脚下流过，又消失在地平线的另一头，使人无法不感受到我们这个星球所蕴含的勃勃生机。我突然意识到，人的生命如果不断被放大，放大到像黄河一样壮阔，从远古和天边流来，向未来和大海流去，那我们的生命就无所谓幸福和痛苦的混合，而变成了一曲永远唱不完的雄壮的黄河交响曲。

（选自《青年文摘》，有删改）

问题：

（1）在第二段和第三段中，作者两次观察瓶中的黄河水，运用了什么写作手法？目的是什么？

（2）第四段中，人们对待痛苦的不同方式有哪两种？第五段中，作者的疑问“那痛苦和幸福相混合的生活是不是就失去意义了呢？”应该怎样理解？

参考答案

10. 绝妙的错误

刘易斯·托马斯

大自然迄今取得的最伟大的成就之一，当然要数 DNA 分子的发明。我们从一开始就有了它。它装在第一个细胞之中，那个细胞带着膜和其他东西，在大约 30 亿年前这个行星渐渐冷却时出现在某个地方的浓汤似的水中。今天贯穿地球上所有细胞的 DNA，只不过是那第一个 DNA 扩展和惨淡经营的结果。从某种本质意义上说，我们不能声称自己取得了什么进步，因为生长和繁衍的技术基本没有变。

可是，我们在其他方面却取得了进步。尽管今天再来谈论进化方面的进步已经不时髦了，因为如果你用那个词去指称任何类似改进的东西，会隐含某种让科学无能为力的价值判断，可我还是想不出一个更好的术语来描述已经发生的事情。毕竟，从一个仅仅拥有一种原始微生物细胞的生命系统中一路走来，从沼地藻丛的无色生涯中脱颖而出，演进到今天我们周围所见的一切——巴黎城，依阿华州，剑桥大学……我后院里的马栗树，还有脊椎动物大脑皮层模块中那一排排的神经元。从那一个古老的分子发展至今，我们真的已经走得很远了。

我们绝不可能通过人类智慧做到这一点。即使有分子生物学家从一开始就乘卫星飞来，带着实验室等一切，从另外某个太阳系来到这里，也是白搭。没错！我们进化出了科学家，因此知道了许多关于 DNA 的事，但假如我们这种心智遇到挑战，要我们从零开始，设计一个类似的会繁殖的分子，我们是绝不会成功的。我们会犯一个致命的错误：我们设计的分子会过于完美。假以时日,我们终于会想出怎样做这事,核苷酸、酶等一切,做成完美无瑕的一模一样的复本,可我们怎么想也不会想到,那玩意儿还必须能出差错。

能够稍微有些失误,乃是 DNA 的真正奇迹。没有这个特有的品性,我们将至今还只是厌气菌,也绝不会有音乐。一个个地加以单独观察,把我们一路带过来的每一个突变,都是某种随机的全然自发的意外。然而,突变的发生又绝不是意外,因为 DNA 分子从一开始就命中注定要犯些小小的错误。

假如由我们来干这事,我们会寻求某种途径去改正这些错误,那样,进化就会半路停止了。试想,一些科学家正在专注地从事于繁殖文本完全正确的、像细菌一样的无核原生细胞,而有核细胞却突然出现,那时,他们会怎样地惊慌失措。

我们讲,犯错误的是人,可我们并不怎么喜欢这个想法。而让我们去接受这样一个事实——犯错误也是所有生物的本性,那就更难了。我们更喜欢立场坚定,确保不变。可事情还是这样的:我们来到这儿,就是由于纯粹的机遇,也可以说是由于错误。在进化路上的某处,核苷酸旁移,进了新成员;也可能还有病毒迁移进来,随身带来一些小小的异己的基因组;还有来自太阳或外层空间的辐射在分子中引起了小小的裂缝,于是就孕育出人类。

不管怎样,只要 DNA 分子有这种根本的不稳定性,事情的结果大概只能如此。说到底,假如你有个机制,按其设计是用来不断改变生活方式的;假如所有新的形式都必须像它们先前那样互相适配,结成一体;假如每一个即兴生成的、能对个体进行修饰润色的新基因,很有可能为这一物种所选择;假如你也有足够的时间,那么,这个系统注定要迟早发育出大脑,还有知觉。

生物学实在需要有一个比"错误"更好的词来指称这种进化的推动力。或者,"错误"一词也毕竟用得。只要你记住,它来自一个古老的词根,那词根意为四处游荡,寻寻觅觅。

(选自《水母与蜗牛——一个生物学观察者的手记(续)》,有删改)

问题:

(1) 作者在第一段里说"从某种本质意义上说,我们不能声称自己取得了什么进步",但在第二段里又说"我们在其他方面却取得了进步",如何理解这两句话?

(2) 作者为什么将标题取名为"绝妙的错误"?请结合全文分析。

参考答案

第四节　写作能力

考点梳理

一、把握材料，审题立意

（一）把握材料

写作能力测试部分近年来多是材料作文，材料作文在审题上有一定难度，所给的材料主要有以下几种类型：

1. 寓言故事类

这类材料需要准确深入地挖掘寓言内涵，并根据材料中的提示语确定审题重点，然后把寓言的内涵和生活层面、社会层面、时代层面、心灵层面联系起来，确定写作重点。回返生活，拓宽思路和素材范围；回返心灵，增添思考深度，加大思考力度。如果寓言材料中有议论性的语句要特别注意，它往往对寓意的理解起到关键作用，有时甚至可以根据议论句立意。

2. 名言警句类

这类材料是一些名人说的或写的、历史记录的或经过实践所得出的结论或建议，以及比较有名的具有警世意义的言语。广义上来说就是有意义的、向人们揭示一定道理的话。谚语、格言等都可以称作名言警句。这类作文题，要求考生抓住关键词语，由表及里，深入挖掘其内在含义，从中悟出相关的道理。

3. 哲理故事类

这类材料包括新闻、故事等，材料可以是正面的，也可以是反面的。此类材料往往通过把握所记叙的人、事表现出的主旨来立意，探求事理原委，剖析现象本质，提出建议办法，彰显材料意义。

4. 哲理诗歌类

这类材料一般以短诗为热点材料，首先，着眼于读懂诗歌，分析意象的深层意义（如比喻、象征的本体），依据标题分析意象的主次，选准角度。其次，再分析重点词句，把握作者的情感倾向。再次，理清材料内在、外在关系（对比、互补），进行整体阅读。最后，用因果法分析材料中的现象或结果，类比联系生活。

5. 漫画图文类

这类材料首先要概括画面内容和要点，图中画了哪些人物或事物，他们之间是什么关系，有哪些文字，文字的表达指向是什么，要找全、找准，不要遗漏。其次，依据事件的结果确定画面主体和性质，判断图画的性质是正面的还是反面的，或是中性的。再次，确定命题者的倾向性，即命题者提倡什么、反对什么，要说明什么道理。接着分析原因，找出要说明的道理，即分析命题者为什么提倡、为什么反对。如果命题者的倾向性是中性的，则要辩证分析，找出命题者要说明的道理。最后，根据画面的性质、出题者的倾向，结合头脑中的各类材料，确定写作主题。

（二）审题立意

1. 审题立意的基本要求

审题立意有几项基本的要求：① 符合题意；② 符合文体要求；③ 思想健康；④ 透过现象深入本质；⑤ 见解新颖。文章审题，还要力求做到不漏、不改、不误。所谓“不漏”，即全面审题，不遗漏任何要求；所谓“不改”，即准确审题，不随意改变试题的要求；所谓“不误”，即正确审题，不误解题目的要求。

2. 审题立意的基本方法

俗话说，意在笔先。作文考试尤其如此，考生必须做到明白题旨，切合题意，剖析材料的关键，提炼出核心观点，才能展开作文。

（1）透过现象看本质。

如果材料内容为现实生活中存在着的一种现象，我们在审题中最要注意的是透过现象看本质，从列举的现象中概括出规律性的东西。

阅读下列材料，从中概括出最佳观点。

茉莉、白兰、米兰等花香气袭人，但不艳丽；牡丹、君子兰、郁金香等花虽不很香，但显得华贵奇异；玫瑰花色彩缤纷，美艳动人，而且不失清香，但它浑身是刺。有人说，香花不美，美花不香，色香兼有则带刺。

审题分析：本则材料围绕着一个内容，但由两部分组成：第一句列举现象；第二段以“有人说”的形式对上文进行总结概括。综合整则材料，可以发现，实际上，第二句已经为我们提供了最佳观点，即“世界上没有绝对完美的东西”。

又如，根据下面一则寓言，自选角度，联系生活实际，自拟题目，提炼观点。

蝴蝶和蜻蜓忙着游玩和捉虫子，撞到蛛网上去了。它们挣扎了很久，被蛛网越捆越紧，再也动弹不得。

蝴蝶叹气说：“都怪讨厌的风，使我无法看清蛛网。”蜻蜓说：“都怪那炫目的阳光，使我无法看清蛛网。”

蜘蛛却说：“我这里的食物，都是自己送上来的。你们也一样，因此，要怪只能怪自己。”

审题分析：这则寓言，我们不难看出关键句是蝴蝶、蜻蜓、蜘蛛的话语，而其中最关键的句子则是“要怪只能怪自己”。由此我们可得出寓意：决定一件事情的结局固然有外因的作用，但更主要的是内因。由材料向现实，由蝴蝶、蜻蜓到人，我们就可明确所给话题范围应是“主客观因素对一个人成败的影响”。

（2）多角度分析，把握隐含信息。

阅读下列材料，把握其中的隐含信息。

父亲和儿子走在雪地里，看到远处有一棵大树，就对儿子说："我们来比赛，看谁在雪地上跑出的路线最直。"儿子听了就很小心地走，不断注意自己的双脚，把一只脚慢慢放到另一只脚前面。好不容易走到大树旁，看见父亲已经先到，他并不觉得意外，但父亲走的路比较直，却令他吃惊。原来父亲明白要走成一条直线，最有效的方法不是光看着脚，而是注视着前方的目标。只要眼睛始终不离开大树，就能走成一条直线。

审题分析：在材料中"脚""大树"都可是隐喻。"脚"可以是具体的一件事，是眼前的得失，"大树"可以看作是人生或阶段的方向、目标等。在我们的一生中，我们有时需要小心注意自己的脚下，但更多时候，要知道自己往哪里去。

又如，根据下面先哲的话，自选角度，联系生活实际，自拟题目，提炼观点。

一位先哲说过：使我们疲惫的往往不是远处的高山，而是鞋里的一粒沙子，我们要随时倒掉鞋里的每一粒沙子。

审题分析：通过审读材料，可以发现，话题"沙子"是比喻型，材料"远方的高山"比喻"远大的目标"，"鞋里的沙子"比喻"我们自身存在的小的缺点和前进路途中的小困难"，"随时倒掉沙子"比喻"随时改正缺点和克服困难"。因此，本句话的主题是：我们在实现人生的远大目标时，不可避免地会遇到各种小困难和自身的小缺点，我们要随时改正这些缺点和克服这些困难。

(3) 抓关键词句，寻求突破口。

阅读下列材料，概括主题思想。

半个多世纪前，英国著名的数学家罗素曾经给他的学生出过"1+1=?"这样一道题。题目写在黑板上，济济一堂的高才生竟面面相觑，没有一人作答。罗素见状，轻轻巧巧地在等号后面写上了"2"，并且说："1+1=2，这是真理，面对真理，我们有什么犹豫和顾忌的呢?"

审题分析：科学家罗素的话是值得推敲的关键。"面对真理，我们有什么犹豫和顾忌的呢?"概括成一个正确的主张（观点）就是：要敢于坚持真理。当然，如果从"高材生"们角度出发，分析一下"面面相觑"的原因，也可以得出另一观点：先入为主往往影响人的判断力。

(4) 由表及里，由此及彼。

要写出立意深刻的文章，首先要对材料有深刻的理解。请看以下材料。

2002年发生在北京动物园的一起"人伤熊"事件曾激起了人们的愤怒，也引发了人们的思考。清华大学四年级学生刘海洋用硫酸伤害了五只狗熊和棕熊，他说："我觉得好奇，因为是兑在饮料里，看它能不能辨别出里面有东西。"请就这则材料进行分析，自拟题目，写一篇议论文。

审题分析：从表面上看，这是一个人的公德、修养问题。这样写当然可以，但只停留在材料表面，不够深刻，当然也难有新意。往深层次看，刘海洋是有知识的"文化人"，应该懂得这些起码的常识，由此看来，"有文化"不等于"有公德修养"，这就牵扯到才与德的关系：有知识不等于有德操。这样的论述就避免了人云亦云。

(5) 正反比较，提炼观点。

如果几项材料中既有正面的又有反面的，那么在审题时，首先就应找出正反材料之间的对立点，从正反材料的对比中得到启发，提炼观点，立意成文。

下面两段话反映出两种对立的观点，请找出其关联点，联系实际，自拟题目，写一篇800字的议论文。

甲：有人想，如果全国每一个人都节约一根火柴的钱给我，那我就成了百万富翁了。

乙：有人想，如果我能给全国每一个人做出一根火柴的贡献，那我的一生就很有价值了。

审题分析：这两种人的观点是对立的，进一步分析，是两种不同的价值观的问题。所以，两者的“关联点”就是人应树立怎样的价值观，是奉献还是索取。

又如，

材料一：小新背双腿瘫痪的同学小牧到1 000米外的学校上学，从小学五年级到现在高中一年级，一背就是6年1 000多个日子。

材料二：某杂志社做调查：“你对同学最赞赏的品质是什么？”调查结果，排在第一位的是“乐于助人”。

材料三：某单位在一些青少年中做了不记名问卷调查：“你如果遇到别人碰上麻烦事时会怎样对待？”回答“悄悄走开”的人不少。

审题分析：把材料结合起来思考，提示了材料的对比特性，我们必须从正反两个方面来作对比分析，即求异，找出二者的对立点：言行不一，律己与律人标准不一。由此我们可以提出一个正确的主张：高尚的品质绝不体现在嘴上，要靠实际行动来证明。材料一中的小新背双腿瘫痪的同学上学，且一背就是6年1 000多个日子，小新助人为乐，靠的不是如何说，而是实际行动。

二、把握结构，布局谋篇

结构，是指文章的开头、线索、层次、过渡、照应、结尾以及布局谋篇方面的安排。完整的结构，清晰的层次，可以让读者对文章的内容一目了然。可以说，把握结构、谋篇布局是写好作文的关键，是文章内容表达的重要手段。

（一）理清文章线索，形成明晰思路

线索就是贯穿在整篇文章中情节发展和思想感情发展的路线。有了线索，才能把材料安排得体，贯穿有序。写文章像剥茧抽丝一样，只有事先理清线索，才能顺理成章地把自己所想的东西写出来。由于文章的人物有多有少，事件有繁有简，抒情有浓有淡，反映生活的面有大有小，因而布设线索的数量也应有多有少。一般地，线索有单线（情节比较简单，只有一条线索）和复线（情节比较复杂，有两条或两条线以上的线索，可分为主副线索、平行线索、交叉线索、明暗线索）。

线索的安排方式有：

(1) 以文理为线索。有些文章以主题的显示作为线索，串联材料，形成一个有机整体，如朱自清的散文《春》，主题是赞美春天，文章围绕这个主题先写“盼春”，次写“画春”，再写

“赞春”，由情而景，由景而意，显示主题。

（2）以人物为线索。有的文章以某位人物为主要形象，以人物的命运展开文章，表达思想感情。如《虽然去不了远方，也不辜负春光》，就以人物为线索，讲述了身有缺陷的主人公不能去大城市，因而扎根乡村，成为一名优秀教师，终于桃李满天下的故事，以此来表达主人公的坚守和内心之美。

（3）以实物为线索。以实物为线索，要学会用实物构筑情节、描写细节，如莫泊桑的《项链》就是以物为线索组织情节的。

（4）以中心事件为线索。有些文章应注意主线与副线要合理搭配，巧妙组织。

（5）以感情为线索。以感情的发展变化为线索来构制篇章，让感情在事件的发展中如大海的波涛，一波未平一波又起，使得情节曲折，引人入胜。

（二）合理安排段落，做到层次分明

层次和段落有区别，层次着眼于思想内容的划分；段落侧重于文字表达的需要。一般情况下，由于文体的不同，叙事性文章与议论性文章层次安排的基本模式也不一样。

叙事体安排层次的方式有以下几种：

（1）以时间的推移为顺序安排层次，这是纵式结构。

（2）以空间的变换为顺序安排层次，这是横式结构，先看到的先写，后看到的后写。

（3）以作者的主观感受，即认识发展、感情变化为契机安排层次。

（4）作者认识发展的每一阶段都形成一个层次，先抑后扬，曲折跌宕，以意识流动为顺序安排层次。这是心理结构，通常用内心独白、自由联想、象征暗示等手法来显示意识流动。

议论文体安排层次的方式有以下几种：

（1）总分式。即各个层次之间是总分关系，先“总”后“分”或先“分”后“总”。

（2）并列式。即各个层次是并列关系，从各个侧面论述，从而突出文章的主题。

（3）递进式。即各个层次之间是递进关系，全文围绕中心论点，逐层深入地展开论述。

（4）对比式。即将一对相反的材料对照起来安排，形成反差，从而有力地突出主题。

（三）运用过渡、照应，实现前后贯通

过渡和照应是使文章内容前后连贯的两种重要结构手段。

过渡的安排有两种：一是在内容转换或事件转换的交换处、时间转换或事件转换的交接处要安排过渡，写议论文时论述问题转换时要安排过渡；二是在表达方式和表现方法变动时要安排过渡。

照应的方式有两种：一是结尾和开头相照应。二是正文和标题相照应。

（四）巧用小标题，突出“亮点”

近年来很多优秀作文，除了选材新、构思巧、立意高、语言美外，还有一个亮点就是通过巧用小标题来布局谋篇。这些小标题与文章的总标题互相照应，珠联璧合，成为佳作的一只只“亮眼”，含情脉脉，令人神往。小标题设置主要有以下几种常见方法：

1. 以内容提要为小标题

一般说来,文章的大标题概括全文内容,是全文的"大眼",而小标题则概括某一段或某几段的内容,可谓之为文章的"小眼"。读者看了小标题,就大体知道全文写了几个方面的内容,小标题下的段落写了什么内容。

如作文《积累》分为三个小标题:

① 奉献·积累幸福;

② 挫折·积累成功;

③ 昨天·积累明天。

从小标题中可看出文章从三个方面叙写了"积累":从奉献中积累幸福;从挫折中积累成功;从昨天积累明天。概括内容的小标题纲举目张,让读者可"窥一斑而知全豹",产生思路清晰之感。

2. 以诗文名句为小标题

如作文《水祭》分为四个小标题:

① 清明时节雨纷纷;

② 路上行人欲断魂;

③ 借问酒家何处有;

④ 牧童遥指杏花村。

这些古诗文名句作小标题,不仅有概括文章段落内容的作用,而且使文章充满诗情画意,给人以美感,引人入胜。

3. 以修辞语句作小标题

如作文《获取人生》分为三个小标题:

① 人生是一道数学题;

② 人生是一段悠扬的旋律;

③ 人生是一条不断前行的小路。

用比喻拟人修辞语作标题,形象生动,增添了文章的情趣。

4. 以时间词语为小标题

如作文《水》分为三个小标题:

① 70 年代,蓝天碧水,野花遍地;

② 80 年代,灰天浑水,鸟飞鱼走;

③ 90 年代,黑天毒水,鱼虾绝迹。

不用看内容,小标题就形成了鲜明对比,反映了水资源污染日趋严重,环境日益恶化,保护水资源、保护环境迫在眉睫,文章主旨已隐现其中。

5. 以人物语言为小标题

如作文《老师的口头禅》分为三个小标题:

①"万变不离其宗";

②"你这样下去可不行啊!";

③ “你不行，有别人，别人不行，还有我嘛！”。

6. 以标点符号为小标题

如作文《成长＝》分为五个小标题：

① 成长＝渴望；②成长＝快乐；③成长＝疑惑；④成长＝烦恼；⑤成长＝思考。

符号插入小标题显得新鲜活泼，给人悬念，诱人快读。

小标题结构法的运用，使文章顿生亮色。在考试中如能灵活运用，就能够变无话写为有话写，收到化平淡为神奇的效果。

但是，形式是为内容服务的，如果单纯追求形式创新，而没有充实而鲜活的内容，那就只有花架子。因此，我们应在形式创新的同时更注重文章内容的厚实，并真实再现生活，抒写自己的真情实感，不能忘记，这些才是决定写作成功的关键。

（五）学会论证，以理服人

幼儿园教师资格考试综合素质多要求写作论说文，论说文是直接说明事理、阐发见解、宣示主张的文章。它的中心在于“事理”“见解”“主张”，它的表达方式主要是议论。可是很多时候，我们在写作时往往存在一个问题，即无论是文章整体还是段落内部大多先提出观点，再举例分析论证，最后总结，呈现出一种模式化倾向。而且由于辩证分析能力的薄弱，文章的论证往往缺乏说服力，导致作文分数不高。这里仅就论说文的论证部分进行指导，以求提高论证说理的能力。

1. 探因分析法

探因分析法，也叫因果分析法。这种分析法就是从因果关系上把论点与论据联系起来。具体地说，就是对事例中的行为和结果，沿着“为什么”这条思路，探其根源，发现其本质，使内容逐步深化。

例如，为证明“人要立志”这一论点，叙述这样一个故事。

据说，牛顿小的时候并不聪明，有一次父亲叫他在门上打个洞，让大猫和小猫出去方便些，他却打了两个大洞，说是因为有两只小动物。但后来，牛顿在探索科学奥秘的过程中刻苦钻研，因而取得了累累硕果。

探因分析法：一个人立了志，就像机器上安装了发动机，就有了使不完的劲。牛顿正是在这种“使不完的劲”的推动下，取得了巨大的成就，成为著名的科学家。

综合分析：这个案例正是在举出事例之后，沿着牛顿为什么会成为科学家的思路，探究其根源，从而证明了“人要立志”这一论点。此类分析法常常用“这是什么原因造成的呢？原来……”引出探究和剖析事理的文字。

2. 假设论证法

假设论证法就是针对上面所举的事例，从反面进行假设，进而推断论据的真实性、可靠性，从而有力地论证中心论点。运用这种论证方法，如果使用的是大家不熟知的论据就必须用简练的语言引述，如果是大家所熟知的事例就不需要再引述；然后提出形成条件并不存在的假设，并据此推导出一个与事实完全相反的结果，在不同的条件与结果的比较中，其形成条件的必然性就得到了有力的论证。其标志性词语有“如果……那么……”“假如……怎能……”。

例如,在论证“自强是事业的催化剂,是一种锲而不舍的钻研精神”这一观点时,作者可先列举张海迪、莫泊桑、帕格尼尼等名人的坎坷经历,他们因为自强,终于一举成名,然后分析道:

假如他们没有自强作为精神支柱,张海迪也只不过是一个碌碌无为的自卑者,莫泊桑不会成为著名的作家,帕格尼尼始终是一个坐过20年牢的政治犯。

此类分析法常常用“假设……情况会怎样呢?”引出与所举事例相反的情况展开论述。

3. 正反对比法

正反对比法是把所举正反两方面的事例材料作对照分析,通过比较,突出阐述的事理。运用正反对比法,就是把两种对立的事物或同一事物的互相矛盾的两个方面进行对照比较,这样肯定什么、否定什么、提倡什么、反对什么,就显得格外分明。具体地说,就是在论证过程中既要正面说理,又要反面阐述,在对比分析中表明正确的观点,从而达到写作的目的。

例如,论证观点“勤能补拙”。

就拿我国明代的张溥来说,他小时候很“笨”,别人读一会儿就能背下来的东西,他往往要读几十遍才能背下来。但是,他并没有灰心,每拿到一篇文章,他都先认真抄一遍,校对好,再大声朗读一遍,然后烧掉,接着再抄。这样,一篇文章往往要抄六七遍。后来,他逐渐变得文思敏捷,出口成章。26岁写下了名扬天下的《五人墓碑记》。相反,北宋时的方仲永,5岁就能赋诗,可谓天赋出众。凭着聪明,他父亲带他四处作诗炫耀。仲永再也不思进取,长大以后,他变得庸庸碌碌,“泯然众人矣”!

作者先举正面例子,再举一个反面例子,接着对比分析,论证观点。

不难看出,张溥虽然很“笨”,但他肯勤学苦练,正是勤学苦练才使他的文思变得逐渐敏捷起来,26岁就写下了名扬天下的《五人墓碑记》。而仲永虽然天赋出众,但他后来不思进取,不能做到勤学苦练,因此,长大以后的他变得庸庸碌碌,“泯然众人矣”!由此可见,尽管先天智力因素的差异不可否认,但后天的勤奋确实能弥补先天智力上的不足。

4. 类比论证法

类比论证是一种通过已知事物(或事例)与跟它有某些相同特点的事物(或事例)进行比较类推,从而证明论点的论证方法。其中,“相同特点”是这种论证方法能够成立的前提,没有它,就无法进行类推;“比较类推”是这种论证方法的根本,没有这个推理过程,就达不到证明论点的目的;“已知事物”是这种论证方法的一个重要条件,它是为所要论述的主体事物服务的客体事物,没有这个就不能使类推的道理明显化,观点也就不易为读者接受,在某些情况下也就不能达到证明论点的目的。

例如,达·芬奇苦练画蛋基本功的事例与普通人练习基本功相类比,更加有说服力。

从达芬奇的老师让他画蛋练基本功一事,可以联想到类似的一些例子:某杂技演员转碟技艺精湛,别人问其奥秘,演员将问者领至床边,指着床下一大堆摔碎的碟子说:“这就是答案。”一个芭蕾舞演员舞跳得非常好,因为她跳坏的舞鞋有几百双……通过这些例子的类比,我们可以得出的结论是：要做好任何一件事，不从最基本的功夫练起是不行的，不付出艰辛的劳动是不可能有惊人收获的。

类比推理往往用“无独有偶……”或“惊人相似的是……”引出性质类似的材料，然后把它们结合起来，分析其共同属性。

三、组织素材，合理使用

在分析材料，把握材料的内涵，确定文章立意，形成构思之后，还要组织素材，合理使用，为表达服务。一般情况下，写作素材的使用包括两大方面：一是命题所给材料的使用；二是文章写作需要调用的其他素材的使用。

（一）命题所给材料的使用

命题所给的材料是写作的重要素材，文章的中心以及展开都必须由此产生。在写作时要注意根据需要，合理地布局到整个文章的写作之中，以真正发挥其对写作的统领作用。

对命题所给材料的使用，可以遵循如下模式：

（1）引述材料。这是第一步定位，如果材料字数比较多，可以概括性引述；如果材料字数比较少，可以照引不误。

（2）分析材料，概括文章的中心内涵。

（3）联系现实，提取观点。

（4）由此及彼，产生联想。联想应根据论证观点的需要，可以是相似联想、相反联想、相关联想等。选例必须精当，对事情的分析必须能够恰如其分地说明自己的观点。

（5）得出结论。

（二）其他素材的使用

除了命题所给材料以外，文章的写作还需要进行思路的拓展延伸，因此在写作时，还应根据行文的需要引入其他素材，让文章的内容更加充实。

1. 叙议结合

在引述材料时，采用叙议结合的方法对素材进行加工，一边引述一边分析议论，引导读者深入思考，提高认识。

孩子的心灵是一尘不染的，他们真实而无所畏惧。当皇帝身披并不存在的新装游行并接受众人赞美的时候，敢于说出真相的不正是一个孩子吗？那是纯洁无瑕的天使，不曾被权威震慑，不曾被世俗玷污，他的心中是非分明，求真的天性也不曾被人群的潮涌吞没。当他如一颗闪亮的星辰照亮盲目的黑暗时，怎不值得众人向他致敬？

这段文字引述自人们广为熟悉的安徒生童话《皇帝的新衣》，抓住其中孩子讲真话的一段情节，一边叙述一边对其行为进行议论，以反问的方式，表明了自己对孩子行为的赞许，融情于理，观点鲜明，富有说服力。

2. 正反对比

将正面素材与反面素材放置在一起，形成鲜明的对比，从而凸显主张，让人一目了然。

人虽多，但真正懂得探索追求的并不多，卧薪尝胆而后复国的勾践，不懂探寻王道，一味贪图享乐，再次亡国自是必然；而谏臣魏徵，不与其他官员苟同，敢于提出皇帝过失，终以美名传世。“以铜为镜，可以正衣冠；以人为镜，可以明得失”，为后世官员立下了正直的典范。

这段文字以越王勾践和唐朝名臣魏徵的例子为素材，一反一正，形成鲜明的对比，充分说明了真正探索追求的重要性。

3. 点面结合

在写作中，一个素材可以作为一个点，铺展开来详细叙述分析，也可以是多个同一类型的素材合在一起，每个素材作为一个面，用排比手法来叙述，这样可以形成浓郁的情感氛围和强大的气势，点面结合，使得观点的表达更加有力。

受人敬仰的学者是两袖清风、一双布鞋的李小文那样的人；受人敬仰的运动员是那些专注于训练为梦想而拼搏的人；受人敬仰的演员是陈道明那样红毯不常见而以影片震撼世人的人。然而，那些忘了自己是为了得到瓜豆目标的人，终会因自己迷失方向而留下无数的遗憾。

这一段文字用排比手法列举了学者、运动员、演员的事例，从不同的行业展示了专注于自己目标的榜样形象，全面而有深度，酣畅淋漓地表达了自己的观点，令人信服。

四、恰当表达，增强效果

写作成败的关键因素之一是语言，好的语言就像一片锦缎上绣出的美丽花朵，让人赏心悦目。

（一）语言表述的基本要求

写作的语言表达能力就是运用书面语言来表达自己的思想感情的能力。如表述清楚一件事，描写出一个人的个性特征和思想性格，概括出一种景物的特征，抒发出自己的思想感情。

1. 简明

简洁明了地表达意思是作文语言表达的最基本要求。如席慕蓉的一句“我曾踏月而来，只因你在山中”，表达了对一个人的爱慕和追求。

2. 连贯

语言表达要有条理、有层次，充分体现出写作的思路、思维。如陶铸在《松树的风格》一文中的表述。

我对松树怀有敬意的更重要原因却是它那种自我牺牲精神。你看，松树的叶子可以榨油；松树的干是用途极广的木材，并且是很好的造纸原料；松树的脂液可制松香、松节油，是很重要的工业原料；松树的根与枝又是很好的燃料。更不用说在夏天，它自己用枝叶挡住炎炎烈日，叫人们在绿阴如盖下休憩；在黑夜，它可以劈成碎片做成火把，照亮人们前进的道路。总之一句话，为了人类，它的确是做到了“粉身碎骨”的地步了。

3. 得体

语言表达要合乎语境，合乎人物身份、性格特点、个性特征。特别是在论说文中，一定要

注意论述者的身份,如在《教师,我所向往的职业》一文中,对师范生的身份表达是:

首先,我们必须具备一颗爱心;然后是练好教师的各种基本功,如“三字一话”;最后,我们必须树立终身学习的理念,不断提高自己、完善自己。

(二)常见修辞手法的运用

为了使文章的表达生动形象,还需要考虑一些基本的修辞手法的运用。

1. 巧用比喻,增强语言的形象美

比喻是认知的一种基本方式,通过把一种事物看成另一种事物而认识它。一般用浅显、具体、生动的事物代替抽象、难理解的事物。如一位同学在论说师德的重要性时这样写道:

师德如光,照亮学生漫漫的前进之路……师德如风,让每一个含苞待放的小生命健康、快乐地成长。

2. 巧用引用,增强语言的哲理美

在论说文中,巧妙地引用名言、警句、格言、俗语、成语等进行说理,往往会使所要阐述的内容高度凝练,言简意赅。

这种充满哲理的语言,具有极强的说服力。如在论述“门和大学”时有这样巧妙的引用:

大学的门,请尽管用力去推开,就像李白那样“仰天大笑出门去,我辈岂是蓬蒿人”;大学的路,请尽全力去闯荡、去探索,就像屈原所说,“路漫漫其修远兮,吾将上下而求索”。

3. 巧用排比,增强语言的气势美

排比是一种富有极大表现力的修辞形式,它可突出地表现作者的情感和行文的气势。用排比进行议论说理,既可增大信息量,又可以使文章结构紧凑。如张玉庭在《生活是什么》中这么论生活:

生活是什么?不同的人有不同的看法。有人说生活如酒。童年就像鸡尾酒,色彩斑斓,甜美之味令人回味;青年就像冰镇的啤酒,色彩浓黑,清凉的同时又让人觉得苦涩;中年就像烈性酒,纯净无色,辛辣之味使你五脏六腑都会灼热;老年就像葡萄酒,久存弥香,滴滴让你感受到香中之甜。

4. 巧用设问,创造文章的波澜美

语言贵有波澜,俗话说“文似看山不喜平”。这不仅指内容要一层一层逐步推进,而且指语言要富于变化。巧设疑问句是造成波澜的有效方法。《读〈毁树容易种树难〉》一文的开头这样写道:

杨树横着种、倒着种、折断后再种都能活,可是十个人种树却抵不住一个人毁,岂不怪哉?怪么?不怪,因为“毁树容易种树难”。生活中也有许多事包含着与此相近的道理。

5. 句式变换,增强文章的节奏美

汉语中,句子的类型是多种多样的,有单句、复句,有主动句、被动句,有肯定句、否定句,有长句、短句,有整句、散句……不同类型的句子可以产生不同的表达效果,也可以显示出不同的美学魅力。选择恰当的句式,不仅可以更好地表达思想,还可以增强作文的文采。在议论文中,恰当地使用整句散句、长句短句,更可以增加文章形式的美感。如:

竞争中的双赢是和谐的表征。春花与秋月共同诠释的是古典文化的馨香；诗词与歌赋共同点缀了华夏青铜般的沧桑艺韵。鼓角与丝竹，各自有着不同的音韵，然而各异的声响，不只为着其自身存在的价值，还应有合奏凤鸣凰吟般悠远乐曲的意义。竞争中的双赢，为着打造一片共同的蓝天和一只有力的齿轮。

这里，作者先表达自己的观点，然后用富有诗意的比喻性整句对观点进行阐述，接着再用散句进行评析，这样写的好处在于：除了语言上抑扬顿挫外，还起到了深化文章观点的作用。

真题解读

阅读下面材料，根据要求作文

1. 当下，流行着这样一种观点：能力很重要，但有一样东西比能力更重要，那就是人品。人品，是一个人真正的最高学历。

要求：请用规范的现代汉语写作。自定立意，自拟题目，自选目标，自选文体，不少于800字。

［写作建议］

题目写到两个因素：能力与人品。这就需要我们辨析二者的关系。材料的倾向性很明显：能力很重要，可是有一样东西比能力更重要，那就是人品。所以二者的关系是：都是必需的，其中人品排列在第一位，能力排列在第二位。

我们在作文构思中，要有一个自然段用来论证二者的关系。作为应试作文，要密切地结合岗位、结合时事、结合自身来写作。那么，我们的岗位是什么呢？是教师，是幼儿园教师。所以，在作文中要突出：幼儿园教师面对的是年龄不足7岁、自我保护能力较弱的幼儿，教师本身道德水平的高低，不仅决定着保教工作质量的好坏，而且影响到幼儿的身体健康甚至生命安全。

从时事报道来看，负面新闻中包括多家幼儿园给幼儿服用“病毒灵”用于预防幼儿感冒和春季传染病，以保证幼儿出勤率（其背后利益动机就是幼儿出勤率影响到幼儿园收入高低）；新闻媒体也曝光了幼儿园教师对幼儿扇耳光、拎耳朵、剪鼻子等人身伤害事件，导致家长战战兢兢甚至让孩子随身带着录音笔去幼儿园。

从自身情况来看，我们参加教师资格考试的目的是要成为合格的幼儿教师，那么在师德方面，就要对自己有较高的要求。教师作为人类灵魂的工程师，不仅要教好书，还要育好人，各个方面都要为人师表。师德不仅是对教师个人行为的规范要求，而且也是教育幼儿的重要手段，起着“以身立教”的作用。教师首先自己要有高尚的道德情操，只有这样才能以德治教、以德育人，才能成为一名合格的教育工作者。

以上内容分析到位，这篇作文的基本分数就可以得到了。想要得高分，就要注意到材料的最后一句话：“人品，才是人的最高学历。”这句话要如何理解呢？显然是说在选拔幼儿园新教师时，不仅要通过学历看一个人的能力，还要看人品。这一点，在我们写作时不可忽略，而且要用一定篇幅进行论证，后面还要有具体对策，即如何选拔出德才兼备的合格幼儿园教师。

［写作思路］

第一部分：点出“引论”，开门见山，直入正题，点明中心论点。

第二部分：论证“本论”，通过正面事例 + 反面事例 + 辨证分析 + 联系现实，论证本论。

第三部分：得出“结论”，收束全文，呼应开头。

［其他注意事项］

（1）字数要足够，每缺少 50 字要扣 1 分。

（2）文字表述规范、正确，不写错别字，不写不规范的简化字，不写繁体字。

（3）字迹端正，清晰易辨；字体在方格内，占用空间约三分之二。

（4）笔画到位，不能因为书写速度快而使字体变形。

（5）书写格式正确，卷面整洁，不随意涂抹。

参考范文

2. 著名教育家张伯苓十分注意对学生进行文明礼貌教育，并且身体力行，为人师表。一次，他发现有个学生手指被烟熏黄了，便严肃地劝告那个学生：“烟对身体有害，要戒掉它。”没想到那个学生有些不服气，俏皮地说：“那您吸烟就对身体没有害处吗？”张伯苓对学生的责难歉意地笑了笑，立即叫工友将自己所有的烟取来，当众销毁，还打断了自己用了多年的心爱的烟袋杆，诚恳地说：“从此以后，我与这位同学共同戒烟。”果然，打那以后，他再也不吸烟了。

要求：请用规范的现代汉语写作。自定立意，自拟题目，自选文体，不少于 800 字。

［写作建议］

首先，明确立意。根据故事我们可以从教育观的角度立意，题目如《对孩子采取科学的教育方法》《学为人师，行为世范》《学高为师，身正为范》等。

这样的题目更适合考生们去写议论文，可以在开头引述材料的关键句，提出观点：作为教育工作者的教师，其一言一行也会直接关系到孩子的身心健康，言传再多也不如身教有效。

文章中段可通过引用名言、列举具体事例来论证言传身教的重要性和必要性；论述如何践行“身教重于言教”这一理念，提出在未来的教学活动中可以采用的具体做法，如教师一起阅读等。

参考范文

最后结尾处引用名言警句，观点要明确。

3. 常言道：“上山容易下山难。”这句话是说，上山虽然费力，但不容易发生危险；下山虽然省力，却容易失足跌下山。其实，这简单的话语蕴含着丰富的人生哲理。

要求：用规范的现代汉语写作。自定立意，自拟题目，自选文体，不少于 800 字。

[写作建议]

"上山容易下山难"这句话主要是针对上下山所遭遇的风险而言的,意思是下山过程中比上山面临更多的危险和考验,因而是比较困难的一件事。下山之难在于下山无须太多的体力而使人容易放松自己,使看似简单的事变得风险倍增。上山之时,人往往精力集中、准备充分,反而不会有大的危险。

行文要联系实际。随着互联网技术的推进和发展,教育改革势在必行,因此可以从教师要"居安思危""常备不懈""防患未然"等角度入手,阐述必须认真做好教育工作。

参考范文

4. 妈妈与孩子讨论:是棉被把人暖化了,还是人把棉被暖化了?孩子认为是人把棉被暖化了,棉被是保存温暖的。

要求:(1)选准角度,自定立意;(2)自拟题目;(3)除诗歌外,文体不限;(4)不少于800字。

[写作建议]

第一:审题。审文体——论说文是重在说服读者同意作者观点的一种说理性文章;审题型——材料作文;审要求——字数要求。

第二:立意——确定文章的中心论点。

第三:选材。

第四:布局,即文章的结构。

第五:表达。应用恰当的写作方法,让自己的语言准确具体,具有说服力。

参考范文

5. 一个小女孩的玩具车刮到了一位老人,老人坐在地上与孩子家长理论。有人录下现场视频并传至网上,不少人认为是碰瓷。老人被送医院检查后确诊是桡骨骨折。事实是,老人并非碰瓷,他还婉拒了女孩家人更多的赔偿和照顾。

要求:用规范的现代汉语写作。角度自选,立意自定,标题自拟。

参考范文

6. 20世纪30年代,梅兰芳先生初到上海,虽然他唱功绝佳,誉满京华,但要在大上海一下子出名也难。当时他想在报纸上打广告,但广告要怎么写才能引起人们的注意呢?经过一番筹划,戏班子决定在报纸上只印三个字——梅兰芳,当时的上海市民并不知道梅兰芳是谁,因为好奇,都在互相打听。连登了一周之后,报纸上登出了一个详细的广告:"梅兰芳——京剧名旦,今晚在上海某戏院登台献艺,欢迎观看。"就这样,梅先生在上海一唱走红。

综合上述材料所引发的思考和感悟,写一篇不少于800字的说文。

要求:用规范的现代汉语写作;角度自选,立意自定,题目自拟。

参考范文

7. 近日，某市地铁运营公司发布检修数据，发现95%的自动扶梯右侧梯级链磨损严重。这再次引发了公众对于自动扶梯“右立左行”规则的反思。

有人认为：安全重于效率，为了安全应该改变“右立左行”的规则。

有人认为：在效率至上的时代，高效就是一切。磨损严重就要加强检修，别把问题甩给大众。

有人认为：没有哪一条法律允许在高速公路拥挤时废除应急车道来提高效率。规则的存在是有道理的。

综合上述材料所引发的联想和感悟，写一篇论说文。

要求：用规范的现代汉语写作；角度自选，立意自定，标题自拟，字数不少于800。

参考范文

备考策略

一、学习指导

1. 把握要求

要考好写作，不仅要从历年的真题中探寻规律，还要认真仔细审题，把握写作要求。我们可以结合写作评分标准来进行理解。

一等(38～50分)：切合题意，中心突出，内容充实，感情真切，结构严谨，语言流畅，字体工整。

二等(25～37分)：符合题意，中心明确，内容较充实，感情真实，结构完整，语言通顺，字迹清楚。

三等(12～24分)：基本符合题意，中心基本明确，内容单薄，感情基本真实，结构基本完整，语言基本通顺，字迹潦草。

四等(0～11分)：偏离题意，中心不明或立意不当，内容空虚，感情虚假，结构混乱，语病多，字迹难辨，写背好的范文。

2. 积累素材

有意识地积累有关教育教学、教育名人、教育理论等方面的知识，以及体现对新时代人才培养要求的“核心价值观”“传统文化”“依法治国”“创新精神”等方面的素材。

3. 勤读多练

不仅要勤读时事、警句格言、教育故事、教育改革动向等方面的素材，还要分析素材，引申自己的观点，形成严谨的思维。多练是指加强文章架构方面的训练，还要增强锤炼语言、提升组织表达能力的训练。

二、考点预测

1. 考察审题立意、确定文体的能力

从历年真题来看，从2015年到2016年都是自定文体，从2017上半年至今都是论说文。论说文是直接说明事理、阐发见解、宣示主张的文章，它的中心在于“事理”“见解”“主张”，它的表达方式主要是议论，但又和议论文的用意不一样。议论文，又叫说理文，是一种剖析事物、论述事理、发表意见、提出主张的文体。论说文的目的是回答问题、解决问题。考生要能把握出题意向，明确答题要求，掌握材料的核心思想，并运用已有的文体知识，根据考题的规定，提高文体驾驭能力。

2. 考察组织材料、合理剪裁的能力

在储备丰富材料的基础上，能根据考题和文章立意对材料进行合适的材料组织和剪裁加工，具备围绕文章中心展开组织与剪裁的能力。

3. 考察布局谋篇、安排结构的能力

能清晰地编排文章层次段落，具有严密有序的行文思路，具备和谐完整、灵动自然的安排文章结构的能力。

4. 考察恰当表达、修辞运用的能力

语言表达准确、鲜明、生动，能够运用多种修辞手法、整齐灵动的句式、细腻生动的描写来增强表达效果。

5. 关注教育，体现正确教育理念

除了一般写作能力之外，幼儿园教师资格考试还要求考生具备正确的教育理念，比如能够确立立德树人、以幼儿为本、家园合作等基本的教育理念，这样在写作时才能有效驾驭材料，提高分析材料和把握文章主题的能力。

三、解题要领

写作题属于综合素质部分，而且是综合素质里分值最高的一项(50分)。写作需要具备的能力有阅读理解能力、观察分析能力、逻辑思维能力、语言表达能力等，看起来很难，但其实还是有规律可循的，一般拿到作文题目后可以按以下步骤执行：

1. 审清题目，理解题干

(1) 审文体。这个毫无疑问，材料的后面会明确告诉你是要写“论说文”还是其他文体。

(2) 审字数。要求也非常明确，不少于800字，如果不够800字，考官会酌情扣分。

(3) 审题型。一般作文给的是一段材料，所以是材料作文。

(4) 审类别。材料中并没有任何字眼表示需要考生从教育的角度去阐述感想，所以既可以是文学类的写作，即按照高考作文写就可以，也可以和教育思想挂靠，写教育方面的感想和感悟。

需要注意的是，阅读材料或话题时首先“冒”出来的“第一构思”，在通常情况下是为大家所普遍认知的,也是考场上绝大多数考生在第一时间想到的。资格考试作为合格性考试,虽不像高考那样要求考生能从芸芸众生中脱颖而出,但是在写作方面还是应当注意立意的新颖与深刻,因此,应当注意尽量避免“第一构思”。

2. 阅读材料,精准立意

立意,就是确立文章的主题思想,也就是考生通过所写的内容来表达自己的意念、思想和情趣等。我们可以运用发散思维提炼观点,多方面、多角度地进行思索,为自己提供多种立意,便于从中选择,确保自己的写作具有开阔的视野和高质量的立意。例如,

(1)从话题的不同侧面来立意;

(2)寻找与话题相关的人或事;

(3)通过分析、归纳提炼观点;

(4)通过比较、鉴别提炼观点。

选择一个最适合自己的写作角度。发散思维为你的立意提供了多种选项,但动笔写作毕竟只能选取某一方面或某一角度。在众多的选项中,你应当选取最适合自己的那一个。例如,

(1)新颖的,有别于众生俗论的立意能吸引读者;

(2)正确的,立论稳妥且符合职业要求;

(3)可写的,能够从道理上深入阐述的;

(4)熟悉的,平时有积累、手头有材料;

(5)喜欢的,有写作灵感和创作欲望的。

立意时,应注意避免出现以下常见的问题:

(1)脱离材料,随意而为;

(2)朦胧感知,似是而非;

(3)抓一鳞而弃全鱼;

(4)抓现象而弃本质。

3. 整理素材,结构布局

布局就是按照一定的逻辑顺序,在主题的统率下,把表现主题的有关材料进行安排,先写什么,后写什么,怎么展开,怎么过渡,怎么结尾,有条不紊地组成完整的篇章。作文的谋篇结构可以说是文章的骨架,能够吸引人的谋篇布局贵在巧设计、妙安排,关键是在“巧妙”上做文章。真正的巧妙来源于对生活的真正体验、深切感悟,来源于对真实生活的高度概括和浓缩,来源于人人心中都有但个个笔下却无的独特和新颖。

4. 卷面整洁,规范书写

这是作文的常规要求,需要平时养成良好的习惯。

模拟训练

1. 阅读下面的材料,根据要求作文。

博览群书总还是要的,人们常说:“腹有诗书气自华。”但仔细想想,在人身上真正起作用的,一定是真正读懂、读通、读化了的那几部书。

要求:用规范的现代汉语写作。自定立意,自定文体,自拟题目,不少于800字。

[写作建议]

(1) 题目立意较为简单,主题词“读书”,因为材料中说“在人身上真正起作用的,一定是真正读懂、读通、读化了的那几部书”,所以将读书所需要注意的方法写入题目中即可。

(2) 可以写议论文,从如何阅读这个角度去写,或者写阅读的重要作用也可以。选择较为灵活,没有固定的套路。

(3) 扩充文章的论据方面较难把握,建议可以搜集相应论据。

(4) 读书的名言警句就比较多了,类似高尔基的“书是人类进步的阶梯”“书到用时方恨少,事非经过不知难”等,都可以用在作文中。

参考范文

2. 阅读下面的漫画材料,根据要求写一篇不少于800字的文章。

参考范文

(据夏明作品改动)

要求:请用规范的现代汉语写作。角度自选,立意自定,标题自拟。

3. 阅读下面的材料,根据自己的感悟和联想,写一篇不少于800字的文章。

行囊已经备好,开始一段新的旅程。路途漫漫,翻检行囊会发现,有的东西很快用到了,有的暂时用不上,有的想用而未曾准备,有的会一直伴随我们走向远方……

要求:(1) 选准角度,自定立意;(2) 自拟题目;(3) 除诗歌外,文体不限;(4) 文体特征鲜明。

参考范文

4. 阅读下面的材料，根据自己的感悟和联想，写一篇不少于800字的文章。

参考范文

有一棵大树，枝繁叶茂，浓荫匝地，是飞禽、走兽们喜爱的憩息场所。飞禽、走兽们经常讲它们旅行的见闻，大树听了，请飞禽带自己去旅行，飞禽说大树没有翅膀，拒绝了；请走兽帮助，走兽说大树没有腿，也拒绝了。大树决定自己想办法，它结出甜美的果实，果实中包含着种子，飞禽、走兽们吃了果实，大树的种子就这样传播到世界各地。

要求：请根据上面的材料，自选角度，自拟题目，文体是记叙文或议论文。

5. 阅读下面文字，根据要求作文。

参考范文

总统当选后不久，记者采访他的母亲："有哈里这样的儿子，您一定感到十分自豪。"母亲赞同地说："是这样。不过我还有一个儿子，也同样使我感到很自豪，他现在正在地里挖土豆。"

要求：用规范的现代汉语写作；自定立意，自拟题目；观点明确，分析具体，条理清楚，语言流畅，不少于1 000字。

6. 阅读下面文字，根据要求写一篇论述文。

参考范文

我们周围：生长着姿态各异的植物，挺拔的树、葱茏的森林、成熟的庄稼、盛开的鲜花……徜徉其中，充沛着洋溢着的博大生命力，常常促使我爆发一种激情：不管它们怎样千差万别，都离不开深扎在泥土之中的根。发达的根系，能从土壤中吸取丰富的养料，因而能使枝叶郁郁葱葱。正所谓根深才能叶茂。

要求：请以"根"为话题，充分展开联想，写一篇800字以上的文章，文体不限，题目自拟。

7. 阅读下面文字，写一篇不少于800字的论述文。

参考范文

两个大学生和一个年轻农妇到一家文化公司应聘。招聘者问："你们都有什么专长？"两个大学生都回答说："我是大学生！"农妇说："我没有文凭。"说完拿起一把剪刀、一张纸，马上就剪出一幅精美的剪纸艺术作品。公司拒绝了两位大学生，招聘了农妇。

8. 阅读下面文字，根据要求写一篇论述文。

参考范文

教育意味着一棵树摇动另一棵树，一朵云推动另一朵云，一个灵魂唤醒另一个灵魂。

——卡尔·雅斯贝尔斯

要求：充分展开联想，用规范的现代汉语写作；自定立意，自拟题目;观点明确,分析具体,条理清楚,语言流畅,不少于800字。

9. 阅读下面文字,根据要求写一篇论述文。

戴维是英国皇家学院的爵士,在科学上曾有过重大发现。有人要戴维填表列举自己对科学的贡献,戴维写的是:“最大的贡献——发现法拉第。”法拉第原是一名书籍装订工,没上过大学。戴维发现他的才能,让他做了自己的助手。法拉第后来成为著名的物理学家、化学家。

参考范文

要求:用规范的现代汉语写作;自定立意,自拟题目;观点明确,分析具体,条理清楚,语言流畅,不少于1 000字。

10. 阅读下面文字,从教育角度立意,写一篇不少于800字的论述文。

美国华盛顿儿童博物馆墙上有句格言:“我听见了就忘记了,我看见了就记住了,我做过了就理解了”。

参考范文

附 录 样卷精析

一、单项选择题(本大题共 29 小题,每小题 2 分,共 58 分)

(在每小题列出的四个备选项中只有一个是符合题目要求的,请用 2B 铅笔把答题卡上对应题目的答案字母按要求涂黑。错选、多选或未选均无分)

1. 右图表明,儿童的发展具有(　　)。

A. 阶段性　　B. 整体性

C. 个体差异性　　D. 独特性

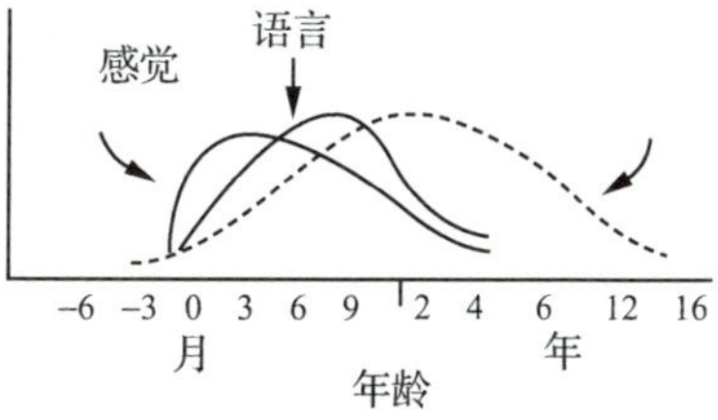

第 1 题图

2. 某幼儿园为打造以艺术为特色的园本课程,决定将 70% 的课程安排为音乐、美术、舞蹈等内容。该幼儿园的做法(　　)。

A. 正确,有利于凸显幼儿园特色　　B. 不正确,不利于幼儿知识学习

C. 正确,有利于培养幼儿艺术特长　　D. 不正确,不利于促进幼儿全面发展

3. 绘画活动中,小班幼儿欢欢总是把色彩涂到轮廓线外面。下午,李老师当着欢欢的面对家长说:“欢欢画画很不认真,总是画错。”李老师的做法(　　)。

A. 错误,忽视了幼儿动作发展　　B. 错误,不能讽刺挖苦幼儿

C. 正确,提高了幼儿绘画能力　　D. 正确,应该严格要求幼儿

4. 午餐时,幼儿辰辰翘着椅子坐,在椅子上摇来摇去,东倒西歪,对此,王老师恰当的说法是(　　)。

A. “辰辰,不准玩椅子!”　　B. “辰辰,你有多动症吗?”

C. “辰辰请坐好,椅子会坏的!”　　D. “辰辰请坐好,你会摔跤的。”

5. 依据我国宪法规定,我国国民经济的主导力量是(　　)。

A. 集体所有制经济　　B. 非公有制经济

C. 互联网经济　　D. 国有经济

6. 某幼儿园教师陈某在教育幼儿时,经常敲打、拖拽幼儿,造成幼儿身体多处瘀伤,陈某侵犯了幼儿的(　　)。

A. 受教育权　　B. 人格尊严权　　C. 人身自由权　　D. 生命健康权

7. 梁某受聘在某政府机关举办的幼儿园从事专职食品安全管理工作。根据《中华人民

共和国教育法》的规定,对于梁某的管理应当实行(　　)。

A. 国家公务员制度　　B. 教育雇员制度

C. 教育职员制度　　D. 教育公务员制度

8. 教师赵某因当地教育行政部门侵犯其合法权益,依法提出了申诉,对于赵某的申诉,有权受理的机关是(　　)。

A. 同级人民政府或上一级人民政府有关部门

B. 所在地区中级人民法院或省高级人民法院

C. 所在地区人民检察院或最高人民检察院

D. 上一级人民政府或中央人民政府有关部门

9. 某地区文化执法部门在对当地一家网吧进行巡查时,发现有未成年人正在网吧上网。根据《中华人民共和国未成年人保护法》的规定,文化执法部门可以对该网吧采取的措施是(　　)。

A. 予以关闭,依法吊销营业执照　　B. 责令改正,依法给予行政处罚

C. 予以查封,依法没收违法所得　　D. 责令停业,依法追究民事责任

10. 陈老师发现班里的幼儿玲玲有遭受家庭暴力的迹象。对此,陈老师应当采取的措施是(　　)。

A. 对玲玲的家长进行批评教育　　B. 向当地公安机关报案

C. 对玲玲的家长处以一定罚款　　D. 向当地法院提起诉讼

11. 何老师发现班里的幼儿萌萌感冒了,于是在课间休息期间喂萌萌服下了儿童感冒药。何老师的做法(　　)。

A. 合法,教师可以喂食非处方药

B. 合法,有利于防止疾病传播扩散

C. 不合法,幼儿用药应先征得监护人同意

D. 不合法,幼儿应在医师的指导下用药

12. 雯雯还未完成义务教育就辍学回家了。班主任王老师多次上门家访,雯雯的父母总以读了书也找不到工作为由,拒绝让雯雯回校上学。根据《中华人民共和国义务教育法》的规定,对于雯雯的父母,当地居委会可以采取的措施是(　　)。

A. 给予批评教育,督促期限改正

B. 给予行政处分,责令赔礼道歉

C. 做好协助工作,督促家长送雯雯接受义务教育

D. 采取强制措施,责令家长送雯雯接受义务教育

13. 在小班的家长会上,有两个家长质问带班的李老师:“为什么不教孩子写字和拼音?再不教的话,我们的孩子就转园。”对此,李老师恰当的做法是(　　)。

A. 接受意见,适当增加拼音和写字的内容

B. 听取意见,耐心向家长分析不教的原因

C. 尊重家长,推荐校外辅导机构

D. 不予理会,尊重家长的转园自由

14. 赵老师在省政府机关幼儿园工作,她对班上每个孩子家长的工作单位和职务都了如指掌,在日常的保教活动中,赵老师对省政府工作人员的孩子总是特别关照。赵老师的做法(　　)。

A. 不正确,没有维护幼儿的同伴关系　　B. 不正确,没有做到对幼儿一视同仁

C. 正确,有利于良好家园关系的建立　　D. 正确,有利于获得更多的办园资源

15. 王老师发现,孩子们进入大班后,变得太吵闹了,有时老师喊破了嗓子,孩子才安静下来。下列王老师的解决方法中不恰当的是(　　)。

A. 引导幼儿逐渐学会自我约束　　B. 对吵闹的幼儿进行说服教育

C. 让家长接吵闹的孩子回家安抚　　D. 引导幼儿参与感兴趣的活动

16. 中班幼儿正在做手工,佳佳尿裤子了,刘老师发现后,对嘲笑佳佳的幼儿说:“佳佳可能是做手工太认真,忘记上厕所了,以后我们要学习她认真做事的态度。当然,如果我们在认真做事时记得上厕所,那就更好了。”刘老师的做法(　　)。

A. 有利于保护幼儿的自尊心　　B. 有利于提高幼儿的操作能力

C. 有利于增强幼儿的秩序感　　D. 有利于培养幼儿的时间观念

17. 右图所示是位于雅典卫城中的帕特农神庙,它是为祭奉雅典城的守护神而建造的。这位守护神是(　　)。

A. 阿波罗　　B. 波塞冬

C. 阿瑞斯　　D. 雅典娜

第 17 题图

18. 小行星带是太阳系内的一个小行星最密集区域,聚集了大约 50 万颗以上的小行星。它所在的位置是(　　)。

A. 金星轨道和地球轨道之间　　B. 地球轨道和火星轨道之间

C. 火星轨道和木星轨道之间　　D. 木星轨道和土星轨道之间

19. 下列科学家中,提出并阐明了燃烧作用的氧化学说的是(　　)。

A. 拉瓦锡　　B. 波义耳　　C. 普利斯特利　　D. 阿伏伽德罗

20. 下列选项中,首先提出行星的运行轨道是椭圆形的天文学家是(　　)。

A. 开普勒　　B. 哥白尼　　C. 第谷　　D. 牛顿

21. 下列影片中,以抗美援朝战争为题材的是(　　)。

A.《闪闪的红星》　　B.《渡江侦察记》　　C.《南征北战》　　D.《英雄儿女》

22. 芭蕾舞剧《胡桃夹子》改编自德国作家霍夫曼的童话故事《胡桃夹子与老鼠王》,音乐充满了单纯而神秘的神话色彩,其作曲者是(　　)。

A. 舒曼　　B. 贝多芬　　C. 勃拉姆斯　　D. 柴可夫斯基

23. 中国象棋蕴含了丰富的历史文化,棋盘中间的间隔处通常被称为“楚河汉界”,与“楚”“汉”相关的历史人物是(　　)。

A. 刘邦、项羽　　B. 曹操、袁绍　　C. 蒋坚、谢安　　D. 孙膑、庞涓

24. 京剧《贵妃醉酒》是京剧大师梅兰芳倾尽毕生心血精雕细琢的梅派代表剧目之一，它源自古代一部戏曲，该戏曲是(　　)。

A.《桃花扇》　　B.《南柯梦》　　C.《牡丹亭》　　D.《长生殿》

25. 世界各国动画片常常以儿童为主角，展示儿童的正义、善良、机智、勇敢等品质，塑造出了很多经典形象。右图的经典形象是(　　)。

A. 葫芦娃(《葫芦兄弟》)

B. 阿童木(《铁臂阿童木》)

C. 一休(《聪明的一休》)

D. 哪吒(《哪吒闹海》)

第25题图

26. 下列关于 Word 中的多文档窗口操作，表述不正确的是(　　)。

A. 通过多文档窗口操作，文档窗口可以拆分为两个文档窗口

B. 多个文档编辑工作结束，只有在全部存盘后才可关闭文档窗口

C. 允许同时打开多个文档进行编辑，每个文档有一个文档窗口

D. 多个文档窗口的内容之间可以进行剪切、粘贴和复制等操作

27. 下列关于 PowerPoint 的表述中，不正确的说法是(　　)。

A. 可以动态显示文本和对象　　B. 可以设置幻灯片切换效果

C. 图表不可以设置动画效果　　D. 可以更改动画对象的出现顺序

28. 下列选项中，与“车票—票据”逻辑关系相同的是(　　)。

A. 飞机票—船票　　B. 戏票—入场券

C. 购水票—门票　　D. 餐券—优惠券

29. 找规律填数字是一项很有趣的活动，特别锻炼观察和思考能力。下列选项中，填入数列“1，2，9，33，(　　)”空缺处的数字，正确的是(　　)。

A. 122　　B. 124　　C. 126　　D. 128

二、材料分析题(本大题共3小题，每小题14分，共42分)

30. 材料：夏日的雨后，大(1)班幼儿来到户外准备做操，发现地上爬了几只蜗牛，孩子们纷纷蹲下来看。音乐声响起，幼儿小心翼翼地站在操场上做操，互相提醒别踩到蜗牛了，做完操后，有的幼儿提议要救救蜗牛，还有的幼儿提出要捉几只蜗牛到班里养着。

“蜗牛有嘴吗？”“有脚没有？”“喜欢吃什么？”“它能走曲线吗？”“是公的还是母的？”幼儿提出了很多问题，李老师也表现出很感兴趣的样子和幼儿一起讨论。李老师说：“宝贝们真棒！提出了这么多有趣的问题，不过，老师也不知道答案，但是老师很愿意和大家一起学习，我们想想，怎样才能获得答案呢？”“看书！”“问爸爸妈妈！”……小朋友纷纷回答，李老师高兴地说：“好，我们分头行动！”于是，李老师用瓶子装着蜗牛带到班里，养蜗牛的行动开始了。

之后的一段时间里，李老师找来关于蜗牛的科普视频和孩子们一起观看，同孩子们一道

观察，记录蜗牛的生活，并一起围绕蜗牛“吃什么”“怎么睡觉”等问题查阅资料，分享信息。以“蜗牛”为主题的系列活动陆续在班里开展起来。

问题：请结合材料，从教师观角度评析李老师的教育行为。（14 分）

31. 材料：周老师是一名乡村幼儿园教师，她所带的孩子的父母大部分在外打工。周老师经常在班上组织“娃娃家”游戏，在游戏中，周老师扮演“妈妈”的角色，搂搂这个，亲亲那个，“宝贝”们在“妈妈”的怀里幸福地撒着娇。

妮妮常常把小手弄得脏脏的，还喜欢吸吮手指，导致常拉肚子。一天，周老师看到妮妮没有洗手就拿点心吃，就把她带到水池旁，一边教她洗手一边说：“脏脏的小手有许多细菌，不洗手就拿东西吃，会生病的，以后我们天天把小手洗得干干净净的，做个健康的小宝宝，好吗？”妮妮使劲点点头，不好意思地笑了。

周老师还发现妮妮非常喜欢看图书，由于妮妮的父母在外地打工，她和爷爷奶奶生活在一起，可是爷爷奶奶识字不多，没法陪她一起阅读，周老师就经常给她讲故事、念儿歌。周老师打电话给妮妮的妈妈说：“妮妮是个可爱的孩子，就是不太爱说话，建议你们经常打电话给她，让她感受到你们的爱。”周老师还经常利用微信和妮妮的妈妈进行沟通、交流。

周老师觉得自己对幼儿的心理特点了解不够，有些问题不能妥善处理，于是主动参加培训学习。

问题：请结合材料，从教师职业道德的角度，评析周老师的教育行为。（14 分）

32. 材料：20 世纪 20 年代，以万氏兄弟为代表的早期动画艺术家创作了中国早期的动画片，此后的 80 多年，中国动画逐渐成熟，形成了自己独特的艺术风格。在中国，动画有一个特殊称谓——美术片，它准确反映了中国动画特殊的创作观念，就是用中国传统美术，如绘画、民间工艺等的造型观念、空间概念、绘画技法创作的动画影片。中国“美术片”造型主要取材和借鉴中国古代壁画、民间年画、庙宇泥塑、舞台戏曲等的形象和服装、道具设计，角色造型或富丽堂皇，追求形式感很强的“装饰风格”；或简约洗练，追求轻松随意的“写意风格”。因为运用了中国绘画中散点透视高远法、分层、留白等技法和原理，中国传统动画的场景设计不是真实立体空间的再现，而是创造出一个完全不同于真实物理空间的、适合平面形象活动的平面空间。角色造型是平面的，场景也是平面的，动作（表演）自然也不能同真实生活一样了。中国动画家从传统戏曲表演中获得启示，动画角色也要“表现”，不要“再现”，这样既有动画特点，又与画面的平面风格一致，《骄傲的将军》首次把京剧中“净”“丑”的表演动作运用到动画角色上，《大闹天宫》《哪吒闹海》《三个和尚》中的许多动作也借鉴了京剧表演，由此，中国动画动作设计也逐渐形成了自己的风格：一是舞蹈化的表演动作，不追求真实生活动作；二是适合在平面空间上展现。

中国美术片对中国传统绘画和民间艺术的吸收和借鉴不仅表现为形式，还包含对其美学观念和哲学理念的继承，特别是视觉重构、意境营造等观念的继承。中国传统绘画和文学追求“意境”的传达，在叙事之外给人更多情感宣泄和想象空间，中国传统绘画和脱胎于此得到的中国传统动画，把真实三维空间重构为二维平面“空间”，则是哲学意义上的突破。独特的“意境”也使中国动画具有鲜明的中国风格。

认为“中国风格”过时了的人，其实并不真正了解“中国风格”，也不知道国外动画无一例外也一直在追求、宣扬他们自己国家和民族的文化，从艺术形式到精神内涵。万氏兄弟等老一辈动画艺术家不仅创造了“中国风格”的动画，也传承、弘扬和发展了中国的文化。

当然，风格也具有时代性，我们说中国动画要坚持“中国风格”，绝不是为了怀旧甚至“复古”，也绝不是说我们的动画必须或只能是传统题材、传统形式和传统表现艺术，没有突破就不会有动漫产业的真正发展。今天，认真学习、研究前辈动画的艺术理念与精神追求，就是为了抓住机遇，打造既有传统“中国风格”，又符合时代需求的新的“中国学派”，创造新的动画精品，以迎接中国动漫产业发展高峰的到来。

问题：

(1) 在中国，“动画”为何又被称为“美术片”？请结合文本作简要概括。(4 分)

(2) 文章为什么说中国动画的“中国风格”没有过时？请结合文本作简要分析。(10 分)

三、写作题(本大题 1 小题，50 分)

33. 阅读下面的材料，按要求作文。

美国演员莱昂纳多凭借电影《荒野猎人》中的格拉斯一角获得奥斯卡金像奖，引发社交媒体上的“狂欢”，也让相关图书搭上一趟顺风车，就如诺贝尔文学奖、茅盾文学奖等奖项所引发的阅读热潮一样，引来了一股“奥斯卡阅读热”。

要求：综合上述材料所引发的思考和感悟，写一篇论述文。用规范的现代汉语写作，角度自选，立意自定，标题自拟，不少于 800 字。

参考答案

一、单项选择题

1.【答案与解析】A。儿童心理时刻都在发生量的变化,随着量的积累,到了一定程度,就会发生质变,从而使儿童的心理发展呈现出“阶段性”。幼儿不同的年龄阶段,相应的认知发展水平是不同的,体现的是阶段性。

2.【答案与解析】D。幼儿园教育中要促进幼儿德、智、体、美、劳全面发展。70%的课程为美术和音乐等,不利于幼儿其他方面的发展。

3.【答案与解析】A。小班幼儿精细动作的发展相对缓慢,而李老师没有注意到小班动作的发展规律,就去批评孩子画画不认真、画错,所以李老师的做法是错误的。

4.【答案与解析】D。幼儿园教师的职业道德,要求老师要关爱幼儿,不能批评、讽刺、挖苦幼儿。

5.【答案与解析】D。我国经济发展是以国有经济为主导,多种所有制经济共同发展。

6.【答案与解析】D。根据《中华人民共和国未成年人保护法》,幼儿园老师要保护幼儿的生命健康,人身安全。材料中的老师敲打、拖拽幼儿,侵害了幼儿的生命健康权。

7.【答案与解析】C。《中华人民共和国教育法》规定:“学校及其他教育机构中的管理人员,实行教育职员制度。学校及其他教育机构中的教学辅助人员和其他专业技术人员,实行专业技术职务聘任制度。”

8.【答案与解析】A。根据《中华人民共和国教师法》,教师认为当地人民政府有关行政部门侵犯本法规定享有的权利的,可以向同级人民政府或者上一级人民政府有关部门提出申诉。

9.【答案与解析】B。依据《中华人民共和国未成年人保护法》,在中小学校周边设置营业性歌舞娱乐场所、互联网上网服务营业场所等不适宜未成年人活动的场所的,应予以关闭,并依法给予行政处罚。营业性歌舞娱乐场所、互联网上网服务营业场所等不适宜未成年人活动的场所允许未成年人进入,或者没有在显著位置设置未成年人禁入标志的,责令改正,并依法给予行政处罚。

10.【答案与解析】B。根据《中华人民共和国未成年人保护法》,陈老师应当向当地公安机关报案。

11.【答案与解析】C。幼儿在幼儿园用药应先征得监护人同意。

12.【答案与解析】C。《中华人民共和国义务教育法》规定:适龄儿童、少年的父母或者其他法定监护人无正当理由未依照本法规定送适龄儿童、少年入学接受义务教育的,由当地乡镇人民政府或者县级人民政府教育行政部门给予批评教育,责令限期改正。当地居委会做好协助工作。

13.【答案与解析】B。教师职业行为规范要求老师为人师表,尊重家长,所以老师应该耐心对家长的质疑做出解答。

【答案与解析】B。教师职业道德要求老师要关爱学生，对待幼儿要一视同仁，对全体幼儿民主平等。

15.【答案与解析】C。作为老师要关爱幼儿，不能歧视幼儿或者变相体罚幼儿。所以王老师不能把吵闹的孩子让家长接回家。

16.【答案与解析】A。作为老师要关爱幼儿，尊重学生人格，不能讽刺、挖苦、歧视幼儿。

17.【答案与解析】D。帕特农神庙也译为“巴特农神庙”，是为雅典城邦守护神雅典娜而建的祭殿。

18.【答案与解析】C。小行星带是太阳系内介于火星轨道和木星轨道之间的小行星密集区域，98.5%的小行星都是在此处被发现。

19.【答案与解析】A。燃烧过程的本质是杰出的法国化学家拉瓦锡所揭示的。拉瓦锡综合了1772年至1777年五年间的研究成果，撰写成一篇题为《燃烧理论》的报告，全面、系统地阐述了新理论，即“燃烧的氧化学说”。

20.【答案与解析】A。开普勒第一定律，也称轨道定律：每一个行星都沿各自的椭圆轨道环绕太阳运行，而太阳则处在椭圆的一个焦点。

21.【答案与解析】D。《英雄儿女》讲述抗美援朝时期，志愿军某团在坚守无名高地的战斗中勇敢作战。

22.【答案与解析】D。《胡桃夹子》是柴可夫斯基编写的一个芭蕾舞剧。根据霍夫曼的一部叫作《胡桃夹子与老鼠王》的故事改编。舞剧的音乐充满了单纯而神秘的神话色彩，具有强烈的儿童音乐特色。

23.【答案与解析】A。楚河汉界是历史典故，秦末楚汉争霸时期，公元前205年夏，项羽在彭城（今徐州）大败汉军，刘邦退到黄河南岸重镇荥阳，楚军乘胜追击，在荥阳一带互相攻伐长达两年之久。

24.【答案与解析】D。《贵妃醉酒》由洪昇的《长生殿》改编。

25.【答案与解析】A。《葫芦兄弟》（又名《葫芦娃》），是上海美术电影制片厂于1986年原创出品的13集系列剪纸动画片，是中国动画第二个繁荣时期的代表作品之一，至今已经成为中国动画经典。

26.【答案与解析】B。按住Shift键，再按工具栏的“文件”菜单，选择“全部保存”或“全部关闭”。

27.【答案与解析】C。PowerPoint中图表可以设置自定义动画。

28.【答案与解析】B。车票—票据属于类属关系，车票是票据的一种，选项B中戏票是入场券的一种，是类属关系。

29.【答案与解析】C。$(1+2)\times3=9$，$(2+9)\times3=33$，$(9+33)\times3=126$。

二、材料分析题

30.【参考解析】

（1）教师要从知识的传授者转变为学生学习的引导者和学生发展的促进者。材料中的李老师在幼儿提出与蜗牛相关的问题后，没有直接告诉幼儿答案，而是鼓励幼儿积极思考，并引导幼儿寻找解决问题的方法，与幼儿一起探讨。

（2）教师要从课程的忠实执行者转变为课程的建设者和开发者。材料中的李老师没有因循守旧地按照既定的课程实施教学，而是针对幼儿的问题展开教学，找到适合的教学方法。

（3）教师要从“教书匠”转变为教学的研究者和反思的实践者。李老师针对幼儿关于蜗牛的问题，拓展各种途径进行教学，观察、记录、视频，和幼儿查阅资料，实践教育教学的研究者。

（4）教师要从学校的教师转变为社区型的开放的教师。李老师在活动中针对孩子们关于蜗牛的问题，引导幼儿寻找解决问题的途径，启发性查阅资料，询问家长，在学校教育中结合家庭教育。

31.【参考解析】

周老师的做法遵循了教师职业道德规范的相关要求，值得我们学习。

（1）周老师的行为体现了“关爱学生”的教师职业道德要求。关爱学生要求老师关心爱护全体学生，尊重学生人格，平等公正对待学生。对学生严慈相济，做学生良师益友。材料中，周老师经常在班上组织“娃娃家”游戏，引导幼儿感受母爱，并且能够关注到班上的妮妮小朋友，体现了周老师关心爱护幼儿，真正成为幼儿的良师益友。

（2）周老师的行为符合“教书育人”的教师职业道德要求。《规范》中关于“教书育人”方面所规定的具体职业行为要求：遵循教育规律，实施素质教育。循循善诱，诲人不倦，因材施教。培养学生良好品行，激发学生创新精神，促进学生全面发展。材料中，周老师教育妮妮养成“吃东西前先洗手的习惯”，为喜欢读书的妮妮读书，念儿歌，体现了因材施教，促进学生全面发展的教师职业道德要求。

（3）周老师的行为符合“为人师表”的教师职业道德要求。《规范》中关于“为人师表”方面所规定的具体职业行为要求有：关心集体，团结协作，尊重同事，尊重家长。材料中，周老师主动和妮妮家长联系，建议妮妮家长经常给孩子打电话，让孩子感受到家长的爱，并经常微信联系妮妮家长，体现了周老师在处理与家长关系时，能够自觉尊重家长，与家长建立良好的关系，家园共育，共同促进幼儿的健康成长。

（4）周老师的行为符合“终身学习”的教师职业道德要求。《规范》中关于“终身学习”方面所规定的具体职业行为要求有：崇尚科学精神，树立终身学习理念，拓宽知识视野，更新知识结构。潜心钻研业务，勇于探索创新，不断提高专业素养和教育教学水平。材料中，周老师觉得自己对幼儿的心理特点不够了解，有些问题不能妥善处理，便主动参加培训学习，符合终身学习的职业道德要求。

综上所述，周老师积极践行了教师职业道德规范，激发学生的创新潜能，促进学生独立、健康、全面发展，值得我们学习和借鉴。

32.【参考解析】

（1）动画片反映了中国动画的特殊创作理念，它是运用中国传统美术等的造型观念、空间概念、绘画技法创作的动画影片。

①宣传国家和民族的文化，通过“中国风格”的经典动画，传承、弘扬、发展中国文化。②“中国风格”动画并非只指传统题材、传统形式和传统表现手法，还包括传承和坚守，并且不断创新发展。③“中国风格”动画既有传统“中国风格”，又符合时代需求，创造了新的动画精品。综上所述，中国动画的“中国风格”没有过时。

三、写作题

33.【写作建议】

立意方向：榜样的重要性，构建正确的价值观、阅读观等。